"Senhor, com quem Eros triunfante,
as ninfas de olhos escuros e Afrodite,
a radiante, brincam,
enquanto vagueias por entre os altos picos das montanhas,
eu te suplico: em tua bondade, venha até mim,
escuta e atenda minha prece."

De uma invocação a Dioniso do poeta Anacreonte (século VI a.C.)

O mundo completo da mitologia grega

Richard Buxton

Com 330 ilustrações, 139 delas coloridas.

Tradução de José Maria Gomes de Souza Neto

EDITORA VOZES

Petrópolis

© 2004, Thames & Hudson Ltd, Londres
Tradução publicada mediante autorização de Thames & Hudson Ltd, Londres.

Título do original em inglês: *The Complete World of Greek Mythology*

Direitos de publicação em língua portuguesa – Brasil:
2019, Editora Vozes Ltda.
Rua Frei Luís, 100
25689-900 Petrópolis, RJ
www.vozes.com.br
Brasil

Todos os direitos reservados. Nenhuma parte desta obra poderá ser reproduzida ou transmitida por qualquer forma e/ou quaisquer meios (eletrônico ou mecânico, incluindo fotocópia e gravação) ou arquivada em qualquer sistema ou banco de dados sem permissão escrita da editora.

CONSELHO EDITORIAL

Diretor
Gilberto Gonçalves Garcia

Editores
Aline dos Santos Carneiro
Edrian Josué Pasini
Marilac Loraine Oleniki
Welder Lancieri Marchini

Conselheiros
Francisco Morás
Ludovico Garmus
Teobaldo Heidemann
Volney J. Berkenbrock

Secretário executivo
João Batista Kreuch

Editoração: Fernando Sergio Olivetti da Rocha
Diagramação: Do original inglês
Adaptação da diagramação: Raquel Nascimento
Revisão gráfica: Nilton Braz da Rocha e Nivaldo S. Menezes
Capa: Renan Rivero

ISBN 978-85-326-6096-1 (Brasil)
ISBN 978-0-500-25121-8 (Reino Unido)

Editado conforme o novo acordo ortográfico.

Este livro foi composto e impresso pela Editora Vozes Ltda.

Dados Internacionais de Catalogação na Publicação (CIP)
(Câmara Brasileira do Livro, SP, Brasil)

Buxton, Richard
   O mundo completo da mitologia grega / Richard Buxton ; tradução de José Maria Gomes de Souza Neto. – Petrópolis, RJ : Vozes, 2019.

   Título original: The complete world of Greek mythology
   ISBN 978-85-326-6096-1

   1. Mitologia grega I. Título.

19-24904   CDD-292.08

Índices para catálogo sistemático:
   1. Mitologia grega   292.08

Cibele Maria Dias – Bibliotecária – CRB-8/9427

Sumário

Introdução: Mitos em contexto, 6
Cronologia da narrativa mítica grega, 8

I Contextos, fontes, significados, 15
Características gerais do mito grego, 16
Fontes de evidências, 22
Contextos para as narrativas míticas, 28

II Mitos das origens, 43
Cosmogonia, 44
As origens da humanidade, 54
Origens locais, 60
Portadores de cultura, 62
As colônias, 64

III Os Olímpicos: poder, honra e sexualidade, 67
Poderes e esferas de influência, 68
Honra e limites, 88
A divina sexualidade, 94

IV Façanhas heroicas, 103
Perseu, 104
Meleagro, Atalanta e o Javali Calidônio, 106
Jasão, os Argonautas e Medeia, 108
Herácles, 114
Teseu e o passado heroico ateniense, 124
A Guerra de Troia, 130

V Sagas Familiares, 147
A Casa dos Pelópidas, 148
Tereu, Procne e Filomela, 154
Antíope e seus filhos, 156
Dânao e sua gente, 158
Preto, Estenebeia e Belerofonte, 160
A Casa dos Labdácidas, 162
Laços sólidos: o amor entre cônjuges, 170
O homoerotismo, 174

VI Uma paisagem mitológica, 179
Montanhas, 180
Cavernas, 184
Rios e fontes, 188
O mar, 192
Creta, 194
Troia, 200
O Submundo, 206

VII Mitos gregos após os gregos, 215
Como Roma reimaginou a Grécia, 216
O Medievo, 226
Da Renascença ao século XX, 230
Presente e futuro, 244

Leituras adicionais, 246
Créditos das ilustrações, 250
Agradecimentos, 252
Índice dos mapas, 252
Índice remissivo, 253

Meio título: camafeu, Período Helenístico

Página-título (esquerda): o *tholos* de mármore em Delfos, inícios do IV século a.C., obra-prima de Teodoro da Foceia.

(Esquerda) estatueta em bronze de Posêidon, II-I século a.C., parcialmente restaurada, incluindo o tridente.

Esta página: uma das Moiras (Fatalidades) arremete contra um adversário semiofídico. Da Gigantomaquia (Batalha entre os Deuses e os Gigantes), friso norte do Grande Altar de Zeus em Pérgamo (c. 190-150 a.C.).

Introdução
Mitos em contexto

Poucos monstros derrotados por Héracles são mais aterrorizantes que Cérbero, o cão do Submundo, e as serpentes que crescem das cabeças e patas da fera intensificam seu terror. Na pintura deste vaso (século VI a.C.), Euristeu, que havia mandado o herói cumprir os Trabalhos, está apavorado e se esconde em um imenso jarro.

Nenhum outro grupo de narrativas exibe maior riqueza e conteúdo, e certamente nenhum foi mais influente do que aquele que conhecemos como a "mitologia grega". Relatos textuais e imagens visuais recordando as façanhas dos seus deuses e deusas, heroínas e heróis, são encontrados já no I milênio a.C. e continuaram a ser produzidos, numa série aparentemente inexaurível de variações e reinterpretações, até os dias de hoje. Os significados que as pessoas encontraram nessas histórias variaram enormemente ao longo do tempo, ao sabor das perspectivas contrastantes através das quais diferentes culturas enxergaram o legado da Grécia antiga, e essa habilidade camaleônica para adaptação tem sido, obviamente, fator decisivo para sua sobrevivência. O impacto do mito grego tampouco demonstra qualquer sinal de exaustão: os incansáveis esforços de Héracles para livrar o mundo dos monstros, que podem ser vistos em antigas pinturas e miríades incontáveis de vasos, ainda encontram eco em filmes recentes e softwares para jogos de computador.

O capítulo final deste livro explora algumas das maneiras pelas quais o mito grego tem sido recontado desde a Antiguidade. Antes, porém, seu foco recairá em prover uma exposição detalhada dos mitos da maneira como foram narrados nos limites do contexto da antiga cultura helênica. Para tanto, citações de textos literários e reproduções de imagens artísticas representam um grande papel na análise, bem como as ilustrações da paisagem grega, outro aspecto crucial para o mundo daquela mitologia, pois muitos dos lugares mencionados como cenários de episódios mitológicos – Micenas, Delfos, Tirinto, Ítaca, a Acrópole ateniense – ainda podem ser visitados hoje; além deles, vários tipos de ambientes – montanha, rio, caverna, mar – tiveram sua própria participação na conformação dos mitos. Logo, ao apresentar esse mundo da mitologia ao leitor devemos, frequentemente, evocar o contexto topográfico no qual se desenvolveu.

É importante salientar esse objetivo ao dispor os mitos gregos dentro dos contextos gregos: não há carência de dicionários e livros-texto de "mitologia clássica", entenda-se Grécia e Roma, e é verdade que

Recontagens modernas dos mitos gregos introduzem novas, e algumas vezes surpreendentes, variantes aos velhos temas. Numa cena do filme Hércules *(1997), da Disney, o grande herói é visto montado em Pégaso, o garanhão alado que, de acordo com a tradição antiga, era a montaria de Belerofonte.*

houve continuidades significativas entre essas duas antigas culturas, mas também grandes diferenças. A narrativa mítica romana é um tópico fascinante em si mesmo, mas não o tema principal a ser abordado neste volume[1]: será a narrativa mítica helênica, predominantemente em sua língua, que merecerá nossa atenção central.

1. Não obstante, cf. p. 216-223 como Roma reimaginou a Grécia.

Tal ênfase helênica tem relevância também pela forma como os nomes de personagens mitológicos aparecem neste livro. Até relativamente pouco tempo atrás, os estudiosos seguiam a convenção de latinizar automaticamente nomes mitológicos, mesmo quando todo contexto era grego: não apenas *Kadmos* (transliteração latina do grego) aparece Cadmo e *Daidalos*, Dédalo, como mesmo Zeus pode ser referido sob a designação do seu

Introdução
Mitos em contexto

Delfos, local do Oráculo de Apolo, que teve importante papel em vários mitos gregos.

Cronologia da narrativa mítica grega

Cronologia da narrativa mítica grega

As seguintes datações convencionais são amplamente aceitas:

Período Arcaico
700-500 a.C.

Período Clássico
500-323 a.C.

Período Helenístico
323-31 a.C.

Data	Autor/artista	Momento-chave na recontagem (artística ou verbal) do mito
900-700 a.C.		Cerâmica "Geométrica"
séculos VIII-VII a.C. (?)	Homero	Muitos poemas atribuídos, incluindo *A ilíada*, *A odisseia* e os *Hinos homéricos*
séculos VIII-VII a.C. (?)	Hesíodo	Poemas, incluindo *Teogonia* e *Os trabalhos e os dias*
625-475		Cerâmica ática de figuras negras
c. 570		"Vaso François" (cf. p. 25)
c. 555-c. 465 a.C.	Simônides	Poesia lírica
530-300		Cerâmica ática de figuras vermelhas
c. 518-depois de 446 a.C.	Píndaro	Poesia lírica, em especial odes corais celebrando vitórias atléticas
c. 525-c.456 a.C.	Ésquilo	Tragédias, incluindo a trilogia *Oresteia*
Déc. 490-c.406 a.C.	Sófocles	Tragédias, incluindo *Édipo Rei*, *Antígona* e *Electra*
Déc. 480-406 a.C.	Eurípides	Tragédias, incluindo *As bacantes* e *Medeia*
c. 450-déc. 380 a.C.	Aristófanes	Comédias, algumas remetendo a temas mitológicos
c. 470 a.C.		Templo de Zeus em Olímpia
450 a.C.		Início da produção de cerâmica de figuras vermelhas no sul da Itália
Meados do século V a.C.		Vasos de fundo branco conhecidos como *lekythoi*
c. 447-c. 430 a.C.		Construção do Pártenon em Atenas
c. 428-c. 348 a.C.	Platão	Escritos filosóficos, incluindo *A república* e *Fédon*
380 a.C.		Templo de Asclépio em Epidauro
Finais do IV século a.C. (?)	Paléfato	Racionalização da mitografia
260 a.C. (ativo em)	Apolônio de Rodes	*A Argonáutica* (poema épico)
260 a.C. (ativo em)	Calímaco	Diversas formas poéticas, incluindo os *Hinos*
Início do III século a.C.	Teócrito	Poesia pastoral
300 a.C. (ativo em)	Evêmero	"Romance" utópico sobre como os deuses haviam sido meros mortais
c. 190 a.C. (?)		A Vitória (alada) de Samotrácia
Inícios do II século a.C. (?)	Licofronte de Cálcis	*Alexandra*, obscuro poema que consiste de profecias de Cassandra
c. 190-150 a.C.		Grande Altar de Zeus em Pérgamos
150 a.C. (ativo em)	Moscos	Poemas, incluindo *Europa*
I século a.C.	Diodoro da Sicília	"História universal" dos tempos mitológicos
II século d.C.	Luciano de Samósata	Histórias e diálogos cômico-irônicos, alguns dos quais com conteúdo mitológico
II século d.C. (?)	Apolodoro	*Biblioteca*
Finais do II século d.C.	Antonino Liberal	Coleção de contos sobre metamorfoses
Finais do II século d.C.	Pausânias	*Descrição da Grécia*
III século d.C. (?)	Quinto de Esmirna	Poema épico "preenchendo" o vão entre *A ilíada* e *A odisseia*
II-III século d.C. (?)	Díctis cretense	Relato da Guerra de Troia feito por uma suposta testemunha ocular cretense
V século d.C.	Nonoso	*Dionysiaca*, épico em 48 volumes sobre o deus Dioniso
V século d.C. (?)	Dares Frígio	Relato da Guerra de Troia feito por uma suposta testemunha ocular troiana

Introdução
Mitos em contexto

Considerava-se Micenas o lar de Agamenon, conquistador de Troia. As muralhas da cidadela dão uma ideia do poder político e militar exercido por esse antigo centro.

(parcialmente) equivalente Júpiter, e Atena como Minerva. Infelizmente, não há uma única resposta certa para o problema da transliteração: pareceria exagero chamar Atenas por sua antiga designação grega, *Athenai*, ou Micenas, *Mukenai*; assim sendo, sempre que uma versão comumente aceita de um lugar ou personagem estiver envolvida, esta será adotada (a forma latina "Édipo" é preferível ao purismo grego mais correto, "*Oidípous*"). No caso de nomes menos conhecidos, contudo, uma forma mais "helênica" será utilizada (Kreon, ao invés de Creonte[2]).

O plano deste livro é bem direto. O primeiro capítulo, após situar a questão inicial (o que é um mito?), investiga as características gerais da mitologia grega, observando particularmente de quais tipos de evidência é possível extrair e – consonante com uma de nossas ênfases mais importantes – os contextos nos quais os gregos contavam, uns aos outros, seus mitos. O segundo descreve uma categoria particular de história: "o início de tudo", discussão que lida com os

---

2. Embora o autor tenha se esforçado para manter os nomes próprios próximos do grego, esta tradução optou por um caminho diverso: o português é um idioma neolatino; sua ligação com os nomes latinizados, mais forte do que a da língua inglesa. Logo, sempre que possível, os termos seguirão aquela tradição. Haverá exceções: Odisseu e Héracles, jamais Ulisses e Hércules, a não ser em contextos romanos [N.T].

Introdução
Mitos em contexto

mitos sobre o princípio do universo, o nascimento dos deuses e as origens da humanidade e suas diversas comunidades. O terceiro capítulo analisa os relatos dos poderes e atributos dos deuses olímpicos. O quarto é dedicado a algumas das mais conhecidas histórias de heroísmo grego, incluindo as legendárias expedições a Troia e a dos Argonautas para capturar o Velocino de Ouro. O capítulo cinco concentra-se, uma vez mais, em hero(ínas) explorando os estranhos e frequentemente terríveis eventos que recaem sobre tais personagens em suas relações familiares. O seis examina um tópico cuja presença tem sido implícita no decorrer do livro: a paisagem na qual as narrativas míticas foram imaginadas. Finalmente, o capítulo sete considera a fascinação que o mito grego exerceu desde a Antiguidade em artistas, músicos, poetas e intelectuais, dentre outros, sem esquecer do impacto da mitologia grega noutros meios culturais, como o

A Acrópole de Atenas é dominada, hoje como ontem, pelo grande templo de Atena, o Pártenon.

Introdução
Mitos em contexto

filme e a televisão, uma fascinação tão intensa hoje como sempre.

Uma última palavra: o escopo e o título do livro. Um dos temas que serão mais salientados por nós é a diversidade dos mitos gregos. Há inúmeras variações: entre autores, gêneros, períodos históricos, localidades. Isso significa que a noção de "completude", que o título implica e aspira, há de permanecer um ideal inatingível? Se "completo" significa narrar cada uma e todas as variações de cada um dos mitos, então a resposta será sim – embora não seja lá uma grande perda, pois tal empreitada, se levada ao pé da letra, afogaria o leitor num dilúvio de detalhes. O que podemos fazer, porém, é oferecer um quadro abrangente do *mundo* da mitologia grega – seus contornos e horizontes imaginativos, motivos e preocupações recorrentes, que emprestam sentido às histórias. Este objetivo, factível e válido, será o foco das páginas que se seguem.

A reconstrução da tradição

É comum falarmos, quase automaticamente, do "mito de...": por exemplo, o "mito de Édipo", ou o "mito da Guerra de Troia". Em verdade, porém, uma das características centrais das histórias contadas pelos gregos era a pluralidade. Não havia uma versão única, canônica, ortodoxa de determinada narrativa, necessariamente repetida por todos os contadores. Pelo contrário, cada um deles recriava a tradição de acordo com as demandas específicas do contexto artístico e cultural. Claramente, ocorreram intercessões entre alguns trechos: as diversas versões restantes, digamos, da história de Jasão e o Velocino de Ouro possuem muito em comum entre si, mas a possibilidade da invenção e da originalidade sempre esteve presente – respeitados os limites intangíveis da tradição.

Neste primeiro capítulo descreveremos alguns traços dessa pluralidade narrativa. Vamos apresentar as variadas e extremamente diversas fontes que preservaram os mitos gregos, e examinar diferentes contextos, os domésticos como os públicos, nos quais eram recontados, fosse oralmente, em texto, ou em representações visuais.

Príamo vai até a tenda de Aquiles para resgatar o corpo de seu filho, Heitor, que o herói havia matado como desforra pela morte de seu amigo, Pátroclo. Aquiles desfruta de uma refeição, com a faca numa mão e um pedaço de carne na outra. O ponto focal da cena – o corpo de Heitor – jaz sem atenção sob o divã. Taça ática, c. 490 a.C.

I Contextos, fontes, significados

Características gerais do mito grego

(Página oposta) A cidadela micênica de Tirinto, na planície argiva, é contornada por massivas muralhas defensivas, cujas pedras, ditas "ciclópicas", receberam o nome dos gigantes de um olho só, pois acreditava-se que somente eles poderiam ter empreendido tamanho trabalho. Foi do alto desses muros poderosos que Héracles supostamente lançou o filho de Eurito, Íficlo, após matá-lo num ataque de fúria.

As ruínas de Micenas, nordeste do Peloponeso, são uma lembrança inspiradora do poder e da influência que a cidade exerceu outrora. Ela é citada com destaque nos mitos gregos: segundo a tradição, era o lar de Agamenon, o conquistador de Troia.

Origens

Nenhuma outra civilização produziu colheita mais farta ou abundante de mitos do que a Grécia antiga: encontramos suas primeiras evidências diretas nos textos dos poetas Homero e Hesíodo, normalmente datados entre os séculos VIII e VII a.C., mas essa tradição de contar histórias chega, sem sombra de dúvida, a um tempo muito mais recuado. Diversos aspectos das poéticas homérica e hesiódica, em particular o uso da repetição de frases formulaicas (tais como o "mar cor de vinho", ou "Zeus, pastor de nuvens"), sugerem que um longo histórico de composição oral subjaz à poesia que nós, efetivamente, conhecemos. Além disso, os poemas frequentemente aludem, *en passant*, a episódios míticos nitidamente familiares à audiência. Até onde devemos recuar "as origens" da mitologia grega é uma questão praticamente irrespondível e, de qualquer forma, já em princípio fatalmente imperfeita – até mesmo a aparência de uma suposta "origem", bem como nossa capacidade de reconhecê-la se a encontrássemos, é razoavelmente duvidosa. Não obstante, podemos afirmar com segurança que os mitos mais tardios que chegaram às nossas mãos foram moldados numa variedade de contextos culturais bem mais primitivos.

Um desses contextos reside na civilização do II milênio a.C., chamada "Micênica" pelos modernos arqueólogos em memória de um dos seus sítios mais notáveis. Muitos centros populacionais micênicos cuja importância política subsequentemente declinou – Orcômeno, na Beócia; Tirinto e a própria Micenas na Argólida – aparecem com destaque nos mitos gregos, sugerindo, com efeito, terem sido influentes no período formativo das histórias, ainda que, graças à ausência de evidência escrita relevante, não possamos demonstrar conclusivamente tal ponto. Outra influência formativa relevante nesse desenvolvimento pode ter residido em outra civilização ancestral: a cretense, chamada "minoana" (termo aplicado automaticamente pelos arqueólogos, mas cuja fonte é exclusivamente mitológica: Minos foi um rei mítico de Creta). Uma vez mais, a carência de indícios diretos é um empecilho para chegar a definições conclusivas a respeito do papel da Creta minoana na evolução dos mitos, mas não se pode deixar de registrar a proeminência da ilha em diversas passagens mitológica, como o Minotauro e o Labirinto (p. 93), o conto de Dédalo e Ícaro (p. 92), Talos, o gigante de bronze quase invulnerável (p. 112), dentre muitos outros.

Os espaços nos quais estudiosos buscaram encontrar o manancial primeiro da mitologia grega não são, de modo algum, confinados ao que hoje entendemos como "Grécia"[3]. No final do século XVIII, a presença colonial britânica na Índia resultou na disseminação do conhecimento do sânscrito entre os linguistas ocidentais, e comparações entre essa língua, o grego e o latim levaram à hipótese de uma linguagem indo-europeia original. Ato contínuo, sentia-se que um idioma comum poderia também apontar para elementos compartilhados na vida social; assim sendo, quando Friederich Max Müller (1823-1900), um prodigioso erudito e filólogo alemão, foi indicado para uma cátedra em Oxford, desenvolveu uma abordagem que relacionava a mitologia da Grécia com suas presumíveis raízes indo-europeias. De fato, argumentou Müller, mitos que não pareciam fazer sentido em sua forma grega, quando "vertidos" de volta ao indo-europeu tornavam-se claros. Muitas dessas versões, porém, acabaram sendo reduções da rica complexidade dos mitos gregos a enunciados alegóricos e banais que versavam sobre fenômenos naturais elementares, fazendo com que a teoria comparativista de Müller não conseguisse alcançar reconhecimento duradouro – muito embora, em pleno início do século XXI, haja ainda uns poucos estudiosos que continuam a abordar o assunto a partir de um ponto de vista explicitamente indo-europeu.

Mais amplamente aceito é o ângulo que situa os mitos gregos contra o pano de fundo das civilizações do Oriente Próximo – ou Oeste Asiático, em outra perspectiva – como a Assíria, a Babilônia, os Hititas, o Israel antigo, e assim por diante. As duas vozes contemporâneas mais influentes que articularam essa hipótese foram os eruditos Walter Burkert, alemão, e Martin West, britânico, cujos trabalhos, e os de muitos outros, demonstraram de modo persuasivo as grandes continuidades entre a narrativa grega e a dos seus precursores orientais, especialmente durante a Idade do Bronze Tardia (séculos XIV-XIII a.C.) e do chamado "Período Orientalizante" (séculos VIII-VII a.C.). Dentre os muitos e significativos paralelos encontrados estão aqueles relativos aos relatos cosmológicos da derrubada, pela castração, de um deus supremo por outro (há similitudes próximas entre histórias gregas e hititas) e às façanhas de Héracles, o herói grego matador de monstros (existem mitos mesopotâmicos parecidos).

Em determinados círculos, particularmente na própria Grécia, tem havido resistência a essa ênfase nos paralelos oeste-asiáticos, sob o argumento de que tal destaque seria compreendido como diluição da sua qualidade "helênica". Como sempre, é uma questão de buscar um equilíbrio judicioso:

---

3. O autor se refere à República Helênica, país contemporâneo localizado no sudeste da Europa, e cuja independência deu-se em 1821. Suas fronteiras não condizem com o espaço grego da Antiguidade [N.T.].

O que é um mito?

Um emprego muito difundido dessa palavra pode ser exemplificado com a seguinte sentença: é um mito dizer que todo o povo inglês bebe chá às quatro da tarde. Nessa acepção, o mito nada mais é do que um equívoco amplamente perpetuado; no entanto, essa definição simplista (sinônimo de falsidade), não contribui para chamar a atenção à riqueza imaginativa e à relevância social dessas histórias e suas narrativas. Há outro emprego, bem mais aproveitável, que utilizaremos neste livro, a saber: um mito é uma história tradicional socialmente poderosa.

(Acima à direita) O monstro de Frankenstein contempla seu reflexo numa poça numa gravura de Lynd Ward, de uma edição de 1934 da história de terror de Mary Shelley, Frankenstein, ou o Prometeu moderno (1818). Graças à exploração de temas como a criação da vida e os perigos da excessiva criatividade humana, essa história ganhou o direito de ser chamada um "clássico moderno".

(Direita) A lenda do antigo guerreiro celta Cuchulaínn é evocada nesta estátua do guerreiro moribundo, esculpida por Oliver Sheppard e situada no local do Levante de Páscoa de 1916, em Dublin. Os feitos sobre-humanos de Cuchulaínn, culminando em sua morte precoce, foram comparados aos de Aquiles.

Três noções ocorrem nessa definição: *história*, *tradicional* e *poder social*. A primeira é a menos problemática de todas: um "mito" é uma narrativa, um conjunto de eventos estruturados em uma sequência. A segunda, tradição: os relatos em que nos concentraremos foram transmitidos de contador a contador, e frequentemente de geração a geração; aliás, uma forma de caracterizar o mito poderia ser "uma história cuja origem foi esquecida". Em último, o poder social: nosso foco recairá sobre as narrativas que ocupam uma posição de relevante significância no âmago das sociedades que as recontaram, e para as quais elas corporificaram e exploraram valores não apenas individuais, mas coletivos, desde grupos específicos até comunidades inteiras.

À luz dessa definição, percebemos que os mitos – histórias tradicionais socialmente poderosas – desempenharam e continuam a desempenhar um papel fulcral nas vidas criativas de muitas, muitas sociedades. Na moderna Irlanda, o herói legendário Cuchulaínn foi apropriado como exemplo tanto pela tradição católica quanto pela protestante, adversárias entre si. Nos Bálcãs, a Batalha de Kossovo – na qual, em 1389, um contingente sérvio teria sofrido uma derrota catastrófica nas mãos de um exército turco-otomano – atingiu *status* mítico para aqueles ansiosos em redescobrir a nacionalidade sérvia. Num registro relativamente diverso, mas não menos operante de seu próprio fascínio, tem-se o monstro de Frankenstein: graças, especialmente, às diversas reinvenções fílmicas, esse "conto-tornado-mito" explora uma das ansiedades centrais da consciência moderna: como lidar com a capacidade da tecnologia em redefinir o próprio conceito de vida. Esse conto convida seus leitores ou espectadores a perguntar: Quais as implicações de poder-se, de fato, criar vida humana? Tal história não é mais somente história, e uma vez tornada "tradicional", encontra-se no mesmo grupo de outras tantas, algumas bem mais antigas, como Robin Hood ("O que ocorreria se a ordem social fosse virada de cabeça para baixo?"), outras mais recentes, mas já tradicionais, como as narrativas do Superman. Os mitos estão vivos e saudáveis.

há que existir espaço para a percepção de paralelos próximo-orientais e para afirmar a compreensível e distinta contribuição dos próprios gregos.

A controvérsia sobre as questões do Oeste Asiático, contudo, empalidece em significância diante de outro debate contemporâneo sobre a cultura grega, incluída sua mitologia. Martin Bernal, um erudito britânico e professor nos Estados Unidos, tem afirmado que a chave para compreender a Grécia antiga encontra-se não no Oeste Asiático, mas sim na África, mais especificamente no Egito, cuja civilização, afirma, influenciou enormemente a Grécia, fato que somente o preconceito racial de gerações de acadêmicos poderia mascarar. Muitos estudiosos concordariam que o papel do Egito como uma "origem" para aspectos da cultura grega tem sido, por qualquer razão que seja, diminuído, mas a explicação pan-egípcia advogada por Bernal só foi completamente aceita por aqueles ideologicamente motivados. Qualquer que seja o veredito final sobre essa teoria, a controvérsia ilustra o quanto a mitologia grega está longe de ser um mero interesse "acadêmico". Como percebemos em relação à Irlanda ou à Sérvia contemporâneas, mitos podem constituir-se em alguns dos mais dinâmicos e poderosos aspectos de qualquer sociedade, e aqueles que os interpretam, sejam antigos ou modernos, correm o risco de expor nervos susceptíveis, provocar hostilidade ou mesmo fúria.

Onde ficava a Grécia?

A palavra "Grécia" deriva do latim "*Graecia*", e é provável que tenha sido usada primeiramente pelos Graikoi, população que vivia no Épiro[4], e adotada pelos italiotas, habitantes da margem oposta do Mar Adrático, inicialmente para referir-se aos próprios Graikoi, e depois a um grupo mais amplo de populações linguística e culturalmente aparentadas, cujos membros chamavam-se a si mesmos "*hellenes*", e o território no qual habitavam, "*Hellene/Hellas*", preferindo-os aos termos "grego/Grécia". Neste livro, "Grécia" será mantida, e usaremos "heleno/helênico" e "grego" como sinônimos. A palavra "helênico" pode, incidentalmente, ser distinguida de "helenístico", um termo convencionalmente utilizado para designar o período que vai da morte de Alexandre o Grande (323 a.C.) até a Batalha de Ácio (31 a.C.).

As histórias que conhecemos como "mitos gregos" foram contadas num espaço amplo e historicamente fluido, não restrito ao território conhecido por "Grécia" nos mapas. Já no Período Arcaico (700-500 a.C.), além de ocupar áreas que chegavam a norte até a Macedônia, e a leste através da Trácia[5] até o Helesponto[6], falantes de grego haviam

---

4. Noroeste da Grécia atual [N.T.].
5. Trácia: ponta mais ao sul do Sudeste Europeu, abrangendo o extremo leste da Grécia, o sul da Bulgária e a Turquia europeia [N.T.].
6. Estreito de Dardanelos, que separa a Europa da Ásia [N.T.].

se estabelecido nas ilhas do Mar Egeu e no litoral mediterrânico da Ásia Menor (atual Turquia); além disso, a fundação de assentamentos mais distantes expandiu a abrangência de todos os aspectos da cultura helênica, aí incluídas suas histórias. Durante os períodos Arcaico e Clássico (datado convencionalmente entre 500-323 a.C.), o mais importante destino para esta migração foi a "*Magna Graecia*", um termo latino que designava as partes do sul da Itália e da Sicília sob influência helênica: da Apúlia[7] e da Campânia até a Etrúria, ao norte[8], foram encontradas abundantes evidências da presença daquelas histórias, principalmente graças às enormes quantidades de cerâmica pintada que sobreviveram nas tumbas do centro-sul italiano.

A exportação da cultura helênica (seus mitos, inclusive) atingiu pontos ainda mais afastados: já no Período Arcaico, o assentamento de Cirene[9], no litoral norte-africano, tinha origem grega, e exprimia os elos com a pátria original através da mitologia. O

---

7. Atual Puglia, o calcanhar da bota italiana [N.T.].
8. Atual Toscana [N.T.].
9 Kyrene, moderna Shahat (ou Xaate), na Líbia [N.T.].

Características gerais do mito grego

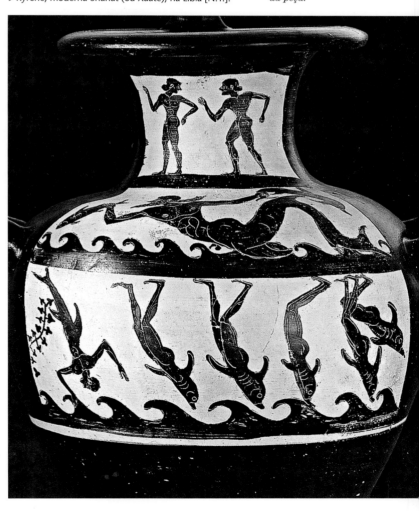

Este vaso etrusco (finais do século VI a.C.) ilustra um mito no qual Dioniso transforma um grupo de piratas em golfinhos (cf. p. 82s.). A potência do deus, discretamente evocada pela presença das folhas de parreira presentes na extrema-esquerda, opera uma transformação milagrosa, retratada na sequência de imagens na seção inferior da peça.

Características gerais do mito grego

(Página oposta) Parte do friso do Grande Altar de Zeus em Pérgamo retrata a vitória dos Olímpicos sobre seus monstruosos adversários, os Gigantes.

(Abaixo) Neste relevo de calcário (I século a.C.) de Comagene (atual sudeste da Turquia), o Rei Antíoco I segura a mão de Héracles, que porta sua tradicional clava.

poeta Píndaro (V século a.C.) celebrou a vitória de um monarca dessa cidade numa corrida de carros durante os Jogos Píticos, em Delfos: "Hoje, Musa, deveis estar ao lado de um querido homem, o rei de Cirene, cidade dos bons cavalos – cidade dos carros no seio prata-brilhante da Terra".

A invasão da Grécia pelas forças persas no começo do V século a.C. foi o fato singular mais importante para gerar um sentido de identidade helênica. Com o inimigo comum repelido, os gregos voltaram-se uns contra os outros, digladiando-se no prolongado conflito entre espartanos e atenienses (a "Guerra do Peloponeso") no final do V século a.C. No século seguinte, no vácuo de poder deixado pelas enfraquecidas cidades-Estado do sul, apresentou-se uma nova e poderosa força baseada na região norte, a Macedônia. A expansão helênica receberia, então, impulso sem paralelo, graças às notáveis, embora não menos assassinas, energias de Alexandre o Grande, cujos exércitos carregaram essa cultura tão longe quanto o Egito e a Líbia (ao sul) e o Afeganistão (a leste). Na esteira da vitória militar, seguiu-se a consolidação cívica, corporificada nos edifícios, costumes e instituições que constituíam o tecido da vida urbana: ginásios, teatros, um idioma grego comum[10] e as histórias que o acompanhavam. No cenário pós-alexandrino, composto por reinos helenísticos governados por dinastias fundadas pelos generais de Alexandre e legadas aos seus sucessores, muitos gregos viram-se habitando cada vez mais longe do seu lar ancestral, e os mitos proveram os meios vitais para manter o contato com as raízes culturais, ao mesmo tempo em que exploravam as novas situações, um meio que, embora tradicionalmente aberto à constante adaptação, já estivesse a caminho de ser nostalgicamente relembrado como "clássico".

Região após região, as diversas partes do que um dia fora o império de Alexandre caíram sob domínio militar e administrativo romano. A resultante, porém, não foi o oblívio da narrativa mítica grega; pelo contrário, a hegemonia latina forneceu as linhas gerais para a sobrevivência dessa herança cultural, incluindo sua mitologia. Uma das maneiras de consecução de tal feito se deu quando os romanos prestaram a suprema reverência aos conquistados e tomaram suas obras literárias e artísticas como modelos. Discretamente, os mitos tornavam-se, então, não tão somente gregos, mas greco-romanos.

E os próprios gregos sob o Império Romano? Embora suas cidades há muito não desfrutassem de independência política, eles permaneciam recontando suas antigas narrativas. Tal retomada do passado não foi um simples produto da inércia, podia ser também uma afirmação ideológica: Pausânias, escritor grego do II século d.C., incorporou à sua descrição de um *tour* pelos antigos monumentos da Grécia inúmeras referências aos mitos e rituais que havia encontrado, mas virtualmente ignorou a política imperial romana, que marcava o dia a dia daquela sociedade. O escritor vinha da Ásia Menor, uma área, geograficamente falando, associada à Grécia clássica, mas o universo helênico se expandira enormemente: o satirista Luciano[11], que explorou os velhos temas mitológicos com satisfação e autoconfiança, procedia de Samósata[12], às margens do Eufrates, e Nonoso[13], autor da *Dionysiaca*, um épico monumental em 48 volumes sobre as múltiplas façanhas do deus Dioniso, era nativo de Panópolis, no Egito. O alcance geográfico dos mitos gregos ficava cada vez mais extenso, e quando a dominação romana eventualmente se esvaiu, as histórias herdadas sobreviveram sob novos disfarces, intactas em sua capacidade de adaptação.

---

10. O koiné, "vulgar", "compartilhado" [N.T.].
11. II século d.C. [N.T.].
12. Atual Samsat, na Turquia [N.T.].
13. V século d.C. [N.T.].

21

Fontes de evidências

Cultura material

Por que os mitos gregos continuaram a capturar imaginações séculos adentro? Parte da explicação reside no poder e na riqueza das imagens visuais através das quais os artistas antigos os representaram. Tais imagens, que constituem uma das nossas duas principais fontes de informação sobre a mitologia, podem ser divididas em vários grupos: esculturas, murais, mosaicos, pinturas em vasos, moedas, sem esquecer as evidências contidas em meios como as joias gravadas e os espelhos decorados.

Desses grupos, a escultura, tanto peças independentes quanto associadas à arquitetura, goza do mais alto *status* em nossos dias. Muito do que sobreviveu é feito de mármore, pois, com algumas espetaculares exceções (como os "Bronzes de Riace", recuperados no fundo do mar da Calábria), os trabalhos em bronze ou noutros metais ainda mais preciosos, foram demasiadamente vulneráveis à refundição e à reutilização. Relativamente poucos exemplos da antiga escul-

(Esquerda) A Vitória (alada) de Samotrácia (talvez datada por volta de 190 a.C., embora muitos pesquisadores atribuam uma datação mais recente). A figura da Niké (Vitória) é mostrada pousando na proa de um navio; em sua localização original, no Santuário dos Grandes Deuses na Ilha de Samotrácia, a proa foi montada na base de uma fonte. A estátua, agora no Museu do Louvre, pode ter comemorado a vitória naval de um monarca helenístico, que encomendou a obra. Graças ao gênio do escultor, a postura de Niké e o drapeado expressam um senso de miraculosos dinamismo e graça.

(Direita) O rapto de Perséfone por Hades, retratado na "Tumba de Perséfone", um túmulo real macedônico encontrado em Vergina, a oeste de Tessalônica (meados do IV século a.C.). A deusa luta em vão, pois Hades a toma como sua noiva e a carrega, em sua carruagem, para o Submundo.

tura grega permanecem *in loco*; a maioria está conservada e exposta em museus: os magníficos Mármores do Pártenon (também chamados "de Elgin") no British Museum, em Londres, ou a Vitória de Samotrácia no Louvre, em Paris. Já na Antiguidade, esculturas representando divindades, heróis e heroínas da mitologia inspiravam admiração em seus contemporâneos, e um caso clássico foi a legendária estátua de Zeus em Olímpia feita por Fídias. Embora há muito perdida, foi rediviva através da descrição detalhada de Pausânias, o antigo viajante: "quando a estátua foi terminada", observou, "Fídias suplicou ao deus que enviasse um sinal caso a obra fosse do seu agrado, e imediatamente um raio atingiu o

pavimento onde havia uma urna de bronze, que lá permanece até hoje".

Em contraste com a escultura, são poucos os exemplos de pinturas murais gregas com temas mitológicos. Sabemos que existiram muitos trabalhos dessa natureza, e uma vez mais o inolvidável Pausânias registrou, em longa descrição, composições que devem ter sido particularmente suntuosas, como os murais do artista Polignoto na *lesche* (a sala de reunião) dos Cnídios em Delfos, nos quais estavam representados a queda de Troia e Odisseu no Submundo. Não obstante, em comparação com o que foi perdido (ou até mesmo com os maravilhosos afrescos da Creta minoica ou as esplêndidas paredes pintadas do Período Romano) a Grécia clássica nos legou bem pouco, mas essas poucas exceções são dignas de nota, como o sensacional retrato de Hades sequestrando Perséfone nas paredes da tumba de uma figura da realeza macedônica perto de Vergina[14].

Os pisos decorados com mosaicos são outro meio através do qual a civilização romana nos deixou bem mais vestígios do que a grega; contudo, do V século a.C. em diante, em especial no Período Helenístico, seu uso na decoração de residências aristocráticas ou reais se ampliou, e alguns notáveis exemplos ainda podem ser apreciados – destaca-se a particularmente bela imagem do deus Dioniso sentado num leopardo encontrada em

Dioniso cavalgando uma criatura semelhante a um leopardo (piso mosaico, Pela, finais do IV século a.C.). Essa divindade é frequentemente associada a feras selvagens "exóticas" como a que se vê, que representam não apenas a ferocidade e o perigo divinos como também sua beleza e graça física.

---
14. Cidade do norte da Grécia [N.T.].

Fontes de Evidências

Belerofonte cavalgando Pégaso, o garanhão alado, e atacando a Quimera, um monstro com hálito de fogo. Parte central de um piso mosaico de Olinto, na Península Calcídica, IV século a.C.

Pela, um dos principais centros da cultura macedônica, e para se ter uma ideia da aparência dos antigos mosaicos gregos em seu local de origem, um bom lugar a se visitar é o sítio de Olinto, a norte da Calcídica, península com três "dedos" a noroeste da moderna Grécia.

Mitos nas pinturas em vasos

Com as pinturas em vasos, as evidências multiplicam-se por mil. O termo "vaso" é convencionalmente utilizado por arqueólogos para designar uma vasta gama de recipientes cerâmicos, de frascos para óleos a caixas para perfumes, jarras de água e vasilhas para misturas. Esses objetos figuravam em diversos contextos sociais, incluindo funerais, casamentos, festas regadas a bebidas (*symposia*) e rituais sacrificiais, mas também nos monótonos afazeres domésticos, como cozinhar e armazenar. Embora a maioria não possuísse ornamentos, muitos apresentavam decoração pintada, de impressionante resistência porque cozida junto com o barro; certas cenas são claramente percebidas como mitológicas, enquanto outras parecem ter sido inspiradas na "vida real", mas não raro é impossível dizer se a vida é representada como mito ou se o mito como a vida – um fato que, por si só, ilustra o papel central que as narrativas mitológicas desempenhavam no imaginário do povo que as contavam. As evidências presentes nos vasos pintados fornecem um rico acervo de narrativas mitológicas, e na verdade seria possível, sem sombra de dúvida, encontrar uma pintura para ilustrar quase cada um dos mitos discutidos neste volume.

Moedas, gemas e espelhos

Enquanto os vasos frequentemente exibem uma cena que é a destilação sincrônica de vários episódios de uma narrativa mítica, uma antiga moeda grega usualmente retrata uma imagem político-religiosa que, de alguma maneira, sumariza a identidade da comunidade que a cunhou. Amiúde, essa imagem evocará o mito fundador daquela sociedade, o deus ou deusa especialmente vinculado a ela. Os exemplos mais conhecidos são, provavelmente, as "corujas de Atena", pássaros-símbolo da divindade padroeira de Atenas, mas espécimes semelhantes podem ser encontrados por todo mundo helênico: por exemplo, a cidade de Mende (na Península Calcídica) celebrava a fama do vinho local com uma moeda na qual o deus Dioniso aparece sentado no lombo de um burro.

Fontes de Evidências

Um dos mais famosos artefatos gregos que exibem temas mitológicos, o "Vaso François" (c. 570 a.C., nomeado em memória do seu descobridor) foi encontrado em uma tumba etrusca perto de Chiusi em 1844. Entre os numerosos episódios nele representados estão a morte do Javali Calidônio, os jogos funerais em honra de Pátroclo e o casamento de Peleu e Tétis.

(Abaixo à esquerda) Moeda ateniense, V século a.C., com a efígie da coruja de Atena. O pássaro simbolizava a proteção exercida pela deusa sobre o povo daquela pólis, e também se mantinha atenta às transações comerciais desde seu posto privilegiado no reverso das moedas – o anverso exibia a imagem da própria deusa.

(Abaixo à direita) Dioniso montado num burro, moeda da cidade de Mende, na Calcídica (finais do V século a.C.), uma representação relativamente frequente. Sua postura é particularmente relaxada, e o vaso com vinho em sua mão alude ao líquido que idealmente o faz ser um emblema dessa cidade, famosa pela sua bebida.

Mais raras do que as moedas, mas não menos instrutivas em termos de imagens mitológicas, são as gemas gravadas e os anéis, outra forma de microarte cujos excelentes exemplos chegaram até nós. Há também a gravação em tampas ou costas de espelhos (tipicamente feitos em liga de bronze), outro tipo de arte antiga em microescala. Nesses objetos finos, frequentemente as imagens possuíam um sabor mitológico, talvez para evocar um mundo ideal ou heroicizado, complementando a função do objeto, o embelezamento individual.

Exemplares particularmente complexos foram produzidos pelos etruscos, cujas representações da mitologia possuem o atrativo adicional de filtrar as histórias gregas através das suas próprias e distintivas estruturas imaginativas.

Textos

Imagens podem nos dizer muito, mas frequentemente silenciam naqueles exatos momentos nos quais mais precisamos de suas informações – faz-se necessário considerar as incontáveis e frustrantes ambiguidades geradas pelas tentativas de interpretação do simbolismo religioso das imagens minoanas e micênicas que não possuem o auxílio de textos associados. Do Período Arcaico em diante, em contraste, temos textos em maravilhosa abundância, os quais oferecem a segunda das nossas mais importantes fontes de evidência sobre os mitos helênicos.

Às vezes a sorte nos permite ter acesso direto aos textos escritos na Antiguidade, e nesses casos o local onde esses textos foram guardados tem sido um fator decisivo para sua preservação, pois materiais perecíveis conservam-se apenas sob circunstâncias especiais, resistindo a mais de dois milênios de ataques que nos separam deles. O principal exemplo dessas tais circunstâncias é dado pelos papiros, as folhas feitas de fibras superpostas da planta nativa do Egito, que se constituem em durável substrato para a escrita. Embora ocasionalmente algum deles tenha sobrevivido na própria Grécia,

(Acima) Espelho etrusco decorado (finais do IV século a.C.) com a representação do Julgamento de Páris: Turan (a Afrodite etrusca) está sentada, e olhando para ela estão Uni (Hera, a Juno romana) e Menrva (Atena, a Minerva romana). Na extrema-direita está Elcsntre (Alexandre, o nome alternativo de Páris) e na extrema-esquerda, Alteia.

(Direita) Anel de ouro de uma câmara funerária em Micenas, que pode representar um culto de morte e renascimento da vegetação. A figura central pode ser uma divindade ou uma sacerdotisa; a da direita parece chorar, e a da esquerda, em êxtase, segura uma árvore.

(Página oposta acima) Trecho do Canto II de A ilíada, de Homero, do "Papiro Hawara" (II-III século d.C.) descoberto no Egito.

(Página oposta abaixo) Códice do século X d.C. do Canto III de A ilíada, de Homero, da Biblioteca de San Marco, Veneza.

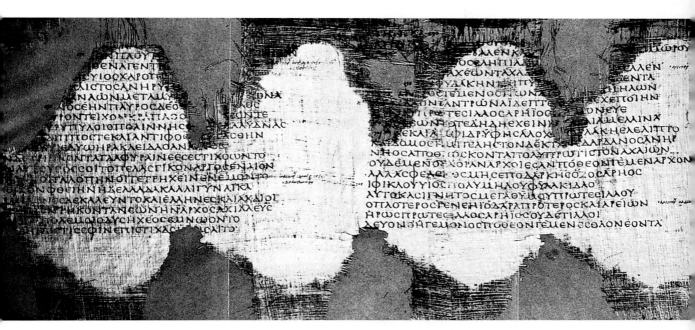

a vasta maioria deve sua preservação às areias estorricadas do Egito: temos muitos textos, ainda que fragmentados, que datam do Período Helenístico, quando a civilização grega se expandiu até incluir o País do Nilo em sua esfera, e dada a importância dos mitos em sua cultura, não surpreende que muitos dos textos descobertos tratem ou remetam às narrativas mitológicas. Novas descobertas ocorrem continuamente, e com certeza nem todos os exemplares estocados nos sótãos dos museus já se encontram publicados. Assim sendo, o *corpus* da mitologia grega está longe de ser encerrado.

Sem desmerecer a importância dos papiros, eles não se comparam, em termos quantitativos, a um gênero de fonte menos direta: os manuscritos que chegaram completos até nós, muitos produzidos em tempos bem mais recentes. O advento e a crescente influência do cristianismo dentro do Império Romano assinalaram que a preservação dos grandes clássicos do mundo pagão estava longe de ser assegurada; que qualquer texto da Antiguidade grega tenha sobrevivido deve-se, em larga medida, à civilização bizantina, onde tais textos permaneceram sendo copiados e recopiados, possibilitando o estudo de obras selecionadas do grande passado helênico e a formação de um sistema educacional bizantino. Quando da queda final de Constantinopla perante os turcos, em 1453, muitos desses escritos foram levados para o Ocidente, onde atingiram uma existência menos frágil graças à imprensa. Esse complexo sistema de transmissão, que dependeu de uma mistura de diligente comprometimento e pura sorte, resultou na disponibilidade atual de excelentes e relativamente intactos textos de incomparáveis documentos mitológicos.

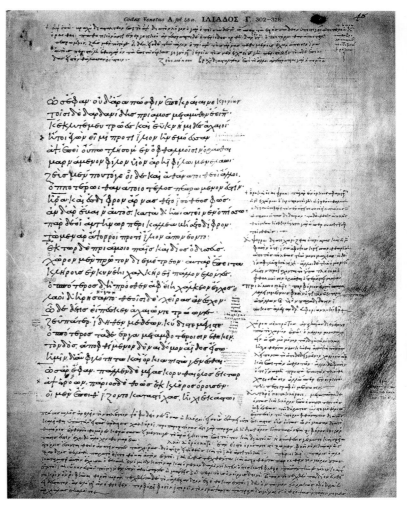

Contextos para as narrativas míticas

A narração dos mitos no dia a dia

A primeira experiência dos gregos com os mitos se dava na infância, através de histórias contadas pelos mais velhos, identificados na maioria de nossas fontes como amas-secas, mães e avós. O objetivo de alguns desses contos reside claramente no controle social: bichos-papões ameaçadores como Lâmia ou a górgona eram invocados na esperança de pôr nos eixos crianças malcriadas. Mas também eram contados os feitos dos heróis e das divindades olímpicas – prática que Platão censurou fortemente, por perceber os "resultados antissociais" de permitir às crianças ouvir sobre as violentas lutas entre deuses e gigantes, ou as intrigas entre os próprios Olímpicos. Fora do lar, quando as escolas se tornaram um aspecto comum na vida helena (pelo menos para os meninos), a familiaridade das crianças com o universo mitológico foi reforçada e estendida também nesse contexto, pois memorizar e recitar poesia constituía parte central do currículo.

Mais tarde, muitos e diversos contextos sociais e topográficos proveram a estrutura para a contação de mitos. No *symposion* (celebração formal regada a bebidas e voltada, principalmente, para homens jovens e aristocratas) os participantes algumas vezes trocavam entre si canções e histórias de natureza mitológica, bem como os próprios vasos usados como taças pelos convivas continham imagens de semelhante evocação. Outros espaços típicos para a narração de histórias eram a sapataria, a barbearia e a *lesche* (plural: *leschai*), sala de reunião comunal onde grupos de homens idosos

(Esquerda) As górgonas eram figuras femininas aladas, cuja horrenda expressão causava terror. Uma delas era Medusa, mãe do cavalo alado Pégaso, e neste relevo em terracota (finais do século VII a.C.), talvez parte de um altar em Siracusa, o animal pode ser visto sob o braço de sua grotesca genitora.

(Direita) Ao derrotar os Gigantes rebelados, os Olímpicos consolidaram em definitivo seu próprio poder. Neste vaso ático (meados do V século a.C.) três deles tomam atitudes vigorosas: Zeus empunha seu raio, com Hera a seu lado armada com a lança; por último, tem-se Atena, protegida pela aegis, uma capa com bordas de serpentes e ornada com o emblema da górgona.

(Acima) Elêusis era um dos lugares mais sagrados da Grécia, o lugar dos "Mistérios" em honra de Deméter e Perséfone, ritos sagrados que atraíam participantes de todo mundo grego. O que o visitante moderno vê aqui são os vestígios da reedificação romana do Telestérion ("Salão de Iniciação").

(Esquerda) A adoração em Elêusis era majoritariamente voltada para as "Duas Deusas", Deméter e sua filha Perséfone. Deméter está sentada e segura três espigas de cereal, e tem diante de si uma figura mais jovem, possivelmente Perséfone, portando tochas. O contraste entre a escuridão e a luz constituía uma parte importante da experiência iniciatória aos Mistérios.

usualmente se encontravam para conversar e fofocar. Uma historieta anedótica da vida de Homero relata que ele cantou, entre outros lugares, no sapateiro e nas "*leschai* dos homens velhos".

Templos e demais locais de observância religiosa igualmente propiciavam ambientes nos quais mitos eram contados, e no caso de muitos rituais é possível indicar os mitos que, de certa forma, adequavam-se à ação dramatizada na cerimônia. Por exemplo, o complexo ritual conhecido como "Mistérios de Elêusis"[15] encontrava sua contraparte mítica no rapto da deusa Perséfone, melhor conhecida por nós através do Hino homérico a Deméter: da mesma forma que o mito descrevia a captura de Perséfone pelo deus Hades e seu eventual, embora não definitivo, retorno à mãe, também o rito em Elêusis, realizado em honra das "duas deusas", mãe e filha, expunha o contraste entre a soturna ansiedade dos iniciandos e a alegre revelação dos já iniciados. Infelizmente, nesse

15. Elêusis é uma localidade a oeste de Atenas, no Golfo de Corinto [N.T.].

Contextos para as narrativas míticas

(Esquerda) Uma série de combates entre centauros e lápidas fornece o tema para as métopas (painéis decorativos) de mármore do Pártenon, em Atenas (meados do V século a.C.). A maravilhosa combinação da violência com a calma é um dos pontos altos da antiga representação mitológica.

(Abaixo) Caronte, o barqueiro do Submundo, impulsiona com um poste sua embarcação em direção a uma estela funerária (do outro lado do vaso) além do que se encontra uma figura feminina, a quem ele oferecerá a passagem para o Hades. A expressão sombria de Caronte adequa-se perfeitamente ao seu trabalho. Este vaso (V século a.C.) é de um tipo conhecido como lekythos, *no qual a figura do barqueiro é frequentemente encontrada.*

caso como em muitos outros, não é possível afirmar com certeza se a narração do mito era parte integral da cerimônia. Isso dito, a análise dos complexos mito-ritualísticos tem experimentado um produtivo crescimento no campo dos estudos dos mitos gregos, e para citar um único exemplo, o acadêmico holandês H.S. Versnel lançou novas luzes ao mito de Cronos – predecessor primordial de Zeus como regente do cosmos –, relacionando-o ao festival ateniense da Crônia, um intervalo de permissividade e confusão no qual os escravos eram servidos pelos seus senhores. Enquanto durasse a festa, os "velhos tempos" retornavam com diversão associada ao caos, combinação de qualidades positivas e negativas correspondentes à ambiguidade similar do caráter do próprio deus. Após o festival, a ordem era reinstaurada, em conformidade com a narrativa mitológica, na qual Zeus arrebatava o trono a Cronos.

A narração dos mitos pode ser tanto visual quanto verbal, e é possível indicar inúmeros campos nos quais a imagética fixa dos templos e a móvel dos recipientes de culto evocavam as histórias do passado mítico para os celebrantes. Quanto à imagética dos templos, não precisamos buscar além das métopas do Pártenon de Atenas, soberbas esculturas que, através da combinação de dinamismo energético e fácil estabilidade, ilustram a oposição entre caos e ordem, justapondo a agressão subversiva dos centauros monstruosos à força comedida dos seus heroicos adversários, os lápidas[16]. Em relação aos recipientes de cerâmica (portáteis, mas notavelmente resistentes) usados em várias cerimônias, um exemplo típico nos é oferecido pelas pequenas garrafas para óleos, as *lekythoi*, cujo papel nos ritos funerários é complementado pelas imagens que apresentavam, comumente evocantes de algum aspecto da morte: por exemplo, Caronte, o barqueiro infernal, ou Hermes, o portador das almas.

Mitos em *performances*: o épico

Se um único elemento pudesse demonstrar conclusivamente que os mitos eram uma experiência presente e ativa no quotidiano grego, seria a regularidade com que as narrativas míticas eram encenadas. E acima de qualquer outro texto sobrevivente impunham-se os dois grandiosos épicos atribuídos a Homero: *A ilíada* e *A odis-*

---

16. A Centauromaquia, a batalha entre lápidas e os centauros: episódio da mitologia grega no qual os centauros, durante o casamento do Rei Pirítoo, dos lápidas, provaram pela primeira vez o vinho, embebedaram-se e tentaram violentar a noiva [N.T.].

31

Um busto idealizado do poeta Homero em mármore. É impossível afirmar que relação essa escultura (provavelmente inspirada num original helenístico) possuiria com um aedo cego verdadeiro que cantasse na Grécia pré-arcaica, mas a autoridade serena de sua face adequa-se bem ao tremendo poder da poesia homérica.

seia. O primeiro relata um episódio particular próximo ao fim da Guerra de Troia, quando Aquiles se retira da batalha furioso (a primeira palavra do épico é *menin*, "cólera") porque Agamenon, o comandante grego, retirou-lhe parte do butim, a escrava-concubina Briseida; e somente quando seu amado companheiro Pátroclo é morto pelos troianos, ele retorna à batalha. Ao final, a cólera do herói é mitigada, mesmo que não totalmente, mas o suficiente para devolver o corpo de Heitor (assassino de Pátroclo que, por sua vez, foi morto por Aquiles) a Príamo, seu inconsolável pai. Atente-se que, mesmo em breve resumo como esse, percebe-se que *A ilíada* discorre sobre bem mais

A supremacia de Homero entre os poetas é expressada nesse notável relevo esculpido (II século a.C.), conhecido como a "Apoteose de Homero": abaixo de um pico montanhoso dominado por Zeus, as Musas e Apolo, o poeta está majestosamente sentado num trono (abaixo à esquerda). Personificações figuram ao seu lado, incluindo Oikoumene ("O Mundo Habitado"), que põe uma coroa de louros sobre sua cabeça, Mito, o menino imediatamente à sua frente, e História, à direita de Mito, do outro lado do altar sacrificial.

do que um simples incidente bélico: é uma história acerca do equilíbrio precário entre a piedade e a raiva, o heroísmo e a ira cega. E tudo isso sob as vistas dos deuses, capazes de envolver-se apaixonadamente com os destinos dos mortais sem, contudo, abandonar o último grau de afastamento, operando numa escala de tempo e poder além da compreensão humana.

Não menos profunda em sua ressonância tem-se *A odisseia*, o outro grande épico homérico. Mais uma vez há um centro narrativo poderoso e bem específico: os eventos envolvendo o retorno do infinitamente engenhoso herói Odisseu a Ítaca, sua terra natal, após a vitória sobre Troia. Todavia, há muito mais que monstros vencidos e inimigos em casa (os pretendentes da sua esposa, Penélope, devidamente despachados): é também uma exploração do significado de ser civilizado, como expresso no tratamento dado aos mendigos, suplicantes e estrangeiros; da mesma forma, examina emoções que estão longe de ser descomplicadas, especialmente no que tange à ambivalência de Odisseu, atraído por várias mulheres diferentes, mas também por apenas uma. Se *A ilíada* nos oferece apenas relances ocasionais da paz que fornece o arcabouço para a guerra, *A odisseia* evoca uma visão mais sólida daquele mundo de firme e duradoura normalidade, cravado, sobretudo, nas práticas agrícolas e nas relações interfamiliares, em relação às quais mesmo o grande herói precisa se conformar.

Como contemplar esses poemas dentro de seus próprios contextos? Eles foram, obviamente, compilados em algum momento, quando a necessidade de preservar "clássicos" tão reconhecidos se fez presente, mas a poesia épica possuía, igualmente, uma variedade de contextos performáticos. Como já mencionamos, muitas características do verso épico grego (como o uso das fórmulas repetidas), e evidências comparativas advindas de sociedades modernas nas quais a poesia épica permanece sendo um meio vivo, levou acadêmicos a concluir que os poemas foram originalmente compostos como expressão oral, e os próprios versos homéricos mencionam aedos[17] que, acompanhados da lira, entoavam canções heroicas em banquetes nas residências de reis e aristocratas – logo, não é implausível que tais contextos tenham provido o cenário para *performances* ao vivo. Também os festivais religiosos devem ter fornecido contexto aceitável para tais encenações, e sabemos que no Período Clássico havia recitadores profissionais, os rapsodos, que declamavam trechos de Homero em competições públicas. Ademais, apresentações em escala mais modesta também dão testemunho da *performance* do épico: dizia-se de Homero que havia cantado no sapateiro e na *lesche* (sala de reunião comunal). Quando a isso somamos o fato da récita de Homero em voz alta pelos alunos receber particular ênfase nas escolas gregas, começamos a vislumbrar como tais obras de imaginação poética estavam entranhadas no próprio tecido social.

A controvérsia a respeito de numerosos aspectos da poética de Homero perdura, em particular

---

17. No original o autor usa o termo mais geral, "*bard*", bardo. Optamos aqui pelo substantivo mais próximo do grego, aedo (ἀοιδός do verbo ἄδω, cantar) com significado equivalente [N.T.].

Contextos para as narrativas míticas

(Esquerda) Graças à autoridade conferida por seus cajados e sua eloquência, artistas conhecidos por rapsodos cativavam sua audiência com récitas de poesia épica. O pintor desse vaso (c. 480 a.C.) incluiu uma inscrição explicando as palavras do recitador: "Era uma vez em Tirinto...", parte da linha de um hexâmetro de uma narrativa mitológica sobre a qual nada sabemos.

Um dos contextos nos quais reforçava-se o conhecimento da tradição poética mitológica era a escola. Nesta taça ática (c. 490 a.C.) um rapaz recita em frente ao seu professor, que acompanha o texto num rolo de papiro.

(Acima) Interior de uma taça ática (c. 460 a.C.) retratando uma celebração ritual com música, dança e a queima de um sacrifício. Frequentemente grupos de cantores performavam poesia, usando a mitologia como pano de fundo para explorar experiências pessoais.

se ambos os épicos foram compostos por um, dois ou mais poetas. Para os gregos, contudo, houve um único Homero, a quem, de fato, referiam-se simplesmente como "o poeta". Não obstante, ele não foi a única grande figura entre os compositores arcaicos do verso épico (o hexâmetro, metro de seis pés): houve também Hesíodo, com quem é comumente associado e cuja importância para a mitologia rivaliza a sua própria. Dizia-se de Hesíodo ter vivido na pequena vila de Ascra, perto do Monte Hélicon, na Beócia, e suas duas principais obras sobreviventes são *Teogonia* e *Os trabalhos e os dias*, normalmente situadas entre os séculos VIII-VII a.C., embora haja acadêmicos que chegam a considerá-las anteriores aos épicos homéricos.

Como seu nome sugere, *Teogonia*[18] relata o nascimento dos deuses, traçando suas origens até o princípio do universo; eventualmente, após uma terrível sequência de lutas sangrentas pela sucessão, as divindades olímpicas estabeleceram seu domínio, sob o mando incontrastável de Zeus. *Os trabalhos e os dias*, por seu turno, são uma composição mais eclética e, em certa medida, até mais interessante: os "trabalhos" do título se re-

---

18. Θεογονία (*theos*, deus; *gonia*, nascimento): o nascimento ou a origem dos deuses.

Delfos: o estádio antigo, reformado no II século d.C., situado no alto da encosta do monte. Visitantes dos Jogos Píticos, celebrados em honra a Apolo, eram saudados com canções em coral; a mitologia municiava esses poetas com um repertório temático para tais ocasiões.

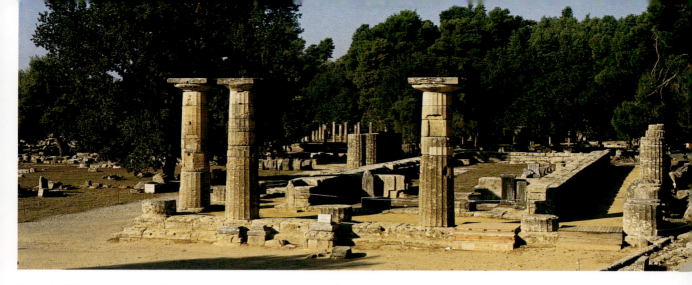

ferem às lides que o fazendeiro precisa executar para que suas colheitas sobrevivam e prosperem, já os "dias" constituem uma espécie de calendário informal dos tempos decorridos em um mês e em um ano, nos quais os vários afazeres – de lavrar o solo a cortar as unhas – deveriam ser realizados. Entremeando esses assuntos, há a recorrente urdidura de referências ao sagrado, incluindo a mitologia. É precisamente em *Os trabalhos e os dias* em que dois mitos imensamente influentes receberam sua mais antiga e autorizada descrição: as Cinco Raças da Humanidade (Ouro, Prata, Bronze, Heróis, Ferro) e o conto de Pandora, o presente tão adorável quanto funesto que os deuses enviaram aos seres humanos.

Era o verso hesiódico, como o homérico, pensado para a *performance*? Ao que tudo indica sim, pois decerto houve oportunidades para recitais em contextos de escala mais modesta, como nas *leschai*, mas a fama verdadeira só teria vindo com apresentações para audiências bem maiores. De acordo com uma tradição inverificável, mas plausível, Hesíodo teria ganho um prêmio por cantar uma de suas composições num concurso em Cálcis, Ilha de Eubeia[19], separada de sua terra natal por um pequeno corpo de água, o Estreito de Euripo. A disputa teria ocorrido durante os funerais de um aristocrata local, ocasião propícia para a comunidade celebrar e explorar sua relação com o passado graças à voz privilegiada da poesia.

O canto em coral

A poética homérica, bem como a hesiódica, era declamada por indivíduos, mas havia outro modo distinto de *performance*: o canto e a dança dos coros, acompanhados pela lira. Frequentemente, tais apresentações eram competitivas, e temos suficientes evidências de competições entre coros de moças ou rapazes. O que as diferenciava da épica era a maneira como o compositor do coral lírico usava a mitologia como rico e ressonante pano de fundo para explorar experiências individuais, em contraste com a voz aparentemente mais "objetiva" do narrador épico.

Esse contexto performático contina um elemento de sagrado, algo que podemos perceber claramente ao observarmos o gênero de coral lírico sobre o qual temos mais conhecimento, o

Olímpia, pátria dos grandes jogos em honra a Zeus. Vemos acima o Templo de Hera, consorte do Pai dos Deuses. Os atletas participavam das competições à vista das divindades, e as conquistas dos vitoriosos eram imortalizadas em elegias recitadas por corais.

---

19. Ilha localizada contiguamente à Grécia Central, da Ática à Beócia [N.T.].

O magnífico teatro antigo de Epidauros, palco deslumbrante para encenações. Graças ao seu excelente estado de conservação e esplêndida localização, continua a ser utilizado em variadas performances.

Sófocles, o grande tragediógrafo ateniense, compôs mais de 120 peças, das quais apenas 7 sobreviveram inteiras – não obstante, são alguns dos dramas mais pungentes já escritos, como Antígona, Electra *e* Édipo Rei. *Este retrato em bronze exibe uma mescla apropriada de curiosidade pelo mundo e simpatia pela humanidade.*

panegírico em honra aos ganhadores dos quatro grandes jogos: os Ístmicos (perto de Corinto) dedicados a Posídon, os Píticos (em Delfos), devotados a Apolo, os Nemeus (em Nemeia, nordeste do Peloponeso) e os Olímpicos (em Olímpia), ambos sob proteção de Zeus. Os campeões desses torneios e suas façanhas eram celebrados em canções entoadas por coros, fosse no local da vitória, fosse em suas próprias comunidades, quando do retorno dos vitoriosos.

Alguns dos mais ilustres poetas da Grécia foram encarregados de imortalizar tais vitórias: Píndaro, mais famoso dentre todos, nascido numa vila perto de Tebas, na Beócia, usou sua linguagem elaborada para exaltar a destreza física dos atletas contemporâneos, envolvendo-os no mesmo esplendor dos seus ancestrais míticos. Exemplo típico desse estilo é o início da *Nona Pítica*, ode em honra à vitória de Telesícrates[20] na prova da corrida com armadura em Delfos.

> *Quero, com as Cárites de funda*
> *cintura anunciando Telesícrates*
> *do brônzeo escudo, vencedor em Pito,*
> *feliz varão, proclamar uma coroa de Cirene, condutora de cavalos.*
> *Dos vales do Pelião, no vento ecoante, arrebatou-a*
> *um dia o Letida*
> *de longas melenas plenas, e carregou a virgem selvagem em áureo*
> *carro para lá onde dela fez senhora*
> *da terra de muitos rebanhos e abundantes frutos*

para habitar a terceira raiz bem amável e vicejante do continente[21].

Drama

De todas as mídias destinadas à narrativa performática dos mitos, nenhuma foi mais notável ou influente do que o drama, forma de arte que nos legou algumas das mais magníficas estruturas arquitetônicas da antiga Grécia. Embora as origens da representação dramática helênica sejam obscuras, é certo que suas características peculiares foram desenvolvidas em finais do VI século a.C., na cidade de Atenas. O dramaturgo mais diretamente ligado a esse período formativo, Téspis, é para nós pouco mais do que um nome[22], ao contrário dos seus sucessores – Ésquilo, Sófocles e Eurípides, na tragédia, e Aristófanes, na comédia – que permanecem reverenciados como poderosos colossos da criatividade.

Suas peças foram apresentadas no Teatro de Dioniso, construído na encosta sul da Acrópole ateniense, e todo ano, durante a primavera, cerca de 15.000 pessoas reuniam-se ao longo dos vários dias do festival em honra ao deus Dioniso, a Grande Dionisíaca, quando então cada um dos três dramaturgos previamente escolhidos apresentava uma trilogia trágica e uma sátira[23]. Em concurso distinto, cinco autores cômicos apresentavam, cada qual, uma única obra, e um júri de cidadãos escolhidos por sorteio votava para determinar o

---

20. O campeão era natural da cidade norte-africana de Cirene, fundada por colonos da Ilha de Tera (Santorini) por volta de 630 a.C. [N.T.].

21. Píndaro. Ode Pítica 9, versos 1-9. In: RAGUSA, G. (trad. e org.). *Lira grega: antologia de poesia arcaica grega* – Nove poetas e suas canções. São Paulo: Hedra, 2014, p. 260-261.

22. Em inglês, este nome deu origem à palavra "*thespian*", sinônimo de ator, como menciona o autor. Em português há o neologismo "tespiano", ainda não dicionarizado [N.T.].

23. Modelo que o autor chama de "tetralogia" [N.T.].

Contextos para as narrativas míticas

O Teatro de Dioniso, logo abaixo da Acrópole ateniense, local onde as grandes tragédias e comédias foram representadas, em competições assistidas por uma audiência de alguns milhares. No centro da primeira fila sentava-se o sacerdote de Dioniso, personificando o grande interesse divino nos eventos que ali desenrolavam-se.

vitorioso em cada competição. As esferas religiosa e civil misturavam-se nesse contexto, fato ilustrado pela presença do sacerdote de Dioniso sentado num dos primeiros assentos do teatro, presidindo os atos notáveis de autoexploração comunal performados pelo coletivo dos cidadãos atenienses.

Em certos aspectos, tragédia, sátira e comédia compartilhavam determinado conjunto de convenções: uns poucos atores mascarados representavam os papéis principais, enquanto o coro, igualmente disfarçado, encarregava-se da continuidade, dos comentários e de fornecer uma perspectiva mais "coletiva" da ação. Da mesma forma, o canto e a dança, acompanhados pelo *aulós*, eram cruciais aos três gêneros, pois conferiam efeito e sentido às apresentações. Não obstante tais semelhanças, havia também muitas diferenças.

Tragédia – As peças trágicas dramatizavam eventos do passado mítico, em especial passagens da Guerra de Troia e suas decorrências, como na *Trilogia Oresteia*, de Ésquilo; *Filoctetes*, *Ájax* e *Electra*, de Sófocles; e *As troianas*, *Hécuba* e *Ifigênia em Áulis* de Eurípides. Sem embargo, desventuras de outros heróis e heroínas míticas eram recriadas com igual poder, particularmente aquelas relacionadas a Héracles (*As traquínias*, de Sófocles; *Héracles*, de Eurípides) e à família de Édipo (*Édipo Rei*, *Édipo em Colono* e *Antígona*, todas de Sófocles). Por fim, mais raramente, mas com não menor efeito dramático, passagens ilustrativas das relações entre os deuses manifestavam-se perante as vistas do populacho ateniense, o caso de *Prometeu Acorrentado*, de Ésquilo. Apenas algumas dessas peças, não mais que trinta, chegaram até nós completas, mas permanecem sendo profundas explorações da condição humana expressas através dessa forma de arte, cujo horror ainda nos conduz ao desconsolo e às lágrimas comovidas.

Sátira – Nas peças satíricas a representação do mito é notavelmente diversa: os sátiros são os companheiros do deus Dioniso; selvagens, libidinosos e de nariz empinado, são usualmente representados com orelhas e caudas equinas. Covardes e grotescos, eles subvertem o *status quo*, invadindo as narrativas mitológicas e reduzindo-as à caricatura ou à farsa. Lamentavelmente, apenas dois exemplos sobreviveram mais ou menos intactos, *Perseguindo sátiros* (ou *Ichneutae*) de Sófocles, e *O Ciclope*, de Eurípides, uma recriação da passagem na qual Odisseu engana o monstro caolho, e cujo sabor nos é dado conhecer através de um breve diálogo entre Sileno, velho líder dos sátiros, e o Ciclope, tão lúgubre quanto brincalhão, e de tal maneira sob efeito do vinho que lhe fora dado pelo engenhoso Odisseu, que vê os sátiros como as adoráveis Graças, e Sileno como Ganimedes, o efebo amante de Zeus:

Laurence Olivier como Édipo em uma produção de 1945 da tragédia sofocleana Oedipus Tyrannos.

(Acima) Uma peça satírica, na qual os grotescos e tarados seguidores de Dioniso representam papel central, é evocada em uma taça de vinho (c. 500-480 a.C.). O deus dedilha a lira.

(Abaixo) Um tema comum às comédias gregas é a transformação fantástica. O pintor deste vaso representou um ator vestido de galo.

Ciclope: Não! Não
Vos abraçarei – são as Graças que me atormentam. Basta-me este Ganimedes. Com ele repousarei deliciosamente, sim pelas Graças! Tenho mais prazer com um garoto do que com mulheres.

Sileno: Sou, por acaso, o Ganimedes amado por Zeus?

Ciclope: Sim, por Zeus! Eu te raptei em Troia.
Sileno: Estou perdido, meus filhos! Terei uma morte horrível[24].

Comédia – O teatro cômico ostentou um rol de diferentes facetas na Antiguidade, das exuberantes e imaginativas fantasias da Comédia Velha, cujo maior expoente foi Aristófanes, às tramas e personagens mais intricados e equilibrados das obras de Menandro. Até onde os textos que sobreviveram nos deixam perceber, o universo mitológico converge muito pouco no teatro de Menandro; já em Aristófanes, e em inúmeros vasos pintados com cenas aparentemente inspiradas na Comédia Velha, os mitos são explorados, virados de ponta-cabeça e de dentro para fora, para melhor servir à comicidade dramática. Algumas vezes, a intenção era puramente paródica, como na peça em que Aristófanes ridicularizou, sem dó nem piedade, *As tesmoforiantes* de Eurípides, versão trágica do mito do herói Télefo. Noutras não há uma alusão

24. EURÍPIDES. O Ciclope, 580-587. In: EURÍPIDES & ARISTÓFANES. *Um drama satírico* – O Ciclope e duas comédias: As rãs e As vespas. Rio de Janeiro: Espaço e Tempo, p. 63 [Pref. e trad. de Junito Brandão].

tão específica, e ocorre apenas de figuras mitológicas, heroicas ou divinas, deparar-se com sujeitos extraídos da vida ateniense contemporânea, cujo exemplo clássico é a lírica e poética peça *As aves*, de Aristófanes, na qual dois cidadãos, enfezados com a vida em sua cidade natal, vão buscar um futuro melhor em Cucolândia-nas-Nuvens, e no caminho encontram-se com Tereu, que costumava ser uma figura mitológica, mas graças aos crimes indizíveis que cometeu fora transformado numa poupa, um pássaro de crista e penas alaranjadas.

Nosso breve olhar sobre os três contrastantes gêneros teatrais demonstra mais uma vez que o mundo da mitologia grega não é fechado, fixado ou dominado pela ortodoxia. Muito pelo contrário, é móvel, fluido, sensível às várias demandas do contexto, e em nenhum outro lugar isso fica mais claro do que na justaposição de dois retratos de Dioniso ao final do V século a.C. Em *As rãs*, de Aristófanes (405 a.C.), o deus aparece num disfarce absurdo e covarde enquanto desce, engraçado e tumultuoso, até o Hades em missão para trazer o poeta Eurípides de volta ao mundo dos vivos. Poucos que o encontram o tratam com respeito ("Senta aqui, gordo, e para com tuas besteiras", berra Caronte, o barqueiro das almas dos mortos). Já em *As bacantes*, de Eurípides, apresentada pouco depois da morte do poeta e separada de *As rãs* por uns poucos meses, Dioniso é o terrível castigador do desventurado Rei Penteu, que negara ao irresistível recém-chegado a divindade no mesmo patamar dos deuses Olímpicos. Os poucos traços de humor são macabros, fruto do sadismo de Dioniso brincando com sua vítima, a qual, eventualmente, é esquartejada, membro a membro, pela própria mãe e suas irmãs.

Mitos escritos

Muitos dos contextos performáticos que acabamos de ver permaneceram fornecendo, Antiguidade adentro, o arcabouço para a narração mitológica oral. Para citar um exemplo óbvio, um aspecto da extraordinária expansão da cultura grega na esteira das conquistas de Alexandre foi a fundação de cidades (as póleis), e em cada pólis uma das construções mais características era, precisamente, o teatro, espaço lídimo para encenação dos dramas, cujo foco ateniense original não inibiu sua subsequente, e multissecular, popularidade pan-helênica. Em paralelo a tais contextos orais e performáticos, porém, começaram a se desenvolver círculos literários mais específicos, destinados à recontagem das histórias tradicionais, cujos rastros podem ser detectados já no Período Arcaico, mas que só durante a Era Helenística ganharam potência, em especial na atmosfera helenizada e particularmente intensa da cidade de Alexandria, no Egito.

Podemos distinguir três meios principais através dos quais o material do mundo da mitologia submeteu-se à atividade de recriação literária.

Primeiro, há vários exemplos de textos que, embora compostos naqueles mesmos estilos de outrora (narração de mitos apresentada oralmente), parecem ter sido pensados, já na origem, como textos para serem lidos: é o caso da *Argonautica* ("A Expedição dos Argonautas"), poema épico em quatro tomos composto por Apolônio de Rodes no III século a.C.: o metro (hexâmetro datílico), várias características da linguagem, e numerosos aspectos do enredo demonstram que essa intrincada composição, uma releitura de *A ilíada* e de *A odisseia*, destinava-se a um público leitor cultivado, que saberia apreciar tanto esses ecos homéricos quanto as sutis divergências em relação à vereda que seu grande predecessor havia trilhado. O texto de Apolônio também guardava semelhanças e diferenças em relação aos trabalhos de outros autores que já haviam lidado com a história de Jasão e Medeia anteriormente, em especial Píndaro (em sua *Quarta Pítica*) e Eurípides (autor da tragédia *Medeia*), um processo complexo de alusões descrito, por alguns críticos literários modernos, como "intertextualidade".

Em segundo lugar, podemos perceber a emergência de textos que parecem ser gêneros completamente inéditos de narrativa mitológica escrita, e de novo a Alexandria helenística representou um papel decisivo. Duas obras podem ser apontadas como exemplares em relação a esse desenvolvimento a que nos referimos: a *Metamorfose* e a *Biblioteca* (da mitologia). Na primeira, seu autor, Antonino Liberal (provavelmente II século d.C.), usa uma prosa sucinta para recontar, em linhas gerais, as histórias em que mortais e deuses experimentam miraculosas transformações. Sua coleção carece da exuberância literária e do virtuosismo que caracterizam o grande autor de tais contos, o gênio poético romano Ovídio, mas ilustra bem o fato de que, durante o período no qual o escritor e suas fontes helenísticas estavam na ativa, havia públicos leitores propícios a revisitar os antigos contos sobre transmutações. Igualmente exíguo e elementar é a compilação que chegou até nós sob o título de *Biblioteca*, atribuída a um certo Apolodoro (de datação imprecisa, alguns especialistas sugerem o II século d.C.), e nesse caso sequer é possível distinguir um tema básico, como nas histórias de metamorfose de Antonino, pois o livro afirma ser "o mundo completo da mitologia grega"! Em que pese sua falta de pretensão à qualidade literária, esse compêndio faz jus a uma segunda leitura, se

(Acima) O espetacular teatro de Segesta (oeste da Sicília) visto do alto. Sua magnífica localização providenciou o cenário para grandes tragédias e comédias da Grécia antiga.

(Abaixo) No Período Helenístico, os reis de Pérgamo, na Ásia Menor, ansiaram superar as conquistas culturais de Atenas e Alexandria. O teatro de Pérgamo foi perfeitamente desenhado para ajustar-se à curvatura do aclive da cidadela.

> Contextos para as narrativas míticas

mais não for porque sua recorrente preocupação em apontar variantes alternativas de histórias específicas nos recorda do fato basilar de não ter existido uma única e ortodoxa forma de recontar quaisquer dos mitos.

Há ainda um terceiro tipo de texto, quiçá o mais significativo em termos daquilo que revela sobre a alocação dos mitos dentro da cultura grega. Seus autores não apenas os recontam, mas implicitamente exploram as fronteiras "do mítico", especialmente em oposição à categoria do "verificável", oposição essa algumas vezes expressa pelo contraste entre *mythos* (donde a nossa palavra, "mito") e *logos*, termo cujos significados vão de "palavra" e "história" a "razão". Alguns dos mais espetaculares trabalhos de brilho intelectual e imaginativo que sobreviveram à Antiguidade situam-se, precisamente, nesse gênero exploratório, e pertencem às categorias de "história" e "filosofia".

Historiadores

Para ilustrar as diversas formas de abordagem do "mito" de que os historiadores poderiam lançar mão, citemos os maiores dos maiores: Heródoto e Tucídides. O projeto ao qual Heródoto (V século a.C.) se dedicou em suas *Histórias* é narrar e explicar as causas das Guerras Médicas (primeiro quartel do século V a.C.), e como parte do cenário desse evento sanguinolento, ele remete a episódios mais antigos, situados no tempo do mito, durante o qual gregos e os chamados "bárbaros" (ou seja, não falantes de grego) estiveram em conflito. O que é mais importante, e absolutamente típico da maneira como os helenos percebiam os relatos de seu passado mitológico, é que Heródoto segue uma estratégia dúplice: por um lado, inclui a mitologia no conjunto de evidências que o historiador deve levar em conta, mas por outro ele a sujeita a constante escrutínio, conforme os princípios de verificabilidade e plausibilidade. Logo no começo do seu texto, por exemplo, ele menciona certas heroínas míticas que foram raptadas por um dos grupos – Io pelos fenícios; Europa e depois Medeia pelos gregos, e Helena pelo "bárbaro" Páris – e apresenta esses atos individuais como prenúncios da futura Guerra Greco-pérsica. Os mitos não são dispensados como "meras" estórias, tampouco considerados repositórios da verdade sagrada e intocável, mas sim um tipo a mais de matéria-prima que alimentará as engrenagens do historiador. Mas embora Heródoto aceite, tacitamente, a historicidade desses heróis e heroínas, silencia a respeito dos detalhes mais extravagantes das suas histórias – Zeus transmutando-se em touro para sequestrar Europa, por exemplo.

Contos de deuses e heróis ocupam apenas uma pequeníssima parte da narrativa histórica do grande sucessor de Heródoto, Tucídides (segunda metade do V século a.C.), que registrou e tentou conferir sentido à Guerra do Peloponeso. Contudo, na primeira parte de sua narrativa, para demonstrar como esse conflito fora mais importante do que qualquer outro que o precedera, ele usa a "história antiga", volta-se para a mitologia e investiga com lupa a credibilidade dos dados – até mais incisivamente do que seu próprio antecessor. Em sua prática como historiador, Tucídides rejeita explicitamente o recurso ao mito, e num maldisfarçado ataque a Heródoto escreveu: é provável que minha história não seja tão fácil de ser ouvida graças à ausência de *to mythodes* ("o mítico", o "fabuloso"). Ainda assim, aceita sem questionar a historicidade da Guerra de Troia; apenas, sendo o historiador cuidadoso que é, submete algumas das afirmações feitas nos poemas homéricos ao julgamento da *Realpolitik*: "Tendo a pensar que Agamenon foi capaz de reunir a expedição por ser o mais poderoso monarca do seu tempo, e não tanto porque os pretendentes de Helena tivessem unidos pelos juramentos feitos a Tíndaro". Uma vez mais, os mitos nem são dispensados como pura ficção nem aceitos como doutrina imutável.

Filósofos

Assim como os historiadores conduziram um diálogo com o mundo da mitologia, também aqueles a quem chamamos "filósofos" o fizeram. A abordagem mais corriqueira da história da filosofia grega antiga apresenta-a como o registro de um seleto grupo de pioneiros intelectuais que lutaram contra o ambiente mítico religioso no qual eles e seus concidadãos se inseriam até, finalmente, derrubá-lo. Os primeiros desses pioneiros são conhecidos como Pré-socráticos, pensadores individuais, especulativos, oriundos de uma variedade de póleis gregas e ativos entre os séculos VI e V a.C. Um deles chamava-se Xenófanes de Cólofon, e em sua opinião os deuses homéricos e hesiódi-

Estes antigos retratos conferem formas majestáticas (ainda que idealizadas) a quatro dos grandes intelectos gregos. De cima para baixo: os historiadores Heródoto e Tucídides, e os filósofos Platão e Aristóteles.

cos eram francamente imorais, "ladrões, adúlteros e trapaceiros uns dos outros"; mais radicalmente, argumentou que não apenas alguns dos comportamentos excessivamente humanos dessas divindades, mas até sua própria natureza antropomórfica, deveriam ser colocados em questão, uma vez que seres humanos, logicamente, concebem as ideias de seus deuses à luz de sua própria imagem: deidades etíopes, negras do nariz achatado; trácias de olhos azuis e cabelos ruivos. Outra voz ainda mais impressionante que se levantou contra a mitologia tradicional foi Platão (séculos V-IV a.C.), igualmente afrontado pelas imoralidades descritas nos antigos poemas. Contestando tais histórias de ignomínia, elaborou uma concepção mais elevada e absoluta da divindade, que somente poderia ser alcançada através do poder do argumento dialético. Por fim veio Aristóteles (IV século a.C.), cujas prioridades intelectuais de observação empírica e argumentação lógica não encontravam acolhida nas fantasias dos poetas ou nas histórias dos contadores.

Essa narrativa é uma simplificação enganosa. Claro, uma série de pensadores brilhantes (dentre os quais os Pré-socráticos, Platão e Aristóteles) definiu os aspectos centrais de suas posições filosóficas em oposição aos mitos antigos; contudo, essas estratégias intelectuais inovadoras exerceram pouco impacto perceptível sobre as atitudes mais amplamente aceitas e socialmente inculcadas em relação às histórias de deuses e heróis – noutras palavras, tais especulações foram largamente irrelevantes. Da mesma forma, esses mesmos pensadores, em graus diversos, vinculavam-se intelectualmente às hipóteses subjacentes às narrativas tradicionais. Muitas das crenças de filósofos pré-socráticos como Empédocles e Pitágoras podem, com justiça, ser descritas tanto como "filosóficas" quanto como "míticas" ou "mágicas" ("eu caminho dentre vós como um deus imperecível", escreveu Empédocles, "não como um reles mortal"). Platão, por seu turno, esteve bem consciente da contribuição que tais histórias, os *mythoi*, poderiam oferecer à busca pela verdade, desde que o fato de não serem totalmente verdadeiras fosse levado em consideração: é esta a tônica na qual relata o "mito de Er" ao final do seu diálogo *A república*, um conto que, ao especular sobre os destinos de vários tipos de mortais após o falecimento e o modo como suas almas poderiam escolher o tipo de vida na qual seriam renascidos (Er supostamente voltou à vida em sua pira funerária, e se pôs a descrever as experiências que havia tido no Outro Mundo), arrisca-se em território inacessível a procedimentos mais ortodoxos da argumentação dialética platônica.

Quanto a Aristóteles, é fato que seus escritos sobre ciência e lógica remetem à mitologia ainda menos que as investigações de Tucídides, mesmo assim ele admite que as evidências produzidas pelos *mythologoi* (contadores de mitos) precisam ser, de quando em vez, levadas em conta. De fato, dada a crença aristotélica de que a História é cíclica, esses escritos podem ter preservado o registro de explicações mais primitivas, a respeito das quais o filósofo/cientista contemporâneo precisa estar a par. É necessário se faz relembrar que mesmo Aristóteles escutou, quando criança, tais histórias, manipulou toda sorte de recipientes com decorações mitológicas, aprendeu Homero na escola, foi ao teatro e escreveu, no devido tempo, o mais influente tratado já escrito sobre o tema, *A poética*, no qual sua brilhante análise da tragédia acentua a importância do enredo – que em grego é designado por aquela palavra de maravilhosa versatilidade, *mythos*.

Platão ataca a mitologia tradicional

Nesse extrato de *A república*[25], Sócrates e seu interlocutor, Adimanto, discutem o quão indesejável seria se algumas das histórias tradicionais a respeito dos deuses fossem contadas na cidade ideal:

Sócrates: Antes de mais nada, a mim me parece que devemos supervisionar os contadores de história, certificando-nos de que apenas as histórias nobres sejam escolhidas, e rejeitando todas as outras. Devemos persuadir as mães e as amas a contar para suas crianças apenas as selecionadas, massageando-lhes as almas mais do que os corpos. Daquelas que hoje conhecemos, a maioria deve ser descartada.

Adimanto: A quais histórias te referes?

Sócrates: Julguemos as grandes como as pequenas, pois tanto na forma quanto no efeito umas e outras devem ser equivalentes. O que acha?

Adimanto: Concordo, mas a quais "grandes" histórias te referes?

Sócrates: Àquelas contadas por Hesíodo, Homero e outros poetas. Essa gente compôs, e continua compondo, falsas histórias e contando-as à humanidade.

Adimanto: Quais histórias? E qual objeção tens a elas?

Sócrates: A princípio, a objeção precisa ser enfaticamente apresentada se, além de falsa, a história carecer de beleza.

Adimanto: Como assim?

Sócrates: Quando um narrador apresenta uma aparência ruim dos deuses e dos heróis, é como um pintor que faz um retrato defeituoso.

Adimanto: De fato, é algo que deve ser objetado. Mas a que sorte de defeitos nos referimos, exatamente?

Sócrates: Primeiramente, a maior das mentiras escritas, sem beleza, a respeito das maiores criaturas: a história que Hesíodo imputou a Urano, e a subsequente vingança que Cronos lançou sobre ele. Quanto aos atos de Urano, e o que sofreu em mãos de seu filho, ainda que fossem verdade, não deveriam ser contadas, penso eu, descuidadamente aos pequenos, ainda carentes do juízo. Pelo contrário, deveriam ser silenciadas, ou, se estritamente necessário, repassadas a poucos e apenas no contexto dos mistérios secretos, em ritual que envolvesse o sacrifício não de um porco, mas de animal tão grande quanto difícil de ser encontrado. Assim sendo, tais histórias seriam ouvidas pelo mínimo possível de pessoas.

Adimanto: De fato, tais histórias são traiçoeiras.

Sócrates: E portanto, Adimanto, não deveriam ser contadas em nossa cidade.

O Sócrates Platônico continua a descartar como inadequado o mito da batalha entre Deuses e Gigantes, assim como todos os demais tipos de disputas entre divindades. Ele próprio um maravilhoso contador de histórias, Platão está muito bem ciente do poder que têm, para o bem ou para o mal, as narrativas imaginativas sobre façanhas divinas e heroicas.

---

25 *A república*, livro II, 377d-378b.

História dos primórdios

A busca pelas origens é universal. Assim como os indivíduos buscam estabelecer uma noção das próprias raízes traçando sua ancestralidade, da mesma forma os grupos sociais, as comunidades, e até mesmo civilizações inteiras legitimam e autenticam seu lugar no mundo fazendo afirmações sobre de onde vieram, e os mitos são uma das maneiras mais eficazes de sustentar tais aspirações, pois as fundamentam dentro de uma ordem genuína de coisas, conferem à meramente fortuita atualidade o seu início, situado numa era mais definida e legítima. E não se trata somente das origens da ordem social: o mito também relata o surgimento da raça humana e do próprio cosmos.

Os gregos contaram muitas histórias sobre as origens; algumas versavam sobre o aparecimento de determinadas cidades ou grupos sociais; outras, sobre a aurora da humanidade ("antropogênese"); algumas recuaram ainda mais, questionando as origens dos deuses ("teogonia") e do próprio universo ("cosmogonia"). Todas essas categorias de mitos serão discutidas neste capítulo, e começamos com aqueles que focaram na questão primordial: Como surgiu o cosmos?

Afrodite ergue-se da espuma do mar, nascida da genitália decepada do deus céu Urano. A extraordinária sensualidade do drapeado tornou esse relevo em mármore em um ícone da beleza feminina (o "Trono Ludovisi", talvez parte de um altar, meados do V século a.C.).

II Mitos das origens

Cosmogonia

Relatos sobre a origem e o desenvolvimento do universo podem ser encontrados em muitas culturas ao redor do globo, e mesmo nossa sociedade contemporânea e cientificista possui sua própria maneira de narrar tais fatos através da teoria cosmológica. Tal e qual outros povos, os gregos contaram suas próprias histórias sobre a origem de tudo o que existe; tais narrativas não atingem grande volume dentro do *corpus* mitológico helênico, que dedica mais atenção aos feitos das divindades e dos heróis num mundo já constituído, mas ocasionalmente suas especulações recuaram até as origens primeiras, e um notável exemplo encontra-se numa das mais antigas obras literárias gregas que chegou até nós.

Teogonia, de Hesíodo

Afirmar conhecer as origens primeiras é afirmar-se detentor de uma sabedoria bem mais abrangente que a quotidiana, e na Grécia antiga os poetas (inspirados pelas Musas) constituíam um grupo em condições de sustentar uma alegação de tal natureza. O exemplo mais antigo que chegou às nossas mãos é o poema *Teogonia*, de Hesíodo (séculos VIII-VII a.C.), cujos temas são combates violentos, desejo e a vitória final das divindades olímpicas liderados por Zeus, cuja autoridade, acreditava-se, ainda se conservava no tempo de vida do poeta. Examinemos, pois, esta complexa narrativa em detalhes.

No começo de tudo havia o Caos, que não significa "desordem", mas antes "abismo" ou "vazio", no sentido de um espaço escuro, abissal. Em seguida vieram Gaia ("Terra") e Eros ("Amor Sexual"), princípios cuja existência é pré-requisito para todos os atos de subsequente procriação que gradualmente

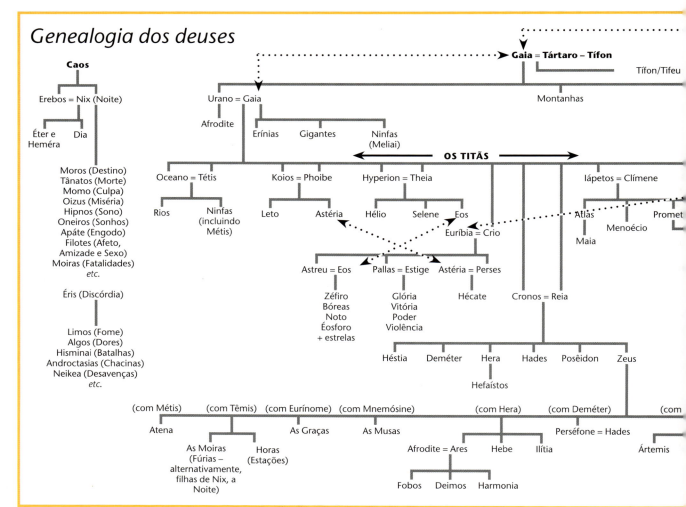

Cosmogonia

povoaram o cosmos. Desses três (com a possível adição, segundo uma leitura de Hesíodo, do Tártaro, uma região sombria e assustadora abaixo da Terra) originou-se tudo o que existe.

A seguir apareceram os atributos que definem o mundo em termos mais espaciais e temporais: o Caos engendrou Érebos (um escuro reino infernal semelhante ao Tártaro) e Nix (a Noite) que, após a união com Érebos, gerou Éter (algo entre "Leve" e "Ar"[26]) e Heméra (Dia[27]). Gaia concebeu, sozinha, Urano ("Céu"), que lhe servia como um cobertor permanente e perfeitamente ajustado[28], Óreas (Montanhas) e Póntos (Mar). Mais relevantes, sob a perspectiva do posterior desenvolvimento da história, são os filhos que Gaia teve com Urano, que incluíam uma raça de divindades conhecidas como os Titãs, dentre os quais Oceano, o rio que

26. Frequentemente referido como à atmosfera [N.T.].
27. Em grego um ente feminino [N.T.].
28. "Terra primeiro pariu igual a si mesma / Céu constelado, para cercá-la toda ao redor". HESÍODO. *Teogonia*, 126-127. São Paulo: Iluminuras, 2006, p. 109 [Trad. de Jaa Torrano].

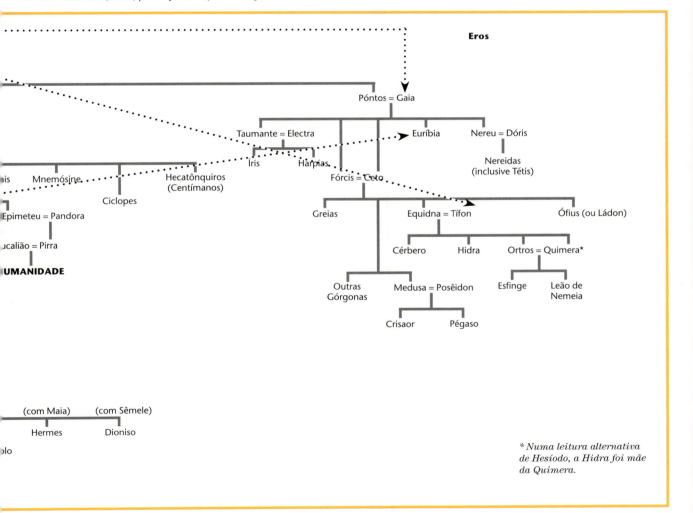

Oceano era o grande rio que corria em torno da terra, e também a fonte de todas as águas-doces. Em sua forma humana, um velho barbado, ele tornou-se uma imagem particularmente familiar em tempos romanos. Esta ilustração é proveniente de uma grande travessa de prata do Tesouro de Mildenhall, IV século d.C.

* *Numa leitura alternativa de Hesíodo, a Hidra foi mãe da Quimera.*

Cosmogonia

circunda o mundo, e Cronos, sua derradeira e mais traiçoeira prole; os ciclopes, monstros de um olho só e artífices dos raios; e os Hecatônquiros[29], criaturas com cinquenta cabeças e cem braços saindo de seus ombros.

A sucessão dos deuses

À vista disso, o cenário está preparado para um dos temas centrais do poema: o violento embate pela sucessão. Divindades não abdicam espontaneamente do seu poder, e este tampouco diminui com a idade; dessa feita, os deuses são prisioneiros de uma luta aparentemente inglória contra sua própria descendência: o inamovível *versus* o irresistível. A narrativa de *Teogonia* mostra que velhas deidades podem ser subjugadas por outras mais jovens, desde que estas últimas se mostrem suficientemente sagazes e ousadas – o caso de Urano e Cronos.

Urano tentou evitar que seus filhos com Gaia viessem à luz metendo-os dentro da cavidade da mãe na medida em que nasciam, um ato de bloqueio que é contraparte de outro aspecto característico do comportamento desse deus: seu ininterrupto apetite sexual – uma outra forma de dizer que, naquele tempo, Céu e Terra formavam um todo indissolúvel.

Para alterar tal estado de coisas fez-se necessário um ato de violência calculada e atroz: no momento em que Urano, uma vez mais, se esparramou sobre Gaia durante o coito, Cronos saltou de seu esconderijo e cortou-lhe a genitália com uma foice feita de adamantino, substância de força inimaginável. Consumado o ato de separação, o filho jogou fora os órgãos castrados do pai, cuja capacidade fecundante permaneceu, a despeito da investida, notavelmente ilesa: a mistura de sangue com sêmen, prodigiosamente fértil, não falhou em gerar novas vidas, e onde suas gotas caíram inseminaram Gaia, surgindo assim as Erínias[30], os Gigantes e as Ninfas (*Meliai*). E da própria virilidade amputada gerou-se a deusa Afrodite, que destilou em sua natureza mesma a sexualidade implícita no modo de sua concepção.

Teogonia, de Hesíodo: genealogia

A separação de Urano e Gaia assinalou uma mudança definitiva: dali em diante, os Titãs aprisionados poderiam se libertar, dispor do seu poder e gerar sua própria descendência. Mas antes de chegar a esse ponto culminante da narrativa, Hesíodo se ocupou em completar outra parte da matriz genealógica, listando a descendência (e seus respectivos descendentes) de dois seres primordiais, Nix e Póntos, e em ambos os casos é perceptível a presença de uma "lógica mitológica" em operação.

Dentre os macambúzios descendentes de Nix estão Moros (Destino), Tânatos (Morte), Momo (Culpa) e Oizus (Miséria, porque a noite é infeliz); Hipnos (Sono) e Oneiros (Sonhos), Apáte (Engodo) e Filotes (Afeto, Amizade e Sexo, todos competentes à noite); as Moiras (as Fatalidades, porque o destino de alguém só se cumpre plenamente na morte, também apanágio noturno); e finalmente Éris (Discórdia), que por sua vez produziu alguns ineluctáveis aspectos da existência, tais como Limos (a Fome), Algos (as Dores), as Hisminai (Batalhas), as Androctasias (Chacinas) e as Neikea (Desavenças).

De Póntos veio toda sorte de criaturas, algumas encantadoras, outras abomináveis, que povoam o mundo, especialmente suas águas. Seu primeiro filho foi Nereu, o Justo Ancião do Mar, que em sua união com Dóris, filha de Oceano, gerou

---

29. Centímanos, em latim [N.T.].

30. Fúrias, em latim [N.T.].

O nascimento de Afrodite

A maestria do escultor do "Trono Ludovisi" (cf. p. 42-43) salienta a doce sedução de Afrodite.

Aí muito boiou na planície, ao redor branca
espuma da imortal carne [o pênis] ejaculava-se, dela
uma virgem criou-se. Primeiro Citera divina
atingiu, depois foi à circunfluida Chipre
e saiu veneranda bela Deusa, ao redor relva
crescia sob esbeltos pés. Afrodite
Deusa nascida de espuma e bem-coroada Citereia
apelidam homens e Deuses, porque da espuma
[*aphros*] criou-se e Citereia porque tocou Citera,
Cípria porque nasceu na undosa Chipre, e
Amor-do-pênis [*philommeides*] porque saiu do
pênis [*medea*] à luz.
Eros acompanhou-a, Desejo seguiu-a belo,
tão logo nasceu e foi para a grei dos Deuses.
Esta honra tem desde o começo e na partilha
coube-lhe entre homens e Deuses imortais
as conversas de moças, os sorrisos, os enganos,
o doce gozo, o amor e a meiguice[31].

(da *Teogonia* de Hesíodo)

---

31. HESÍODO. *Teogonia*, 191-210. Op. cit., p. 113.

cinquenta adoráveis Ninfas marinhas. O segundo, chamado Taumante, teve relação similar com outra oceânide[32], Electra, e contou dentre seus descendentes as Harpias, céleres como o vento, e Íris, a divina mensageira e deusa do arco-íris. Um terceiro filho, Fórcis, deitou-se com a própria irmã, Ceto ("Monstro Marinho"), e juntos produziram uma hoste de horrendas criaturas: as Greias (mulheres velhas já no nascimento), as Górgonas e provavelmente (o texto é dúbio a respeito) a Equidna, ninfa da cintura para cima e serpente da cintura para baixo, habitante das cavernas, cuja progênie incluiu a Quimera e a Esfinge – percebe-se aqui haver um padrão inerente à genealogia mitológica grega: uma relação monstruosa gerará descendência igualmente monstruosa.

A narrativa, então, retoma o contato com os Titãs, descendentes de Urano e Gaia. Oceano, o rio que a tudo circunda, deitou-se com sua titânida irmã Tétis, e sua descendência foram os rios, grandes e pequenos, e as Ninfas, cujo número afirmava-se chegar a 3.000. O catálogo que Hesíodo fez com o nome de algumas delas ilustra bem o tipo de feitiço encantatório que uma "simples" lista pode exercer sobre uma audiência:

> Persuasiva, Virgínea, Violeta, Ambarina
> Dádiva, Popa, Celeste de divina aparência,
> Equina, Clímene, Rósea, Belaflui,
> Núpcia, Clítia, Sábia, Persuasora,
> Plexaura, Galaxaura, amável Dione
> Pecuária, Veloz, formosa Polidora...[33]

---

32. Filhas de Oceano [N.T.].
33. HESÍODO. *Teogonia*, 349-354. Op. cit., p. 121. O tradutor brasileiro optou por enumerar as Ninfas de acordo com os atributos que personificavam; o autor do presente livro, por sua vez, apresentou-as pelo seu nome grego: Peito e Admeta, Ianta e Electra / Dóris, Primno e à diva semelhante

Essa filiação não estabeleceu, de modo algum, uma conexão perceptível entre todas essas Ninfas e as águas (cf. p. 184-185), mas ao menos com uma foi diferente: Estige, um riacho a cujas águas foram atribuídos poderes temerários sob o reinado de Zeus, pois era em seu nome que os deuses faziam seus juramentos (cf. p. 209).

Teogonia, de Hesíodo: o nascimento de Zeus

Os Titãs viveram num tempo que era, simultaneamente, "anterior" e transicional, um tempo no qual mesmo os delineamentos físicos mais incipientes do mundo estavam ainda sendo traçados.

Urânia, / Hippo, Clímene, Ródea e Calírroe, / Zeuxo, Clítia, Eidia e Pasíthoe / Plexaura e Glaxaura, e a amável Dione / Melobosis, Toa e a bela Polidora...

O velho deus-marinho Nereu, filho de Póntos, percorre seus domínios montado em um hipocampo, um híbrido maravilhoso, habitante das profundezas (Taça ática, c. 520 a.C.).

O Monte Ida (atual Monte Psilorítis), em Creta, era um dos lugares onde a tradição situou o nascimento de Zeus. Com 2.500m de altura, é uma das vistas mais dramáticas da paisagem cretense.

Uma das representações mais comoventes do mito de Cronos é este relevo em mármore (II século d.C.) no qual Reia oferece uma pedra enrolada ao marido, que acredita ser seu filho bebê, Zeus. As tranquilas expressões das personagens falseiam a selvageria que permeia o episódio: Cronos devorou seus filhos um a um, para evitar que eles, eventualmente, usurpassem-lhe o poder.

Assim, quando dois titãs, Teia e Hipérion, compartilharam o leito, engendraram Hélio (Sol), Selene (Lua) e Eos (Aurora), que por sua vez gerou os ventos e as estrelas. Dois outros casais titânicos, Febe e Céos e Reia e Cronos, conduzem a narrativa hesiódica ao limiar da Era Olímpica: aqueles geraram Leto, que em breve se tornaria mãe de Apolo e Ártemis, e a união destes últimos, ainda mais importante, anunciou o próximo estágio da luta cósmico-dinástica pela sucessão.

Desse matrimônio vieram Héstia (Lar), Deméter, Hera, Hades, Posídon e, por fim, Zeus. Cronos aprendera com os pais a temer a deposição sob as mãos dos próprios rebentos, e ao passo que Urano, seu pai, tentara bloquear sua sucessão enfiando seus filhos de volta em Gaia, ele lançou mão de uma outra tática: sendo impossível matar seres divinos, engoliu-os inteiros. Aflita por ver seus recém-nascidos, um após o outro, serem devorados, Reia buscou o conselho de seus pais, e seguindo sua sugestão foi até Creta quando estava prestes a dar à luz ao seu caçula, e numa caverna – que Hesíodo situa em Licto[34], mas outras fontes localizam nos Montes Dícti ou no Monte Ida – ela pariu

34 Creta Central [N.T.].

o filho, e no intuito de enganar seu voraz marido enrolou em cueiros uma pedra, que acabou sendo devidamente devorada. Sem demora, as forças de Zeus cresceram, e ele fez Cronos vomitar tudo o que havia engolido: primeiro a pedra (que colocou em Delfos "para que se tornasse um monumento ao porvir e um objeto de assombro para os homens mortais") e depois seus irmãos.

Teogonia, de Hesíodo: o poder de Zeus

O restante da *Teogonia* detalha os meios pelos quais Zeus estabeleceu em definitivo o seu poder. Primeiro ele enganou Prometeu, filho do titã Iapetós (cf. p. 54-57), e depois, com os formidáveis Hecatônquiros ao seu lado, liderou os Olímpicos numa batalha de proporções verdadeiramente cósmicas: "a chama indescritível chegou ao santo céu, e o brilho fulgurante do raio e do trovão ofuscou mesmo os mais fortes". Derrotados, os Titãs foram confinados ao Tártaro (mais uma vez, a noção de aprisionamento substitui a de assassínio, dada a condição de imortais), mas mesmo assim a autoridade de Zeus permanecia em risco, dessa vez graças ao monstruoso Tífon, filho de Gaia com o lúgubre Tártaro[35].

> Ele tem braços dispostos a ações violentas
> e infatigáveis pés de Deus poderoso. Dos ombros
> cem cabeças de serpente, de víbora terrível,
> expeliam línguas trevosas. Dos olhos
> sob cílios nas cabeças divinas faiscava fogo
> e das cabeças todas fogo queimava no olhar.
> Vozes havia em todas as terríveis cabeças
> a lançar vário som nefasto [...][36].

Mas eventualmente Tífon veio a sucumbir do mesmo modo ao poder do raio, e foi aprisionado no Tártaro (ou segundo algumas versões, sob o Monte Etna[37]).

Numa derradeira seção genealógica, Hesíodo delineia os casamentos dinásticos através dos quais Zeus consolidou o seu poder: sua primeira esposa foi Métis (Habilidades), e quando soube que o rebento que carregava em seu ventre, Atena, governaria homens e deuses, tomou a atitude, já então nada insólita, de engolir a mulher grávida, significando que o rebento sairia dele próprio – em verdade, aflorando do alto de sua cabeça, aberta com um machado feito por Hefaístos ou Prometeu (as fontes divergem). Bloqueada, em definitivo, a sucessão, os relacionamentos que Zeus veio a estabelecer daí por diante geraram filhos que apoiariam o pai nas linhas gerais do seu reinado, ao invés de confrontá-lo. Com Têmis (Devida Ordem) engendrou as três adoráveis Horas (Estações) – Eunomia (Legalidade), Dice (Justiça) e Irene (Paz) – e as

35. Nome que se refere tanto a um lugar quanto a um personagem.
36. HESÍODO. *Teogonia*, 824-831. Op. cit., p. 147.
37. Leste da Sicília [N.T.].

Cosmogonia

(Esquerda) O nascimento de Atena da cabeça de Zeus (vaso de figuras negras, VI século a.C.). A deusa guerreira está armada, pronta para tomar seu lugar junto aos demais Olímpicos. Empoleirada no trono de Zeus está a coruja, o símbolo inescrutável tanto de Atena quanto de Atenas.

De acordo com uma variante da tradição mitológica, os pais de Afrodite eram Zeus e Dione. O casal divino era adorado em Dodona (Épiro), onde esta moeda com suas efígies foi cunhada (finais do III século a.C.).

três Moiras (Fatalidades) – Cloto (Fiandeira), Láquesis (Sortidora) e Átropos (Inflexível). Com a oceânide Eurínome teve as Cárites (Graças): Aglaia (Beleza), Eufrosine (Júbilo) e Tália (Florescente). E do romance com a titânida Mnemósine (Memória) vieram as Musas.

Outros enlaces abriram as portas ao advento de importantes divindades olímpicas: Apolo e Ártemis (com Leto), Ares (com Hera) e Hermes (com Maia, filha de Atlas e neta de Iapetós). Hefaístos nasceria de Hera sozinha, um toma-lá-dá-cá em relação à gênese inusitada de Atena (vale lembrar que a versão homérica concede a esse deus um surgimento menos anômalo, fruto de Zeus e Hera unidos). Quanto a Dioniso, seu perceptível lugar como fim-de-rama é bem expresso pelo fato de sua mãe, Sêmele, ser uma mortal – levantando a questão sobre os seres humanos (cf. p. 53s.).

A instauração do poder de Zeus está, agora, completa, e não há indício de que seja um regime temporário: nessa concepção da disposição do mundo (e a visão que Hesíodo expressa é semelhante à da maioria dos gregos), não se imagina um "crepúsculo dos deuses", como no padrão escandinavo da ideia de Ragnarok (o dia da destruição do mundo, quando o grande deus Odin será engolido por Fenrir, um lobo medonho). No esquema hesiódico, Zeus é a soberania, e jamais passará.

Outras versões da cosmogonia e da teogonia

O relato de Hesíodo a respeito do princípio das coisas é o mais antigo e detalhado que chegou até nós, e era considerado na Antiguidade como particularmente influente, mas não como única ou exclusivamente abalizado. Havia numerosas variantes, algumas completando a obra hesiódica e outras divergindo dela consideravelmente.

Afrodite. Um pequeno, mas significativo, exemplo dessa divergência é a questão da filiação de Afrodite. De acordo com A ilíada, ela não nascera da genitália castrada de Urano, mas de uma forma mais ortodoxa, filha de Zeus com Dione, uma figura pouco conhecida e citada nas evidências mais extensas como consorte do deus maior no Oráculo de Dodona, no Épiro. Essa genealogia homérica muda a ênfase da personagem, da Afrodite-princípio-cósmico para Afrodite-divindade-antropomórfica, e de fato em Homero a deusa é bem mais humana: quando ferida na mão pelo herói mortal Diomedes, ela corre da batalha para ser confortada pela mãe, como uma criança que se machucou no parquinho.

Tífon ou Tufão. Outra divergência em relação ao relato hesiódico diz respeito ao monstruoso adversário de Zeus, Tífon, a quem outras fontes referem como Tufão ou Tifeu. Dentre as várias versões de sua filiação, uma reconta como ele foi produzido por Hera sozinha como contrapartida a Atena, nascida de Zeus somente. Na Biblioteca atribuída a Apolodoro e em uma das metamorfoses compiladas por Antonino Liberal, encontramos uma fascinante narrativa sobre suas batalhas contra os Olímpicos: nela, os deuses fogem para o Egito e se transformam em bichos para evitar ser reconhecidos (sem dúvida, a percepção grega de que os egípcios eram adoradores de animais transparece nessa história). Num combate mano a mano com Zeus, Tífon cortou os tendões do adversário e o carregou até a caverna onde vivia, na Cilícia[38]. Após reaver os nervos que o monstro havia escondido numa pele de urso, Zeus

---
38. Sul da Ásia Menor.

Delos, a pequenina e baixa ilha cicládica, lendário local de nascimento de Apolo e de sua irmã gêmea, Ártemis. Em que pese sua insignificância física, Delos possuiu grande relevância religiosa: foi um importante centro de culto à divindade.

retoma sua força, o derrota e, por via das dúvidas, joga o Monte Etna inteiro sobre ele, soterrando-o.

Os Hinos homéricos

Em outros casos, encontramos relatos mitológicos que menos divergem de Hesíodo e mais o suplementam. Os principais exemplos são as histórias dos nascimentos dos principais Olímpicos, contadas nos chamados *Hinos homéricos*: cada uma dessas composições (que na Antiguidade foram atribuídas a Homero, embora sua real autoria seja desconhecida) celebra as origens e os feitos de uma divindade em particular, e podem muito bem ter sido compostas para apresentação no festival do deus ou deusa em apreço.

Apolo – Difundiam-se muitas, e ligeiramente diferentes, histórias sobre o nascimento de Apo-

Com sua cabeça pendendo para frente em sinal de angústia, Leto se escora numa palmeira enquanto se prepara para dar à luz Apolo e Ártemis. Atrás de si está Ilítia, deusa do parto, e adiante, Atena. A imagem foi pintada em um pyxis, pequeno vaso tipicamente utilizado para perfumes ou outros líquidos cosméticos femininos (inícios do IV século a.C.).

lo e de sua irmã gêmea, Ártemis, e a mais antiga e melhor conhecida dessas versões é *O Hino homérico a Apolo Délio*. Por muito tempo, a deusa Leto vagou pela Grécia em busca de um lugar para dar à luz, mas seu esforço era em vão, pois a perseguia a ira da ciumenta Hera, como ocorrera a tantas outras amantes de Zeus. A parturiente era rejeitada em cada lugar onde chegava, até que a Ilha de Delos[39], humilde e ao nível do mar, aceitou-a, persuadida pela promessa de que em breve lá seria erguido um glorioso santuário dedicado ao seu filho. Segundo a variante contada no *Hino a Delos*, de Calímaco (III século a.C.), a recompensa pelas boas-vindas foi diferente: a ilha, que até então flutuava à deriva pelo mar, seria afixada para sempre. Mas ainda não havia chegado ao fim o penar de Leto, pois durante nove dias e nove noites Hera conseguiu manter Ilítia, a deusa dos partos, alheia às dores da inimiga. Finalmente Ilítia chegou e o jovem deus veio ao mundo:

> [...] em torno à palma enlaça os braços, apoia os joelhos
> na relva macia, e sob ela, sorri a terra jubilosa;
> para a luz o deus salta e as deusas ululam em uníssono[40].

De acordo com o relato de Apolodoro, Ártemis nasceu primeiro, e serviu de parteira para o irmão. De uma forma ou de outra, Apolo seria definitivamente vinculado tanto à mareal Delos quanto aos picos e gargantas de Delfos[41].

39. Ilha no centro do Arquipélago das Cíclades, no Mar Egeu, local de importante culto ao deus Apolo [N.T.].

40. *Hino a Apolo*, 117-119. Cotia: Ateliê, 2004, p. 135 [Trad. de Luiz Alberto Machado Cabral].

41. Localidade da Grécia Central, onde ficava o Santuário a Apolo, também conhecido como Oráculo [N.T.].

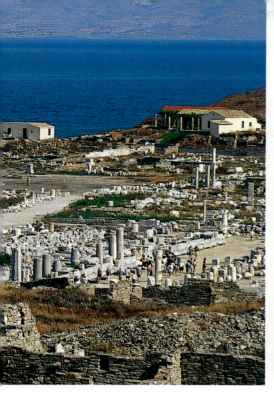

Hermes – O irmão de Apolo, Hermes, é outro Olímpico cujas origens são celebradas ao longo de um Hino homérico. Filho de Zeus e da ninfa Maia, veio ao mundo numa caverna no Monte Cilene, na Arcádia[42]. Nascido no amanhecer, ao meio-dia já estava aprontando das suas: encontrou uma tartaruga cambaleando fora da caverna, e num piscar de olhos já havia tirado a carne de seu casco, e junto com algumas canas, um couro de boi esticado e cordas feitas das tripas de um carneiro, criou a primeira lira. Mas à medida que a noite se aproximava, cansou-se do brinquedo musical, e com velocidade milagrosa foi até Piería, noroeste da Grécia, onde pastavam os rebanhos de Apolo. Tendo roubado 50 reses, para iludir seus perseguidores fez os animais andarem de marcha a ré, e disfarçou seus próprios rastros calçando as sandálias ao contrário. Hermes era o mestre dos opostos, e em seu retorno à caverna onde nascera misturou o antes e o depois, infância e maturidade, e voltou a ser criança. Apolo, por sua vez, em que pese as traquinagens do embusteiro, conseguiu rastrear seu gado até a caverna. Sob os auspícios de Zeus, a rixa entre os dois irmãos se desfez, Hermes deu a Apolo a lira, e em retorno recebeu dele o patronato dos rebanhos.

Dioniso

Dioniso era geralmente reconhecido como a última divindade a se juntar aos Olímpicos, e seu nascimento foi registrado por Apolodoro:

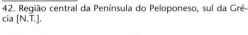

42. Região central da Península do Peloponeso, sul da Grécia [N.T.].

O Monte Cilene na Arcádia, o lendário local de nascimento de Hermes. Como todas as montanhas gregas, o Cilene era considerado um lugar selvagem, onde eventos transcendentais e inesperados podiam ocorrer a qualquer momento.

Histórias da mitologia grega foram imaginativamente recontadas na Etrúria: nesta jarra de água (c. 530 a.C.), o bebê Hermes dorme (ou finge dormir) enquanto Apolo queixa-se com Maia, mãe da criança, sobre o roubo do seu rebanho. A identidade do homem à direita é desconhecida – talvez seja o marido de Maia. O gado, escondido na caverna, é a prova incontestável da culpa do pequeno.

A alternativa órfica

Renomada, a narrativa de Hesíodo era, mas não se constituía, em absoluto, no único e acessível relato dos "primórdios". Um outro bem diverso, atribuído ao legendário poeta Orfeu, enleava a antropogonia e a cosmogonia, e até recentemente nosso conhecimento a respeito dessa chamada "Poesia órfica" se baseava, majoritariamente, nas extensas citações feitas por escritores neoplatônicos, que perceberam nelas vários prenúncios à sua própria filosofia. No entanto, um novo capítulo abriu-se na cidade macedônica de Derveni, em 1962, com a descoberta de um papiro fragmentado que continha um comentário do IV século a.C. sobre a teogonia órfica. As consequências desse achado ainda estão sendo assimiladas – de fato, uma edição acadêmica e definitiva do texto ainda espera ser publicada –, mas claro está que, no início do Período Helenístico (e provavelmente muito antes deste), uma visão não hesiódica do desenvolvimento do cosmos já estava sendo contada.

O relato das origens na narrativa órfica diverge de Hesíodo em dois grandes pontos: primeiramente, o papel fundamental da criação é atribuído a uma figura divina que precedeu não apenas Urano, mas até Nix (que o teria gerado), e que às vezes é referida como Protógenos (Primogênito), às vezes como Fánes ("Aquele que faz aparecer" ou "Aquele que aparece"), ou ainda sob outras denominações (Eros, Brômio, Ericepeu, Métis, Zeus), como convém a um ser que incorpora toda a existência em si mesmo. Qual seria a origem desse Primogênito? Segundo fontes mais tardias, o Tempo criara um ovo cósmico do qual ele emergira, alado e bissexual, contendo implicitamente dentro de si tudo o que viria depois.

A segunda divergência em relação à narrativa hesiódica é mais radical: de acordo com a teogonia órfica, ao reino de Zeus sucedeu o do seu filho, Dioniso, produto da união entre o pai dos deuses e sua própria filha, Perséfone. Instigados pela sempre ciumenta Hera, os Titãs cozinharam e devoraram Dioniso, e como resposta foram fulminados pelo raio – e nesse momento a teogonia torna-se antropogonia, pois dessas cinzas surgiram os seres humanos. Quanto a Dioniso, ele estava destinado a renascer, regenerado por Zeus graças ao fato de seu coração ter sido preservado pelos Titãs.

Esse último episódio da teogonia órfica agrega a gênese da humanidade à morte e ressurreição de Dioniso, e ao fazê-lo encaixa-se a certos ritos ligados ao nome de Orfeu. Praticantes individuais conhecidos como *Orpheotelestai* ("Iniciadores de Orfeu") e grupos que participavam em cultos de "mistério" em honra à divindade eram atraídos pela escatologia, ou seja, pelas crenças na vida após a morte, e no intuito de maximizar suas chances de uma transição bem-sucedida para o mundo dos mortos, seria preciso passar por determinados procedimentos, alguns dos quais especificados em fórmulas rituais inscritas em finas folhas de ouro enterradas com defuntos, algumas das quais chegaram até nós em sítios no sul da Itália (cf. p. 212) e na Tessália; sua leitura indica que Dioniso pode ser entendido como um potente intercessor em prol dos falecidos, já que (de acordo com a genealogia órfica) ele seria capaz de persuadir sua mãe Perséfone, Rainha dos Mortos.

O entendimento das crenças órficas permanece sendo um desafio. Alguns acadêmicos costumavam acreditar que existira uma verdadeira "religião órfica", em virtual oposição à religião normal da pólis, uma perspectiva menos aceita hoje em dia. O que é inegável é que a existência de distintos "mitos órficos" fornece mais uma instância para o reconhecimento da riqueza e da pluralidade da teia mitológica helênica.

O Papiro Derveni, que preserva uma evidência única de antigas visões cosmogônicas.

Quanto a Sêmele [uma mortal], Zeus por ela se apaixonou, e deitou-se com ela alheio ao conhecimento de Hera. E Zeus havia consentido em realizar o que quer que ela pedisse, e como resultado do ardil de Hera, Sêmele pediu que o viesse exatamente como ele havia se apresentado ao seduzir a esposa. Incapaz de recusar, Zeus compareceu em toda sua plenitude ao leito, em carruagem, com relâmpagos e trovões, e lançou um raio. Sêmele pereceu aterrorizada, mas Zeus conseguiu retirar do fogo o filho de seis meses que abortara e o costurou em sua coxa. No tempo devido, desfez os pontos, trouxe à luz Dioniso, e o entregou a Hermes.

Como fruto de mais uma das relações extra-conjugais de Zeus, Dioniso dificilmente poderia esperar safar-se do ciúme de Hera; Hermes entregou o recém-nascido à irmã de Sêmele, Ino, e seu marido, Atamante, para que o criassem como uma menina (iniciando cedo sua carreira de transgressor), mas Hera enviou tamanha loucura ao casal que eles findaram por matar dois dos próprios filhos. A prole de Zeus, contudo, não seria tão facilmente erradicada: primeiro o pai dos deuses resgatou seu filhinho e transformou-o num garoto, e depois deu-o novamente a Hermes, e mandou entregá-lo aos cuidados das Ninfas que viviam num local particularmente sagrado conhecido como Nisa, que as fontes localizam em diversos países (Etiópia, Arábia, Cítia[43]), todos situados em regiões "remotas". Uma alternativa de pai adotivo para o bebê Dioniso seria Sileno, o velho e feio líder dos sátiros.

Os Gigantes

Outro episódio da "pré-história divina" para o qual precisamos buscar além de Hesíodo diz respeito à Batalha entre Deuses e Gigantes, monstruosa raça gerada do sangue da castração de Urano que respingou sobre Gaia, e que contestou o poder dos Olímpicos, como os Titãs já o tinham feito. Alguns relatos os descrevem como colossos do cabelo desgrenhado, atirando projéteis tão notoriamente "incivilizados" quanto pedras e árvores, enquanto outras, incluindo várias representações visuais, os retratam como formidáveis guerreiros, com armas e armaduras mais ortodoxas. Sediados em Flegra[44], a mais ocidental das três projeções da Península Calcídica, seus próprios nomes já transpareciam sua força: Palas, Porfírio, Alcioneu, Encélado. Ainda assim, os Olímpicos triunfaram no final, graças aos raios de Zeus, às flechas do seu filho Héracles, e ao notável virtuosismo de Atena, que esfolou Palas, usou seu couro forte como escudo (e ainda por cima adotou seu nome) e despachou Encélado jogando em cima dele a ilha da Sicília inteira.

43. A Cítia, na Antiguidade, era uma região relativamente indefinida, equivalente às vastidões das estepes da Eurásia Central [N.T.].
44. Atual Pallini, município ao norte da Grécia.

(Acima) Quando Zeus costurou o feto Dioniso em sua coxa após aniquilar a mãe, Sêmele, com um raio, ele reconheceu a paternidade da criança de um modo muito íntimo. Este pintor de vasos do sul da Itália (c. 400 a.C.) representou a reemergência de Dioniso ao mundo para tomar seu lugar junto aos demais Olímpicos.

(Esquerda) Como convém a uma divindade "intrusa", a criação de Dioniso foi encarregada a seres do mundo selvagem da natureza. Nesta pintura (vaso ático, c. 430 a.C.), Hermes (identificado pelas asas no capacete e nas botas) entrega o infante a Paposileno, uma espécie de líder dos sátiros.

As origens da humanidade

Em alguns dos relatos que observamos até agora, a aparição dos mortais é meramente ocasional – ou no mais das vezes, incidental. Chegou, então, o momento de focar nos mitos helênicos sobre a humanidade; são numericamente poucos, e frequentemente enterrados em textos cujos principais interesses recaem sobre outros temas, de modo que a busca por um equivalente grego da história bíblica do Gênesis seria, basicamente, infrutífera. Na verdade, em conformidade com as especificidades locais tão características da mitologia grega, é mais provável escutar, por exemplo, sobre o primeiro argivo[45] ou o primeiro árcade[46] do que sobre o primeiro homem ou a primeira mulher. Ainda assim, de tempos em tempos os contadores de mitos acabaram por especular a respeito das origens da humanidade como um todo.

As Cinco Raças

Uma maneira de conceber o passado humano é dizê-lo o produto de uma série de saltos entre raças tipologicamente diversas, simbolizadas por um conjunto de contrastes entre metais, concepção essa que encontra fortes paralelos no pensamento de outras antigas civilizações, especialmente no zoroastrismo – uma maneira para desfrutar de uma vida após a morte profundamente influente, na forma da crença generalizada no declínio a partir de uma "Idade de Ouro" paradisíaca.

Na versão composta por Hesíodo em *Os trabalhos e os dias*, a série começa quando os deuses criaram a Raça de Ouro, seres que desconheciam o trabalho ou o envelhecimento, cuja vida consistia em celebrações, e para quem a morte chegava como o sono. Uma existência perfeita, vivida sob a égide de Cronos – o que mostra que, a despeito daquelas histórias horríveis sobre a castração pré-olímpica e devoramento, é possível imaginar o "Tempo Antes de Zeus" como um idílio maravilhoso.

Com o tempo, a Raça de Ouro pereceu, tornando-se espíritos que vigiavam a terra. Seus sucessores, igualmente criados pelos deuses, foram a Raça de Prata, uma gente inferior e relativamente imatura:

> [...] por cem anos junto à mãe cuidadosa
> crescia, menino grande, em sua casa brincando,
> e quando cresciam e atingiam o limiar da adolescência pouco tempo viviam padecendo horríveis dores

---

45. Nativo da cidade de Argos [N.T.].
46. Nativo da região da Arcádia [N.T.].

> por insensatez, pois louco excesso não podiam
> conter em si, nem aos imortais queriam servir
> nem sacrificar aos venturosos em sagradas aras,
> lei entre os homens segundo o costume. [...][47].

Nesse tempo o universo era regido por Zeus, que, irado, pôs termo à Raça de Prata.

Em seguida veio a Raça de Bronze, criada por Zeus a partir das cinzas das árvores, cuja força serviu como luva para homens de armas: uma estirpe guerreira, dedicada inteiramente às obras de Ares, o deus da guerra. Na versão de Hesíodo, diferentemente de outras narrativas, eles não eram feitos de bronze, mas sim suas armaduras, casas e ferramentas. Não houve necessidade de qualquer intervenção divina para que sua agressividade fosse extinta, pois os Homens de Bronze exterminaram-se uns aos outros em suas intermináveis pelejas.

A lógica da série metálica foi então interrompida, pois a raça seguinte criada por Zeus era a dos Heróis, homens mortais que lutaram e pereceram em Tebas e Troia. Em muitos sentidos, eles lembravam a estirpe que os precedera, mas diferentemente dela conseguiram alcançar muitas glórias, e alguns chegaram mesmo a ser recompensados com uma existência pós-morte nas Ilhas Afortunadas, situadas em algum lugar além de Oceano, no beiral do mundo. Que contraste com o que se seguiu! A Raça de Ferro, o nosso mundo atual, marcado por sofrimento e miséria, e cujo futuro reserva falta de respeito, impiedade e toda sorte de vilania.

Prometeu e o fogo

Em paralelo a essa trajetória de declínio, e sem necessariamente integrar-se a ela num todo inconsútil, encontramos outro conjunto de tradições que vincula as origens da humanidade ao titã Prometeu (Premonição), filho de Iápetos e da oceânide Clímene, embora o ajuste do personagem à narrativa antropogênica tenha sido motivo de controvérsia. Em breve menção, Apolodoro diz que ele moldara os humanos com água e terra, episódio cuja referência mais recuada de que dispomos data do século IV a.C., mas que pode muito bem ser bastante mais antigo e, certamente, amplamente difundido: em visita à pequena comunidade de Panopeo, na Fócida[48], Pausânias viu duas rochas que, ao que parece, fediam a carne de gente, e seriam os restos do barro com que Prometeu moldara a raça humana. Bem mais usual, contudo, é a variante que fez dele defensor, mais do que criador, da humanidade: segundo suas próprias palavras, na peça de Ésquilo *Prometeu Acorrentado*, ele dera aos homens todas as habilidades, da aritmética à navegação, da medicina à profecia. Não obstante, um dom em especial o assinalou como o benfeitor de toda nossa espécie: o fogo.

---

47. HESÍODO. *Os trabalhos e os dias*, 130-137. São Paulo: Iluminuras, 2006, p. 29, 30 [Trad. de Jaa Torrano].
48. Parte da Grécia Central, vizinha da Beócia e do Golfo de Corinto [N.T.].

As origens da humanidade

O escultor deste sarcófago romano retratou Prometeu como um artesão criando mini-humanos, uma cena supervisionada por Atena, ela mesma uma incomparável artífice.

(Abaixo) Prometeu, o criador, esculpe uma figura humana incrivelmente semelhante a ele mesmo, inclusive na barba, numa joia helenística.

O relato de Hesíodo é famoso: Zeus havia escondido o fogo dos mortais; Prometeu o roubou e o entregou aos homens dentro de um talo de funcho. Esse dom permitiu a prática do sacrifício de animais, ritual que, aos olhos dos próprios gregos, contribuía acima de qualquer outro para os fazer humanos, e também nesse particular Prometeu desempenhou papel instaurador, pois conta-se que na cidade de Mecone[49] ele armou uma imensa malandragem, algo que, em última análise, não somente se provou desastroso para si mesmo como também etiologicamente decisivo para a humanidade. Ele pôs diante de Zeus duas porções de comida – um prato suculento de carne e miúdos, desagradavelmente cobertos pelo rúmen de um boi, e uma pilha de ossos tornada apetitosa na aparência graças a uma camada de gordura – e aquela que o Pai dos Deuses escolhesse seria, a partir de então, uma iguaria própria dos Olímpicos, e a outra caberia aos mortais. Seguindo a lógica complexa que os mitos gregos frequentemente

---

49. Suposto nome antigo para Sícion, cidade próxima a Corinto, nordeste do Peloponeso.

As origens da humanidade

(Esquerda) Prometeu, com as mãos penosamente atadas atrás da cabeça, à mercê da águia, cujo bico perfura seu corpo nesta joia etrusca do V século a.C.

(Abaixo) Um longo pesadelo chega ao fim: Héracles (vaso ático, meados do VI século a.C.) atira várias flechas em direção à águia, enquanto o impotente Prometeu observa, amarrado ou empalado numa estaca.

exibem, Zeus percebeu o truque, mas ainda assim escolheu a opção desvantajosa às divindades. Daí em diante, a divisão dos espólios sacrificiais foi estabelecida em definitivo: os ossos são queimados para os deuses, mas as carnes e gorduras deliciosas pertencem aos homens.

As consequências dessa leviandade foram terríveis, tanto para Prometeu quanto para sua protegida, a humanidade. Para ele, Zeus engendrou uma tortura tão excruciante quanto duradoura, vividamente dramatizada por Ésquilo em sua tragédia *Prometeu Acorrentado*: Hefaístos, o deus das forjas, junto com Cratos (Poder) e Bia (Força), foi instruído a aguilhoar o titã em uma remota escarpa no Cáucaso[50] com cadeias que ninguém pudesse romper, e lá ele seria visitado diariamente, e durante quase toda eternidade, por uma monstruosa águia, que bicaria os lóbulos de seu fígado

50. Região limítrofe entre a Ásia e a Europa, que inclui a cordilheira homônima e as planícies circunvizinhas [N.T.].

As origens da humanidade

(Esquerda) Pandora, algumas vezes chamada Anesidora, está de pé, olhando para o espectador, e pronta para descer à humanidade. Ao seu lado, neste vaso pintado (meados do V século a.C.), estão várias divindades olímpicas. Da esquerda para a direita: Zeus, Posêidon, Íris, Ares e Hermes.

(parte da anatomia que os gregos consideravam como fonte de fortes paixões). A cada noite o órgão se reconstituiria, prolongando a repetição do tormento milênios sem fim, até que o último fruto das entranhas de Zeus trouxe o livramento: a ave carniceira foi abatida por uma flecha de Héracles.

Pandora

Para a humanidade, o resultado da provocação de Prometeu teria mais longo alcance, e uma vez mais o agente foi Hefaístos, mestre da tecnologia imortal. Tal e qual Prometeu havia feito em outros relatos, o deus das forjas moldou com terra uma criatura viva; e como os dois pratos que o titã

(Direita) Pandora, 1869, de Dante Gabriel Rossetti. Já escapando da caixa, vê-se os males do mundo – aqui apresentados na forma vaporosa de fumos que envolvem a mulher responsável por sua libertação.

(Esquerda) Segundo antigos relatos, foi um imenso jarro como este, de Mália (Creta), que Pandora imprudentemente abriu, deixando soltas as desgraças que assolam a humanidade.

oferecera a Zeus, esse ente também escondia um interior repulsivo, disfarçado pelo exterior enganoso: era a primeira mulher, o mais próximo que a mitologia grega chegou de "Eva". Cada um dos Olímpicos deu-lhe um presente, donde seu nome, Pandora (Toda Doadora). Prometeu havia antecipado que Zeus poderia inventar algo contra os mortais, e avisou seu descuidado irmão Epimeteu (Imprevidência) para que os alertasse contra presentes inesperados, mas era tarde demais: Hermes, o divino mensageiro, entregou Pandora à humanidade, e Epimeteu a recebeu de braços abertos. A história que se segue "explica" a existência das tristezas no mundo – e ainda assim, ao menos em algumas de suas recontagens, é tão desconcertante quanto memorável.

A expressão "a Caixa de Pandora" tornou-se proverbial graças ao intelectual renascentista Erasmo de Roterdã; contudo, em nossas fontes gregas, o que a primeira mulher traz consigo é um outro objeto, um *pithos* – jarrão imenso usado para armazenagem, do tipo que as escavações arqueológicas frequentemente trazem à tona. A ação crucial de Pandora foi abrir o recipiente, permitindo que aquilo que até então estava estocado lá dentro fugisse para o mundo – com a única exceção de Élpis (Esperança). Mas o que essa jarra continha exatamente? E o que essa fuga significou? Segundo um dos autores menos conhecidos da Antiguidade, Bábrio (contador de fábulas, século II d.C.), originalmente eram coisas boas, e quando a tampa foi removida todas fugiram do alcance humano, menos a esperança – tudo o que nos restou como consolo. Hesíodo, porém, relata uma história bem diversa: originalmente, o vaso abrigava uma série de males, e sua debandada significou que, então, estavam soltos pela terra, prontos a ser encontrados pelos seres humanos – e mais uma vez, a esperança era uma exceção, porque ficara para trás. Mas isso significa que os humanos têm (porque está sempre ao seu dispor, no jarro de armazenagem) ou não (porque ao contrário dos males está presa) esperança? O mito de Pandora ilustra perfeitamente algumas características-chave do mito grego: sua capacidade de atrair, intrigar e, às vezes, desorientar; e seu poder de gerar novas, e amiúde mutuamente excludentes, variantes.

O dilúvio

Muitas tradições exploraram o mito de uma imensa inundação, da antiga Mesopotâmia e sua

Epopeia de Gilgamesh (na qual o único sobrevivente foi Utnapishtim) à *Bíblia hebraica* (Noé) e muitas histórias indígenas americanas. Fontes gregas também registraram a ocorrência de um dilúvio primordial, que causou a erradicação da humanidade existente àquela altura e sua posterior regeneração em uma nova linhagem, da qual descendem todos os seres humanos subsequentes.

Os sobreviventes do dilúvio são chamados (por Apolodoro, dentre outros) Deucalião, filho de Prometeu, e sua esposa, Pirra, nascida de Epimeteu e Pandora – o que parece implicar que eles são vistos como duplicatas de Prometeu e Pandora. De fato, é possível interpretar o papel de Deucalião analogamente ao do titã, pois tanto um como o outro foram bem-sucedidos em desviar-se da vontade de Zeus e proteger a humanidade. Conforme Apolodoro, o Pai dos Deuses queria eliminar a Raça de Bronze (um motivo que encontra paralelo nos relatos médio-orientais, incluindo o Gênesis) e para tanto inundou a terra. Aconselhado por seu pai, Deucalião construiu uma arca e entrou nela com a mulher, e quando as águas subiram, a embarcação flutuou, e após nove dias e nove noites encalhou no Monte Parnasso, acima de Delfos. Curiosamente, numa variante preservada por Aristóteles, o dilúvio teria ocorrido em área próxima a Dodona[51] e ao Rio Aqueloo... será que os influentes oráculos dessas duas cidades competiam entre si afirmando ser as regiões habitadas mais antigas da Grécia?

Diferentemente de seu pai, Deucalião foi prudente, e prestou sacrifícios a Zeus, e este lhe garantiu o favor de repovoar a terra. Nas palavras de Apolodoro, "sob as instruções de Zeus, ele apanhou pedras e jogou-as sobre sua cabeça, e aquelas jogadas por Deucalião tornaram-se homens, e as lançadas por Pirra, mulheres". Por toda Grécia as águas recuaram, mas deixaram sua marca nas crenças coletivas: dentro do Templo de Zeus Olímpico, em Atenas, Pausânias foi apresentado a uma fenda larga na terra, pela qual, diziam, as águas haviam escoado após o dilúvio. Para a Hélade foi um novo começo, e dentre os descendentes do povo-de-pedras contaram-se muitos dos heróis e heroínas da sua mitologia.

O Monte Parnasso, onde a "arca" de Deucalião e Pirra, sua esposa, finalmente veio pousar. Mesmo nesta terra de panoramas espetaculares, poucas vistas são mais belas: um verdadeiro lugar para o novo recomeço.

---

51. Localidade no Épiro, noroeste da Grécia, onde ficava o mais antigo oráculo grego, dedicado a Zeus [N.T.].

Origens locais

Formigas e serpentes

O pluralismo que caracteriza tantos aspectos da civilização grega é refletido igualmente em seus mitos de origem, que expressaram muito mais interesse nas gêneses de comunidades individuais do que na da humanidade como um todo.

Um padrão para essas histórias era explicar como esta ou aquela região ou cidade era não apenas antiga, mas de algum modo naturalmente arraigada no solo onde vivia sua gente, e um bom exemplo nos é fornecido pelo mito de origem de um grupo que, geralmente, não figura dentre as mais proeminentes em nosso conhecimento da Grécia: a Ilha de Egina, situada entre a Ática e a Argólida. A história conta que seu primeiro habitante foi Éaco, filho de Zeus com a ninfa homônima à ilha (impossível ser mais arraigado que isso), que se sentia solitário por não haver outros seres humanos além de si mesmo. Sensibilizado, Zeus transformou todas as formigas da ilha (*myrmekes*) em pessoas daí em diante conhecidas como Mirmidões, que teriam à sua frente um glorioso histórico militar: Aquiles, seu líder durante a Guerra de Troia (já a essa altura emigrados para cidade de Ftia, sul da Tessália), era filho de Peleu e neto de Éaco, o qual, ao lado de Minos e Radamanto, seria enaltecido como um dos três juízes das almas dos mortos, algo apropriado para alguém a quem Píndaro chamou de "o melhor homem sobre a terra". Mas até mesmo aqui é possível perceber a inarredável pluralidade da mitologia grega: em *As rãs*, irresistível imaginação cômica criada por Aristófanes, Éaco é retratado como uma espécie de vilão teatral, um canastrão que revelava toda a crueldade que sua função como porteiro do Hades permitia.

As formigas, forma original pré-humana dos mirmidões, vivem no solo, assim como as serpentes; portanto, vincular uma comunidade a esses animais era uma outra forma mitológica corriqueira para denotar enraizamento (e também sacralidade, pois sentia-se que esses répteis possuíam qualidades numinosas, transcendentais, sobre-humanas). Um dos primeiros reis de Atenas, Cécrope, foi imaginado homem da cintura para cima e o restante uma cauda ofidiana, corporificação perfeita da autoctonia[52] (Apolodoro afirma, explicitamente, que ele foi nascido da terra) e, por sua forma ambivalente, mediador da dicotomia entre natureza e cultura, expressava a ideia do crescimento da humanidade a partir da bestialidade. Dizia-se, também, que havia implementado importantes inovações na maneira como os atenienses sacrificavam aos deuses, e introduzido a instituição do casamento.

Os primórdios de Tebas

Um modo mais decisivo e violento de imaginar a evolução da humanidade é representá-la como

---

[52]. O autor usa esse termo em seu sentido original, "nascido da própria terra", como explicado logo em seguida pela citação a Apolodoro [N.T.].

Este vaso (sul da Itália, IV século a.C.) retrata uma cena no Hades, na qual Éaco está situado entre Triptólemo e Radamanto, ambos exercendo funções de juízes dos mortos.

uma agressiva dominação da bestialidade – o equivalente humano a Zeus derrotando Tífon e, como veremos mais adiante (p. 73s.), Apolo liquidando a serpente Píton ao tomar posse do Oráculo Délfico – um ponto que o rebuscado mito fundador de Tebas ilustra em detalhes.

O fundador lendário de Tebas chamava-se Cadmo, um dos filhos de Agenor, rei da Fenícia; o pai o havia enviado, e aos seus irmãos, à procura de Europa, sua filha, que fora sequestrada por Zeus, e suas andanças o trouxeram até a Grécia, onde consultou a sacerdotisa no Oráculo de Delfos e recebeu uma resposta inesperada à sua indagação: ele foi instruído a seguir uma vaca que possuía uma marca distintiva, e a fundar uma cidade onde quer que o animal se deitasse para descansar, chegando, por fim, ao local da futura Tebas, na Beócia. A melhor forma de agradecer aos deuses seria sacrificando a vaca, mas o ritual exigia não somente fogo, mas também água purificadora, então o fenício seguiu até uma fonte próxima. Todavia, na Grécia as nascentes também eram sagradas, essa pertencia especificamente ao deus Ares, e sua guardiã ameaçadora, uma monstruosa serpente, lá espreitava. Cadmo matou a criatura e, seguindo instruções da divina Atena, semeou seus dentes no solo, e deles brotaram homens armados, prontos para combatê-lo. Novamente impelido pela deusa, ele atirou uma pedra em meio a esses seus adversários que, tomados pela raiva, atacaram-se uns aos outros e se mataram – todos, com exceção de cinco, que se tornaram os ancestrais dos tebanos e foram chamados *Espartos* (*Spartoi*, "Homens Semeados").

Até agora, as origens de Tebas já eram bastante complicadas: o mito as relatava como oriundas tanto de fora da Grécia (os fenícios) quanto do seu âmago mais profundo (os ancestrais nascidos da terra, provenientes de uma cobra "autóctone"). Mas a complexidade aumenta ainda mais: quando Cadmo escolheu uma esposa, os deuses sorriram para ele e permitiram que se casasse com Harmonia, filha de Ares e Afrodite, e abençoaram as bodas com sua presença. Graças aos enlaces entre os Homens Semeados e os descendentes de Cadmo e Harmonia, era possível dizer que a população tebana nascera da combinação entre as sementes da bestialidade, da humanidade e da divindade.

Mas nem mesmo o ilustre Cadmo viveu uma existência completamente isenta da tristeza – algum mortal logrou fazê-lo? Os destinos de suas quatro filhas foram tão infelizes quanto diversos: Sêmele foi fulminada por um raio quando implorou a seu amante, Zeus, que viesse a ela em toda sua pompa; Ino matou seus próprios filhos, possuída pela loucura enviada pela ciumenta Hera; Autônoe e Agave foram mães de Actéon e Penteu, respectivamente, ambos vítimas de mortes terríveis por terem se oposto aos deuses. Por fim, entre os descendentes de Polidoro, filho único de Cadmo, esteve Édipo, cuja própria visita a Delfos precipitou a manifestação de males muito além da imaginação.

O episódio final da história primordial de Tebas nos traz de volta, por assim dizer, ao ponto onde começamos, pois Cadmo e Harmonia foram transformados em serpentes e, como alguns outros heróis, resguardados da morte, desfrutando da eternidade nos Campos Elíseos. Sua humanidade fora extinta, e o que restara era uma mistura *sui generis* de bestialidade e divindade.

Origens locais

(Abaixo) Enquanto várias deidades observam desde o alto, Cadmo se prepara para lançar uma pedra em Píton, a serpente que guarda a nascente de Ares. À direita do animal, há uma figura que, talvez, personifique a cidade de Tebas, ou a própria nascente. Vaso do sul da Itália, c. 330 a.C.

(Esquerda) O mítico rei ateniense Cécrope, cuja origem autóctone expressa-se em sua forma semisserpentina, é visto aqui em companhia de Atena. Entre eles está uma oliveira, símbolo da deusa e da sua cidade, Atenas. Vaso ático, finais do V século a.C.

Portadores de cultura

O Monte Liceo, numa remota região da Arcádia. Este é o lugar onde, segundo a lenda, Licáon foi transformado num lobo por causa de sua perversidade.

Foroneu, Pelasgos e civilização

Já vimos como se atribuiu a Prometeu a introdução não apenas do fogo, mas também de várias habilidades e práticas consideradas pelos gregos necessárias à cultura humana (cf. p. 54-57), mas o titã não foi, nem de longe, o único portador de cultura. Condizente com o inelutável pluralismo do universo mental helênico, não surpreende descobrir que regiões diversas (em verdade até mesmo diferentes cidades) tiveram suas próprias visões a respeito de quem as tinha trazido os meios indispensáveis à vida social.

Segundo Pausânias, o herói cultural da cidade peloponésia de Argos chamava-se Foroneu, e embora poucas tradições a seu respeito tenham sobrevivido, está claro que ele, tanto quanto Éaco ou Cécrope, foi entendido como enraizado em seu território nativo, pois seu pai teria sido o deus-rio argivo Ínaco. Era o equivalente local de Prometeu, o portador do fogo (os argivos mantinham o "fogo de Foroneu" queimando em sua honra) e introdutor daquela qualidade básica do desenvolvimento humano: a arte de viver em sociedade em uma pólis[53].

---

53. Cidade ou cidade-Estado.

Os árcades, por sua vez, possuíam uma história tão boa quanto: para o restante dos gregos, sua terra natal, a Arcádia, era um lugar atrasado, mas eles possuíam sua narrativa particular da chegada da civilização. No começo, diziam, existira Pelasgos, habitante aborígine da região – e tipificando a disposição grega a fechar os olhos às incongruências no que tange a seus mitos, Pausânias comentou que "parece provável que tenha existido mais gente junto com Pelasgos, e não somente ele sozinho. Caso contrário, sobre quem poderia governar?" Ele deu início ao processo de socialização, ensinando o povo a construir cabanas, usar peles de cordeiro e deixar de consumir folhas, mato e raízes e passar a comer grãos. Licaonte, seu filho, levou adiante a aculturação fundando a cidade de Licosura e introduzindo as competições atléticas em honra a Zeus. O progresso, todavia, é carregado de perigos, e Licáon cometeu um erro capital quando sacrificou uma criança no altar de Zeus no Monte Licaio, recebendo como castigo ser transformado em um lobo (cf. p. 88-89). Eventualmente, a cultura árcade retomaria seu impulso progressivo quando Arcas, neto de Licáon, introduziu mais um conjunto de balizas civilizacionais: o cultivo dos campos, a panificação, a fiação e o tear.

As inovações imputadas aos heróis da cultura argivos e árcades, sem mencionar os dons oferecidos por Prometeu, ilustram um padrão característico, algumas vezes citado como o do "descobridor primordial": a atribuição de um objeto ou prática considerada essencial à vida humana a um indivíduo determinado do passado mítico. Ocasionalmente as invenções surgem da criatividade divina: o caso da lira, feita por Hermes utilizando um casco de tartaruga e tripas de ovelha; ou o *aulós*, a flauta dupla[54], que Atena criou e depois rejeitou, porque soprá-lo deformava sua beleza – não deixa de ser interessante que justo essas duas divindades sejam, dentre todas, as mais diretamente vinculadas à perspicácia. Outros inventos, a despeito de sua alta dose de sofisticação, eram tidos como mero produto do engenho dos mortais: nesse particular ninguém superou Dédalo (cf. p. 91s.), cujas brilhantes inovações incluem a criação da "pose de andar" para as estátuas figurativas[55]. Ainda que tais criações fossem consideradas importantes para uma existência tida como "cultivada", elas não se comparavam ao presente dado aos mortais por Triptólemo, favorito da deusa Deméter, que distribuíra os grãos e as artes do seu cultivo aos seres humanos.

Portadores de cultura

Triptólemo é um dos muitos mortais aos quais o mito grego atribuiu um papel relevante após a morte, no caso, o de juiz dos mortos. Mas sua especialidade era a fertilidade agrícola, e nesta joia helenística ele segura um arado em uma mão e uma papoula e espigas de cereal na outra.

---

54. Flauta dupla semelhante ao oboé.
55. Dá-se o nome de Período Dedálico (ou seja: de Dédalo) a uma fase da estatuária grega, c. 650-600 a.C. [N.T.].

63

As colônias

(Página oposta) Com mais de 3.300m de altura, o Monte Etna (Aitna, em sua forma grega antiga), na Antiguidade como hoje, é o maior vulcão ativo da Europa: dizia-se que seu constante rastro de fumaça derivava de Tífon, o monstruoso inimigo de Zeus, derrotado, mas ainda furioso, preso por toda a eternidade sob a montanha.

Especialmente durante o Período Arcaico, mas também antes e bem depois dele, a Grécia exportou seus cidadãos para outras áreas do Mediterrâneo criando novas *póleis* (cidades), cujo processo de fundação obedecia na íntegra a procedimentos ritualísticos, desde a indispensável consulta preliminar a um oráculo (comumente o de Apolo, em Delfos), ao significativo papel desempenhado pelos videntes no estabelecimento da nova comunidade e, finalmente, à transferência do fogo sagrado da pira da cidade-mãe para o local equivalente na cidade-filha. Junto com esse cerimonial, a mitologia também funcionava como forma de afirmar a continuação da experiência cultural desde a pólis matriz até a recém-fundada filial, pois da mesma maneira que as localidades da Grécia natal fundamentavam suas pretensões à antiguidade e à precedência cultural na teia de narrativas mitológicas, também suas homólogas de "segunda categoria" – frequentemente referidas como "colônias" – buscavam imiscuir-se nessa mesma rede, ainda que de modo diverso, e através dela providenciar legitimação mitológica para suas origens.

Um exemplo dessa legitimação é associado ao estabelecimento da cidade siciliana de Etna, no V século a.C. Foi, de fato, um começo novinho em folha, comandado por Híeron, tirano de Siracusa, para que seu filho pudesse reinar sobre uma nova comunidade. Entretecendo a celebração desse fato em um poema sobre a vitória do monarca na corrida de carros durante os Jogos Píticos de 470 a.C. (a *Primeira Pítica*), Píndaro estabeleceu um intricado conjunto de paralelos entre o ato de fundação de Híeron (apresentado como a imposição dos valores de governo forte e legislação benevolente sobre uma paisagem indômita e crua) e a vitória de Zeus sobre Tífon, seu inimigo centicéfalo, adversário que, como disse o poeta, embora preso pelos séculos a vir sob o Monte Etna, mantinha o terrível poder de verter desde as suas profundezas "as fontes mais puras de um fogo inaproximável"[56]. A imagética mitológica do poema reforça o sentido não apenas do feito notável que a fundação de Etna continuava a representar, mas também o senso da fragilidade de qualquer pretensão humana a ser capaz de domar definitivamente aquele panorama imprevisível.

Um outro exemplo de como os contadores de mito moldaram as percepções sobre o estabelecimento das colônias: voltemos um pouco, até a criação de Tebas, com as histórias da vaca guiando Cadmo e da destruição da serpente de Ares antes que a nova cidade pudesse ser edificada. Tebas é, por assim dizer, uma fundação de "primeira categoria" no coração da pátria grega, mas há, literalmente, dúzias de contos semelhantes, versando sobre colônias em lugares muito mais distantes, que usam o mesmo enredo. Vacas aparecem regularmente como guias, mas também outros bichos como corvos, cães, pombas, águias, raposas, ratos e focas. Quanto à vitória sobre um inimigo animalesco, as cobras – típicos habitantes "indígenas" do solo – aparecem amiúde, mas também há notícia de muitas outras criaturas: Bizas, fundador de Bizâncio, precisou derrotar um touro; já Seleuco Nicátor[57] matou um javali que avançava contra si e com seu sangue traçou o perímetro da nova cidade de Laodiceia[58].

Por toda Antiguidade, mitos gregos providenciaram uma linguagem que conferiu legitimidade através da invocação da ideia de origem. Qualquer nova fundação necessitava de toda ajuda disponível, tanto prática quanto simbólica, para se armar contra potenciais inimigos, e assim sendo, o rico tesouro simbólico da teia mitológica foi explorado até o fim.

56. PÍNDARO. *Ode Pítica* 1, versos 22-23. Lisboa: Prime Books, 2006, p. 24 [Trad. de António de Castro Caeiro].

57. Governante selêucida (século IV-III a.C.), sucessor de Alexandre no oriente helenístico.

58. Norte da Síria.

A cidade siciliana de Camarina (Kamarina) era uma colônia de Siracusa, cidade que, por sua vez, fora fundada por gregos oriundos de Corinto. Os cidadãos camarinenses e siracusanos lançaram mão dos mitos para expressar as identidades de suas cidades: esta moeda de prata aqui apresentada (415-405 a.C.) provém de Camarina; numa face (esquerda) vê-se Atenas conduzindo uma carruagem, com a figura alada de Niké (Vitória) segurando uma coroa de louros sobre sua cabeça; a outra face (direita) possui a efígie inconfundível de Héracles, com sua pele de leão.

Divindade do mito e culto

Por toda Antiguidade Clássica, do início ao fim do mundo grego, os deuses que habitavam o Monte Olimpo receberam adoração. Através de sacrifícios, oferendas votivas, orações, juramentos, maldições e encantamentos, os mortais os envolviam em todas as atividades humanas possíveis e imaginárias, da política ao amor, das guerras aos funerais, das competições atléticas às *performances* públicas de teatro e música. Não havia separação definida entre "religião" e "sociedade", uma permeava a outra.

Quais foram as contribuições distintas que o culto e o mito legaram às percepções helênicas do sagrado?

O culto tendeu a focar naqueles elementos específicos do poder divino, destacando a particular qualidade em virtude da qual uma determinada divindade estava sendo invocada: Zeus *Horkios* ("dos juramentos"), Posêidon *Hippios* ("dos cavalos"), Atena *Poliouchos* ("suporte da cidadela"), e assim por diante. Além disso, diferentes localidades favoreciam diferentes aspectos de um mesmo deus específico. No que tange especificamente ao culto, portanto, é impossível referir-se a uma única e homogênea religião grega.

Por sua vez, nas narrativas mitológicas (como os poemas de Homero e Hesíodo, frequentemente lembrados) é possível detectar uma tendência a articular os discretos comportamentos rituais em algo próximo a um sistema inter-relacionado, descrevendo uma visão do poder e ação divinos compartilhada e, ocasionalmente, até pan-helênica. Ainda assim, o grau de coerência interna desse sistema não pode jamais ser superdimensionado, pois não se deve subestimar o pluralismo da cultura grega. Da mesma forma que os rituais variavam de lugar para lugar, e de período para período, assim também os contadores de mitos descreveram as deidades Olímpicas, essas poderosas figuras da imaginação.

Dioniso reclinado ao lado de sua esposa, Ariadne, uma mortal elevada à condição divina da eterna juventude para que pudesse tornar-se a consorte do deus para sempre. De uma imensa cratera (krater) de bronze (c. 330 a.C.) encontrada em Derveni, perto de Tessalônica (cf. ilustração da p. 83).

III Os Olímpicos: poder, honra e sexualidade

Poderes e esferas de influência

Zeus

Relacionado como é, do ponto de vista etimológico, a outros deuses do céu indo-europeus (p. ex., o Dyaus Pita védico e o Diespiter/Júpiter romano), Zeus possui como cerne do seu ser a configuração daquilo que pode ser descrito como "fenômenos naturais": não apenas o céu, mas também o clima, as tempestades, os raios e os relâmpagos – já em Homero, um de seus epítetos era *nephelegereta*, o "pastor de nuvens"[59]. Quando Sêmele, uma mortal que atraiu seus olhares cobiçosos, implorou ao divino amante para comparecer à sua presença em toda glória, ele foi obrigado a fazê-lo como Senhor dos Raios, com resultados fatalmente esperados – e inúmeras são as imagens que o retratam com o relâmpago nas mãos.

Esse terrífico poder traduz-se em diversas outras formas de supremacia. Primeiro, a dominação por pura força física, e uma vez mais voltamo-nos para *A ilíada*, quando Zeus gaba-se de sua superioridade até mesmo quando comparado aos demais Olímpicos:

> [...] por uma ponta amarrai no Céu vasto áurea e grande cadeia, e, da outra ponta, reunidos, ó deuses e deusas, forçai-a.
> Por mais esforço que nisso apliqueis, impossível a todos vos há de se arrastar a Zeus Grande, o senhor incontestе.
> Mas se, ao contrário, eu quiser, seriamente, puxar para cima, a própria terra e o mar vasto, convosco trarei desde debaixo.
> Mais: ser-me-á fácil no pico mais alto do Olimpo amarrar-vos nessa corrente, deixando pendente tudo isso no espaço; tanto supero os mortais, tanto os deuses eternos supero[60].

À supremacia pela força bruta, podemos acrescentar aquela advinda da soberania: o equivalente simbólico de Zeus no mundo animal é a águia, a senhora dos pássaros; outros dos seus atributos é o cetro, que confere autoridade aos monarcas humanos – ainda que o poderio de meros mortais empalideça quando comparado ao exibido por Zeus num trivial maneio de cabeça.

---

59. "[...] Zeus Grande, que as nuvens cumula" (HOMERO. *A ilíada*, I: 560. São Paulo: Ediouro, 2009, p. 73 [Trad. de Carlos Alberto Nunes]).

60. HOMERO. *A ilíada*, VIII: 19-27. São Paulo: Ediouro, 2009, p. 196 [Trad. de Carlos Alberto Nunes].

Um dos símbolos da autoridade de Zeus era a águia, a mais poderosa das aves, como representado nesta taça laconiana (c. 560 a.C.). O deus é apresentado barbudo, com longas madeixas, sentado num trono e envolto num manto elaborado.

Divindades gregas e seus principais atributos

Divindade	Esferas de atividade	Atributos
Zeus	Céu; clima; numerosos aspectos da vida social, incluindo hospitalidade, súplicas, juramentos; "Pai dos Deuses e dos mortais".	Raio; águia; cetro.
Hera	Consorte de Zeus e consumida pelo ciúme graças à sua incorrigível infidelidade; favorece a integridade do casamento.	Frequentemente cetro ou coroa; pavão.
Posêidon	Mares; terremotos; a energia bruta do cavalo e do touro.	Tridente; tipicamente cercado por criaturas marinhas.
Hades	Senhor do Submundo.	Sua capa confere invisibilidade a quem a usa; representado regiamente, segurando o cetro, a despeito de seu papel "odioso".
Afrodite	Sexo, amor.	O cinturão afrodisíaco; pombas, pardais.
Deméter	Os grãos e a fertilidade da terra: junto com sua filha Perséfone, patrona do culto dos Mistérios de Elêusis.	Frequentemente carrega uma tocha ou espigas.
Ártemis	Caçadas; animais selvagens; ajudante das mulheres em trabalho de parto.	Arco e flechas.
Apolo	Música; adivinhação e profecia; purificação; cura; na Antiguidade Tardia, identificado com o Sol.	Arco e flechas; a lira; os louros.
Atena	Artesanato, em especial com madeira; habilidade; estratégia militar, por exemplo em defesa ao corpo cidadão.	Elmo e lança; capa com franjas de serpentes (*aegis*) e a imagem da Górgona; mocho (coruja).
Ares	A fúria da guerra.	Elmo; lança; escudo.
Hefaístos	Enfermidade física (aleijão) combinada com virtuosa habilidade artesanal; especialmente habilidoso no trabalho com metal, daí sua ligação com o fogo.	Machado; tenazes da forja; bigorna.
Perséfone	Esposa de Hades e Rainha do Submundo; adorada junto à mãe Deméter no culto dos Mistérios de Elêusis.	Espigas e frutos como símbolos do crescimento.
Héstia	O (fogo do) lar.	
Hermes	Intermediário divino; mensageiro; guia das almas dos mortos ao Hades; portador da fertilidade para os rebanhos.	O caduceu (*kerykeion*), cajado do arauto; sandálias ou botas aladas; chapéu de aba larga.
Dioniso	Êxtase; a loucura da embriaguez; vinho; exuberância e perigo da natureza animal e vegetal.	Vinha; hera; pantera; o *tirso* – varinha de funcho amarrada com hera no final.
Pã	Deus das vastidões solitárias e rústicas; indutor do "pânico".	Forma híbrida: metade bode, metade homem.
Príapo	Deus do desejo sexual.	Dotado de grande e permanente ereção.
Eros	Desejo sexual.	Arco e flechas.

Para outro aspecto da hegemonia de Zeus, precisamos observar o contexto da família. Um epíteto constantemente empregado para descrevê-lo é "Pai dos deuses e dos homens"; no que tange à humanidade em geral, essa paternidade é puramente metafórica, mas muitos dos deuses eram, literalmente, seus filhos. Ele se situava à cabeça da família dos Olímpicos – uma família desobediente, contudo, cujos membros eram razoavelmente capazes de, mesmo que brevemente, desafiar seu patriarca. Modelada, como de fato, a partir de uma instituição humana, essa concepção familial divina foi uma imagem (diferentemente, p. ex., da noção de deus dos raios) que trouxe aos limites da compreensibilidade, parcial que seja, o comportamento dos deuses.

(Acima) A cada quatro anos, representantes de todo mundo grego reuniam-se em Élida para celebrar os Jogos Olímpicos, celebrados em honra a Zeus, cuja efígie adorna esta moeda (IV século a.C.) cunhada na região.

(Abaixo) As ruínas do Grande Templo de Zeus em Olímpia (c. 470 a.C.), uma caixa-forte da mitologia: as métopas representavam os Doze Trabalhos de Héracles; entre os relevos esculpidos nos pedimentos estavam os preparativos para a corrida de carruagens entre Pélops e Enomau; e dentro do santuário ficava a mundialmente famosa estátua de Zeus criada por Fídias, da qual, infelizmente, nada restou.

O quanto de sua autoridade pode ser considerada "moral" é uma questão complexa. Por um lado, o mito (o hesiódico, p. ex.) o apresenta como pai de Dice (Justiça) e consorte de Têmis (Devida Ordem); ele também é representado como justiceiro daqueles que quebram um juramento (Zeus *Horkios*) e que rejeitam os suplicantes (Zeus *Hikesios*). Por outro, sua própria conduta o situa muito além das regras da moralidade humana – como testemunham o incesto com a irmã Hera e seu incessante adultério. Essa tensão ocorre no cerne das representações do Pai dos Deuses porque ele pode ser considerado, simultaneamente, fonte do correto e origem de tudo o mais.

Não menos difícil que a questão da moralidade de Zeus é aquela que diz respeito aos limites do seu poder. Eis um exemplo excelente do efeito que o pluralismo da mitologia grega pode expressar: alguns textos falam da perfeição e da completude do Pai dos Deuses, dentre os quais o notável *Hino a Zeus* composto pelo filósofo estoico Cleantes de Assos[61], que o elevou a uma espécie de princípio universal:

> Esse universo inteiro que se move em volta da terra segue vossa norma, e se deixa dominar voluntariamente por vós... Nada acontece no mundo sem vós, Deus, nem o divino ar dos céus, nem nos mares, a parte do tanto de maldade que os homens praticam em sua loucura.

Outros textos, contudo, situam-no, mais do que acima da causalidade dos eventos, dentro dos seus limites, e uma vez mais é *A ilíada*, canto de tantas vertentes da crença grega posterior, que vem lidar com as questões centrais. Em uma cena pivotal e profundamente comovente, Zeus observa a morte iminente de um dos seus próprios filhos, o guerreiro troiano Sarpédon. Em teoria, ele poderia intervir e salvá-lo, mas tal ação desfaria o que já estava acordado, e ao fazê-lo, como rapidamente observou Hera, a hostilidade implacável dos outros deuses seria atiçada. Assim sendo, até mesmo Zeus precisou curvar-se ao inevitável:

> O pai dos homens e dos deuses de pronto aceitou esse alvitre.
> Gotas de sangue fez logo cair sobre a terra fecunda, em honra ao filho dileto, que estava a morrer condenado
> às mãos de Pátroclo, longe da pátria, nos plainos de Troia[62].

Hera

Irmã e consorte de Zeus, reverenciava-se a grande deusa Hera em templos por todo o mundo grego, dentre os quais os mais renomados foram o da Ilha de Samos e o situado entre Argos e Micenas, mas houve também grandes santuários em

---

61. Séculos IV-III a.C.

62. HOMERO. *A ilíada*, XVI: 458-461. Op. cit., p. 374, 375.

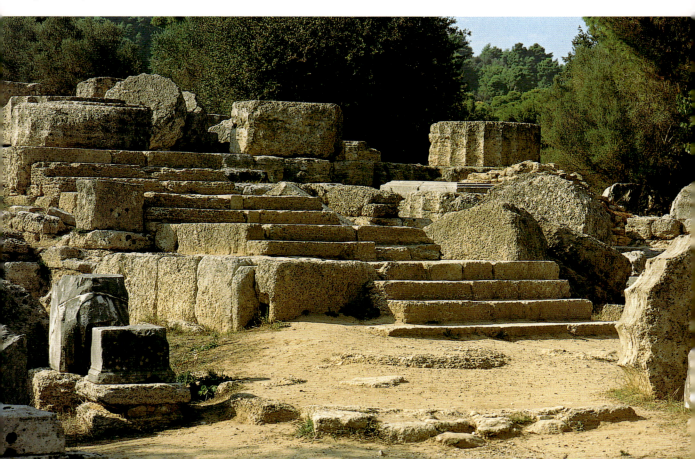

O Templo de Hera em Olímpia (c. 600 a.C.), o mais antigo santuário no recinto sagrado. Posteriormente, viu-se amiudado pelo Templo de Zeus.

Olímpia, em Peracora (perto de Corinto), e em sítios do sul da Itália como Crotone[63], Pesto e Foce del Sele. A progressão que caracteriza os ritos a ela dedicados nesses espaços sagrados é a da transição da virgem à noiva: algumas localidades a cultuam como *Parthénos* (Donzela); noutras, sua figura como regente da instituição do casamento (p. ex., como *Zygia*, "Unificadora") concentrou a atenção dos adoradores; e houve ainda aqueles nos quais ambos os aspectos foram evocados, como na cidade beócia de Plateias, onde, segundo Pausânias, havia duas estátuas de Hera, uma como *Nympheuomene* (Noiva) e outra como *Teleia* (Consumada).

Dadas a proeminência e a dispersão geográfica dos Hereus[64], não deixa de ser paradoxal que seu lugar na mitologia seja relativamente subordinado, dominado, em virtualmente todos os aspectos por seu papel como consorte de Zeus. Ocasionalmente, mitos a seu respeito evocam eventos pré-nupciais, como na oportunidade em que o futuro esposo a seduziu transformando-se num cuco, mas normalmente sua mitologia orbita à volta de um tema que, embora relacionado, é bem mais sombrio: suas vinganças contra as amantes do marido e sua prole. A perseguição à deusa Leto, grávida, estendeu-se através das latitudes e longitudes do mundo helênico, até que a humilde Ilha de Delos dispôs-se a aceitar a angustiada parturiente, às vias de dar à luz aos seus gloriosos filhos, Ártemis e Apolo. Quando Io, sua própria sacerdotisa em Argos, atraiu a paixão de Zeus, Hera modelou seu rancor de forma engenhosa: transformada em vaca, Io vagou de terra em terra, atormentada pelas ferroadas de uma varejeira enviada contra si pela rainha do Olimpo. A ligação do Pai dos Deuses com outra mortal, Sêmele, provocou fúria semelhante: primeiro Hera instigou a rival a precipitar a própria morte, convencendo-a a pedir ao amante que se apresentasse a ela em plena e destrutiva glória do seu poder cósmico; depois voltou sua atenção para Dioniso, filho de Sêmele: enlouqueceu-o e fez com que os dois mortais (Atamante e Ino, sua esposa) que haviam ousado cuidar dele assassinassem seus próprios filhos em ataques de fúria.

A lista das vendetas de Hera é atraente aos olhos, mas empalidece quando equiparada ao ódio que ela alimentou contra Héracles, filho de Zeus com outra de suas amantes mortais, Alcmena: quando o futuro herói ainda estava para nascer, seu divino pai proclamou perante os deuses (*A ilíada*, canto XIX) que a honra de governar Micenas caberia como direito nato ao seu descen-

63. Antiga Króton [N.T.].
64. Santuários dedicados a Hera [N.T.].

O "casamento sagrado" entre Zeus e Hera é evocado nesta métopa (Templo E, Selino, Sicília, c. 470 a.C.). Ao segurar o pulso da deusa, Zeus parece querer evitar que ela se cubra, e sua pose lânguida pode ser uma indicação de suas intenções amorosas.

Poderes e esferas de Influência

dente cujo parto se aproximava. Zeus, obviamente, se referia a Héracles, para quem profetizara um glorioso futuro, mas não contou com a intervenção de sua esposa: Hera sabia de outra criança sendo gestada no Peloponeso, um menino chamado Euristeu, neto de Perseu e bisneto do Pai dos Deuses, e nessa condição igualmente qualificado como "seu descendente". A Rainha do Olimpo convenceu Ilítia, divindade que presidia os partos, a bloquear o de Alcmena, e Euristeu, prematuro, veio à luz primeiro. Ainda que submetido à suserania desse herói inferior e covarde, Héracles realizou feitos impressionantes, mas Hera jamais se cansou de persegui-lo (embora seu nome, suprema ironia, signifique "Glória de Hera"): no auge de seu poder, a madrasta o levou à loucura, e ele matou sua mulher e filhos (cf. p. 122).

Os cultos a Hera e seus mitos voltaram-se predominantemente para o tema do matrimônio, embora com ênfases contrastantes: enquanto os ritos realçavam a fundamental necessidade dessa transição sociopsicológica, sua mitologia explorou o lado reverso do retrato, ou seja, o que ocorre quando o contentamento dá lugar à amargura da rejeição. Mas um dos maiores paradoxos atinentes à grande rainha do Olimpo é que seus triunfos foram meramente temporários. Mesmo Héracles, a quem prejudicou e humilhou vez após vez, ao final foi bem-sucedido e juntou-se à companhia dos Olímpicos.

Posêidon

Quando a herança de Cronos foi dividida, seus filhos receberam as porções que definiriam seus poderes pelos séculos sem fim: Zeus ficou com o Céu e Hades com o Submundo, cabendo a Posêidon os mares. O Mediterrâneo, e em especial o Egeu, possuía, ontem como hoje, duas faces: num dia plaina como um espelho, no seguinte tempestuosa. Sua soberania foi imaginada conforme tal circunstância, expressando-se tanto através da serena autoridade quanto pela explosiva e brutal violência, e nenhuma fonte descreve mais detalhadamente essas últimas capacidades que *A odisseia* de Homero, quando Posêidon, em vingança por Odisseu ter furado o olho do Ciclope, seu filho, lança mão de cada uma e de todas as armas ao seu alcance para impedi-lo de retornar à sua terra natal, Ítaca:

> Tendo isso dito, congloba os bulcões, deixa o mar agitado com o tridente. Suscita, depois, tempestade violenta dos ventos todos e em nuvens envolve cinzentas a terra conjuntamente com o mar. Baixa a Noite do céu entrementes, Euro mais Noto se chocam, e Zéfiro desagradável, bem como Bóreas, que do éter provém, portador de ondas grandes[65].

65. HOMERO. *A odisseia*, V: 291-296. São Paulo: Ediouro, 2009, p. 106 [Trad. de Carlos Alberto Nunes].

Como símbolo de sua energia tempestuosa Posêidon empunha o tridente, objeto de que se servem os habitantes do litoral para arpoar suas presas, enquanto o deus das profundezas o utilizava para enviar a devastação na crista das ondas.

Ainda que os seus poderes sejam centrados no mar, ele também pode provocar a violência da natureza em terra: ele é o *Ennosigaios*, "Abalador da Terra", inclinado a punir seus inimigos abrindo o solo debaixo dos seus pés, uma atividade que não ficou confinada à antiguidade mais longínqua: Tucídides registra que o povo atribuiu ao deus o catastrófico terremoto espartano de 464 a.C.

A terceira forma de energia natural representada e liberada por Posêidon é aquela dos animais, e ele é particularmente vinculado aos cavalos, através do culto de Posêidon *Hippios*, e diversos mitos expressam essa proximidade em termos particularmente sexuais. Por exemplo, de acordo com uma história associada à Tessália e Atenas, quando o sêmen do deus foi ejaculado sobre uma pedra, concebeu o primeiro desses animais. Outro mito com implicação semelhante provém da Arcádia: quando Deméter transformou-se numa égua para fugir do seu assédio, ele se metamorfoseou num garanhão e satisfez o seu desejo.

Para uma aterrorizante dramatização de como seu poder se expressa através da energia selvagem das bestas, o melhor lugar é a tragédia *Hipólito*, de Eurípides, na qual o herói homônimo, amaldiçoado por Teseu, seu pai (o qual, erroneamente, acreditava que ele havia violado a honra de Fedra, sua esposa e madrasta de Hipólito), é forçado a se exilar. Enquanto sua carruagem trafegava por uma estrada à beira-mar, um touro monstruoso manifestou-se de dentro das águas, levando os cavalos a um tal frenesi que precipitou um

(Abaixo) Esta imagem de Posêidon empunhando o tridente, c. 530 a.C., é de uma moeda cunhada em Possidônia (Pesto, sudeste de Nápoles). A inscrição POS remete ao início do nome tanto da divindade quanto da cidade.

acidente fatal. A maldição que trouxera o animal à existência fora presenteada a Teseu por Posêidon (pai do herói nessa versão do mito), e tal convergência entre o mar espumoso e as feras pavorosas é a epítome do seu lugar dentro do universo do sagrado grego.

Deméter

Deusa associada aos cereais, Deméter simboliza a fonte do pão, base da dieta alimentar dos gregos, e embora a noção de "deusa da fertilidade" tenha sido extensivamente sobreutilizada no estudo das religiões antigas, nesse caso específico possui algum grau de justeza. Durante as Tesmofórias, mais importante e difundido festival que lhe era dedicado, as mulheres de uma dada comunidade praticavam um rito anual de outono (época anterior à semeadura) cuja função explícita era promover o sucesso da colheita do ano seguinte: bacorinhos eram jogados em covas, e seus restos apodrecidos eram recuperados e colocados em altares. "Acreditava-se", segundo um comentarista antigo, nossa fonte principal, "que qualquer um que apanhasse tais coisas e espalhasse junto com as sementes teria uma boa safra".

Mas Deméter se ocupa com outras coisas além de grãos e fertilidade: é também uma mãe, a mais indiscutível imagem materna de toda mitologia helênica, e um mito, mais do que qualquer outro, expressa a essência de como a deusa foi imaginada: a história do sequestro de sua filha, Perséfone, por Hades, o deus do Submundo. No *Hino homérico a Deméter*, um poema que data, possivelmente, do Período Arcaico, temos a copiosa narrativa de sua dor e do seu parcial alívio: após vagar pelo mundo atrás da filha, Deméter chega finalmente a Elêusis, localidade entre Atenas e Mégara, disfarçada de mulher velha. O rei e a rainha, Celeu e Metanira, recebem-na calorosamente, conferindo-lhe, inclusive, a honra de amamentar Demofonte, filho do casal. Grata pela recepção, a deusa decide conferir a imortalidade ao bebê, untando-o com ambrosia, uma substância divina, e segurando-o na lareira para que sua mortalidade fosse purgada pelo fogo. Na lógica do mito grego, porém, a fronteira entre deuses e mortais não é facilmente vencida: alheia ao que ocorria, Metanira flagra a cerimônia e se apavora, ao que Deméter revela sua verdadeira identidade e ordena aos eleusinos que construam para si um grande templo. Saudosa e amargurada, quando o santuário foi terminado, Deméter recolheu-se dentro dele, e toda fertilidade desapareceu do mundo. Coube a Zeus impedir o desastre, indo até Hades e pedindo que retornasse Perséfone à mãe, mas o deus dos infernos havia induzido a esposa a comer uma semente de romã, o que a obrigava a retornar para ele durante quatro meses (seis, em algumas versões) todos os anos, quando então a fartura novamente abandonava a terra.

Apolo

Corporificação da beleza jovial masculina, Apolo (filho de Zeus e Leto) tem sido frequentemente citado como representação do "ideal grego", embora seja apenas um deus grego, e não *o* deus grego, possuindo, como todos os outros, certas províncias de atividade específica, distintas daquelas dos demais Olímpicos: eram especialmente ligados a ele a música, a purificação, a cura, as profecias e o Sol, uma associação feita pelo pensamento helênico tardio.

Dois locais formavam o centro do culto apolíneo: Delos e Delfos. A ilha, situada no conjunto das Cíclades, pelo menos desde o século VIII a.C. já possuía santuários dedicados à sua famí-

Poderes e esferas de Influência

(Esquerda) Autoridade real combinada ao poder sobre o crescimento das plantas: eis as impressões de Deméter criadas pelo pintor deste prato coríntio (V século a.C.). Na mão direita da divindade vê-se uma tocha, e na esquerda, papoulas e espigas de cereais; adiante dela, sobre algo que pode ser um altar, encontra-se uma romã.

O vínculo entre Apolo e as cordas retesadas podia expressar-se em violência (arcos e flechas) ou, como aqui, na harmonia da lira (vaso ático, c. 430-420 a.C.).

O Templo de Apolo em Delfos. Através da voz de sua sacerdotisa, a pitonisa, o deus proferia oráculos em resposta às perguntas humanas. As mentes dos mortais, contudo, são falíveis, e as mensagens divinas frequentemente eram mal-interpretadas.

lia (Apolo, sua mãe e irmã). Já vimos o relato do mito: enquanto todas as localidades rejeitaram os apelos de Leto, a pequena Delos, sozinha, enfrentou bravamente a fúria de Hera e aceitou a futura mãe desamparada. Igualmente fortes eram os laços que o ligavam a Delfos, santuário oracular maravilhosamente situado logo abaixo do Monte Parnasso, cujo mito fundador falava da vitória do deus sobre Píton, uma serpente monstruosa, e de como seu corpo putrefato acabou por emprestar o nome[66] como epíteto ao "Apolo Pítico" e aos "Jogos Píticos" realizados em honra de Apolo.

Há um fio condutor que perpassa muitos dos poderes divinos de Apolo, qual seja, a ordem har-

moniosa, um atributo autoevidente que se manifesta no seu patronato à música, especialmente a lírica: os gregos reconheciam o contraste entre a tranquilizante lira apolínea e aquilo que compreendiam como formas musicais mais exóticas e extáticas, associadas a Dioniso[67]. Outra configuração dessa harmonia remete ao corpo saudável, e também nesse particular Apolo desempenhou importante função graças à sua capacidade curativa, ou seja, de restaurador da ordem que a doença havia perturbado – inclusive Asclépio[68], seu filho,

---

66. *Pythein* em grego significa "provocar o apodrecimento de algo".

67. Essa é uma área na qual a oposição entre Apolo e Dioniso, tão proeminente no trabalho de Friedrich Nietzsche (cf. p. 235-237), encontra alguma fundamentação nas fontes antigas.

68. Também conhecido pelo seu nome latino, Esculápio [N.T.].

Poderes e esferas de
Influência

Apolo no friso leste do Pártenon (Atenas, meados do V século a.C.), com Posêidon e Ártemis ao seu lado. Este extraordinário relevo ajuda a explicar por que Apolo tornou-se sinônimo da beleza masculina idealizada.

é o protótipo por excelência do médico. Ainda de acordo com a crença helênica, a purificação constituía um terceiro contexto no qual Apolo atuava na depuração de um estado de poluição religiosa e no restabelecimento do equilíbrio, dádivas associadas ao ato de recomeçar e que eram, também, mais um dos seus apanágios: foi precisamente ao Oráculo de Delfos que Orestes se dirigiu como um pária contaminado depois de matar sua mãe, Clitemnestra. Caçado pelas Fúrias, perseguidoras daqueles com as mãos sujas de sangue familiar, o jovem foi defendido por Apolo, que permitiu que escapasse da sanguinolenta teia de culpa na qual havia se enredado (uma história brilhantemente representada na terceira peça da trilogia *Oresteia*, de Ésquilo).

Também o conhecimento pode ser considerado uma forma de ordem, logo é possível compreender que o patronato apolíneo da profecia é mais um campo no qual a divindade representou a capacidade de controlar e harmonizar as experiências. Ainda assim, um dos temas mais recorrentes em toda mitologia grega, e explorado acima de tudo pela tragédia, é a impossibilidade de os humanos visualizarem o futuro com precisão. Quando um mortal, Édipo ou qualquer outro, consulta um oráculo, a voz divina é transmitida indiretamente, através de intérpretes humanos falíveis – como corolário, um dos epítetos de Apolo é justamente "*Lóxias*", "aquele de fala oblíqua".

A tônica na ordem e na harmonia não deve levar ao entendimento que Apolo era, de alguma forma, benevolente ou não violento, diferente dos outros deuses. Muito pelo contrário, a destruição da serpente pítica tipificou a maneira como seu poder se manifestava algumas vezes, e enquanto Zeus bradava o raio e Posêidon seu tridente, Apolo tinha em mãos uma arma destrutiva que se tornou sua assinatura iconográfica: o arco, que ele era capaz de usar tanto em defesa de sua honra quanto dos próprios interesses. Quando Crises, seu sacerdote em Troia, foi desmoralizado pelos gregos, ele reagiu com fúria letal, abalando-se Olimpo abaixo "como a noite" (segundo *A ilíada*) e disparando flechas repletas da peste sobre homens e animais – o verso da capacidade de curar era, precisamente, destruir com enfermidades. Esse ataque é ainda mais terrível porque foi infligido à distância: um grupo de epítetos linguisticamente relacionados entre si e

Poderes e esferas de Influência

pelos quais o deus é regularmente descrito podem ser traduzidos como "o que atira de longe". Quer agindo com benevolência, quer com agressividade, há sempre distanciamento em relação a Apolo.

Ártemis

Se tentarmos traçar um perfil de Ártemis, irmã de Apolo, com base em seu lugar nas práticas religiosas, o mais próximo que podemos chegar de um esquema unificador é a noção de "transição à vida adulta", pois para jovens de ambos os sexos os santuários dedicados à divindade promoviam ritos de passagem que iam das cerimônias de iniciação dos rapazes espartanos no templo de Ártemis *Orthia* aos rituais performados em sua honra por jovens moças atenienses vestidas de "ursas" em Brauro, na Ática. Uma outra forma de transição na qual esperava-se que Ártemis estivesse envolvida é o parto: em diversos lugares ela era identificada com a deusa Ilítia, responsável específica dessa área. Alguns acadêmicos propõem levar essa noção de "transição" ainda mais longe e a relacionam à tendência de alguns dos santuários de Ártemis situarem-se nas zonas limiares, como pântanos ou litorais, algo que, por si só, condizia com outro elemento simbólico da devoção a Ártemis: as vastidões agrestes. Como já indicado pela imagética das ursas, a deusa era considerada a senhora das feras selvagens, e de fato, no Festival Láfria, realizado em sua honra na cidade de Patrai[69], ocorria uma notável cerimônia, na qual uma sacerdotisa virgem, montada numa carruagem puxada por quatro cervos, presidia ao holocausto ritual de animais selvagens.

Os mitos nos quais Ártemis aparece tanto refletem quanto rejeitam esses motivos. Quando Homero em sua *A odisseia* busca evocar a beleza virginal da jovem princesa Nausícaa, ele a compara à inigualável divinal caçadora:

> Guia Nausícaa, de braços bonitos, as outras na dança. Ártemis dessa maneira costuma vagar pelos montes, quer no Taígeto longo, quer mesmo no próprio Erimanto, a deleitar-se na caça de cervos ou céleres gamos[70].

Ártemis adora os animais de vida livre, mas tal e qual seu irmão Apolo, ela porta um arco e os caça a todos com mira impecável. Um paradoxo análogo ocorre na comovente história de Ifigênia, a filha virgem de Agamenon: comandante da expedição grega contra Troia, ele ofendeu a deusa (segundo uma fonte ao gabar-se dos dotes de caçadora da garota, afirmando serem superiores aos divinos), e ela impôs o sacrifício da moça como desagravo. A protetora das jovens sequer pestanejou em exigir uma morte quando estava em jogo sua própria honra divina – ainda que, numa outra versão do mito, tenha se compadecido no último minuto, arrebatado a pobre Ifigênia para um lugar seguro, e colocado um veado sacrificial em seu lugar.

As noções-chave da transição e da adolescência, bem como a conexão com os animais, encontram eco em narrativas recorrentes, nas quais Ártemis é acompanhada por um grupo de jovens caçadores de ambos os sexos (o oposto ao que ocorria na vida real), homens como Hipólito, Órion e Actéon, e mulheres como Calisto, colocados sob a proteção da casta caçadora por não terem, iguais a ela, realizado a transição decisiva para a vida sexual plena dentro dos laços do matrimônio – logo, do ponto de vista social, ainda pertencentes à "selvageria". Não obstante, essa relação da deusa com a castidade é repleta de ambiguidades, como dá a entender sua vinculação ritualística aos partos. Assim sendo, sua condição virginal é perigosamente frágil, e embora jamais tivesse sido violada, viu-se constantemente colocada em risco.

Os mitos expressam essa fragilidade de duas formas. Primeiramente, os jovens acompanhantes frequentemente descobrem que sua sexualidade põe em risco a ligação com o grupo. Foi o caso de Calisto, por exemplo, uma devota seguidora que foi violada por Zeus disfarçado de Ártemis; de acordo com uma das muitas versões de sua punição, a própria deusa alvejou-a com flechas. Outro dos seus

Imagem arcaica de Ártemis na alça de uma jarra de água (hydria) *espartana, c. 600 a.C. A deusa está caracteristicamente situada no centro de um grupo de feras selvagens.*

---

69. Moderna Patras, na costa norte do Peloponeso.
70. HOMERO. *A odisseia*, V: 101-104. Op. cit., p. 116.

(Esquerda) A morte de Actéon, assistida por Ártemis. Os próprios cães do caçador o destroçam acreditando se tratar de um cervo, metamorfose aludida pelo couro do animal amarrado em seu pescoço. Métopa do Templo E de Selino, Sicília, c. 460 a.C.

(Direita) A ereção visível, como a desta "herma", era tanto marca do poder quanto da sexualidade.

favoritos era o poderoso caçador Órion, mas também ele caiu em desgraça por causa semelhante (a violação de uma donzela ou um caso com Eos, deusa do amanhecer); em uma versão da história, Ártémis pessoalmente maquinou a morte dele, enviando um gigantesco escorpião para picá-lo.

Em mais uma variante da história de Órion, a deusa se sentiu sexualmente atraída por ele, e nesse caso coube ao seu irmão, Apolo, intervir e matar o imprudente transgressor. Tudo isso aponta para a segunda forma pela qual a mitologia salienta a frágil virgindade de Ártemis, as histórias nas quais não são os seus seguidores, mas ela mesma quem chega perigosamente junto da relação sexual. Temos o caso de Actéon, cuja ofensa é relatada de maneiras diversas: ele pode tê-la desejado ou, mais suavemente, apenas ter calhado de flagrá-la e às suas Ninfas enquanto banhavam-se numa nascente da montanha. Seja como for, havia infringido suficientemente o espaço divino para ser condenado: transformado em cervo, foi destroçado pelos próprios cães. Erro similar foi cometido pelos irmãos gêmeos Oto e Efialtes, dois gigantes[71] que tentaram conquistar e casar com Ártemis e Hera, respectivamente. Agente da destruição deles, Ártemis metamorfoseou-se num veado e correu entre ambos: cada um portava uma javelina[72] e as lançaram... erraram o animal, mas acertaram um ao outro.

---

71. Sem qualquer relação com os filhos de Gaia [N.T.].
72. Lança para ser jogada a distância [N.T.].

Hermes

Filho de Zeus com a ninfa Maia, Hermes basicamente tornou-se uma figura de literal familiaridade para os gregos graças à sua imagem esculpida, um pilar de quatro lados com um busto esculpido na parte superior e um falo ereto projetando-se na frente. Rígidas e potentes, essas chamadas "hermas" foram encontradas nos mais diversos locais (na cidade, no campo, nas encruzilhadas), mas sua posição mais usual era de marco fronteiriço nas soleiras das casas gregas comuns. Quando conspiradores mutilaram essas estátuas em Atenas, na véspera da expedição militar contra a Sicília em 415 a.C., o evento foi encarado como prenúncio de um desastre – o que não é de se admirar: ao delimitar o território de um homem em relação a outro, essas marcas sagradas articulavam a mais básica estrutura da cidade-Estado.

Sua mitologia tanto contradiz quanto complementa a iconografia das hermas. O Hermes mitológico é uma divindade do movimento, da viagem, da alternância hábil entre estados opostos – quintessencialmente móvel, apondo-se à fixidez dos pilares. Não obstante, tampouco deixa de ser um deus da fertilidade, especialmente no que tange ao gado e aos rebanhos, e das fronteiras (como sugerem a forma e a localização das hermas).

Três episódios do Hermes homérico exemplificam contextos nos quais o deus oscila entre opostos. No canto final de *A ilíada* ele aparece incógnito e conduz Príamo, velho rei de Troia, desde a sua sitiada cidade até o campo inimigo para res-

> Poderes e esferas de Influência

gatar o corpo de Heitor, seu filho amado – operando, nesse caso, em plena "terra de ninguém". Um segundo caso aparece no canto V de *A odisseia*, quando Hermes voa do Olimpo portando uma mensagem para Calipso, deusa que vivia numa ilha no fim do mundo – ser capaz de cruzar céus e terras, montanhas e mares faz dele o mensageiro ideal. Finalmente, perto do fim desse mesmo poema, quando os pretendentes que planejavam usurpar o lar de Odisseu e casar com sua esposa já tinham sido assassinados pelo herói retornado:

> Hermes Cilênio chamou, no entretanto, reunindo-as, as almas dos pretendentes. O deus empunhava a belíssima vara de ouro, encantada, que aos olhos dos homens faz vir logo o sono, quando lhe apraz, ou conseguem fazer despertar os que dormem. A vara, pois, agitava; zumbindo, seguiam-na as almas[73].

Vida e morte; dormir e andar; o Olimpo e o Submundo: o papel favorito de Hermes é mover-se entre tais polos, uma habilidade que tem estado consigo desde o dia do seu nascimento, no Monte Cilene. Como sabemos a partir do delicioso *Hino homérico a Hermes*, o talentoso recém-nascido celebrou sua chegada ao mundo com um número de roubo de gado cuja vítima foi ninguém menos do que seu próprio meio-irmão, Apolo. Missão cumprida, o pirralho divino retorna à sua base, passando através do buraco da fechadura de seu abrigo – o exemplo definitivo de controle de barreiras.

Sua província é, portanto, o roubo, a malícia, a habilidade. Falta-lhe o poder da força bruta que tipifica alguns dos demais Olímpicos: sua marca registrada, o caduceu[74], não é uma arma agressiva. É Hermes quem sugere a Odisseu usar a planta Molu como antídoto contra as poções de Circe, a feiticeira; da mesma forma, antes de matar Argos Panoptes[75] optou por sedar seus cem olhos, um por um, até adormecê-los todos... e uma vez mais, preferiu um ardil ladino à violência direta.

Um último papel que merece destaque: sua capacidade de mensageiro e portador, pois Hermes age regularmente como um facilitador para ações de outros deuses. Quando Hera, Atena e Afrodite precisaram ser guiadas até o Monte Ida para o Julgamento de Páris (cf. p. 132), foi ele a levá-las até lá; quando Perséfone voltou do Submundo para reencontrar-se com sua mãe Deméter, que outro poderia guiar seus passos? Mas o servo de um homem é o algoz de outro: em *Prometeu Acorrentado*, tragédia de Ésquilo, o personagem-título profere uma das mais amargas diatribes que um deus já lançou sobre outro ao insultar Hermes por cumprir as ordens de Zeus, o novo tirano do céu, e acorrentá-lo.

---

73. HOMERO. *A odisseia*, XXIV: 1-5. Op. cit., p. 393.
74. Cajado alado com duas serpentes [N.T.].
75. Gigante com cem olhos encarregado por Hera para vigiar Io, a amante de Zeus [N.T.].

Afrodite

Via de regra, fixar epítetos em divindades gregas é enganoso e reducionista, mas no caso de Afrodite a descrição "deusa da sexualidade" acerta na mosca. As fontes discordam a respeito da sua genealogia: em *A ilíada* ela é a filha de Zeus com a deusa Dione, sem qualquer menção à sangrenta história hesiódica do seu nascimento a partir da genitália amputada de Urano. Existem também diversas versões do seu relacionamento com a outra corporificação divina do amor sexual, Eros: Hesíodo o situa no princípio mais recuado do cosmos, anterior à deusa, enquanto narradores como Apolônio de Rodes representam-no como uma eterna criança, o filho mimado e perigoso (porque armado com flechas afrodisíacas de mira certeira) da própria Afrodite. Comum a todos, porém, é a compreensão de que ela é a encarnação da *ta aphrodisia*, a conjunção carnal.

Essa qualidade domina os muitos cultos a ela dedicados, seja nos grandes santuários em Pafos e Amatunte, na costa meridional de Chipre (donde seu epíteto regular, "Cípria", a Cipriota) ou em quaisquer outros. Dentre suas alcunhas estão *Porné* ("Prostituta") e *Hetaira* ("Cortesã"), mas não se deve inferir que a vida cívica, ao reservá-la em tais lugares, a marginalizava; pelo contrário, práticas religiosas correntes em diversas localidades destacavam sua centralidade social, seja no contexto dos cultos matrimoniais ou como personificação da concórdia cívica, perceptível no epíteto *Pandemos* ("Do Povo Inteiro").

Diversos mitos expressam o irresistível poder que era capaz de exercer sobre a esfera dos sentimentos mais íntimos, e o mais famoso deles ficou conhecido como o Julgamento de Páris: quando Hera, Atena e Afrodite divergiram sobre qual das três era a mais bela, delegaram o veredito a um mero mortal, Páris, filho do rei troiano Príamo; ofereceram-lhe toda sorte de subornos: Hera, o poder; Atena, a vitória; Afrodite, o amor da mulher mais linda do mundo. A decisão foi previsível: a deusa do amor levou o prêmio; Páris, Helena; e a Guerra de Troia foi concebida.

Embora casada com Hefaístos, o ferreiro coxo, Afrodite ficou famosa pelo *affair* amoroso que teve com Ares, contado na canção apresentada pelo aedo Demódoco em *A odisseia*: os dois adúlteros estavam nos braços um do outro quando o traído decidiu se vingar, e os prendeu rapidamente numa rede de mágica feitura. Nem mesmo Zeus era imune ao charme da deusa: seu cinto, usado junto aos seios, continha um feitiço de sedução que, em um momento pivotal de *A ilíada*, Hera tomou emprestado para envolver o marido e distraí-lo do grande plano que ela havia traçado no campo de batalha.

Mas não era próprio da natureza de Zeus permitir-se, ou aos outros deuses, serem manipulados por Afrodite sem dar uma resposta à altura, e numa

Poderes e esferas de Influência

(Esquerda) Atena segue para a batalha, armada com lança e escudo. Moeda cunhada em Alexandria, c. 315-310 a.C.

ocasião ele determinou-se a mostrar que também ela poderia ser vítima do desejo. Como lemos no *Hino homérico a Afrodite*, o Pai dos Deuses a fez rebaixar-se e se apaixonar por um pastor mortal de nome Anquises que apascentava seu rebanho no Monte Ida, perto de Troia. Primeiro a deusa se retirou para seu santuário em Pafos, banhando-se e untando-se com perfumes de indescritível doçura; então disfarçou-se de mortal e foi até o pretendido, e o fruto desse amor seria Eneias, um dos poucos troianos a escapar com vida da destruição de sua cidade pelos gregos. Quanto ao próprio Anquises, quando lhe foi permitido ver a deusa em sua forma verdadeira, ela o advertiu de que jamais revelasse o que ocorria – o tipo de regra que, nos mitos, existe para ser quebrada. Com efeito, durante uma bebedeira o humano contou o segredo, manchando inadmissivelmente a honra de Afrodite, e trazendo para si inevitável punição. Segundo diferentes versões, Zeus o teria cegado ou o aleijado, e ao fazê-lo reafirmou os limites que mortal algum poderia transpor impunemente.

Atena

Filha de Zeus e Métis (Habilidades), a sábia, engenhosa e destemida Atena era a virgem guerreira que saltou, completamente armada, de dentro da cabeça do pai. Seus artefatos militares característicos eram o elmo, a lança e, acima de todos, a "*aegis*" pele de cabra com bordas e a cabeça da Górgona, causadora do pânico, que usava sobre os ombros.

Diferente de Apolo, que agia "de longe", a presença de Atena era sentida próxima, especialmente pelos heróis a quem favorecia, algo visível já nos poemas homéricos: quando a briga de Aquiles com Agamenon ameaçou descambar num duelo de sangue, pondo em risco o esforço de guerra

O Templo de Atena em Lindos, na Ilha de Rodes, está localizado num descarnado penhasco sobre o mar. Construído em estilo dórico, data do IV século a.C.

(Acima à esquerda) A oliveira foi, e é, um elemento ubíquo da paisagem grega. Era dedicada a Atena, e fonte de riqueza para a cidade de Atenas, que a tinha por padroeira. Para o coro da peça Édipo em Colono, de Sófocles, era uma "árvore plantada não por mãos humanas, mas criada do nada, um terror para as lanças inimigas".

(Acima à direita) Quando Cassandra, princesa de Troia, foi estuprada no altar de Atena por um guerreiro grego (Ájax, filho de Oileu), a cólera divina foi implacável: a deusa impediu a frota grega, onde se encontrava o navio de Ájax, quando partia vitoriosamente para casa. Jarra de água do sul da Itália, c. 330 a.C.

grego, Atena puxou o herói pelo cabelo e o conteve. Quanto a Odisseu, repetidamente o assistiu em seus descaminhos para retornar a Ítaca, às vezes elogiando, às vezes repreendendo seu esperto protegido, com quem tinha muito em comum.

Atena era "próxima" não apenas de indivíduos, heróis, mas também das comunidades, em sua manifestação *Políade* ("Deusa da Cidadela"), tanto que, por vezes, o próprio destino de uma cidade dependia unicamente de sua presença: Troia só cedeu aos ataques dos sitiadores quando o Paládio, estátua talismânica da deusa, foi roubada por Diomedes e Odisseu. Os principais templos de Argos, Esparta e Lindos[76] eram-lhe dedicados, assim como o mais famoso dos santuários, o resplandecente Pártenon, na Acrópole de Atenas – cidade que, provavelmente, conferiu-lhe o nome. E mesmo se, como defendem alguns acadêmicos, o processo tiver sido o inverso, e a pólis tenha sido nomeada em honra à sua deidade protetora, o elo entre ambos era estreito: seu pássaro sagrado, a coruja, era a efígie característica das moedas atenienses. A etiologia dessa conexão era explicada pelo mito: certa feita, Atena e Posêidon disputaram o papel de divindade principal da cidade; enquanto o Deus do Mar feriu a rocha na Acrópole e fez surgir uma fonte de água salobra, o presente que trouxe a merecida vitória a Atena era, a um só tempo, mais sustentável e economicamente útil: a oliveira cultivada.

De fato, o cultivo, processo que traz o natural para o reino da produtividade humana, é uma noção-chave para se compreender o papel de Atena: ela se manifesta no zelo pelas mulheres que trabalham a lã, na inspiração do treinador de cavalos e do construtor de carruagens, e na força do carpinteiro que transforma a madeira bruta, seja em uma nave preparada para singrar os mares, como o Argo, ou em uma criação única como o cavalo de Troia. A polaridade entre natureza e cultura, como a que relaciona o cru e o cozido – oposições que muitos antropólogos perceberam como fundamentais no modo como os seres humanos refletem sobre o mundo – são de fulcral relevância para o exercício dos poderes especiais de Atena: a simples visão de um dos seus heróis favoritos, Tideu, comendo os miolos crus de um inimigo escandalizou tanto que ela acabou por abandoná-lo.

Mas a despeito de toda essa disposição à proximidade, sua ira podia se revelar igualmente devastadora, como quando a imprudente Aracne gabou-se de poder tecer melhor do que ela e foi metamorfoseada em aranha; quando o jovem caçador Tirésias viu a deusa virgem banhando-se nua e foi punido com a cegueira; ou ainda durante o saque de Troia, quando Ájax, filho de Oileu[77] estuprou a Profetisa Cassandra em seu altar, um ato descuidado que a fez alinhar-se a Posêidon e destruir a frota grega que voltava para casa. As duas últimas

---

76. Na Ilha de Rodes.

77. Frequentemente chamado de Ájax o Menor, para distingui-lo de Ájax, filho de Télamon.

histórias citadas indicam o afastamento da deusa em relação à sexualidade, tema que aparece comumente em vários dos mitos nos quais figura. Sua virgindade permanece intacta, e sua persona divina combina masculinidade e feminilidade de forma idiossincrática, mas jamais grotesca.

Um mito que destaca não só sua castidade, mas também sua proximidade com Atenas, é aquele que narra a perseguição a que Hefaístos, o divino ferreiro coxo, a submeteu. Ele abrira o crânio de Zeus para trazê-la ao mundo, mas seu interesse não se encerrara naquele episódio. Um dia, sexualmente excitado, a perseguiu, mas tudo terminou, como amiúde acontece com Hefaístos, num anticlímax, com ele ejaculando em sua coxa. Atena pega um punhado de lã, limpa a sujeira, e o joga no chão, onde o esperma acabou por fecundar a terra e gerar uma criança que viria a se tornar um dos reis mais próximos à deusa: Erecteu, algumas vezes chamado Erictônio. Plural e inabalável: assim era o laço que unia Atena à cidade que tão ardentemente protegia.

Dioniso e seus adeptos

Nenhum retrato literário de uma divindade grega se equipara, em seu mais absoluto e hipnotizante poder, a *As bacantes*, tragédia de Eurípides. O enredo gira em torno do rei tebano Penteu, que se recusara a reconhecer a importância de um "Estrangeiro", recém-chegado do Oriente, e que operava maravilhas. A comunidade inteira é perturbada quando essa figura induz todas as mulheres da cidade a abandonar seus lares e adorar uma nova divindade, Dioniso, no Monte Citéron, situado nas proximidades. Liderando-as estavam Ino, Autônoe e Agave (mãe do monarca), as três levadas à insanidade por haver negado que sua irmã, Sêmele, tivera um filho com Zeus. Em verdade, o tal Estranho não era outro senão Dioniso destilando sua terrível vingança: numa orgia de incompreensível violência, fez Agave destroçar, membro a membro, seu régio filho.

"*As bacantes*" condensa virtualmente todas as características mitológicas mais relevantes de Dioniso. A loucura que ele provoca é mais coletiva do que individual, fato demarcado pelos grupos de devotas reunidos ao seu redor (chamadas, na tragédia, de mênades, "as delirantes"). Ele é vinculado ao estado de "êxtase" (cujo significado literal é "estar fora de si"), e consegue ser a tal ponto subversivo que primeiro provoca resistência para, logo em seguida, destruí-la sem remorso. Entre os seus símbolos estão a uva inebriante e a sempre verde e florescente hera. Em suma, ele é indisfarçavelmente delicioso, mas formidavelmente peri-

---

Poderes e esferas de Influência

(Abaixo à esquerda) A capacidade de Dioniso em identificar-se com o mundo natural às vezes é expressa em terrível selvageria: aqui ele desmembra um veado com impressionante facilidade (vaso ático, c. 490-470 a.C.).

(Abaixo à direita) Os dois grupos de seguidores de Dioniso, as mênades e os sátiros, às vezes encontravam-se em íntima proximidade, graças aos desejos urgentes desses últimos. A atmosfera dionisíaca desta imagem de uma taça ática (c. 490 a.C.) fica evidente pelo animal segurado pela mênade e pelo seu característico cajado, o tirso.

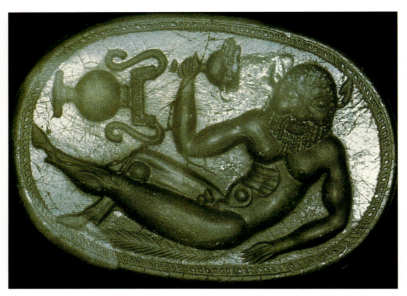

O sátiro deste entalhe num escaravelho de ágata (c. 530 a.C.) parece ter sorvido não apenas o vinho da taça, mas também o do vaso. Criaturas como esta compartilhavam com Dioniso seu vínculo com a bebedeira, mas não sua atratividade física.

goso. Todos esses aspectos são retratados em outros mitos sobre Dioniso, e iremos vê-los um a um.

A devoção coletiva. Dioniso é servido por dois grupos de adeptos. Suas devotas, as mênades, aparecem em muitas narrativas literárias e incontáveis representações visuais, nas quais sua pose típica, a cabeça jogada para trás em abandono extático, combina com a selvageria de seu traje: a pele sarapintada de um veado ou felino presa no pescoço e, eventualmente, uma cobra que lhe amarra os cabelos ou cintura seu vestido. A proximidade dionisíaca com a natureza é expressa pelas frequentes representações dessas mulheres segurando animais selvagens ou desmembrando-os num ritual conhecido como *sparagmós*. Menos assustadores do que elas, e grotescos tendendo ao absurdo, eram os sátiros, os seguidores do deus, cuja forma, diferentemente das mênades, incorporava fisicamente a proximidade com o mundo animal, pois seu antropomorfismo predominante era enriquecido com elementos pertencentes a cavalos (especialmente nas representações da Antiguidade Tardia) e bodes. Eles habitualmente perseguiam Ninfas ou mênades, mas suas investidas eram amiúde repelidas – o que, talvez, não cause surpresa, pois a combinação desigual de calvície parcial com pelagem corporal excessiva não deve ter atendido ao gosto padrão. O mais feio dentre todos era Sileno, seu suposto velho líder, cuja sempiterna embriaguez simbolizava o vício dos sátiros em um dos prazeres dionisíacos centrais.

Estar fora de si. O êxtase dionisíaco é espelhado em várias histórias que apresentam Dioniso como "chegado de fora". Aparentemente, esse não é um problema de memória histórica (tabuinhas com a escrita Linear B nos dão evidência da presença do culto ao deus na Grécia até pelo menos o século XIII a.C.); antes, esse alheamento poderia ser uma representação simbólica da sua condição de "forasteiro". Assim foi, de acordo com a mitologia, quando Hera, enciumada por ele ser fruto do adultério de Zeus, o levou à loucura; Dioniso vagou por uma variedade de terras não helênicas, do Egito até a Índia, até finalmente retornar à Grécia.

Resistência e sua superação. Diversos mitos relatam a resistência que o deus provocava. As filhas de Preto, rei de Tirinto, viram-se fora de si e dos seus lares quando não reconheceram sua importância, e ainda pior foi o destino de uma das filhas de Mínias, governante-fundador de Orcómeno: ela e suas irmãs preferiram tecer em honra a Atena do que adorar Dioniso, e igual a Agave, ele a fez desmembrar o próprio filho. Quanto a Licurgo, rei dos trácios, sua perseguição a Dioniso resultou em loucura, cegueira ou dilaceramento por bestas selvagens, a depender da variante do mito.

A vegetação dionisíaca. A vinha inebriante e a hera irrefreável eram os vegetais *par excellence* da divindade. O dom da vinha era uma faca de dois gumes: quando Dioniso o presenteou a Icário, um camponês ático, seus vizinhos, com quem ele havia compartilhado o líquido desconhecido, pensaram que ele os havia envenenado e o mataram. Onde quer que a vinha e a hera estivessem presentes juntas, lá também estaria Dioniso: alguns piratas etruscos, imprudentes a ponto de aprisioná-lo, descobriram gavinhas dessas duas

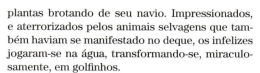

Poderes e esferas de Influência

plantas brotando de seu navio. Impressionados, e aterrorizados pelos animais selvagens que também haviam se manifestado no deque, os infelizes jogaram-se na água, transformando-se, miraculosamente, em golfinhos.

Perigo e deleite. Diversos mitos dionisíacos falam do perigo que o deus representava – os humanos cruzavam com ele por sua conta e risco –, mas sua presença também trazia doçura e conforto. Ao deixar Creta, Teseu levou consigo a Princesa Ariadne, mas abandonou-a na Ilha de Naxos. Dioniso foi até lá a bordo de uma carruagem puxada por animais selvagens, a resgatou e deu origem a um dos mais espetaculares e graciosos exemplos de arte que chegou até nós, a cratera Derveni, na qual o deus e sua noiva reclinam-se em luxuriante esplendor.

Ares e Hefaístos

Outros dois deuses, conquanto bastante diferentes em suas esferas de influência, compartilhavam da indignidade de serem frequentemente difamados pelos demais Olímpicos. Ares era detestado pelo que simbolizava: a violência desenfreada da guerra; mesmo Zeus, seu próprio pai, lhe disse em *A ilíada*: "és, entre todos os deuses,

(Abaixo) Como sempre, Ares está entretido com a atividade que é seu sinônimo na língua grega: a guerra. Aqui, completamente armado, está atleticamente disposto para a ação. Vaso François, c. 570 a.C.

(Acima) Uma das glórias do Museu de Tessalônica, a grande (91cm) cratera de bronze (krater, jarro para misturas) encontrada na vizinha Derveni reluz com figuras mitológicas idealizadas. Observada por duas cabeças de Héracles em relevo que decoram as volutas, a imagética no corpo do jarro foca na união entre Dioniso e Ariadne (cf. ilustração das p. 66-67).

(Esquerda) O interior da famosa "taça de Exéquias" (c. 530 a.C.) exibe os piratas transformados em golfinhos por Dioniso, uma punição por sequestrá-lo. A cena é uma virtuosa demonstração da metamorfose: o mastro torna-se uma vinha, enquanto o casco assume a forma de um golfinho.

O pintor deste vaso (c. 560 a.C.) representou um jovem Hefaístos montado num jumento itifálico. Fora da foto, à direita, está Dioniso, que conduz o colega divino de volta para o Olimpo, e em cima, à esquerda, vê-se um alegre sátiro.

aquele a quem mais ódio tenho"[78]. Ainda que frequentemente considerado equivalente ao deus latino Marte, seu lugar no panteão helênico era bem menos central do que o de sua contraparte romana (cf. p. 218). Dizia-se que era oriundo da Trácia, um local semicivilizado aos olhos de muitos gregos, e foi para lá que se retirou após a relação adúltera com Afrodite, então esposa de Hefaístos. Os amantes encontravam-se regularmente e produziram quatro filhos: Fobos (Medo), Deimos (Pânico), Harmonia e (segundo uma versão do mito divergente daquela preservada por Hesíodo) Eros ("Amor Sexual"). Os dois primeiros puxaram ao pai, os últimos à mãe, como se o contraste entre os genitores fosse tamanho que sua descendência era incapaz de reunir seus atributos.

Hefaístos, o ferreiro divino, era marcado como um estranho, igual a Ares. Primeiro, era associado à Ilha de Lemnos, ao norte do Mar Egeu, povoada por não gregos[79] até o Período Arcaico. Em segundo lugar, era coxo: de acordo com uma versão, Hera o teve sozinha, sem Zeus, mas tal método conceptivo heterodoxo, segundo a genealogia mitológica, produziu um fruto imperfeito, e a mãe, cheia de repulsa, o lançou do Olimpo. Como convém a uma divindade artífice, sua vingança foi mais elaborada do que violenta: ele enviou a Hera um trono dourado com armadilhas invisíveis que a prenderam. Ao final, coube a Dioniso embebedá-lo e trazê-lo de volta ao Olimpo montado num jumento, e só então ele concordou em libertá-la.

O tema "atirado do Olimpo" ocorre uma segunda vez, quando Zeus levou suas brigas com Hera a um desfecho terrível, pendurou-a do monte com bigornas atadas aos pés. Nessa oportunidade Hefaístos tomou as dores da mãe, e por causa disso o Pai dos Deuses o arremessou tão longe que foi cair em sua ilha natal, Lemnos. Ainda assim, o ferreiro corajosamente escalou o Olimpo e voltou à companhia dos imortais, os quais, embora continuassem a escarnecê-lo com seu humor ácido, passaram a respeitá-lo graças à sua incomparável maestria nas artes do metal e do fogo.

Divindades menores: Hécate, Héstia, Pã

O papel de Hécate na narrativa mitológica é relativamente modesto. Seus vínculos com os poderes sinistros do Submundo são exemplificados numa cena memorável da *Argonáutica*, de Apolô-

---

78. HOMERO. *A ilíada*, V: 890. Op. cit., p. 161.

79. Como sugerem inscrições encontradas na ilha.

Jasão invoca Hécate

No curso da sua narrativa sobre a Expedição dos Argonautas, Apolônio de Rodes relata as misteriosas preliminares da luta entre Jasão e os touros com hálito de fogo, e instruído por Medeia o herói invocou a pavorosa deusa Hécate:

> A distância o sol mergulhava sob a terra escura, além dos picos etíopes do ocidente mais distante, e Nix atrelava seus cavalos; junto ao cordame do navio os heróis preparam suas camas. Exceto Jasão. Tão logo o brilho das estrelas de Hélice, a Grande Ursa, deslizou abaixo, e o ar manteve-se perfeitamente hirto pelos céus, dirigiu-se a um lugar ermo, furtivo como um gatuno, levando consigo tudo o que precisava, preparado com antecedência durante o dia. Argos [filho de Frixo] lhe dera uma égua e leite mungido de um rebanho, mas o restante havia retirado do próprio navio. Ao encontrar um local fora dos caminhos dos homens, aberto aos céus em meio aos puros campos alagadiços, primeiramente banhou seu corpo macio no rio sagrado conforme a praxe, após o que vestiu o manto escuro ofertado por Hipsípila de Lemnos, como recordação de seu doce amor. Em seguida cavou na terra uma trincheira de um cúbito de profundidade e fez uma pilha de lenha cortada; abriu a garganta de uma ovelha sobre o fosso e estirou seu corpo sobre a fogueira consoante o rito. Ateou fogo à base e queimou a madeira, derramando sobre ela libação amalgamada, e invocou Hécate *Brimô*, a Furiosa[80], a assisti-lo na luta. Ouvindo o chamado, a terrível potestade veio dos abismos mais profundos para aceitar as oferendas do filho de Esão. Serpentes terríveis formavam uma guirlanda em volta de sua cabeça, entrelaçadas a ramos de carvalho; suas tochas emitiam clarões ofuscantes; cercavam-na os ganidos pungentes de cães infernais. Todos os campos tremiam à sua chegada; gritavam alto as Ninfas habitantes dos pauis do amarantino Fásis, rio que meandra no entorno daquela várzea. O esônida foi tomado de pavor, mas ainda assim não deu de costas, mesmo enquanto os pés o levavam de volta aos seus companheiros. Já a Aurora era recém-nascida, sua luz esparramava-se à medida que se erguia por sobre o níveo Cáucaso.

---

80. O epíteto *Brimô*, Furiosa, é aplicado a uma diversidade de deusas, como a própria Hécate e Perséfone [N.T.].

nio, quando Jasão, seguindo o conselho da sacerdotisa da deusa, Medeia, a invoca em seu auxílio. Suas associações com a noite, cachorros uivando e a terra de ninguém das encruzilhadas, salientam a natureza infernal e misteriosa de sua persona divina, mas ainda assim, como de hábito, é insensato tecer generalizações com base naquilo que "os gregos" pensavam sobre um determinado fenômeno religioso. Em sua *Teogonia*, Hesíodo entoa um notável, quase pessoal, peã a Hécate, celebrando-a em termos generosos, tais como sócia dos "reis venerandos"[81], fiadora da vitória e portadora da prosperidade – em nosso retrato da mitologia helênica, deve sempre haver espaço para variações locais e até mesmo idiossincráticas.

Igualmente modesta quanto ao seu lugar na mitologia é a deusa do lar, Héstia. Na verdade, a locução "do lar" é enganadora: ela é *o* lar, o fogo sagrado no centro de cada casa e de cada comunidade[82]. Ela é uma virgem, pois o ato sexual poluiria a pureza de sua essência ígnea, e seu papel é central e fixo; de fato, o acadêmico francês Jean-Pierre Vernant identificou convincentemente um significativo contraste-com-complementaridade entre Héstia e Hermes, o deus da mobilidade e das trocas. Outro contraponto interessante ocorre em relação a Hefaístos, pois enquanto esse representa o fogo em seu aspecto dinâmico – produtivo, como na forja, ou agressivo, como no conflito elemental contra o deus-rio Escamandro no canto XXI de *A ilíada* –, Héstia é a chama imorredoura, a matéria primordial para o ato sacrificial. Nisso ela se assemelha, parcialmente, à sua "equivalente" latina, Vesta, embora careça da proeminência social que lhe conferiram suas guardiãs em Roma, as Virgens Vestais (cf. p. 218) – como de hábito, a noção de "equivalência" entre deuses gregos e romanos pode ser mais errônea do que propriamente útil.

A capacidade de transcender o antropomorfismo está implícita na natureza das divindades gregas. Para muitos dos deuses, essa aptidão se manifesta na autotransformação, por exemplo, na aparência de um animal. Não obstante, com Pã essa fusão de formas humanas e animalescas constitui, como no caso dos sátiros, não uma metamorfose passageira, mas uma condição permanentemente híbrida, meio homem, meio caprino. Sua promiscuidade é toda abrangente: nenhuma ninfa está a salvo dele, mas rapazes pastores e até animais dos rebanhos precisam manter os olhos abertos. Vagabundo dos campos agrestes entre as comunidades, a área mais relacionada a Pã é a Arcádia, considerada pelas outras regiões como bruta e incivilizada, mas os cultos em sua homenagem se espalham pela Grécia inteira, e seu próprio nome ("Tudo") algumas vezes foi utilizado como insígnia de uma força divina universal. Em todo caso, sua imagem típica possui um escopo bem mais modesto: nos breves intervalos entre aventuras sexuais, o chifrudo com cascos fendidos se ocupa em tocar pacificamente sua flauta feita de canas.

---

81. HESÍODO. *Teogonia*, 434. Op. cit., p. 125.
82 O grego antigo desconhece a distinção entre letras maiúsculas e minúsculas: a palavra *héstia* é tanto um substantivo comum quanto próprio; ou seja, tanto o "lar" quanto a deusa.

Poderes e esferas de Influência

(Esquerda) Para gregos e romanos igualmente, Pã era um deus "de fora": enervante e potencialmente perigoso, qualquer um que cruzasse com ele poderia ser afligido pelo "pânico". As criaturas mais diretamente associadas a ele eram as Ninfas, com as quais compartilhava muitos cultos, especialmente nas cavernas. Estatueta de ouro do Período Imperial romano.

As Musas e suas funções

Filhas de Zeus e Mnemósine (Memória), as Musas são majoritariamente associadas a diversos aspectos do poder encantador da expressão artística. Antigos relatos sobre elas divergem em vários detalhes: em pelo menos alguns textos antigos elas não eram em número de nove, embora grupos desse tamanho viessem a se tornar canônicos. Suas funções variaram igualmente, e aqui está uma lista de suas possíveis "províncias":

Erato	Poesia lírica
Euterpe	A música do *aulós*, a flauta dupla
Calíope	Poesia épica
Clio	História
Melpômene	Tragédia
Urânia	Astronomia
Polímnia (ou Poliímnia)	Hinos, e posteriormente a pantomima (Roma)
Terpsícore	Dança coral
Tália	Comédia

As Musas, tradicionais inspiradoras da performance *poética, representadas num sarcófago romano de 150 d.C. Acreditava-se que viviam no Olimpo e no Monte Hélicon.*

As Musas

Dado que muitas de nossas fontes sobre a mitologia grega foram compostas por poetas, não surpreende que as Musas, aquelas tradicionais inspiradoras da *performance* lírica, estejam sempre recebendo aclamação. "Infatigável é o fluxo da doce voz dos seus lábios", canta Hesíodo, "e a casa de seu pai, Zeus tonitruante, regozija-se pelas vozes, análogas aos lírios, das deusas, à medida que se dispersam; os picos do níveo Olimpo e as moradas dos imortais ressoam". Clio, Euterpe, Tália, Melpômene, Terpsícore, Erato, Polímnia, Urânia e Calíope eram filhas de Zeus e Mnemósine (Memória), e na Antiguidade Tardia foram-lhes designados gêneros específicos: História, Astronomia e assim por diante. Embora associadas à música, à dança e à celebração, elas eram igualmente dotadas da ira tão própria das divindades. Quando o incauto bardo Tâmiris afirmou superá-las no canto e na música, elas lhe tiraram a visão e ainda levaram junto seus dons poéticos. Não menos decisiva foi sua atitude diante da provocação das nove filhas do Rei Pieros da Macedônia: desafiadas por essas garotas tolas para uma contenda, primeiro venceram suas oponentes e depois as transformaram em pegas[83].

As Moiras

Diferentemente, por exemplo, das Nornas na mitologia norte-europeia, as Moiras (do termo "porção" ou "quinhão"), ou Fatalidades, aparecem raramente na mitologia helênica. Em geral, a causalidade dos eventos míticos narrados é apresentada como produto da urdidura entre os propósitos divinos e as escolhas mais ou menos livres dos agentes humanos.

De quando em vez, porém, outro agente vem à tona, nomeadamente a parceria entre Cloto (Fiandeira), Láquesis (Sortidora) e Átropos (Inflexível),

---

83. Aves de plumagem branca e preta da família dos corvos [N.T.].

as três Moiras. O simbolismo subjacente a esses nomes remete ao trabalho com a lã: fiar, medir e cortar o fio, cujo comprimento corresponde à vida de um mortal. Como tal processo triplo tem lugar no nascimento, em teoria não há espaço para renegociações subsequentes – onde foi cortado, assim permaneceria – o que certamente se aplicou ao herói Meleagro. "Quando ele tinha sete dias de nascido", escreve Apolodoro, "diz-se que as Moiras apareceram e anunciaram que seu tempo de vida duraria tanto quanto a tora queimando na lareira demorasse para ser consumida pelo fogo". Alteia, sua mãe, apavorou-se, pegou o lenho e o escondeu, mas um dia, contudo, num momento de fúria contra o próprio filho (que havia assassinado os tios após uma briga), ela recuperou a madeira e a reacendeu, dando cumprimento à profecia das Fatalidades.

No entanto, como é típico de uma mitologia que ama conduzir experimentos extremos, diversas histórias exploram as possibilidades de contornar uma sorte que já fora lançada. Vimos a passagem de *A ilíada*, na qual Zeus ponderou ser melhor não prolongar o destino de seu filho Sarpédon, embora fosse capaz de fazê-lo, para não instigar a raiva dos demais Olímpicos.

Não menos intrigante é a situação na peça de Eurípides, *Alceste*: em agradecimento pelo tratamento acolhedor prestado por Admeto, Apolo embebeda as Moiras e as induz a prolongar a vida do seu benfeitor. Mas esse adiamento é condicional: Admeto necessita encontrar outro homem para tomar seu lugar na morte – os traumas emocionais que advêm dessa substituição formam a base do complexo e comovedor drama do tragediógrafo ateniense.

As Erínias

Em conjunto mais ativas do que as Moiras, as Erínias (Fúrias) eventualmente foram pensadas como uma numerosa coletividade, mas autores posteriores as representaram como uma tríade, de nomes Alecto (Implacável), Megera (Rancor) e Tsí-

(Direita) A morte de Meleagro, relevo de um sarcófago romano, II-III séculos d.C. As Moiras (Fatalidades) haviam avisado à sua mãe que, quando um pedaço de lenha terminasse de queimar, ele morreria. Ela preservou a tora, mas um dia, movida pelo ódio, a reacendeu – confirmando, assim, a profecia das Moiras.

(Abaixo) Esta estátua de bronze (c. 400 a.C.) encontrada perto do Monte Vesúvio, na Campânia, pode representar uma Erínia (Fúria) ou o demônio Vanth, do Submundo Etrusco. De um jeito ou de outro, as asas e as serpentes enroscadas em seus braços evocam a sensação de poder não terrenal.

fone (Vingadora). Elas eram imaginadas como entes primevos, certamente anteriores aos Olímpicos, mas que sobreviveram sob sua nova ordem precisamente porque o poder que corporificavam não havia sido suplantado: eram imediatamente convocadas à ação sempre que se cometia um assassinato, em particular quando a vítima mantinha vínculos familiares com seu algoz. Segundo uma variante, elas foram concebidas a partir do sangue dos genitais decepados de Urano que respingou sobre a terra. Sua aparência era repulsiva: fuçando e ganindo como cães, tinham cobras nos cabelos e líquido nauseabundo escorrendo pelos olhos; mas mesmo com tudo isso, não eram más: antes, cumpriam um papel vital, qual seja perseguir os culpados de perpetrar violentas transgressões humanas.

Como já sugerimos, uma das funções da mitologia grega era propor experimentos extremos: e se...? Especialmente nas tragédias, essas experimentações centravam-se em dilemas aparentemente insolúveis, e um exemplo clássico ocorre na *Oresteia*, a Trilogia de Ésquilo, em cujo terço final as deusas figuram no centro da ação: quando Orestes mata sua mãe, Clitemnestra, as Erínias, naturalmente, o perseguem; todavia, o ato quase inimaginável do matricídio fora precipitado pela própria vítima, quando matara a traição Agamenon, seu marido e pai de Orestes. Nesse contexto, o direito à perseguição se mantinha? O impasse só atinge alguma resolução em Atenas, sob os auspícios da sábia Atena: o jovem é absolvido, mas as vingadoras, longe de serem desonradas, mantêm suas prerrogativas e passam a receber adoração privilegiada no centro da pólis (cf. p. 184-185). Mesmo sob a nova ordem olímpica, essas antigas deidades ainda se conservavam necessárias.

Honra e limites

Ao descrever os poderes e esferas de atividade atribuídas às várias divindades helênicas, aqui e acolá esbarramos em conflitos de interesse e disputas de fronteiras. Agora iremos focar diretamente nesse tema, não só no que tange às relações entre um deus e outro como também aos relacionamentos entre mortais e imortais.

Em seus territórios específicos, os deuses são supremos: nenhum além de Hefaístos pode desfazer as cadeias invisíveis que prenderam os amantes adúlteros, Ares e Afrodite; nem mesmo Zeus pôde resistir ao cinto de Afrodite quando Hera o usou. Os problemas aparecem nas margens, nas fronteiras, onde há escolhas a serem feitas e a honra de uma divindade pode estar em jogo, situação ilustrada pela história de Hipólito.

Hipólito

Hipólito era um jovem mortal que preferia a caça e a castidade às grandes aventuras presididas pela deusa do amor, mas ao se devotar exclusivamente a Ártemis, ele diminuía, ato contínuo, a importância de Afrodite, e ela, como os outros deuses, não tolerava desaforos: em *Hipólito*, tragédia de Eurípides[84], sua vingança se manifesta fazendo Fedra,

---

84. E base para o grande drama de Racine, Fedra, dentre outras várias adaptações.

madrasta do rapaz, apaixonar-se pelo enteado. Estarrecido, ele a rejeita e Fedra se enforca, mas não sem antes redigir uma nota de suicídio culpando Hipólito pelo ocorrido (cf. p. 129). Alheio à verdade dos fatos, Teseu, pai do jovem, lança sobre ele uma maldição que, ao fim e ao cabo, o levará à morte. Embora a cena final represente o afetuoso adeus de Ártemis ao seu protegido, a impressão mais duradoura deixada pelo texto é a da implacável vingança levada a cabo por Afrodite, e a única coisa que a suplanta em horror é o juramento da divina caçadora: infligir castigo comparável a um dos queridos da deusa do amor.

Licáon

Um gênero particularmente significativo de violação de fronteira, em cuja retificação agia a intervenção divina, trata da tentativa de um mortal em enganar os deuses para que estes incorressem em transgressão, cujo exemplo acabado é a história de Licáon, um dos primeiros habitantes míticos da Arcádia. Há muitas variantes desse mito, mas o fio condutor que a todas permeia fala do esforço do personagem, ou de seus filhos, em levar Zeus a comer uma refeição que continha carne de uma criança, uma subversão malévola da hospitalidade que envolvia convidados e seus anfitriões, e impeliu o Pai dos Deuses a um revide exemplar, seja fulminando com raios os filhos de Licáon, seja através de uma enorme enchente, ou ainda o transformando em lobo, exterior mais do que apropriado para um antropófago. Essa história fornece um quadro plausível da simbiose entre o mito e o ritual, pois no Monte Liceo, na Arcádia, celebrava-se um culto em que um dos participantes, tendo comido (real ou simbolicamente) dessa carne,

Teseu erroneamente acredita que seu filho, Hipólito, assediou sua esposa, Fedra, e lança sobre o rapaz uma maldição, invocando um touro monstruoso de dentro das águas do mar (embaixo à direita) o qual, junto com uma Fúria, enlouquece os cavalos que puxam a carruagem. Vaso do sul da Itália, IV século a.C.

deixava sua humanidade e tornava-se um lobo; e só retornaria à sua antiga forma se se mostrasse capaz de resistir, por nove anos, àquele alimento. Alguns dos detalhes do ritual – o homem em questão primeiro era despido e depois nadava através de um lago antes de deixar a comunidade – trazem os ecos de uma iniciação ritual, que em algum momento pode ter envolvido não apenas um único indivíduo, mas toda uma determinada faixa etária. A soturna cerimônia que tinha lugar na distante montanha seria, pois, o prelúdio de um período no qual rapazes árcades passariam certo tempo na mata, após o que retornariam à comunidade, não mais como estrangeiros lupinos, e sim como cidadãos plenipotenciários.

Tântalo

Um tipo de transgressão similar à de Licáon – embora resultando em punição diversa – foi perpetrada por Tântalo, rei de Sípilo[85]. Filho de Zeus, sua posição privilegiada o permitia cear com os deuses, uma deferência de que não soube desfrutar. De acordo com uma das versões da história, ele serviu aos Olímpicos a carne cozida de uma criança, ninguém menos do que seu próprio filho, Pélops (cujo ombro Deméter, ainda enlutada por Perséfone, supostamente consumiu sem saber-lhe a procedência). Outra variante conta que Tântalo abusou da confiança dos Olímpicos e revelou alguns dos seus segredos íntimos; e uma terceira afirma que teria dado ambrosia e néctar, comidas e bebidas divinas, a mortais. Dessas transgressões, a segunda e a terceira claramente envolvem o desrespeito às fronteiras que separam deuses e homens, enquanto a primeira recorda a catastrófica ruptura da hospitalidade encontrada na história de Licáon, e para expurgá-las Zeus divisou uma punição eterna: Tântalo foi mandado a um lago no Submundo, cuja água baixava sempre que ele tentava bebê-la. Quanto à comida, sua sorte não era muito melhor:

> Sobre sua cabeça, de árvores com sublimes folhas,
>   frutas pendiam em cascatas,
> pereiras, romãzeiras e macieiras com frutos
>   brilhantes
> e figos tão doces, e azeitonas tão maduras, mas à
>   tentativa de suas mãos alcançá-los
> o vento os lançava longe, na direção do céu
>   nubiloso.

Sísifo e Íxion

Dois outros mortais foram condenados a sofrimentos eternos no Submundo, reafirmando a noção de que os deuses só se sentiam verdadeiramente instigados a intervir em assuntos humanos quando a própria honra estava ameaçada, honra essa que dependia, ao menos em parte, da correta manutenção da fronteira que os mantinha apartados. Sísifo, mítico fundador da cidade de Corinto, foi condenado a passar a eternidade pós-morte rolando uma gigantesca pedra arredondada morro acima para, logo após ter chegado ao topo, vê-la descender ladeira abaixo. Sua transgressão havia sido pôr em questão a mais fundamental diferença entre deuses e humanos: Por que aqueles não morriam e estes, sim? Ele tentou elidir essa distinção lançando mão de dois truques: primeiro, amarrou e pôs fora de combate a Tânatos, deus da Morte, e depois instruiu sua esposa a não celebrar ritos fúnebres em sua memória, denegando a Hades o seu tributo; o deus permitiu seu retorno à vida para retificar a situação, ele o fez, mas não se importou em voltar antes de estar bem velho.

A carreira de um terceiro pecador exemplar ilustra à perfeição os aspectos da conduta humana que inflamavam a ira dos deuses. O primeiro assassinato familiar foi cometido pelo Rei Íxion da Tessália, mas Zeus, longe de puni-lo, em verdade expurgou seu crime. Seu destino só foi selado quando deu um seguinte, e catastrófico, passo: na derradeira invasão do espaço divino, tentou estuprar Hera. O Pai dos Deuses moldou a aparência da esposa numa nuvem, que foi penetrada por Íxion, e o produto dessa relação bizarra foi Centauro, o primeiro dos homens-cavalo. Quanto ao violador, nenhuma alegria o aguardava na vida

85. Região da Lídia (atual Turquia), ao norte da cidade de Éfeso.

Honra e limites

A eterna punição de Íxion por seu ataque sexual contra Hera: as Fúrias observam enquanto ele jaz, impotente, atado com serpentes a uma roda. Vaso do Sul da Itália, IV século a.C.

Honra e limites

após a morte: ele foi atado a uma roda e passou a eternidade sendo rodopiado pelo ar.

Competindo com os deuses

A variedade de situações para quais os mortais podiam desafiar ou provocar os deuses equiparava-se à severidade e à criatividade das punições destinadas a eles. O "sacrilégio vingado" é um tema usual, cujo exemplo vívido é o mito de Erisícton, um mortal leviano que teve sua história contada por Calímaco em um dos seus hinos, e posteriormente elaborada por Ovídio. A perversa destruição das árvores sagradas que o personagem empreendera num bosque dedicado a Deméter foi punida quando a deusa dos cereais enviou-lhe uma fome terrível, que só foi saciada quando ele devorou ao seu próprio corpo.

Outro padrão recorrente é o do estúpido desafio à competição com os deuses. Certo dia, Marsias, um sátiro da Frígia[86], encontrou o *aulós* (a flauta dupla) que sua inventora, Atena, havia descartado por deformá-la quando enchia suas bochechas ao soprá-lo – uma questão desimportante para Marsias, naturalmente feio. Ele, então, instigou Apolo para um concurso, flauta *versus* lira. Quando o divino lirista logrou um feito impossível ao flautista, tocar seu instrumento de cabeça para baixo, Apo-

86. Região da atual Turquia asiática [N.T.].

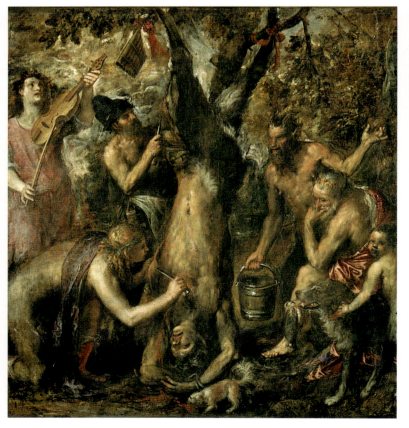

(Abaixo) O esfolamento de Mársias (Il supplizio di Marsia), *de Ticiano, c. 1570-1576. De todos os castigos impostos pelos Olímpicos sobre aqueles que desafiaram sua autoridade, este, sofrido por Mársias, é o mais medonho: suspenso de cabeça para baixo de uma árvore, o sátiro espera para ser esfolado vivo, enquanto Apolo (provavelmente) providencia o acompanhamento musical.*

lo tirou vantagem dos termos da aposta: o vencedor poderia fazer o que quisesse com o vencido. O deus pendurou o sátiro presunçoso num pinheiro e o esfolou vivo, imagem que seria perturbadoramente revisitada pela arte visual pós-clássica.

Se desafiar Apolo foi impensado, provocar Zeus era o ápice da idiotice, e foi precisamente isso que Salmoneu, rei da cidade de Élis[87], fez: afirmando ser o próprio Pai dos Deuses, arremessava tochas ao ar imitando os raios, e arrastava chaleiras de bronze em sua carruagem como se fossem trovões, sacrilégio solucionado quando o raio divino dizimou ao monarca e ao seu povo. Nesse caso

87. Oeste do Peloponeso.

específico, Zeus compareceu para vindicar sua própria honra pessoal, mas em outra ocasião, num mito significativamente mais complexo, ele interveio para preservar a integridade geral do fosso que separava humanos e divindades: Asclépio, filho de Apolo, era um grande curador, mas um dia levou seu conhecimento médico longe demais, quando trouxe um corpo de volta à vida. O raio divino aniquilou instantaneamente médico e paciente, o *status quo* estava restaurado, mas a história não se encerrou aí, seja no mito ou no culto. Apolo retaliou matando os ciclopes que fabricaram o relâmpago mortífero, ação que lhe custou um preço alto: como penitência, viu-se obrigado a servir de criado para um mortal, Admeto. Quanto ao culto, a estima duradoura pela habilidade médica de Asclépio refletiu-se na reverência que recebeu em todo mundo grego, de que é testemunha o Santuário em sua honra, situado ao lado do magnífico teatro de Epidauro, ambos igualmente impressionantes, tanto nas dimensões como no estado de preservação.

Dédalo e Ícaro

Quando comparado com sua extensa influência na arte e literatura posteriores, o mito de Ícaro sobreviveu apenas em relatos esparsos da Antiguidade helênica, mas claramente constitui uma outra instância da destruição de um mortal que, muito literalmente, chegou perto demais dos deuses. Seu

Os modernos turistas de Epidauro deslumbram-se com o magnífico teatro (cf. p. 36), da mesma forma que seus precursores. Inúmeros visitantes eram atraídos para o templo do deus curador, Asclépio (acima). Os doentes dormiam numa área determinada, na esperança de ter um sono curativo e partirem, sãos, na manhã seguinte.

91

Honra e limites

(Direita) Tanto em fontes artísticas quanto literárias, a Grécia nos legou poucos relatos do mito de Dédalo e Ícaro. De Roma, contudo, vem esse refinado relevo (II século d.C.) que mostra o pai trabalhando cuidadosamente nas asas do filho.

(Abaixo) Pieter Bruegel o Velho: Paisagem com a queda de Ícaro (De val van Icarus, c. 1567). *Propositalmente colocado de lado na visão do artista, o jovem caído está em vias de desaparecer das vistas, enquanto os afazeres quotidianos do pastor e do agricultor permanecem inalterados.*

pai chamava-se Dédalo, mítico mestre-artesão com vínculos a lugares tão diversos quanto Creta, Atenas e a Sicília, a quem se julgava ter inventado tudo, desde o labirinto cretense até a "pose de andar" (ou seja: natural) das estátuas monumentais. De fato, a parte mais comovente de sua história se concentra no labirinto: quando o herói ateniense Teseu veio a Creta para matar o Minotauro, ele e Ariadne (filha de Minos por quem se apaixonara) buscaram o auxílio de Dédalo para escapar, ele lhes deu um novelo de fio, para que fossem desenrolando na medida em que avançavam e logo pudessem encontrar seu caminho de volta; o monarca puniu o inventor, aprisionando-o e ao seu filho no labirinto; mas engenhoso como sempre, Dédalo construiu asas para ambos, e eles voaram das garras reais. Todavia, quando Ícaro, ignorando os avisos de seu pai, voou perto demais do sol, o calor derreteu a cera que unia as asas, e o rapaz caiu em direção à sua morte.

Fáeton

Embora menos explícito que as histórias de Asclépio ou Salmoneu, o mito de Ícaro adverte os mortais quanto à demasiada aproximação com os deuses, e também aconselha os filhos a não julgarem saber mais do que seus pais. Moral similar está presente num conto que é, virtualmente,

O labirinto torna-se um emblema de Knossós nesta moeda (c. 350-300 a.C.). Alguns visitantes das ruínas "labirínticas" do complexo palacial perceberam nelas uma origem para a construção mítica que guardava o Minotauro.

gêmeo dessa história: o de Fáeton, filho de Hélio, o deus sol. A falta de cuidado do garoto na condução da carruagem de seu pai quase destruiu o mundo, até que Zeus e seu inseparável raio puseram fim à ameaça. (Nossas evidências para essa narrativa são bem magras nas fontes gregas que sobreviveram; o mais antigo relato detalhado provém do poeta romano Ovídio.)

Tirésias

Como ilustração final de como os mitos exploraram as fronteiras entre mortais e imortais – e de como estes últimos defenderam ardorosamente seu território – podemos citar a história de Tirésias, um dos mais renomados videntes da Grécia, e presente em diversos contos baseados em Tebas, como a história de Édipo, por exemplo. Igualmente muitos mortais com habilidades sobre-humanas, também ele possuía uma deficiência física compensatória, no caso a cegueira, como se fosse necessário trazê-lo a um nível que não pusesse em risco a supremacia divina.

Existiram diferentes relatos de como ele havia perdido sua visão:

1) Alguns, incluindo o poeta Calímaco, afirmaram que ele acidentalmente flagrou a deusa Atena banhando-se em uma nascente na montanha. Mas por que esse ato não foi seguido pela sua morte instantânea, como ocorrera com Actéon depois de ver Ártemis nua? A sutil diferença entre esses dois mitos reside no fato da mãe de Tirésias, a ninfa Caricló, ser uma companheira querida de Atena e ter intercedido em favor do filho. Embora não pudesse revogar o castigo (os deuses gregos jamais são apresentados como onipotentes), a deusa garantiu-lhe como compensação o dom da profecia, em especial a habilidade de entender o canto dos pássaros.

2) Na perspectiva de outros narradores do mito, a cegueira viera como punição por Tirésias ter revelado alguns dos segredos dos imortais, o que o aproxima da figura de Prometeu ou mesmo de Tântalo; nessas variantes, porém, a lógica subjacente é a de que o dom precedia à deficiência.

3) Ainda mais intricada é a terceira explicação: certa feita, Tirésias estaria num ambiente bastante propício aos encontros entre humanos e imortais: a montanha, nomeadamente o Monte Cilene, na Arcádia. Ao presenciar duas cobras cruzando, golpeou-as com seu cajado, um ato que deve ter sido entendido como crime (talvez porque os animais estivessem engajados na cópula, ato que "pertencia" a Afrodite; ou ainda porque cobras, *per se*, fossem consideradas sagradas). Seja como for, Tirésias sofreu um castigo que, em termos gregos, era um demérito: transformou-se em mulher, e só resgatou sua masculinidade algum tempo depois, ao encontrar o mesmo casal de ofídios. Esses dois atos de travessia de fronteira deixaram o personagem especialmente qualificado para julgar uma disputa capciosa entre Zeus e Hera: Quem apreciava mais o ato sexual, homens ou mulheres? Tirésias, que havia experimentado ambas as possibilidades, afirmou que elas gozavam nove vezes mais do que eles, uma resposta que venceu a disputa para Zeus. Todavia, o privilégio de ser consultado por divindades poderia ser uma honra torta (como no caso de Páris, chamado a julgar a beleza de três deusas), e o infeliz Tirésias foi cegado por Hera. Como forma de repará-lo, Zeus conferiu-lhe o dom da profecia, de forma que a noção do equilíbrio (poder *versus* deficiência) ocorria mais uma vez, como em outras versões. Um motivo que é exclusivo dessa variante, porém, é que os segredos desvelados não pertenciam aos deuses, mas sim às mulheres. Ao fim e ao cabo, o mito de Tirésias corporifica algumas das preocupações mais recorrentes da mitologia grega, bem como a riqueza de variações narrativas que a tipifica.

A divina sexualidade

Uma das maneiras mais impressionantes pela qual o formidável poder dos deuses se manifestava era o sexo. De potência e fertilidade infalíveis, mesmo um malogro risível como a ejaculação de Hefaístos nas coxas de Atena resultava no nascimento de uma criança. Coletivamente, as divindades dedicaram-se a toda gama de tendências, do sexo heterossexual (incontáveis casos) ao incesto entre irmão e irmã (Zeus e Hera), às relações com o mesmo sexo (Zeus e Ganimedes, Apolo e Jacinto), à bestialidade (Pã em meio aos rebanhos) e até as dimensões e variações implícitas nas figuras de Príapo (divindade da rústica promiscuidade, dotado de um gigantesco falo) e Hermafrodito (fruto de Hermes e Afrodite, cuja bissexualidade consistia na fusão dos corpos masculino e feminino, completo com ambas as genitálias), sem esquecer das virgindades gloriosamente defendidas por Atena, Ártemis e Héstia.

A atividade sexual era um campo em que os deuses gregos ofuscavam mesmo os humanos mais vigorosos; ainda assim, diversos mitos relatavam laços sexuais transgressores da fronteira entre mortais e imortais, e esses relacionamentos eram, de muitas formas, extremamente reveladores das percepções helênicas a respeito das divindades. É indubitável que um deus cortejava a fatalidade do sofrimento ao se dispor a amar um ser humano, criatura que, cedo ou tarde, seria compelida à morte e vivia em uma escala temporal bem diversa daquela usufruída pelos eternos. A este fator devemos acrescentar um outro complicador (na verdade, uma situação de dois pesos e duas medidas) em termos de gênero: para as divindades femininas, sexo com mortais poderia trazer desonra e duradoura infelicidade, enquanto para os homens a perda de *status* simplesmente não constava da equação.

Deusas com homens mortais

Afrodite – O flerte rápido de Afrodite com Anquises (cf. p. 79) estabeleceu o modelo para os relacionamentos entre uma deusa e seu amante mortal: o êxtase físico foi, sem demora, obscurecido pela vergonha dela, e pelo risco, que naturalmente se tornou realidade, de ele vir a dar com a língua nos dentes sobre a aventura que viviam (uma vez mais o tema de "revelar os segredos divinos") e, ao fazê-lo, atrair contra si a ira divinal. Um conto ainda mais comovente liga a deusa do amor a Adônis, outro jovem mortal, sobre cuja genealogia existem vários relatos, um dos quais se refere a ele como filho da união incestuosa entre um rei (de Chipre, da Assíria ou de outra qualquer terra "oriental") com sua própria filha – era, pois, a destilação de um tipo de sexualidade particularmente concentrada, e não muito diferente da própria Afrodite, cuja arrebatadora atração pelo rapaz de tal modo desconheceu limites que ela acabou por entregar-se. Amores de tal natureza, contudo, não tem como ser duradouros, e o amado foi destroçado até a morte por um javali selvagem. O luto extravagante da deusa foi explorado no *Lamento por Adônis*, um poema tão breve e intenso quanto o próprio romance, composto pelo autor helenístico Bíon de Esmirna, cidade homônima da mãe de Adônis (também conhecida como Mirra).

Tétis – Para além desses encontros furtivos, existiam alternativas acessíveis às deusas? Um modelo opcional pareceu oferecer alguma esperança de maior permanência: o *casamento* com um mortal, destino eventual de Tétis, uma ninfa dos mares. De início, ela foi cortejada por Zeus e Posêidon, mas ambos recuaram após ser profetizado que o filho dela nascido estaria destinado a suplantar o próprio pai. O caminho, então, abriu-se para Peleu, um herói, mas também um reles

(Direita) Uma notável mescla de características masculinas e femininas é capturada nesta figurinha helenística em bronze do Hermafrodito. A parte superior da vestimenta cai do ombro esquerdo, revelando um seio de mulher, enquanto a parte inferior é levantada e revela a genitália de um homem.

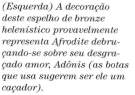

A divina sexualidade

(Esquerda) A decoração deste espelho de bronze helenístico provavelmente representa Afrodite debruçando-se sobre seu desgraçado amor, Adônis (as botas que usa sugerem ser ele um caçador).

(Direita) Ao tentar escapar de seu pretendente mortal, Peleu, a deusa Tétis transformou-se nas mais diversas, e alarmantes, criaturas. Aqui o artista representou, simultaneamente, tanto a deusa em sua forma humana quanto transmutada em um leão. Relevo mélio, c. 460 a.C.

O Lamento de Afrodite por Adônis

O culto a Adônis chegou ao mundo grego vindo do Oriente Próximo, via Síria e Palestina. Nesse extrato do poema *Lamento por Adônis*[88], do poeta helenístico Bíon, a linguagem é tão irrestrita quanto a dor que expressa. É difícil pensar em uma evocação mais angustiada do golfo que distancia a divindade da mortalidade.

[...]
Quando ela viu, ser insanável
Do seu mimoso Adónis a ferida,
E o sangue em borbotões correr do golpe,
Abrindo os braços, e arquejando – "Espera,
Espera, triste Adónis" (exclamava)
"Dá-me que eu goze este prazer extremo,
Deixa que me console um terno abraço,
Que inda meus lábios nos teus lábios toquem.
Abre os olhos, Adónis, abre um pouco,
Dá-me um beijo, um só beijo, em quanto a morte
Não te extingue o calor nos moles beiços.
Tua alma acolherei na minha boca,
E dela descerá para meu peito;
Doce amor beberei no beijo doce,
E o doce beijo guardarei saudosa
Como se fosse Adónis, já que ingrato
A Vénus desampara, foges dela
Para as medonhas margens de Aqueronte
Para o feio, implacável, rei do inferno
Eu, infeliz, sou imortal, sou deusa
Eu seguir-te não posso, eu vivo, e morres!
Recebe, ó tu, Prosérpina, recebe
O meu formoso encanto, a glória minha!
Ah! Quanto é superior ao meu teu fado!
Tudo o que há mais gentil, melhor no mundo
Tudo possuirás, e eu desditosa
Curtirei dor sem fim, saudade eterna!
Temo a deusa tartárea, choro Adónis.
Morreste, oh suspirado, e teus carinhos
Como um sonho fugaz de mim voaram:
Em triste viuvez eis Vénus fica,
E os Amorinhos seus em ócio triste.
Do meu cinto a virtude encantadora
Contigo pereceu !... Ah temerário,
Como sendo tão lindo, e tão mimoso
Ousaste acometer sanhudas feras ?..."
Assim carpia a mãe, e os Cupidinhos.
[...]
Os Amores lamentam Citereia[89].

---
88. O poema a seguir foi "vertido fielmente da tradução literal em latim", conforme explicitou seu autor, o poeta português Manuel Maria Barbosa du Bocage (1765-1805). Logo, utilizou denominações diretamente ligadas à língua latina, "Vénus", "Prosérpina" e "Amorinhos", ao invés de Afrodite, Perséfone e Erotes [N.T.].

89. Bion do Smyrna. A sepultura, ou a morte de Adonis, tradução de Manuel Maria Barbosa du Bocage. In: BOCAGE. *Obras poéticas de Bocage* – Vol. IV: Elogios dramáticos, dramas alegóricos, fragmentos. Lisboa: Imprensa Portuguesa, 1875, p. 19-24]. Grafia do Português Europeu (PE) atualizada pelo tradutor.

A divina sexualidade

mortal; a deusa usou do seu inesgotável poder de autotransformação, comum a muitas divindades marinhas, para resistir aos seus avanços, mas ao final findou por se entregar. As bodas, celebradas no Monte Pélion, contaram com a presença dos Olímpicos, e talvez tenha sido simbolicamente apropriado que, justo nessa ocasião, Éris, a deusa da discórdia, tenha jogado um pomo com a inscrição "para a mais bela" entre as deusas Hera, Atena e Afrodite, precipitando o Julgamento de Páris e a subsequente Guerra de Troia.

Em todas as circunstâncias, a união entre uma deusa e um humano formava um casal instável, e Tétis lutou para transpor esse abismo ao tentar fazer do filho, Aquiles, imortal; o método foi descrito de várias maneiras – com fogo, untando-o com ambrosia ou (numa variante tardia, encrustada na tradição pós-clássica) mergulhando-o no Rio Estige –, não obstante, em todas elas Peleu interrompeu a cerimônia, pois, mortal que era, foi incapaz de compreender o que ocorria. Parte do magnífico *pathos* de *A ilíada*, de Homero, reside na situação de Tétis: afastada do marido, ela regressou à sua existência pregressa no fundo do mar, mas ainda assim constantemente retornava à terra firme, o mundo dos humanos, para atender às súplicas angustiadas do seu vulnerável e amaldiçoado filho.

Harmonia – A filha de Ares e Afrodite, Harmonia, foi outra deusa que desposou um mortal, no caso Cadmo, fundador de Tebas, mas sua união não foi inteiramente feliz: como ocorrera com Peleu e Tétis, os Olímpicos demonstraram sua aprovação comparecendo às bodas, mas não pequenas adversidades os aguardavam. Dentre os presentes que a noiva recebeu estava um colar, cuja funesta influência alcançaria as futuras gerações que o possuiriam (cf. p. 166).

A maior parte da prole do casal estava destinada a levar vidas marcadas pelo pesar conspícuo, notavelmente Ino (tornada louca), Sêmele (fulminada por um raio) e Autônoe e Agave (mães dos desgraçados Actéon e Penteu). Mas ao final os cônjuges receberam a recompensa da vida eterna juntos, ainda que sob novas formas: duas cobras, habitantes dos Campos Elíseos. Desde a morte da serpente sagrada de Ares antes da fundação de Tebas, Cadmo percorreu um círculo completo.

Eos e Selene – Essas narrativas são permeadas por um senso combinado de obstáculos impedientes à união entre deusa e mortal e à oportuna engenhosidade empregada para superá-los. Dentre as divindades femininas, a que maquinou de forma mais articulada para alcançar uma relação duradoura com um mortal foi Eos, a Aurora, mas mesmo no seu caso o êxito também foi apenas parcial. Seu desejo pelo jovem Céfalo (filho da união entre Hermes e Herse, filha de Cécrope) pode ter sido devidamente consumado quando ela o levou para o Olimpo, ou malogrado pelo imperturbável amor que ele nutria pela esposa, Prócris. Eos também amou Órion, o grande caçador, mas os deuses lançaram sobre ele morte violenta.

Mais revelador de todos, e notável por sua mistura de *pathos* genuíno e mundano realismo, é o mito de Eos e Titonos: belo filho do rei troiano Laomedonte, ele foi arrebatado pela Aurora, que implorou a Zeus que o fizesse imortal. Com um aceno de cabeça o Pai dos Deuses aquiesceu ao pedido, mas em sua pressa Eos esquecera de

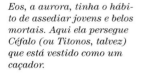

Eos, a aurora, tinha o hábito de assediar jovens e belos mortais. Aqui ela persegue Céfalo (ou Titonos, talvez) que está vestido como um caçador.

As amantes mortais de Zeus e sua descendência

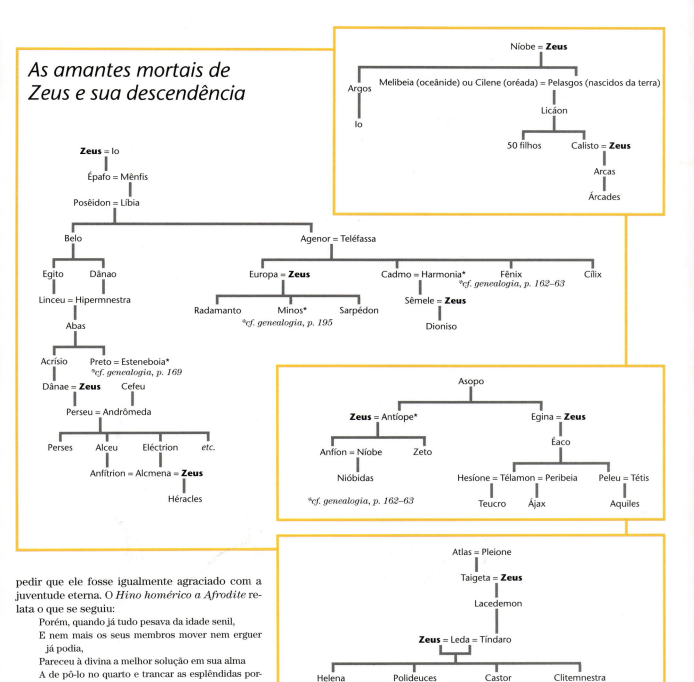

pedir que ele fosse igualmente agraciado com a juventude eterna. O *Hino homérico a Afrodite* relata o que se seguiu:

> Porém, quando já tudo pesava da idade senil,
> E nem mais os seus membros mover nem erguer já podia,
> Pareceu à divina a melhor solução em sua alma
> A de pô-lo no quarto e trancar as esplêndidas portas.
> Sua voz ali flui incessante, e nenhuma potência
> Tem mais ele como antes tivera nos lépidos membros[90].

Conforme uma outra versão, Titonos foi transformado em uma cigarra, condenado a passar seus dias falando sem jamais ser visto. Seja como for, a paixão já havia sumido – razão pela qual a Aurora se levanta tão cedo.

---

90. Hino a Afrodite [Trad. de Jair Gramacho]. In: *Hinos homéricos*. Brasília: UnB, 2003, p. 92.

Os deuses e seus amores

Ao passo que as deusas enfrentavam uma árdua batalha para continuar desfrutando seus humanos-muito-humanos favoritos, seus colegas masculinos usufruíam desses prazeres onde bem entendessem e sofriam poucos traumas emocio-

O encontro de Leda com Zeus na forma de um cisne desfrutaria de uma longa história artística, e entre os exemplos fisicamente mais explícitos, temos este relevo em mármore (II século d.C.) de Brauro, na Ática.

nais – os quais, normalmente, incidiam sobre os objetos do divino desejo. Nosso foco recairá sobre Zeus e Apolo, progenitores, através de seus casos com mortais, da maior parte dos heróis e heroínas mais importantes da mitologia grega.

Amores de Zeus

Europa – Uma amante que escapou relativamente ilesa da sedução de Zeus foi Europa, donzela da Fenícia. Após espiá-la colhendo flores num prado à beira-mar, o Pai dos Deuses transformou-se num belo touro, cujos efeitos nas emoções da jovem foram sentidos de imediato, "e ela o acariciou", escreveu Moscos, um poeta helenístico, em sensual poema, *Europa*, "gentilmente limpou a espuma abundante de sua boca, e o beijou". Inocente, ela agarrou-se ao animal e montou em seu lombo complacente, e quando ele se fez ao mar, já era tarde demais para arrepender-se. A dupla veio à terra em Creta e produziu três filhos: Minos, Radamanto e Sarpédon. O mito é duplamente etiológico: primeiro, explica a origem do topônimo continental, emprestado pela já-não-mais-virgem (é significativo que a origem primeira da Europa tenha sido a Fenícia, e é digno de nota que os mitos helênicos primitivos pouco distinguiam os gregos dos "bárbaros", até que as Guerras Médicas do V século a.C. aguçaram suas percepções a respeito das diferenças étnico-políticas). Segundo, o mito constrói uma ligação entre Creta e os touros, associação estabelecida não apenas por outros contos, como o do Minotauro, mas também pelas evidências arqueológicas (para mais sobre Creta, cf. p. 194-199).

Leda e Alcmena – A irrupção do voluptuoso deus na vida doméstica de uma família sempre provocava complicações, especialmente se o objeto do seu desejo fosse casado, conjuntura válida para Leda, esposa do rei espartano Tíndaro, e Alcmena, cônjuge do neto de Perseu, Anfítrion. À primeira, Zeus apareceu sob a forma de um cisne, e de acordo com as versões, ela pôs um ou dois ovos de onde nasceram Helena, os Dióscuros ("Filhos de Zeus") Castor e Polideuces, e Clitemnestra. Para possuir Alcmena, mais espertamente, o Pai dos Deuses tomou a aparência do esposo; logo, não surpreende que a paternidade da prole resultante permaneça envolta em dúvidas, mas a lógica do poder divino estabelece que o filho mais forte, Héracles, fora engendrado por Zeus, enquanto atribui o mais fraco, Íficles, ao marido traído, um mero mortal.

Dânae e Antíope – Quando as mulheres seduzidas por Zeus eram solteiras, seus pais tendiam a lançar um olhar cético sobre o que supostamente lhes havia ocorrido. Acrísio, rei de Argos, foi um desses: após tomar conhecimento de uma profecia oracular avisando que a criança nascida de sua filha, Dânae, iria matá-lo, ele a confinou num cárcere de bronze; Zeus, contudo, penetrou a prisão e, logo em seguida, a prisioneira, que no tempo devido deu à luz Perseu, destinado a ser um herói poderoso. Acrísio, como todo mortal de limitada compreensão faria, negou-se a crer que seu neto era filho do Pai dos Deuses, então novamente trancou a filha, dessa vez com o bebê, dentro de uma arca à deriva no mar, uma cena cujos isolamento e ternura são magnificamente evocados em um fragmento do poeta arcaico lírico Simônides (sobre a carreira de Perseu, cf. p. 104-105).

Dois heróis menores, os gêmeos Anfion e Zeto, foram o produto do estupro cometido contra Antíope por Zeus metamorfoseado em um sátiro, e como Dânae também ela foi expulsa de casa pelo pai, o deus-rio Asopo (para mais aventuras de Anfion e Zeto, cf. p. 156-157).

Io – Graças aos seus heroicos filhos, Dânae e Antíope findaram por alcançar a remissão de suas tribulações, mas o mesmo não pode ser dito de outra vítima da luxúria divina, Io, ainda que os sofrimentos que suportou ao longo do caminho tenham sido inimagináveis. Ela foi cercada por todos os lados: primeiro, recebeu misteriosas abordagens de Zeus; depois seu pai, o deus-rio Ínaco, baniu-a de casa; foi perseguida por Hera, em cujo templo em Argos servia como sacerdotisa. E como remate final, ainda foi transformada em vaca, seja pela vingativa deusa, seja pelo próprio Zeus, que a disfarçou para desviar as suspeitas da esposa.

Hera, contudo, não seria facilmente enganada, e despachou Argos Panoptes, o gigante com cem olhos, para vigiar a "vaca", e mesmo após o capanga de Zeus, Hermes, matar seu procurador, ela não se deu por vencida, e enviou uma varejeira para picar a moça bovina até enlouquecê-la, enxotando-a mundo afora. Somente quando chegou ao Egito – um local dotado de qualidades positivas, como acontece frequentemente nos mitos gregos – Io pôde encontrar a paz: Zeus retornou-a à forma humana, e relacionou-se com ela da forma mais gentil possível: apenas tocando-a. Seu filho, Épafo ("Filho do Toque") foi ancestral de Dânao, que empreenderia a jornada de volta do Egito até Argos, onde fundaria uma dinastia.

Calisto – Em diversos mitos helênicos concernentes à interação de deuses com humanos, a metamorfose ocupa um espaço importante, seja porque a divindade adota uma forma "mediadora" para fazer sua presença entre humanos menos direta e esmagadora (haja vista o encontro fatal de Sêmele com um Zeus irrestrito), seja porque depois da intervenção divina, um ou mais dos humanos ficam de tal maneira "desestabilizados" que se tornavam incapazes de manter sua forma original. A sedução de Calisto exemplifica ambos os motivos: ninfa ou filha do rei árcade Licáon, de um jeito ou de outro (sendo a Arcádia percebida pelos outros gregos como terra selvagem) ela pertencia às matas, e os mitos a retrataram como devota de Ártemis. Para possuí-la, Zeus adotou ou a forma da própria virgem caçadora ou a do seu irmão, Apolo, e para evitar que sua consorte descobrisse a escapada, transformou a amante em ursa, animal comum naquelas paragens. Impregnada por um senso de vingança típico da maneira como rivalidades intraolímpicas eram solucionadas, Hera instigou Ártemis a alvejar flechas em sua hirsuta ex-companheira – em uma variante mais apropriada ao *status* da deusa, ela a matou de propósito

Orazio Gentileschi: Danae e a Chuva de Ouro (Danae, *c. 1621). O corpo feminino permanece às vistas do observador, enquanto Zeus "compra-o", apresentando-se como uma chuva de moedas de ouro.*

Dânae e o pequeno Perseu à deriva numa arca

As obras dos antigos poetas líricos gregos, com a exceção de Píndaro e, em menor escala, de Baquílides, chegaram até nós em fragmentos lamentavelmente pequenos, e com frequência, as razões dessa sobrevivência são altamente idiossincráticas. O extrato que se segue, parte de um poema de Simônides (VI-V séculos a.C.), foi citado por um antigo escritor (Dioniso de Halicarnasso, contemporâneo de Augusto, I século d.C.) em um texto sobre estilo literário que pretendia demonstrar o quão difícil seria identificar o metro de um poema lírico se as palavras estivessem escritas em prosa. A despeito do motivo infrequente da preservação, essas breves linhas de Simônides constituem uma evocação excepcionalmente tocante das implicações humanas de um mito heroico.

...quando na dedálea
   arca
o vento ventando
e o mar se encrespando abateram-na
com o terror; com faces não enxutas
ela lançou os braços em volta do caro Perseu,
e disse: "Ó filho, que dor tenho!
Mas tu dormes bem, e com lácteo
   coração repousas
no lúgubre lenho de brônzeas cavilhas,
e na noite brilha
estendido na escuridão azul;
a funda espuma, enquanto sobre teus cabelos
   a onda passa,
não te preocupa, nem do vento
o ressoar – tu, jazendo
em purpúrea manta de lã, belo rosto!
Se para ti fosse temível o terror de fato,
sob minhas palavras
segurarias teu pequeno ouvido.
Digo: dorme, infante,
durma o mar, durma o imensurável mal!
Que surja alguma mudança,
ó Zeus pai, de ti;
e qualquer palavra insolente
ou apartada da justiça, peço
perdoa-me..."[91]

---
91. SIMÔNIDES. Fragmento 543. In: RAGUSA, G. (trad. e org.). *Lira grega...* Op. cit., p. 208-209.

A divina sexualidade

(Abaixo à esquerda) Quando Zeus, sob a forma de uma águia majestosa, lançou-se sobre o príncipe troiano Ganimedes e o arrebatou até o Olimpo, a reação do garoto pode ser imaginada de diversas maneiras. Nesta capa de bronze para espelho (c. 360 a.C.) ele parece responder com confiança ou, até mesmo, com sensual abandono.

(Abaixo à direita) Evidências arqueológicas encontradas em Dodona, como este tablete de chumbo (c. 500 a.C.), confirmam que os gregos consultavam os oráculos em tempos de ansiedade pessoal. Neste caso específico, um homem chamado Hermon pergunta para qual deus ele deveria rezar para ter "filhos úteis" com sua esposa. Agonias similares, relativas à ausência de descendentes, são exploradas, de forma mais intensa, na peça Íon, de Eurípides.

por ter abandonado o voto de castidade. O arremate dessa história é, como de hábito, marcado pela dubiedade: o descendente da relação com Zeus chamou-se Arcas, fundador de uma dinastia e ancestral dos árcades; quanto a Calisto, ela foi ainda mais afastada da condição humana, só que dessa vez em direção à celebridade imorredoura, e transformada na constelação da Ursa Maior.

Ganimedes – Um feito erótico que causou relativamente poucos problemas envolveu o sequestro do jovem príncipe de Troia, Ganimedes. Seja em sua própria forma, seja como uma águia, o Pai dos Deuses arrebatou da terra o rapaz para que servisse néctar aos Olímpicos e se tornasse seu catamita[92] particular. Na sociedade grega, havia ampla aceitação de relações entre pessoas do mesmo sexo, desde que um dos parceiros, por sua idade ou *status*, fosse "superior" e o outro, "inferior" (cf. p. 174-176). Assim sendo, ao refletir costumes da vida real, a paixão por Ganimedes não incorreu em nenhuma das questões morais pertinentes, por exemplo, ao adultério, que ameaçava a integridade do agregado familiar. Embora a família mortal do garoto chorasse sua perda, ao menos a confortava a segurança de que ele teria garantidas não apenas a imortalidade, mas também[93] a eterna juventude.

---

92. Compare-se com o termo etrusco *catmite* e o latino *catamitus*: parceiro homossexual passivo.
93. Diferentemente do pobre Titonos, cf. p. 96.

Amores de Apolo

Cassandra – Os alvos dos avanços sexuais de Apolo diferiam pouco daqueles de Zeus, e as tribulações de duas dessas vítimas foram extensivamente exploradas pela tragédia grega.

Cassandra, como Ganimedes, pertencia à família real troiana, ainda que, como filha de Príamo, fosse de uma geração posterior. Quando Apolo fez-lhe uma proposta (que em troca de sua virgindade ele lhe daria o dom da premonição), ela aceitou o bônus, mas impensadamente rejeitou o ônus e quebrou a promessa feita. A dádiva recebida não podia ser retirada, mas o deus acrescentou-lhe um porém: ninguém acreditaria em suas visões. Antes e durante a Guerra de Troia, suas profecias terríveis caíram em ouvidos moucos, e a má sorte jamais a abandonou: estuprada por Ájax, filho de Oileu, posteriormente foi alocada como concubina de Agamenon, o conquistador de Troia, e junto com ele morreu em Micenas, assassinada por Clitemnestra, sua vingativa esposa.

Creusa – Creusa ("Rainha") é o nome atribuído a várias heroínas míticas, uma das quais era originária de Atenas; foi seduzida por Apolo e teve sua angústia retratada em *Íon*, tragédia de Eurípides nomeada a partir do filho que concebera com o divino amante. Tempos depois do *affair*, Creusa casou-se com um mortal, mas não tiveram filhos, e como muitos casais gregos comuns (algo confirmado pelas evidências arqueológicas em Dodona, cf. abaixo), eles consultaram um oráculo a respeito da possibilidade de vir a gerar descendência. Como de hábito, Delfos foi o oráculo escolhido, e dentre os servidores do templo contava-se Íon, que Hermes havia, furtivamente, deixado lá ainda recém-nascido. Após uma complexa série de desentendimentos, mãe e filho são reunidos, mas o tom da peça é mais amargo do que doce: Apolo jamais aparece em pessoa, e a violência contra sua ex-amante permaneceu terminantemente vergonhosa.

Corônis – Todas as histórias que vimos até agora, tanto com Zeus quanto com Apolo, reafirmam que resistir aos avanços divinos é arriscado; todavia, mesmo quando a garota se submetia o perigo

Quando Agamenon, o conquistador de Troia, tomou a filha de Príamo, Cassandra, como escrava-concubina, a reação de sua esposa, Clitemnestra, não poderia ser outra que não explosiva: nessa taça ática (finais do V século a.C.) a troiana correu para um altar (presumivelmente o de Apolo, como sugere a presença do louro, a árvore consagrada a essa divindade), mas Clitemnestra, a quem os contadores de mito frequentemente atribuíam uma agressividade masculina, põe fim à rival com um machado.

A divina sexualidade

(Abaixo) O terno abraço de dois amantes míticos, Jacinto e Zéfiro, o alado vento oeste, uma imagem de intensa fisicalidade. Taça ática, c. 490 a.C.

não estava de todo afastado. Assim ocorreu com Corônis: vinda da Tessália, ela teve relações com o deus e gerou Asclépio, o grande médico, mas depois veio a preferir seu amante mortal, Ísquis. Indignado, Apolo (ou sua irmã, Ártemis) assassinou a insensata garota junto com todos os seus inocentes vizinhos.

Jacinto – Apolo era tão católico em suas preferências quanto Zeus, e dentre os rapazes que cortejou estava Jacinto, tão lindo que atraía para si muitos suspiros – como, por exemplo, os de Zéfiro, deus do Vento Oeste. O efebo e o divo compartilhavam o amor pelo esporte e pela atividade física, e para os gregos, contadores da história, o ginásio era o local ideal para encontros homoeróticos. Mas o mito reflete, tanto quanto distorce, a vida real, e o padrão da narrativa seguiu um curso familiar, da morte patética à metamorfose: ao lançar o disco, Apolo causou, acidentalmente, a morte do amado (cf. p. 176-177), que continuou a viver sob nova forma, uma flor semelhante ao lírio que os gregos chamam de... jacinto. O mundo que circundava os narradores de mitos era, ao menos assim sugerem os contos, repleto de mortais metamorfoseados, cujas vidas haviam sido destruídas pelos encontros com divindades.

101

Mortais extraordinários

Como vimos, o fato de as divindades olímpicas serem objeto de adoração fez com que as narrativas míticas que as envolviam aumentassem o alcance de sua ressonância; o mesmo ocorreu com os "heróis" e "heroínas", cujo papel dentro das comunidades que cultivavam os mitos foi cumprido ininterruptamente durante séculos. Do Período Arcaico em diante, houve cultos (completos, com sacrifícios que seguiam detalhadas prescrições rituais) dedicados a indivíduos "heroicos", ou seja, uma classe de mortais extraordinários que, acreditava-se, tinha vivido na época mitológica, e cujos feitos e sofrimentos a distinguiam como particularmente memorável. O centro da veneração a esses personagens situava-se, em geral, na área onde supostamente estavam enterrados, e onde estaria concentrado o poder que o indivíduo em questão ainda seria, teoricamente, capaz de exercer – ato contínuo, aquele que não prestasse os devidos respeitos arriscava-se a evocar contra si sua temerária fúria.

O círculo dos heróis e heroínas não era estático, e ao longo da história grega registrada vários indivíduos foram heroicizados após a morte. Não obstante, houve consideráveis coincidências entre os recipientes desse culto e as figuras, nas tradicionais narrativas mitológicas, cujos atos e padecimentos foram considerados inolvidáveis, verdadeiras explorações paradigmáticas das potencialidades da experiência humana, para o bem e para o mal, no triunfo e na catástrofe. Este capítulo e o próximo examinam algumas das façanhas individuais e coletivas que os criadores de mitos helênicos atribuíram a esses personagens notáveis.

O Cavalo de Madeira, atribuído ao artesão Epeu. O enorme animal, oco e dotado de rodas, é levado pelos troianos para dentro de sua própria cidade, carregando em seu bojo inimigos armados, alguns dos quais podem ser vistos espiando através de escotilhas e entregando armas. Relevo de um pithos *cerâmico, c. 670 a.C.*

IV   Façanhas heroicas

Perseu

(Direita) O olhar fixo, e pavoroso, da górgona se revela nesta placa de ouro do século VI a.C.

(Abaixo) O bebê Perseu olha para cima, implorando à sua mãe desde a arca na qual já foi confinado. Acrísio, pai de Dânae, estende sua mão num gesto de autoridade: presumivelmente, ordena à filha juntar-se à criança. Vaso ático, c. 480-470 a.C.

Padrões de aventuras

O que caracteriza os mortais heroicos da mitologia grega não é uma virtude em particular que eles pudessem ter – logo, é necessário evitar analogia com os "santos" cristãos –, mas antes a notoriedade e, por vezes, a torpeza do que faziam e sofriam, o seu desafio aos limites do potencial humano, desde os píncaros do sucesso aos mais profundos abismos do desastre, que os tornava dignos de serem rememorados e decantados.

No presente capítulo abordaremos mitos nos quais dois motes de enredo são insistentemente recorrentes, a saber: a *busca* e o *combate*. O primeiro é a árdua jornada, geralmente empreendida por companheiros de mentalidade semelhante que procuram arrebatar um prêmio valioso – seja o Velocino de Ouro, seja Helena de Troia. O segundo é a batalha contra terríveis, e frequentemente monstruosos, oponentes, cujas habilidades de luta distendem até o limite a criatividade ou a força do herói. Essas contendas com frequência adquiriam importância tal que acabavam por atrair os deuses, o que nos leva a uma constatação: julgar possuir, no bolso da algibeira, uma distinção rápida e fácil para os mitos ditos "heroicos" e os ditos "divinos" é irreal.

Dadas as convicções gregas a respeito dos contrastantes papéis sociais masculinos e femininos, não surpreende que sejam eles a empreender a maior parte das buscas e combates, enquanto elas, mais frequentemente, figurem suas ajudantes ou como objetos dessas jornadas. Será apenas no próximo capítulo, quando o cerne se deslocar para o contexto familiar, que as heroínas aparecerão com maior proeminência; não obstante, mesmo agora iremos nos deparar com personagens femininas exercendo papel ativo nas façanhas mitológicas, desde figuras atípicas, como a caçadora Atalanta, até mulheres que têm suas vidas de tal maneira afetadas pelos feitos dos heróis que acabam sendo compelidas à ação.

A aventura de Perseu

Como muitos heróis em outras tradições – desde Rômulo e Remo até Moisés e Jesus Cristo – Perseu precisou sobreviver à perseguição e à humilhação já em seus primeiros dias. Zeus seduzira sua mãe, Dânae; seu avô, Acrísio, fora informado por um oráculo que seria morto pelo próprio neto, de modo que a gravidez inflamou seu ódio e ele a colocou, e ao bebê, numa arca à deriva no mar. Desde a costa da Argólida, a corrente marítima carregou mãe e filho em direção sudeste, até a Ilha de Sérifos, onde Díctis ("homem rede") os pescou. O governante local, Polidecto, irmão do pescador, apaixonou-se por Dânae, um desenvolvimento agourento, pois seu nome ("Aquele que a todos recebe") era um dos muitos epítetos atribuídos a Hades no intuito de salientar sua indiscriminada "hospitalidade". Na simbologia do mito, é como se, após sobreviver à sedução de Zeus, a jovem estivesse agora sendo perseguida pelo seu terrível irmão, o deus da morte. Seja como for, no devido tempo o já crescido Perseu tornara-se um obstáculo para os planos de Polidecto que, para livrar-se dele, maquinou uma estratégia: convenceu o rapaz a ir buscar a cabeça da monstruosa Medusa, uma das górgonas.

Vivendo no Oceano, ou seja, nas fímbrias do mundo, as górgonas tinham presas de javali, mãos de bronze e asas de ouro; suas cabeças eram cobertas por serpentes e, literalmente, petrificavam qualquer um que ousasse olhá-las diretamente. Com a ajuda de Hermes, Atena e das coagidas Greias, três velhas que compartilhavam um único olho e um único dente, Perseu reuniu os instrumentos necessários para a tarefa: uma foice inquebrável, um bornal, sandálias aladas e a capa da invisibilidade. Olhando para Medusa através do seu reflexo no escudo, o herói conseguiu evitar seu olhar letal; com a foice cortou a cabeça da monstra, colocou-a dentro do bornal e enganou suas irmãs usando a capa da invisibilidade.

O retorno a Sérifos contou com uma parada na Etiópia, onde ele salvou Andrômeda, filha do Rei Cefeu, que havia sido acorrentada a uma rocha como sacrifício a Ceto ("Monstro Marinho") que ameaçava o país; Perseu venceu a criatura, tomou Andrômeda como sua noiva, e na Grécia fechou o ciclo do seu destino: com o crânio decepado da górgona petrificou Polideuces, que insistia em oprimir sua mãe; em seguida, deu mais um passo na direção do restabelecimento da normalidade e entregou aos deuses seus instrumentos de poder: as sandálias, o capacete e o bornal a Hermes, e a cabeça monstruosa a Atena. Havia ainda Acrísio, pai de Dânae, que permanecia temeroso da morte que o oráculo profetizara, um medo que tinha fundamento: involuntariamente, Perseu tirou-lhe a vida ao lançar o disco em uma competição esportiva. Apesar disso, e embora a carreira do herói não tivesse sido livre de percalços, o cerne do relato mitológico é, essencialmente, uma história de superação e de restauração da ordem, e dentre os muitos e valorosos descendentes do casal estaria Héracles, o mais poderoso de todos os heróis.

Perseu

Num afresco pompeiano, Perseu salva Andrômeda do monstro marinho. Esta pintura pode ser inspirada num original do artista grego Nícias, do IV século a.C. Seja como for, a releitura romana cria sua própria impressão de graça e romance.

(Abaixo) Perseu corre após ter decapitado a Medusa, e Atena o observa. A cabeça da górgona está segura na bolsa do herói, que leva a foice com que a cortou. Muitos perceberam nesta representação um toque de humor, pois a normalmente beligerante deusa segura delicadamente sua saia, com o polegar e o indicador. Vaso ático, c. 460 a.C.

105

Meleagro, Atalanta e o Javali Calidônio

Foi na acidentada região perto da Calidônia, ao norte do Golfo de Corinto, em seu extremo oeste, que a mitologia situou o covil do poderoso javali morto por Meleagro e seu bando de companheiros heroicos.

Os feitos de Meleagro remetem a uma escala mais terrena do que aqueles de Perseu, e sua história ilustra não tanto a magnificência da condição humana, mas antes suas limitações e fragilidade quando perante os poderes divinos e a inexorabilidade do destino. Era filho de Eneu, rei de Cálidon, uma localidade que apenas esporadicamente ocorre nos eventos da história grega; quando o monarca faltou com o devido sacrifício a Ártemis (um lapso que marcaria o subsequente destino de toda sua família), a deusa respondeu enviando um terrível javali para arrasar o território. O herói e um bando de camaradas leais conseguiram matar a fera, mas os eventos que se seguiram foram um curso repleto de amargura e, ao final, tragédia: os companheiros desentenderam-se sobre quem merecia ficar com o couro do animal, um prêmio valioso. Meleagro e seus dois tios maternos lutaram, e o herói acabou matando-os; quanto à sua própria morte, já vimos a comovente história do lenho fatal que sua mãe Alteia, revoltada com a morte dos irmãos, furiosamente queimou no intuito de selar o destino do próprio filho, extinguindo a valentia do herói graças a uma briga doméstica (cf. p. 86).

Além de Meleagro, e na verdade bem mais pitoresca do que ele, há que ser mencionada a figura de Atalanta, outra participante da caça ao Javali. Ela era o equivalente humano de Ártemis, exceto pelo fato de que, ao contrário da deusa, acabou por entregar a virgindade. Seu pai desejava um filho homem, e ainda criança a abandonou nas matas, onde uma ursa a amamentou. Crescida, Ata-

Meleagro, Atalanta e o Javali Calidônio

O feroz Javali Calidônio é atacado por grupos de caçadores heroicos: em frente à fera estão Meleagro e Peleu, seguidos por Melânio e Atalanta, a de pele clara. Também estão representados vários cães de caça, que possuem nomes expressivos como Methepon ("caçador"), Ormenos ("saltador") e Marpsas ("agarrador"). "Vaso François", c. 570 a.C.

lanta puxou ao temperamento de sua mãe adotiva, e quando chegou à idade de casar, desafiou os pretendentes a vencê-la na corrida, um dos quais, Melânio (às vezes conhecido como Hipomene), derrotou-a com esperteza, deixando cair no caminho alguns pomos de ouro que haviam sido presenteados por Afrodite. Atalanta parou para pegá-los e Melânio a conquistou. Ainda assim, tudo sobre a heroína indicava que ela não poderia ser confinada pela instituição do casamento, e de fato quando ela e o marido estavam caçando, encontraram um santuário dedicado a Zeus e, em completo desrespeito pela sacralidade do local, fizeram amor lá dentro. Como punição, foram transformados em leões, e Atalanta retornou ao estado selvagem ao qual pertencera desde a primeira infância. Seu mito explora a tensão central das percepções gregas sobre a ideologia de gênero, quais sejam: existe um quê selvagem no ser feminino (e que precisa necessariamente ser domado pelos homens); não pode haver compatibilidade entre, de um lado, o papel de esposa e mãe e, de outro, as atividades da caça e da guerra. Outrossim, esse mito sublinha as implicações da questão: O que ocorreria se uma mulher realizasse toda sua potencial selvageria?

Uma das habilidades "masculinas" de Atalanta era a luta: ela teve uma famosa disputa com Peleu, mostrada nesse vaso ático de c. 500 a.C.

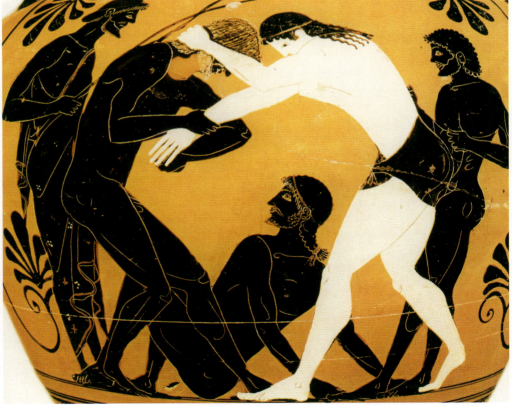

Jasão, os Argonautas e Medeia

(Página oposta). A Cista de Ficoroni (cf. tb. p. 216) é um bronze que mostra vários dos Argonautas, embora nem todos possam ser identificados com segurança. Não se põe em dúvida, porém, o talento do artista.

Em 1922 o antropólogo Bronislaw Malinowski publicou seu clássico relato etnográfico do "empreendimento e da aventura dos nativos nos arquipélagos da Nova Guiné, Melanésia", *Argonautas do Pacífico Ocidental*. Sua metáfora explorava as ressonâncias de uma das mais celebradas proezas da mitologia grega, a busca pelo Velocino de Ouro, origem de muitas outras expedições mitológicas que abordavam determinadas crises de desestabilização e o modo como retificá-las. No caso específico, o fator de desequilíbrio foi a disputa dinástica ocorrida em Iolcos, cidade da Tessália: por razões não inteiramente explicadas (embora alguma forma de intriga familiar devesse estar em operação) o Rei Creteu fora sucedido não por Esão, seu filho legítimo e pai de Jasão, mas por Pélias, filho da sua esposa com o deus Posêidon. A essa circunstância adicionou-se o já conhecido tópico do aviso oracular, pois o novo regente fora advertido a se precaver contra um estranho usando uma única sandália. Com apenas um dos pés calçado, o outro havia se perdido na travessia do rio, o jovem Jasão apresentou-se perante o monarca e reclamou seu direito ao trono. Pélias teve uma reação esperada, e para que a reivindicação fosse reconhecida, enviou o rapaz numa missão impossível.

Reaver o Velocino significava trazer de volta à Grécia um tesouro talismânico mantido no distante reino da Cólquida, no Mar Negro. Tratava-se da lã de um carneiro voador mágico, personagem dos destinos de outro ramo familiar de Creteu: seu irmão, Atamante, se casara duas vezes, e sua segunda esposa, Ino, perseguia sua predecessora e os dois filhos dessa relação. Como os mitos gregos tendiam a acentuar as tensões sociais para torná-las mais visíveis, não surpreende que o ódio aos dois jovens, Frixo e Hele, fosse ganhando volume até se tornar uma tentativa de assassinato planejada por Ino. Os gêmeos só escaparam da morte pelas mãos do próprio pai, quando o carneiro mágico (uma cortesia de Hermes, o divino

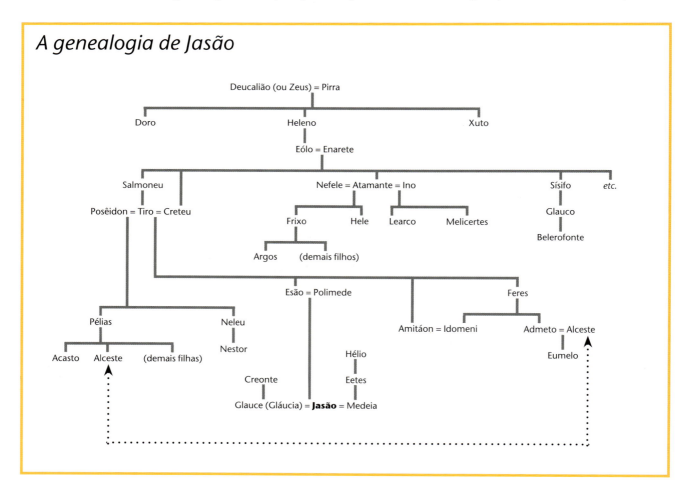

A genealogia de Jasão

portador), carregou a ambos para longe do perigo em seu lombo dourado. Infelizmente, a pobre Hele caiu num estreito marinho, que a partir de então seria chamado Helesponto ("Mar de Hele"), mas o rapaz conseguiu se segurar até que o animal pousasse na Cólquida, uma terra no fim do mundo, governada por Eetes, filho do deus-sol Hélio. Como o sacrifício era um ritual destinado a assegurar a adequada comunicação entre humanos e deuses, era de se esperar que o carneiro enviado pelos deuses fosse imediatamente morto por Frixo como forma de "devolvê-lo" às divindades, mas sua lanugem, pelo menos por enquanto, permaneceria com Eetes em seu reino.

O Argo e sua tripulação

Diferentemente de Melagro, Jasão viu-se diante de um desafio que o levou para longe, até o desconhecido, algo que também pode ser dito de Perseu, mas ao contrário deste não contou com transporte aéreo: era preciso um navio, e o centro do grande épico de Apolônio de Rodes sobre a busca pelo Velocino é, precisamente, essa nave, o Argo, desde sua construção, escolha da tripulação e partida, até seu retorno ao porto natal nas últimas linhas do poema. A própria montagem da embarcação ex-

| Jasão, os Argonautas e Medeia |

Quando Hilas, o jovem acompanhante de Héracles, foi abduzido por uma ninfa apaixonada, o episódio levou o herói a retirar-se da expedição do Argo. Na pintura Hila e a Ninfa (Hylas et la Nymphe, *1826), de François Gérard, a impressão deixada é a de luxuriante sensualidade.*

pressava o envolvimento divino na aventura, pois uma de suas madeiras provinha do carvalho sagrado de Zeus em Dodona, e da mesma maneira como naquele oráculo o deus "proferia" seus presságios através do farfalhar das folhas, também a quilha do Argo possuía o dom da fala profética.

A tripulação da nave era composta pela maioria dos grandes heróis da geração anterior à Guerra de Troia: Orfeu, Télamon, Peleu, Héracles e os gêmeos Castor e Polideuces, além de outros guerreiros não tão conhecidos, mas não menos valorosos. À medida que a nave se afastava do porto de Págassai, na costa da Tessália, rumo norte, do alto do Monte Pelion, o benevolente centauro Quíron, conselheiro do jovem Jasão e agora cuidador do bebê Aquiles, dava adeus à expedição. Parte cavalo e parte humano, habitava uma forma que, simbolicamente, combinava dois polos – civilizado/selvagem – entre os quais os heróis em formação precisam trafegar, e sua orientação permitiu que Jasão, dentre outros, progredisse desde a inexperiência infantil até a necessária socialização de que os guerreiros tanto precisam para cooperar uns com os outros.

A viagem de ida

O primeiro desembarque significativo dos Argonautas deu-se em Lemnos, ilha do nordeste do Mar Egeu, e o episódio que lá se desenrolou é fascinante não apenas em termos do desenvolvimento da narrativa mítica, mas também pela maneira como um mito pode ser visto como corresponden-

te a um ritual. A tripulação inteiramente masculina do Argo desembarcou num local completamente povoado por mulheres: quando os maridos as trocaram por garotas escravas da Trácia, as lemnias empreenderam uma vingança assassina, que atingiu não apenas os cônjuges e suas amantes, mas toda a população masculina da ilha. Os aventureiros seguiram o exemplo do seu capitão (que escolheu, naturalmente, a rainha, Hipsípila) e deitaram-se com as solitárias viúvas. Consoante a essa história, existiu, de fato, em Lemnos uma prática ritual em que, uma vez por ano, todos os fogos eram apagados e em seguida reacesos com uma "nova" chama vinda do além-mar.

Embora seu papel regenerativo já estivesse realizado, os Argonautas não demonstraram qualquer sinal de pretender deixar a ilha, e coube a Héracles constrangê-los e lembrá-los do verdadeiro sentido de sua jornada; sua presença a bordo, contudo, não seria duradoura: depois de passar pelo Helesponto em direção à Propôntida[94], os aventureiros aportaram na terra dos Mísios, e acompanhava o grande herói um jovem escudeiro chamado Hilas, que partiu para o interior à procura de uma nascente para pegar água. Todas as fontes gregas, no entanto, eram sagradas, e na mitologia constituíam locais excelentes para encontros com criaturas sobre-humanas (cf. p. 188-189). Quando o rapaz chegou a um manancial, a

---

94. Área entre o Helesponto e a entrada do Mar Negro, atualmente chamada Mar de Mármara [N.T.].

ninfa que lá habitava encantou-se com sua beleza, abraçou-o e o puxou para dentro da água. Ao saber do sumiço, Héracles reagiu com passional angústia – "o suor jorrou da fronte e o sangue negro ferveu dentro dele"[95], escreveu Apolônio – como se quisesse deixar pouca dúvida a respeito da intensidade homoerótica de sua relação. Quando o Argo partiu, ele ficou para trás, colocando sua busca infrutífera pelo efebo adiante da empresa coletiva da expedição.

À medida que a viagem seguia rumo leste, os encontros dos Argonautas com o sagrado tornaram-se ainda mais dramáticos, de que é exemplo Fineu, o vidente cego que, segundo a obra de Apolônio, fora punido com essa condição por revelar segredos divinos aos mortais em suas visões proféticas. Embora mantivesse seus poderes oraculares, estes lhe garantiam pouco conforto, pois além da cegueira faziam parte da punição as Harpias, um bando de imundas criaturas semelhantes a aves que derramavam fedor repelente sobre sua comida, tornando incomíveis, inclusive, as suculentas morcelas[96] ofertadas por aqueles que com ele vinham se consultar. Quando percebeu a chegada dos Argonautas, porém, o faminto e emaciado adivinho sabia que entre eles estavam seus libertadores; pois segundo um decreto divino, dois dos viajantes, Zeto e Cálais, filhos de Bóreas (o Vento Norte) e irmãos de sua primeira esposa, Cleópatra, espantariam as Harpias de uma vez por todas. E assim se passou.

Vale acrescentar, à guisa de confirmação extra da intricada variação-dentro-da-similaridade tão característica da mitologia grega, que, de acordo com uma versão completamente diversa da história, foram os próprios Argonautas que cegaram Fineu, para devolvê-lo na mesma moeda àquilo que havia feito com os filhos que tivera com Cleópatra, um ato de crueldade motivado pela hostilidade de sua segunda esposa em relação à sua primeira família. Trata-se de uma lembrança das muitas coincidências que há entre os feitos heroicos (nosso foco neste capítulo) e os mitos familiares (o tema do próximo).

Graças a diretrizes dadas por Fineu, os Argonautas conseguiram enganar os temíveis Simplégades, rochedos movediços que se batiam na entrada do Mar Negro, e seguiram navegando por sua costa sul. Tinham ido tão longe que conseguiram ver a águia que diariamente voava até Prometeu para devorar seu eternamente regenerável fígado, chegando mesmo a ouvir os gritos do Titã torturado.

Por fim, atingiram o litoral da Cólquida, e a reação de Eetes à sua chegada espelhou a reação de Pélias quando confrontado pelo jovem Jasão: ele o enviou para realizar um trabalho impossível. Se ele quisesse o Velocino de Ouro, primeiro preci-

---

95. APOLÔNIO DE RODES. *A argonáutica*. Lisboa: Europa-América, 1989, p. 49 [Trad. de Fernanda Pinto Rodrigues].
96. Espécie de chouriço, linguiça caseira feita com carne e sangue [N.T.].

A lista dos Argonautas

Diferentes autores mencionavam diferentes composições da tripulação heroica do Argo. Abaixo temos a lista retirada do poema épico *A argonáutica*, de Apolônio de Rodes.

Acasto	Héracles
Admeto	Hilas
Anceu (da Arcádia)	Idas
Anceu (de Samos)	Idmon
Anfion	Íficlo (da Etólia)
Anfidamas	Íficlo (da Tessália)
Argos	Ífito (da Eubeia)
Ário	Ífito (da Fócida)
Astério	Jasão
Astérios	Laocoonte
Áugias	Leodoco
Butes	Linceu
Cálais	Meleagro
Canto	Menoécio
Castor	Mopso
Cefeu	Náuplio
Clítio	Oileu
Corono	Orfeu
Equionte	Palemon
Eribotes	Peleu
Ergino	Periclímeno
Etalides	Polideuces
Eufemo	Talau
Euridamante	Télamon
Eurito	Tífis
Falero	Zeto
Flias	

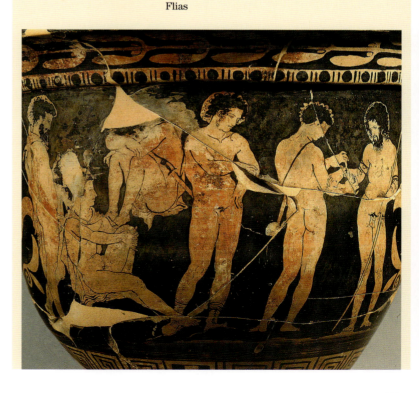

As heroicas figuras dessa cratera etrusca (c. 300-275 a.C.) foram plausivelmente identificadas como Argonautas.

Jasão, os Argonautas e Medeia

(À direita) Talos, o gigante de bronze, tomba depois do ataque mágico de Medeia, simbolizado pelo recipiente que ela segura; uma lágrima pende de seu olho direito e seus braços são sustentados por dois Argonautas, Castor e Polideuces. Estarão os heróis amparando o gigante por compaixão ou o segurando como cúmplices da torturadora? A cena foi retratada no famoso vaso ático (c. 400 a.C.) de Ruvo di Puglia, sul da Itália.

saria pôr a canga em dois touros com hálito de fogo e cascos de bronze, arar o solo com a dupla, e depois semear os sulcos com os dentes de uma serpente, a mesma que Cadmo havia matado para fundar Tebas (Atena havia presenteado o rei colco com metade das presas do animal), e de modo semelhante ao que ocorrera no outro mito, esse plantio daria origem à colheita não convencional de guerreiros armados. Sozinho, Jasão jamais cumpriria essas tarefas, mas ele teve o apoio de Atena e Hera; juntos, elaboraram um plano que se apoiava no fato de Eetes ter uma filha chamada Medeia que, sendo sacerdotisa de Hécate, era versada nos feitiços, encantamentos e poções, atribuições da esfera de poder daquela divindade. As deusas ainda persuadiram Afrodite a subornar seu filho mimado, Eros, a lançar uma de suas flechas em Medeia, despertando nela uma incontrolável e desesperada paixão pelo herói.

Com suas bruxarias, a feiticeira tornou Jasão temporariamente invulnerável; os touros foram atrelados ao arado, os dentes foram plantados e os homens armados, derrotados. O ato final do drama consumou-se quando Medeia pôs a dormir a serpente que guardava o Velocino, permitindo ao seu amado remover o tesouro talismânico. Para ela, agora, não havia mais retorno: como muitos mitos gregos, este aqui é o retrato de uma jovem que rejeita o pai em favor do amante/marido, e de fato nenhuma ruptura poderia ser mais decisiva do que a dela, pois após ter embarcado com os Argonautas e fugido, ela levou seu irmão Absirto, que os perseguia, a cair numa armadilha, e fechou os olhos quando Jasão o matou. Na versão de Apolônio de Rodes, esse final já era suficientemente mau, mas numa outra variante foi a própria Medeia quem cometeu o homicídio e depois espalhou o corpo desmembrado pelo mar, para que os colcos, seu pai incluído, se ocupassem em recuperar os restos mortais e atrasassem a perseguição.

O retorno do Argo

A viagem de volta ao lar do Argo é extraordinária por sua complexidade e pela maneira como contrasta com a jornada de ida. Um pouco dessa complexidade é mais literária do que mitológica, e isso se deve ao fato do nosso relato mais rico, *A argonáutica* de Apolônio, ter sido redigido cerca de quinhentos anos após a narrativa homérica das andanças de Odisseu. Dessa forma, ainda que o "tempo mitológico" da viagem dos Argonautas preceda o de *A odisseia*, seu autor foi capaz de enxertar na história encontros entre seus heróis e alguns dos mais celebrados adversários e ajudantes do astuto grego, como Cila e Caríbdis, Circe e as sereias, além de Aretê e Alcínoo, rainha e rei dos Feácios (cf. p. 143). Mas o caminho trilhado por Jasão suplantou o do próprio Odisseu em termos de idiossincrasia geográfica: a rota para fora do Mar Negro levou-os a oeste até Istros (o Danúbio) e mais além (assim se acreditava) até o norte do Mar Adriático. Soprada em direção ao sul pelos ventos e marés, a nave foi em direção à costa da África do Norte, e somente após a tripulação suportar doze dias e doze noites através do deserto fez-se de volta ao mar.

Com o Argo singrando águas egeias, o encontro com uma última criatura inusitada salienta como a jovem que Jasão trazia para casa como sua noiva era incrivelmente letal: o gigante Talos, último so-

(Abaixo) Sob a vista atenta de Medeia, o desnudo e heroico Jasão, agarra o Velocino de Ouro. A cobra que o guardava fora paralisada pelo feitiço da mulher, e a maçã que ela segura estava, presumivelmente, drogada. Relevo em mármore de um sarcófago romano, 130-160 a.C.

brevivente da Raça de Bronze[97], habitava a Ilha de Creta, e era praticamente invulnerável: seu único ponto fraco ficava no calcanhar, onde o sangue vital desse homem metálico fluía através de uma veia coberta por uma membrana fina. Quando Talos atirou imensos rochedos contra a nave, os Argonautas não sabiam como reagir, quando então Medeia tomou a dianteira: ela fitou o gigante e submeteu-o, dirigiu-lhe miradas maléficas aos olhos que o fizeram cambalear, e ele acabou por ferir-se naquela única parte do corpo que punha em risco a sua vida.

A partir de então nada mais poderia desviar o retorno do Argo ao seu porto natal – ponto onde *A argonáutica* de Apolônio termina. Outras fontes, contudo, dão seguimento ao fio da narrativa: enquanto Jasão esteve fora de cena, Pélias ocupou-se em remover os obstáculos dinásticos que ainda existiam, matando Esão, pai do herói, e outros membros de sua família, mas seu retorno acompanhado por Medeia significou o fim da carreira do vilão. A feiticeira operou uma demonstração de seus poderes mágicos, cortando e cozinhando um carneiro, que em seguida emergiu inteiro e rejuvenescido do caldeirão; ato contínuo, ela enganou as filhas de Pélias, afirmando que poderia fazer o mesmo pelo pai delas – na verdade, sucedeu de ele ter uma morte terrível, sendo retalhado e cozinhado, mas não remoçado. O casal fugiu de Iolcos para Corinto, onde a jovem manteve a tradição de estar no cerne de destruições familiares: como inesquecivelmente dramatizado por Eurípides em sua tragédia, *Medeia*, Jasão

decidiu escantear sua companheira e casar-se com a filha de Creonte, rei daquela cidade. Num ato de horrífica vingança, a feiticeira enviou para a moça (chamada Glauce, ou Gláucia, em algumas fontes) um vestido envenenado, cuja peçonha inflamável consumiu suas carnes e as de seu pai quando este tentou salvá-la; e após assassinar os próprios filhos para infligir ainda mais dor a Jasão (embora algumas versões afirmem que foram outros, os coríntios, p. ex., a matá-los), ela fugiu para Atenas (cf. p. 127) num veículo cedido pelo seu avô, o deus Sol: uma carruagem puxada por serpentes voadoras.

(Acima à direita) *O milagroso feitiço de Medeia, que rejuvenesceu um carneiro até torná-lo em cordeiro, teve o intuito específico de impressionar Pélias (sentado à esquerda) e suas filhas. Em breve o próprio rei irá submeter-se ao processo esperando voltar a ser jovem – sem saber, contudo, que encontrará nada mais do que uma morte horrível, cozinhado vivo em um caldeirão. Jarra de água (hydria) ática, c. 510 a.C.*

(Esquerda) *Após vingar-se de Jasão matando seus filhos, Medeia foge das consequências dos seus atos numa carruagem puxada por serpentes. Os trajes "orientais" apontam para sua condição de forasteira, e os raios destacam sua conexão com o deus-sol Hélio, seu avô. Cratera do sul da Itália, c. 400 a.C.*

---

97. Diferentemente do relato hesiódico das raças de ouro, prata, bronze e ferro, o retrato que Apolônio faz de Talos é o de uma criatura efetivamente feita de metal, e não que o utilizasse ou fosse simbolizado por ele.

Héracles

Héracles foi um personagem imensamente popular na mitologia grega, e suas façanhas aparecem em inúmeras representações visuais, de pinturas de vasos a esculturas, de joias a moedas. Todavia, em nossas fontes escritas ele é uma figura muito mais complexa do que as imagens predominantemente voltadas à ação podem sugerir, e ainda que muitos contadores de mitos, o poeta encomiástico Píndaro, por exemplo, o celebrem como o modelo direto da habilidade atlética, para os tragediógrafos ele é uma pessoa afligida pela catástrofe mesmo em seus momentos de maior triunfo, enquanto os autores de comédias o apresentam como uma figura farsesca, descarada, de apetites diversos e grosseiros. Em suma, Héracles é profundamente paradoxal: agente de extraordinárias proezas de aptidão física, é, mesmo assim, repetidamente subjugado por personagens mais fracos do que ele, e sua capacidade de infligir sofrimento à própria família é não menor do que aquela que se dispõe a usar contra os monstruosos animais que teve de confrontar no decurso dos seus Trabalhos. Na qualidade de herói ele é, a um só tempo, típico e atípico, pois como todos os seus colegas, é levado aos limites da condição humana, mas o faz num grau e em maneiras que nenhum outro foi capaz de igualar: suas aventuras o levaram aos confins da terra, às profundezas do Hades e, eventualmente, até o Olimpo, e a ubiquidade de sua narrativa é ecoada pelo fato de ser o único entre os heróis a não possuir sepultura, ou seja, não havia um centro ritual localizado ou delimitado dedicado a si. Onde quer que fosse necessário, Héracles poderia ser invocado.

Como vimos ao discutirmos a mitologia de Hera (cf. p. 70-72), os feitos e sofrimentos do maior dos heróis estão visceralmente ligados à perseguição que suportou nas mãos de sua madrasta. Héracles (ou Hércules, como os romanos o chamavam) foi o produto do caso de Zeus com Alcmena, e por isso tornou-se alvo da fúria da divina consorte do Pai dos Deuses, mas desde a mais tenra infância mostrou a têmpera de que era feito: quando Hera enviou um par de serpentes ao seu berço, o bebê as estrangulou. Boa parte da carreira subsequente de Héracles está prefigurada nesse episódio: a perseguição pela Rainha do Olimpo, o combate com feras selvagens, e a perseverança através da força bruta ao invés da astúcia.

A adolescência do herói seguiu aqueles passos traçados já em sua primeira infância: embora tivesse o melhor dos professores de lira, Lino, irmão de Orfeu, sua tendência ao revide era mais forte do que ele: quando seu instrutor não apenas o criticou por sua "lerdeza de alma" (de acordo com uma fonte), mas também o bateu, o incontrolável pupilo o matou a golpes de lira, crime de que foi inocentado sob o álibi de autodefesa. Pouco depois, outro aspecto de sua natureza veio à baila quando, hospedado na casa de Téspio (rei de Téspias, na Beócia), ele deitou-se com cada uma

O bebê Héracles, precocemente musculoso, lida com as serpentes que Hera havia mandado contra si. Moeda de prata cunhada na cidade de Cízico (Cyzicus), às margens da Propôntida (leste do Helesponto), c. 390 a.C.

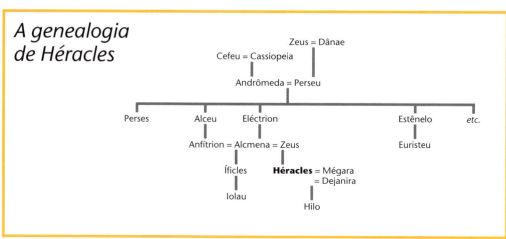

A genealogia de Héracles

```
                                    Zeus = Dânae
                   Cefeu = Cassiopeia      |
                              |            |
                         Andrômeda = Perseu
         ┌──────┬──────────┬──────────────┬─────────┐
       Perses  Alceu    Eléctrion       Estênelo   etc.
                  |         |              |
          Anfítrion = Alcmena = Zeus    Euristeu
                  |         |
               Íficles   Héracles = Mégara
                  |              = Dejanira
                Iolau             |
                                 Hilo
```

114

O temperamento de Héracles não o permitia aceitar conselhos ou corretivos: neste vaso ático (c. 480 a.C.) o futuro herói investe contra Lino, seu professor de Música. Há diferentes relatos sobre o objeto que ele teria usado nesse ataque – desta feita, parece ser um banquinho.

Héracles

das cinquenta filhas do seu anfitrião, as primeiras das inumeráveis mulheres com quem Héracles compartilhou a cama; com algumas ele se casou, com todas teve filhos, mas seu perpétuo desenraizamento compôs o pano de fundo (como no caso de Medeia) para uma série de desastres que tocou tudo o que aludiu à sua vida familiar.

Seu "pai mortal", Anfítrion, cuja forma Zeus assumira quando foi até Alcmena, era tão "constante" quanto seu "filho". Após matar involuntariamente o próprio sogro, Eléctrion[98], ele foi obrigado a buscar refúgio com Creonte, rei de Tebas, e para selar o acordo Héracles casou-se com Mégara, a filha do monarca tebano. Mas o ressentimento de Hera não era algo que merecesse desconsideração: ela enlouqueceu o herói, que matou sua esposa e filhos, e para purgar seu crime foi condenado a servir alguém mais fraco que ele, Euristeu, senhor de toda Argólida, inclusive de Tirinto e Micenas, e executar uma série de trabalhos ordenados pelo seu senhor. Como sempre, há outras versões: segundo Eurípedes em sua peça *Hércules furioso*[99], os Trabalhos precederam à loucura, uma aflição que Hera, no ápice do rancor, enviou ao herói no auge do seu sucesso para esmagá-lo (cf. p. 122). Nas linhas que se seguem, acompanharemos livremente a ordem dos eventos preservada na *Biblioteca* de Apolodoro.

---

98. O homicídio involuntário é um tema mitológico habitual, pois se trata de uma conveniente motivação para a mudança do herói, de uma cidade para outra.

99. Essa obra possui diversos nomes em português (Héracles, Hércules, Hércules Furioso) de acordo com as diversas traduções [N.T.].

Os Trabalhos de Héracles

O Primeiro Trabalho levou Héracles alguns quilômetros a noroeste de Micenas até Nemeia, onde ele suplantou um leão invulnerável, estrangulando-o. A pele da fera, a partir de então, seria sua vestimenta característica, um emblema de selvageria adequado ao poderoso tacape que, junto ao arco, era sua arma favorita. O Segundo Trabalho tam-

(Abaixo) O combate entre Héracles e o Leão de Nemeia foi um tema de fenomenal popularidade na arte antiga, e um dos muitos milhares de exemplos que chegou até nós é este entalhe datado do Período Helenístico.

115

Os Trabalhos de Héracles

Como sempre, os detalhes variam de relato para relato. Na extrema-direita temos a lista e a ordem dos Trabalhos conforme encontrados na *Biblioteca*, de Apolodoro. Os números correspondem àqueles do mapa; o Peloponeso é mostrado (à direita) num quadro em separado dentro da região do Mediterrâneo (abaixo).

	Façanha	*Localização*
1	O couro do Leão	Nemeia (Argólida)
2	Matar a Hidra	Lerna (Argólida)
3	Capturar a Corça	Cerineia (entre a Argólida e a Acaia)
4	Capturar o Javali	Monte Erimanto (Arcádia)
5	Limpar os estábulos de Áugias	Élida (oeste do Peloponeso)
6	Expulsar aves	Lago Estínfalo (Arcádia)
7	Capturar o touro	Creta
8	Capturar as éguas antropófagas	Reino de Diomedes (Trácia)
9	Trazer o cinturão de Hipólita, rainha das Amazonas	Terra das Amazonas, às vezes localizada no norte da Ásia Menor
10	Roubar o gado de Gerião	Extremo Ocidente
11	Colher maçãs no Jardim das Hespérides	Talvez no extremo Ocidente, talvez no extremo Norte.
12	Trazer Cérbero, o cão infernal	Hades

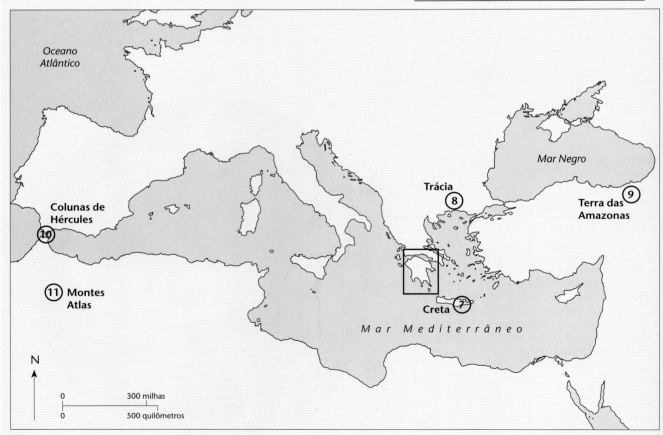

Héracles

(Esquerda) A Hidra multicéfala está prestes a sucumbir aos esforços combinados de Héracles (à direita), armado com sua clava, e seu companheiro, Iolau, que brande uma foice. Logo abaixo deste vê-se fogo, com o que as feridas das cabeças decepadas serão cauterizadas, impedindo-as de regenerar-se. Jarra de água (hydria) de Cerveteri, c. 520 a.C.

(Abaixo) A natureza dúplice do centauro, entre o natural e o cultural, é percebida nesta cabeça e torso, possivelmente um de um par de alças de uma travessa (grego, II século a.C.). Seu cabelo desgrenhado é envolto por folhas de parreira, sugerindo um abandono dionisíaco. O plectro (palheta) na mão direita indica que tocava um instrumento de cordas.

bém foi local: ele teve de exterminar a monstruosa serpente aquática (Hidra) que vivia perto da localidade pantanosa de Lerna, uma criatura dotada de numerosas cabeças (os números mencionados variam de nove a cinquenta), uma das quais imortal e as restantes autorregenerativas, de sorte que, quando uma era cortada, outras duas brotavam. O herói passou a decepá-las e, logo em seguida, Iolau, seu ajudante e filho do seu meio-irmão Íficles, cauterizava os tocos. Finalmente, completou o serviço cortando a cabeça imortal e enterrando-a sob um rochedo, e como sucedera com o Leão, Héracles adotou uma das características de seu adversário derrotado: abriu o corpo da Hidra e mergulhou a ponta das suas flechas em seu fel mortífero.

Como todos os heróis e heroínas, Héracles operava dentro de um horizonte narrativo no qual as divindades eram passíveis de intervenção a qualquer momento. Dessa forma, quando Euristeu ordenou como seu Terceiro Trabalho que trouxesse a Corça da Cerineia, uma cerva com chifres de ouro e cascos de bronze dedicada a Ártemis que ele não ousou matar; pelo contrário, a perseguiu durante um ano até exauri-la. Com essa façanha, o herói avançou mais longe, para oeste em direção ao Peloponeso, a mesma região que compunha o pano de fundo do seu Quarto Trabalho: a captura do terrível javali que vivia perto do Monte Erimanto, na Arcádia.

No caminho para a montanha, Héracles encontrou-se com um grupo de criaturas com as quais possuía muito em comum: os centauros. Selvagens, indisciplinados e imprevisíveis, tinham uma forma semiequina e semi-humana, espelho de sua inequívoca posição nas fímbrias da cultura. Também seu caráter era ambivalente: havia benevolência, mas também bestialidade bruta, que frequentemente explodia em violência. Acima de todos os centauros benignos estava Quíron, tutor de alguns dos mais importantes heróis, como Aquiles, Asclépio e Jasão; outro dentre os bondosos chamava-se Folo, que acolheu o herói em sua caverna durante a caçada ao Javali do Monte Erimanto. Como um visível marco diferencial (e um exemplo do quanto categorias empíricas como "cru" e "cozido" são partes relevantes do pensamento e da experiência gregos), Folo ofereceu a Héracles carne assada, embora comesse sua porção sem cozinhar. Mas Héracles estava muito longe de ser um hóspede ideal, e em dado momento exigiu vinho ao seu anfitrião: o perfume da bebida atraiu centauros de

(Esquerda) Héracles traz consigo o Javali do Monte Erimanto, objeto de seu Quarto Trabalho, para mostrar a Euristeu que, apavorado, esconde-se num pythos (jarro de armazenagem). Relevo em calcário, de uma métopa de Fosse del Sele, c. 550 a.C.

(Abaixo) Como suposto fundador dos Jogos Olímpicos, Héracles era o objeto perfeito para as doze métopas de mármore das faces dianteira e traseira do Templo de Zeus em Olímpia. Este desenho oferece uma restauração possível de seis dessas peças.

todos os parâmetros, um desejo pelo álcool que degenerou em violência. Héracles os perseguiu a todos, até que buscaram refúgio junto a Quíron, a quem o herói acidentalmente feriu com uma de suas flechas. A ferida era incurável, mas, sendo imortal, aparentemente estaria fadado a sofrer para sempre. Para tornar possível sua morte, o sábio personagem chegou a uma espécie de acordo com Zeus, barganhando uma troca com Prometeu, talvez (embora o trato seja bastante enigmático) aceitando carregar consigo o padecimento do Titã até o Submundo.

Em comparação com suas aventuras com os centauros, a captura do Javali do Erimanto (o Quarto Trabalho) foi bastante descomplicada, e quando o herói chegou em Tirinto carregando o bicho nas costas, o apavorado Euristeu escondeu-se num *pythos*, imenso jarro de armazenamento (imagem que os artistas adoravam reproduzir), mas isso não o impediu de impor novos Trabalhos, o quinto e o sexto, ambos situados no Peloponeso. Para limpar os estábulos de Áugias, rei de Élida (Quinto Trabalho), Héracles espertamente desviou o curso de dois rios, Alfeu e Peneu, para que corressem pelo pátio, uma demonstração de perspicácia, raramente o forte do herói, simbolizada pela presença conselheira de Atena na única representação existente desse desafio, a métopa[100] do Templo de Zeus em Olímpia, um sítio adjacente ao Rio Alfeu (seis desenhos baseados nesses elementos arquitetônicos do edifício são reproduzidos à esquerda). Indo para o norte, Héracles deu fim a uma outra infestação, dessa vez os pássaros do Lago Estínfalo na Arcádia (Sexto Trabalho), e uma vez mais a presença de espírito de Atena mostrou-se decisiva: ela emprestou castanholas de bronze, cujo barulho assustou os animais; o arco e as flechas do herói se encarregaram do resto.

---

100. Métopa é uma "pedra lisa ou ornamentada num friso dórico, utilizado em alternância com tríglifos" (CRAGOE, C.D.). *Como decifrar arquitetura* – Um guia visual completo dos estilos. Rio de Janeiro: Edições De Janeiro, 2015, p. 251.

(Acima) O Lago Estínfalo, nordeste do Peloponeso, lar pantanoso e cheio de vegetação dos pássaros que Héracles foi ordenado a erradicar no sexto dos seus Trabalhos.

Para destruir as aves do Estínfalo, Héracles abandonou sua clava e adotou uma arma mais apropriada: uma atiradeira. Vaso ático, c. 550 a.C.

À medida que a exasperação de Euristeu com os sucessos de Héracles aumentava, o mesmo ocorria com a distância que o herói era obrigado a percorrer. Após derrotar um touro poderoso em Creta e levá-lo para Micenas (o Sétimo Trabalho), ele teve de viajar rumo norte, até a Trácia, onde capturou as temidas éguas antropófagas do Rei Diomedes (o Oitavo Trabalho), trazendo-as de volta ao seu senhor como prova do feito. Creta e a Trácia podem ser compreendidas como os limites meridional e setentrional da Hélade, mas o escopo das exigências de Euristeu não reconheceria essas fronteiras: o Nono Trabalho exigiu que Héracles trouxesse de volta a Micenas o cinturão de Hipólita, rainha das amazonas, um povo mítico que, acreditava-se, vivia a nordeste da Ásia Menor, e que recorria aos homens meramente para fins reprodutivos: os bebês do sexo feminino eram criados, os demais deixados à morte. Seu estilo de vida fez delas algo como o equivalente coletivo da Ártemis, com uma única, e crucial, diferença: eram mortais. Héracles matou Hipólita e roubou-lhe o cinto.

O Décimo Trabalho o levou ainda mais longe: roubar o gado de Gerião, um monstro com três corpos que vivia no Rio Oceano. Para chegar até lá, precisou atravessar a fronteira que separa a África da Europa, e para marcar sua passagem erigiu duas colunas, às vezes "identificadas", em termos reais, como os promontórios de cada lado do Estreito de Gibraltar[101]. A partir de então, ele cruzou o poderoso Oceano numa taça de ouro utilizada pelo próprio deus Sol, e após ma-

---

101. Um nome antigo para o Estreito de Gibraltar era, precisamente, as Colunas de Hércules, em memória a esse mito [N.T.].

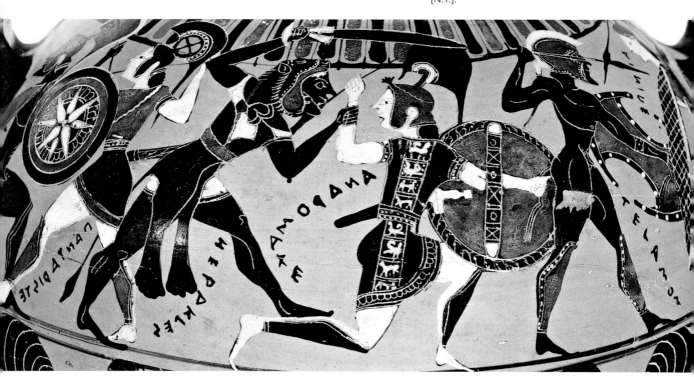

sagrado, logo deveria ser devolvido aos deuses, algo válido para as maçãs das Hespérides, que Atena levou de volta para as Ninfas, bem como, e de modo ainda mais forte, para Cérbero, o cão tricéfalo do Submundo, que cumpria o papel vital de guardião do reino sombrio contra aqueles que desejassem entrar ou sair sem permissão. Buscar o infernal canídeo (o Décimo-segundo Trabalho) foi o último e pior de todos os desafios, e para realizá-lo Héracles desceu até o Hades pela caverna de Tênaro, localizada na ponta da península intermediária do Peloponeso[102]. Após vencer o animal pela pura força bruta, o trouxe na coleira até a luz do sol, mostrou-o ao aterrorizado Euristeu (novamente escondido dentro do vaso) e finalmente o retornou ao seu lugar de direito.

Os amores de Héracles

Quando tratamos de Hércules, o reverso do seu muitíssimo bem-sucedido uso da violência contra adversários temíveis foi a propensão aos desastres em série no que tange às relações com mulheres. Já nos referimos a um caso, que conhecemos melhor através da tragédia de Eurípides, *Hércules furioso*: seu casamento com **Mégara**, filha do Rei Creonte de Tebas: ao retornar para casa coberto de glórias após cumprir todos os Trabalhos, o herói descobriu que sua família estava sendo oprimida por Lico ("lobo"), um tirano usurpador; matá-lo não foi problema, mas justo nesse

tar Gerião, embarcou de volta com todo rebanho na copa divina.

O Décimo-primeiro Trabalho (colher maçãs no Jardim das Hespérides) levaria o herói, uma vez mais, até o fim do mundo. A localização precisa desse feito oscila entre o extremo leste ("Hespérides" significa "[Ninfas] do Entardecer") e o extremo norte (os Hiperbóreos, povo em cujas terras as frutas seriam encontradas, eram conhecidos como "Habitantes além do Vento Norte"), mas seja como for, Héracles viajou distâncias prodigiosas para alcançar o seu destino, e no caminho derrotou Anteu, um lutador poderoso que retirava sua força da terra (Héracles o ergueu e conseguiu esmagá-lo); matou o inospitaleiro rei egípcio Busíris, que costumava sacrificar estrangeiros no altar de Zeus; e pôs fim à águia que comia o fígado de Prometeu. Mas até mesmo para o grande herói, colher as maçãs era uma tarefa difícil, pois as guardava uma serpente imortal; de acordo com uma versão, ele buscou a ajuda de Atlas, o titã responsável por sustentar o céu, oferecendo-se para segurar o peso enquanto ele buscava os pomos; todavia, quando Atlas retornou não estava nem um pouco disposto a abdicar de sua recém-adquirida liberdade, mas ao menos concordou em retomar temporariamente seu posto para que Héracles conseguisse uma almofada. O herói fugiu com as frutas em direção a Micenas, e deixou ao titã a eternidade inteira para se arrepender de sua credulidade.

Os únicos testes realmente à altura de Héracles eram aqueles que envolviam adversários com algo de super-humano; em termos simples, o que quer que ele precisasse trazer era, de alguma forma,

---

102. A atual Mani. É de se esperar que os modernos turistas que desçam à fabulosamente intricada rede de cavernas submersas perto de Pyrgos Dirou imaginem, ao passo que seus catamarãs avançam pela escuridão regelante, uma certa continuidade com a experiência das almas dos mortos no barco de Caronte.

Héracles

(Página oposta acima) Héracles agarra o pescoço de uma das éguas antropófagas de Diomedes. Os restos pavorosos da última refeição do animal – uma cabeça e um braço humanos – podem ser vistos projetando-se de sua boca. Vaso ático, c. 510 a.C.

(Página oposta abaixo) Nesta batalha entre gregos e amazonas, a guerreira cujo braço Héracles segura se chama Andrômaca (que significa "Batalha Masculina"). Vaso ático, c. 510 a.C.

(Esquerda) Um dos adversários mais inusuais de Héracles foi Gerião, o monstro de três corpos, cujo cão de duas cabeças, Ortros, fazia dele um inimigo ainda mais formidável. Neste vaso calcídico (c. 540 a.C.) o animal jaz morto, e Héracles lança suas flechas contra o monstro.

(Abaixo) As faces de Cérbero exibem expressões desconfiadas enquanto Héracles, que deixou de lado sua clava, prepara-se para acariniciar o animal antes de pôr uma corrente em volta dos seus pescoços. Vaso ático, c. século VI a.C.

Neste vaso de figuras negras (finais do VI século a.C.) Héracles tenta tomar de Apolo o trípode sagrado de Delfos. Para mortais ordinários, e mesmo para a maioria dos heróis, tamanha afronta contra uma divindade teria levado à retribuição instantânea e definitiva, mas não há nada de ordinário no que tange a Héracles.

seu momento de maior triunfo a sempre vingativa Hera enviou-lhe a loucura através da deusa Lissa (literalmente, a "moléstia dos cachorros", a raiva). Ele assassinou sua mulher e filhos, e só não fez o mesmo com seu pai mortal, Anfítrion, graças à intervenção de Atena, que o fez retornar aos sentidos atingindo-o com um rochedo. Eventualmente, graças à amizade com Teseu, Héracles seria resgatado do poço da depressão e do estado de impureza ritual no qual havia caído: seu amigo ofereceu-lhe a oportunidade de uma nova esperança em um novo lugar, Atenas.

Um outro episódio em sua carreira, em verdade uma elaborada sequência de eventos que fatalmente o levou à queda, envolve os relacionamentos que teve com três mulheres: **Iole**, Ônfale e Dejanira. Ao saber que o Rei Eurito, da Ecália[103], oferecera a mão se sua filha, Iole, em casamento para qualquer um que o derrotasse no arco e flecha, o herói obviamente aceitou a aposta e venceu, mas o regente se recusou a cumprir sua parte no trato por medo de que, uma vez casado e com filhos, ele voltasse a enlouquecer e os matasse a todos. Surpreendentemente, dessa vez Héracles não criou caso, mas seu envolvimento com essa família estava longe de haver terminado, e em mais um ataque de ira (condição que sempre parece acompanhá-lo de muito perto) ele assassinou o filho de Eurito, Ífito, atirando-o de cima das muralhas de Tirinto quando o jovem foi ter com ele no inocente cumprimento de uma obrigação. Maculado uma vez mais pela chaga do homicídio, ele foi consultar o Oráculo de Delfos, mas a sacerdotisa o rejeitou precisamente por causa de sua condição impura, ao que o herói reagiu furiosamente, tomando um trípode do templo e lutando por sua propriedade contra Apolo em

---

103. Situada, por algumas fontes antigas, na Ilha de Eubeia.

pessoa – e uma boa ilustração do quão Héracles era especial é o fato de Zeus ter lançado um raio entre os dois brigões, e não sobre a parte culpada (como ocorrera com Asclépio).

Mas ele ainda permanecia impuro, e para livrar-se dessa condição foi-lhe imposto um período de marginalização, servindo como escravo da rainha da Lídia[104], **Ônfale**. Com seu passado finalmente limpo, ele pôde retomar suas aventuras no mundo da ação, viajando até Cálidon[105], onde derrotou o deus-rio Aqueloo numa luta pela mão da filha do rei local, **Dejanira**. Sem fixar residência em canto algum, ele levou sua esposa para o próximo lugar que lhe ofereceu guarida, Tráquis[106], e no caminho até lá o casal precisou cruzar o Rio Eveno, onde um encontro com um centauro chamado Nesso plantou as sementes da destruição final do herói. Fingindo ser um barqueiro, o homem-cavalo tentou estuprar Dejanira, e quando Héracles o atingiu com uma flecha embebida no sangue da Hidra de Lerna, a moribunda criatura sussurrou, astuciosamente, para a mulher que ela guardasse o sangue de sua ferida e o usasse, se necessário, como uma poção do amor. Ao menos foi isso o que ele disse.

Eternamente sem descanso, sentindo-se na obrigação de vingar os fracos, de Tráquis, Héracles cruzou até Ecália determinado a ajustar as contas com Eurito, e como habitual em sua trajetória, a guerra andava de mãos dadas com a agressão sexual: ele saqueou a cidade e sequestrou Iole, a filha do rei, para que servisse como sua nova esposa.

A morte de Héracles

A reação de Dejanira foi, como se vê na tragédia de Sófocles, As traquínias, untar uma túnica com a suposta poção do amor do centauro e enviar como presente para o marido, mas o feitiço calhou de ser um veneno mortal e torturante, reminiscente daquele usado por Medeia para matar Glauce. Destroçado pela dor, Héracles implorou ao filho, Hilo, que o levasse ao Monte Eta, situado nas proximidades, para que morresse numa pira funerária, e o que veio a seguir tipifica os polos entre os quais o herói usualmente oscilava: coube a Peante, um dos Argonautas que casualmente passava pelo local, acender a pira, e como prova de sua gratidão Héracles premiou o antigo colega de tripulação com seu arco e suas flechas infalíveis; mas enquanto a fogueira queimava, o herói foi miraculosamente alçado ao Olimpo, onde foi informado de que realizara a transição para a imortalidade, e para que desfrutasse dos favores de mais uma mulher, recebeu **Hebe**, a deusa da juventude.

Mas nem todas as narrativas a seu respeito lhe conferem um futuro tão acurado: o relato do Submundo encontrado em A odisseia descreve o

---

104. Sudoeste da atual Turquia [N.T.].

105. Oeste da Grécia, ao norte do Golfo de Corinto.

106. Perto da profunda enseada do lado oposto ao cabo noroeste da Ilha de Eubeia.

encontro de Odisseu com o "duplo" de Héracles, embora se considere que o herói em pessoa esteja no Olimpo. Esse tipo de bifurcação pós-morte, extraordinariamente inusual no contexto das crenças helênicas, expressa tanto a singularidade de Héracles quanto as polaridades profundamente enraizadas que sua natureza exemplifica.

Heráclidas, dórios e a política genealógica

O que diferencia os descendentes de Héracles (os chamados "Heráclidas") dos herdeiros dos demais heróis principais é o fato de eles terem um destino coletivo, que deriva das contínuas perseguições que sofreram nas mãos de Eurito, irrefreáveis mesmo após a morte do seu maior adversário. Ele os perseguiu até Atenas, onde a população se negou a entregá-los; nessa história, como em muitas outras filtradas através da tradição ateniense de narração de mitos centrada na cidade, ela é apresentada como o porto seguro dos oprimidos. Após a morte do arqui-inimigo, os heráclidas "retornaram" ao Peloponeso, foram reclamar o território que consideravam seu por direito, mas esse primeiro movimento foi abortado pelo advento de uma peste, que trouxe a revelação de que o verdadeiro "regresso" ainda não estava destinado a acontecer. No devido tempo, porém, os heráclidas e seus aliados, os dórios, descendentes do filho de Deucalião, Heleno, colonizaram as principais regiões peloponésias: Argos, Messênia e Esparta.

A narrativa precedente levanta fascinantes, embora extremamente problemáticas, questões a respeito das relações entre a tradição mitológica e os fatos da história grega. As "Invasões Dóricas" foram, durante longo tempo, compreendidas como uma ocorrência historicamente fundamentada, representando a conquista de uma população "pré-dórica" pela força dos recém-chegados – um processo que a lenda do retorno dos heráclidas alegadamente refletia. Todavia, é muito difícil encontrar material arqueológico para corroborar quando, onde ou sequer se existiram essas tais invasões. O que está fora de discussão é a maneira como os contadores de mitos gregos manipularam a tradição para marcar posições políticas, em especial na fornalha da polarização política do V século a.C., quando uma acentuada diferenciação entre estados que denominavam a si mesmos "dóricos" (Esparta) ou "jônicos" (Atenas) veio à tona. A intrínseca maleabilidade da mitologia ajustou-se perfeitamente à autoafirmação étnica, e em nenhum outro lugar essa realidade está mais visível do que na tragédia de Eurípides, *Íon*, uma peça produzida por atenienses em meio à guerra contra os espartanos, talvez por volta de 410 a.C., na qual o personagem-título, ancestral dos jônios, é filho de Apolo e Creusa, princesa ateniense filha do rei "autóctone" Erecteu, e, inversamente, Doro, ancestral dos dórios, seria apenas filho dela com outro mortal, um rei ateniense chamado Xuto. Tudo isso difere brutalmente de outras versões, nas quais Doro é nada menos do que o irmão mais velho de Xuto. Não pode haver ilustração mais óbvia para o fato de que o presente sempre reescreveu o passado mitológico à sua própria imagem.

Herakles

A suprema transição de Héracles, levado numa carruagem até o Olimpo, foi o passo final numa carreira que o tinha levado às mais extremas situações, picos e abismos, que a arte e a poesia podiam imaginar. Aqui a deusa Niké, a Vitória, conduz o carro, com um Héracles sem barba, mas com a clava em punho, como passageiro. Vaso ático, c. 400 a.C.

Teseu e o passado heroico ateniense

Cécrope e o nascimento de Teseu

Muitas comunidades dóricas enalteciam os heráclidas, cuja bem-sucedida invasão lhes parecia o exemplo acabado da tomada de direitos territoriais pela força das armas. Os atenienses, por seu turno, se orgulhavam de suas alegações de autoctonia, de serem os habitantes aborígenes de sua terra. De seu primeiro rei, Cécrope, diziam ter nascido do solo, uma origem corporificada por sua forma ao mesmo tempo humana e ofídia; seus sucessores imediatos, Crânao e Anfíction, compartilhariam do mesmo berço; idem para o seguinte, Erictônio, concebido quando, numa tentativa malsucedida de violar Atena, Hefaístos ejaculou no solo e seu sêmen impregnou o chão. Além dessa gênese inusual, Erictônio era igualmente associado a uma serpente ou, em algumas versões, era parcial ou mesmo completamente serpentino. Pouco a pouco, porém, a linhagem real tornou-se exclusivamente antropomórfica, o caso do maior dos descendentes de Cécrope: Teseu.

Teseu veio ao mundo num momento em que a sucessão real estava incerta, e quatro irmãos disputavam o trono. Um deles, Egeu, temia pelo próprio futuro, dado que nem sua primeira esposa nem a segunda haviam gerado filhos. Diante disso, foi consultar-se com um oráculo, como de fato, qualquer grego em sua situação o faria[107], e recebeu uma inescrutável resposta da profetisa délfica, rogando que não retirasse a "tampa saliente do odre" até ter chegado a Atenas. Quando parou na cidade de Trezena, na Argólida, Piteu, seu perspicaz anfitrião, desvendou o enigma: o oráculo se referia ao ato sexual (a tal "tampa saliente do odre" seria o pênis), e desejoso de ligar sua própria família à casa reinante de Atenas, assegurou que Egeu fosse embebedado e dormisse com sua filha, Etra, que no tempo devido deu à luz a Teseu. Todavia, essa concepção, como de muitos heróis, esteve envolta em mistério, pois na mesma noite em que a moça se deitou com o ateniense, fez o mesmo com Posêidon, de modo que a duvidosa paternidade de Héracles foi replicada com Teseu: tudo o que fosse digno do grande herói peloponésio também estaria à altura do grande ateniense.

Antes de partir, Egeu deixou instruções precisas com Etra: se fosse um filho homem, ela deveria criá-lo sem revelar a identidade do pai, e caso o menino crescesse forte o suficiente para mover

---

107. No Oráculo de Dodona os arqueólogos recuperaram numerosas tiras de chumbo, "tabletes" que registravam perguntas efetivamente feitas por gente ansiosa a respeito da esterilidade. Cf. p. 100.

Os reis míticos de Atenas

Nunca é demais enfatizar que há uma fluidez embutida em qualquer tábua genealógica grega relacionada à mitologia: elaborar uma linhagem significa conferir uma impressão de rigidez, quando, na verdade, era o produto de constantes "negociações" entre as partes interessadas. Alegações e refutações eram especialmente passíveis de emergir em relação às genealogias de cidades específicas, ou de famílias específicas no interior dessas cidades. Esta árvore genealógica dos governantes míticos de Atenas é, em certa medida, retirada da *Biblioteca* de Apolodoro, e segundo o autor os primeiros reis teriam sido Cécrope I (autóctone), Crânao (autóctone), Anfíction (ausente nessa linhagem, ou autóctone ou filho de Deucalião), Erictônio, Pandíon I, Erecteu, Cécrope II, Pandíon II. Após a morte desse último, uma luta dinástica teria levado à ascensão de Egeu.

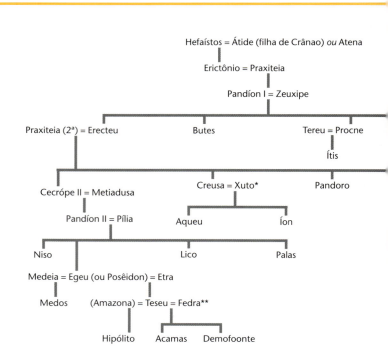

um grande rochedo sob o qual ele escondera uma espada e um par de sandálias, ela deveria trazê-lo até Atenas portando esses objetos simbólicos. Antigos visitantes de Trezena eram apresentados à "verdadeira rocha" descrita na história, o mesmo ocorre com turistas modernos, que se veem diante de uma pedra no caminho de Trezena a Hermíone e, como seus antigos predecessores, são encorajados a ler a paisagem em termos mitológicos.

Teseu e o passado heroico ateniense

(Esquerda) Gê/Gaia ("Terra") entrega Erictônio, recém-nascido da terra, para Atena, cuja expressão reflete uma ternura poucas vezes encontrada nas representações da deusa guerreira. Hermes e uma coruja portando um ramo de oliveira (símbolos gêmeos da cidade de Atenas) observam desde o alto. Vaso ático, finais do V século a.C.

(Direita) Quando Teseu atingiu a maioridade na cidade de Trezena, ele moveu uma imensa rocha e descobriu sob ela a espada e as sandálias que seu pai, Egeu, havia deixado. O herói partiu para Atenas, onde Egeu reconheceu a arma e deu as boas-vindas ao filho. Vaso ático, c. 470 a.C.

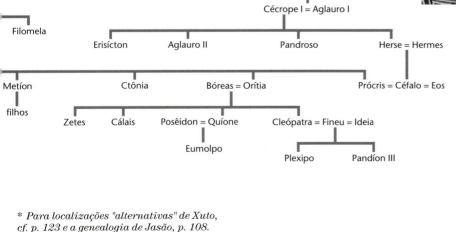

* Para localizações "alternativas" de Xuto, cf. p. 123 e a genealogia de Jasão, p. 108.

** Cf. genealogia, p. 195.

Teseu e o passado heroico ateniense

O amadurecimento de Teseu

Etra, de fato, pariu um menino que, quando chegou à maioridade, moveu a tal rocha, resgatou os objetos e seguiu para Atenas; no caminho despachou, sem misericórdia, uma série de agressivos malfeitores que bloqueavam a estrada, usando contra cada um seu próprio estilo de agressão: Sínis ("Destruidor") compelia viajantes a vergar um pinheiro até o chão, e depois observava-os ser catapultados ao ar, ou os amarrava a um par de árvores adjacentes envergadas e, quando re-

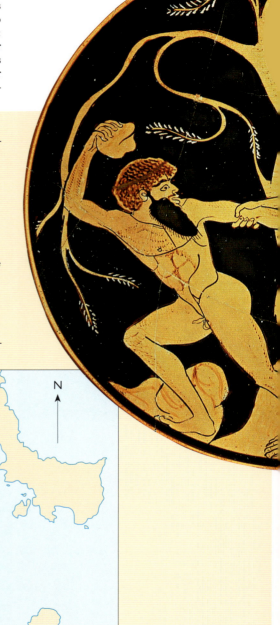

As façanhas de Teseu no caminho até Atenas

	Localização	Façanha
1	Epidauro	Mata Peripetes, um filho de Hefaístos que usava uma clava de ferro para matar viajantes.
2	Istmo de Corinto	Mata Sínis, o "Verga-Pinheiro".
3	Cromíon	Mata uma porca monstruosa chamada Fea, supostamente uma prole da Equidna com Tífon.
4	Rochas Cirônias	Atira o bandido Círon ao mar, onde é devorado por uma tartaruga gigante.
5	Elêusis	Matou Cércion durante uma luta.
6	Perto de Elêusis	Mata Polipémon/Procusto ajustando-o a uma de suas camas.

Teseu e o passado heroico ateniense

(Esquerda) Sínis, o "Verga-Pinheiro", está prestes a ser morto pelo mesmo método que ele usava para assassinar os outros: Teseu puxa um galho de pinheiro, ao qual em breve amarrará o adversário. Taça ática, c. 490 a.C.

imaginar seu ancestral local. Um diferencial pedagógico distinguia esses trabalhos dos de Héracles: a desforra de Teseu era mais comedida, e ele demonstrava pouca inclinação à violência incontrolável – um contraste marcante, por exemplo, com o assassinato de Lino, o professor de lira.

A chegada de Teseu em Atenas

O lar ateniense de Egeu, onde seu filho veio se apresentar, abrigava uma personagem volátil, Medeia, com quem o rei havia se casado após ela haver fugido de Corinto (cf. p. 113). Tendo gerado um descendente, Medos, a feiticeira encarou a chegada de Teseu (cuja identidade reconheceu de imediato, ao contrário do pai) como uma ameaça à sua posição e à de seu filho e tentou envenená-lo, mas na undécima hora Egeu reconheceu a espada que o rapaz portava e o salvou; Medeia foi expulsa, em mais um episódio de sua história de nomadismo, e terminou voltando para a Cólquida, onde restaurou seu pai, Eetes, ao trono do qual havia sido deposto.

A chegada de Teseu a Atenas coincidiu com uma crise político-militar: Andrógeo, filho de Minos, rei de Creta, havia sido morto numa visita à cidade – uma versão afirma que depois de ter se provado como superior a todos os rapazes numa competição atlética, o príncipe foi enviado para confrontar o "touro de Maratona" (uma fera que Teseu, mais tarde, abateria). Dizia-se que o grande poder cretense advinha de sua frota; contudo, como sabemos que, do Período Arcaico em diante, o poderio de Creta foi verdadeiramente insignificante quando comparado ao de estados como Esparta, Atenas e Tebas, essa talassocracia mítica tem sido frequentemente reconhecida como uma memória popular dos dias gloriosos da ilha durante a Idade do Bronze ("Minoica", cf. p. 198). De um jeito ou de outro, Minos tentou vingar a morte do filho atacando Atenas, mas quando sua investida falhou, o monarca lastimoso orou ao seu pai, Zeus, que em resposta assolou a pólis com fome e pestilência. Quando buscaram o conselho de um oráculo, os atenienses foram instruídos a dar ao regente cretense o que quer que ele exigisse, e dessa forma a cidade viu-se obrigada a enviar um tributo regular de sete moços e sete moças para a ilha, onde todos seriam devorados pelo Minotauro, um monstro semi-humano e semitaurino que habitava o Labirinto (cf. p. 196).

Teseu e o Minotauro

Minos não reconhecera nem o valor de Teseu, nem a capacidade das mulheres de sua própria linhagem real (incluindo Europa, Pasífae e Fedra) de se sentirem atraídas por um estrangeiro – ou pelo estranho. Quando o herói corajosamente se ofereceu para se juntar ao próximo grupo de jovens destinados a servir de refeição tributária ao Minotauro, foi salvo pelo amor da princesa real, Ariadne: ela seguiu um conselho de Dédalo e instruiu o ateniense a desenrolar um novelo de fio

tornavam à posição vertical, assistia os pobres coitados serem rasgados de fio a pavio – Teseu o fez provar do próprio veneno. Outro bandoleiro, Círon, habitava os altos penhascos nas costas de Mégara, e forçava os passantes a lavar seus pés, e enquanto cumpriam a ação ele os chutava para o mar para que fossem devorados por uma tartaruga gigante – e recebeu o tratamento igual do herói. O próximo alvo foi Polipémon ("Muitos Ais"), também chamado Procusto ("Aquele que Bate"), cujo golpe consistia em oferecer aos viajantes uma cama para passar a noite; todavia, ele possuía dois leitos, e exigia que seus convidados coubessem em um deles perfeitamente: aos baixos ele dava a cama comprida (e os batia com martelos até espicharem) e aos altos, a curta (e os cortava com uma serra). Como de hábito, Teseu aplicou uma punição sob medida, ajustando o bandido à cama onde estava. A essa altura, o herói era já um protótipo de justiça, e era exatamente assim que os atenienses, contadores do mito, gostavam de

Teseu e o passado heroico ateniense

O pintor que ilustrou o interior dessa taça ática (c. 480 a.C.) escolheu o momento imediatamente anterior à morte do Minotauro: com uma mão segurando o chifre, Teseu está na iminência de golpear, ou cortar fora, a cabeça da fera.

amarrado à entrada do Labirinto, sendo assim capaz de refazer seus passos após matar a criatura. Tendo rompido com seu pai em definitivo graças a esse ato, ela fugiu com o amante, e ao preferir Teseu a Minos, basicamente agiu igual às garotas gregas comuns quando trocavam a casa paterna pela do marido – apenas sua escolha tinha o perfil altamente carregado e exagerado típico da mitologia.

O que se seguiu, porém, foi tudo menos convencional: quando a dupla atracou em Naxos no caminho até Atenas, estava fadada a trilhar caminhos distintos, pois Teseu abandonou sua noiva. Nossas fontes sugerem uma gama de motivações, mas nenhuma delas exime o herói da culpa (não houve, p. ex., uma "compulsão divina" qualquer), mas a reputação de Ariadne foi redimida porque um amante ainda maior, Dioniso, a tomou para si. Quanto a Teseu, a segunda chegada a Atenas selou com chave de ouro sua passagem para a maioridade, pois causou a morte do seu pai: embora tivesse prometido alçar velas brancas no navio se sua missão tivesse sido bem-sucedida, o jovem, tolamente, esqueceu os panos negros tradicionais nos mastros. Imaginando o pior, Egeu atirou-se do alto da Acrópole.

Teseu, o rei

O reino pertencia a Teseu agora, e um de seus atos ilustra bem como os contadores de mitos o viam como uma figura quintessencialmente política: através da declaração de sinecismo (coabitação), ele teria combinado numerosas pequenas vilas da Ática num único estado, com Atenas como capital, uma movimentação criativa, absolutamente diversa da maioria das façanhas atribuídas a Héracles. Quer tenha havido algum dia um indivíduo chamado Teseu, que desempenhou um papel político em Atenas, quer não, o ponto crucial é que temos aqui, como de hábito, uma narrativa mítica que isola uma característica fundamental do presente e retroage sua gênese até o tempo do mito. Alguns acadêmicos buscaram explicar a crescente presença de Teseu na arte visual de finais do século VI em diante citando as tentativas de reformas democráticas de Clístenes como o sintagma de precedentes míticos para suas políticas de concentração e consolidação do poder ateniense – afinal de contas, os mitos gregos referem-se apenas ostensivamente ao passado: eles são muito mais reveladores a respeito do presente que se transforma.

Amazonas, centauros e raptos

Congruente com seu papel ímpar de exemplo político, Teseu manteve um perfil heroico como agente de proezas destacadas, e um outro de âmago da destruição familiar. Três façanhas ilustram seus grandes feitos: primeiro sua campanha, ombro a ombro, com Héracles, contra as amazonas, a raça de mulheres guerreiras que, como vingança pelo sequestro de uma das suas irmãs, chegou a sitiar a Acrópole, onde foram derrotadas pelo exército de Teseu – seria miticamente inimaginável que uma tribo tão "antinatural" lograsse a vitória final sobre heróis masculinos.

Segundo, Teseu e seu fiel companheiro, Pirítoo, confrontaram uma outra raça monstruosa: os centauros. Quando Pirítoo desposou Hipodâmia ("Domadora de Cavalos"), seus parentes meio--humanos e meio-equinos foram convidados para as bodas, mas infelizmente, sua proximidade com a natureza selvagem se manifestou – como havia ocorrido com Héracles quando os encontrou no Peloponeso – numa fraqueza atroz pelo álcool, sob cuja influência chegaram a tentar estuprar a noiva (ecoando a agressão de Nesso a Dejanira), cabendo à dupla de heróis triunfar na defesa dos valores civilizados contra a selvageria.

O desafio final levou-os ambos ao destino infernal que Héracles havia atingido no último dos seus Trabalhos, um projeto que se situava entre a ousadia estúpida e a insana agressão à moralidade e à ordem divina, e envolvia o rapto de duas mulheres: Helena, então com doze anos, e Perséfone – nada menos que esposa de Hades e, portanto, mais fora do alcance do que qualquer outra pessoa. Teseu tomou a garota para si (depois resgatada pelos seus irmãos, Castor e Polideuces) e depois desceu ao Submundo para tentar conseguir a rainha do inferno para o amigo, uma ação que, acima de todas, comprometia o *status* de modelo de justiça de que desfrutava: ele agira tão mal quando Íxion, o pecador arquetípico que tentou violentar Hera e era o pai, dentre outros filhos, de ninguém menos do que... Pirítoo. Seja como for, os dois camaradas foram recebidos por Hades, e o deus da morte sabidamente os convidou para que sentassem na Cadeira de Léthê ("esquecimento") cuja rocha (segundo uma variante) cresceu para dentro de suas carnes, tornando a fuga impossível. Eventualmente, Héracles libertou Teseu, mas seu companheiro permaneceu sentado para sempre, e como seu pai, conheceu a tortura perpétua no pós-morte e corporificou as terríveis consequências de atentar contra a honra de uma deusa.

Teseu e Fedra

Dos feitos heroicos à destruição familiar, mais uma vez precisamos atentar para a relação de amor e ódio entre Teseu e Creta. Para pôr fim à inimizade que dividia os povos, foi-lhe oferecida a mão de Fedra, filha de Minos e da desgraçada Pasífae, em casamento. Puxando às inclinações da mãe[108], ela desejava o proibido, e nesse caso o objeto de sua paixão foi seu enteado, Hipólito, filho de Teseu com a amazona que ele raptara. Quando seus avanços foram rejeitados, Fedra enforcou-se, não sem antes deixar uma nota de suicídio na qual acusava falsamente o rapaz de tê--la estuprado. Teseu, furioso pelo que pensava ser uma traição do próprio filho, intempestivamente invocou uma das maldições que seu "pai", Posêidon, havia lhe dado, e como o mensageiro relata na terrível tragédia de Eurípides, *Hipólito* (cf. p, 72, 88), um touro monstruoso manifestou-se de dentro das águas do mar, destruindo a carruagem do rapaz e, possivelmente, cumprindo o destino que estava assinalado em seu nome: "dilacerado por cavalos", segundo uma interpretação.

Após Teseu

Muitos heróis gregos pereceram em mortes banais – afinal de contas, até mesmo os formidáveis podem ser tocados pela mediocridade. Teseu foi expulso de Atenas em meio a uma disputa dinástica, e faleceu coberto de ignomínia na Ilha de Esquiro (à altura do litoral da Tessália) onde havia buscado refúgio; sua influência, contudo, muito particularmente sobre Atenas, estava apenas começando: um político ateniense chamado Címon, na década de 470 a.C., afirmou ter encontrado seus restos mortais e os trasladou cerimonialmente de volta à pólis.

No começo deste livro, fornecemos a definição de mito com a qual trabalhamos, "uma história tradicional socialmente poderosa"; em Atenas, o poder social de Teseu como destilação da autorrepresentação idealizada da pólis, chegou a superar, em muito, o de qualquer outra figura mítica. Em contraste com sua atuação ambígua em relação a Ariadne, Helena e Hipólito, é possível assinalar sua generosidade e nobreza conforme descritas em dois outros episódios: ele estendeu a mão a Héracles, maculado pelo crime de sangue, oferecendo--lhe amizade e a possibilidade de asilo; também recebeu na cidade outro pária ainda mais horrivelmente torpe, Édipo, o transgressor que perfurou as próprias vistas[109]. No mundo implacável da política internacional do V século a.C., Atenas amiúde fez valer seus interesses pela via impiedosa da brutalidade, mas na figura de Teseu seus contadores de mitos encontraram um emblema dos valores pelos quais sua cidade-Estado gostaria de ser reconhecida, e nas palavras do próprio herói, colocadas em sua boca por Eurípides na tragédia *As suplicantes*:

> [...] Pois ao cometer tantos e belos feitos,
> dei a conhecer entre os helenos este meu costume
> de me apresentar como castigo permanente dos malvados[110].

---

108. Pasífae havia cruzado com um touro e dado à luz o Minotauro, cf. p. 196.
109. Cf. *Édipo em Colono*, de Sófocles.
110. EURÍPIDES. *As suplicantes*, 339-341. Porto Alegre: Movimento, 2012, p. 38 [Trad. de José Ribeiro Ferreira].

A Guerra de Troia

Uma aventura heroica em especial se sobressai em relação a todas as outras nessa mitologia: a expedição dos gregos contra os troianos. Sua persistência junto a públicos tanto antigos quanto modernos deve-se, parcialmente, ao fato de dois poemas superlativos, *A ilíada* e *A odisseia*, de Homero, serem devotados aos eventos durante e depois da campanha; mas, além disso, há inúmeras imagens e numerosas narrativas, incluindo muitas tragédias, abordando o mesmo tema. Um aspecto relativamente diferente do apelo da Guerra de Troia reside no aparentemente inexaurível entusiasmo do público moderno em perguntar se os fatos mitológicos "aconteceram de verdade", entusiasmo esse alimentado pelos notáveis esforços arqueológicos em revelar a Troia "verídica" (cf. p. 200-205). Essas investigações voltadas para o "mundo real", contudo, correm o risco de submeter as sutilezas e complexidades das narrativas a questões que dizem respeito a evidências históricas e materiais. O relato que se segue, inversamente, tenta conferir o máximo de relevo a essas sutilezas e complexidades, dado que o conflito foi o cenário contra o qual os gregos exploraram toda sorte de questões intelectuais e emocionais, do livre-arbítrio e da responsabilidade humana à honra, vergonha e culpa, e das relações entre seres humanos e deuses àquelas entre homens e mulheres – tudo isso sob a pressão terrível da guerra.

A fundação de Troia

Diferentemente da terra dos colcos, para onde rumaram os Argonautas, a cidade de Troia (também conhecida por Ílion ou Ílios) não era percebida pelos gregos como um local de intrínseca estranheza e magia. Os troianos do mito eram enraizados no mesmo solo genealógico dos gregos habitantes do continente e das ilhas, e como tais seguiam os mesmos costumes sociais e religiosos. O primeiro a edificar um assentamento na Tróade[111] foi Dárdanos, filho de Zeus; sua fundação, "Dardânia", localizava-se ao sopé do Monte Ida, onde ele teria encalhado após o dilúvio, agarrado a um odre inflado que flutuou na direção sudeste desde sua terra natal na Ilha de Samotrácia. Seu neto, Tros, deu nome à região, e para reforçar a relação entre aquele local e as divindades, os olhares sempre atentos de Zeus recaíram sobre o jovem Ganimedes, que ele arrebatou para o Olimpo para servi-lo como camareiro/companheiro sexual (cf. p. 100, 176). Coube a outro dos filhos de Tros, Ilos, efetivamente fundar a cidade a que deu o nome, e seguindo um padrão que replicou quase exatamente aquele de Cadmo em Tebas, ele obedeceu às instruções de um oráculo e seguiu uma vaca até o primeiro lugar onde ela se deitou, e lá erigiu o povoamento. Embora os mitos helênicos amiúde passem a mensagem que as respostas ora-

---

111. Região de Troia, atual noroeste da Turquia [N.T.].

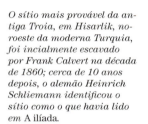

O sítio mais provável da antiga Troia, em Hisarlik, noroeste da moderna Turquia, foi incialmente escavado por Frank Calvert na década de 1860; cerca de 10 anos depois, o alemão Heinrich Schliemann identificou o sítio como o que havia lido em A ilíada.

Genealogia da família real troiana

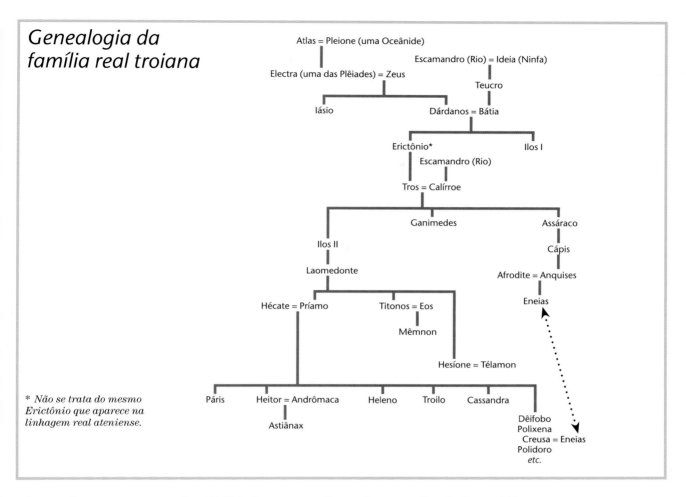

* Não se trata do mesmo Erictônio que aparece na linhagem real ateniense.

culares podiam ser enganosas, nada na história de Ilos/Troia ocorreu à revelia das vontades divinas.

Um momento crítico na edificação de uma urbe, seja real ou imaginária, é a construção de suas muralhas, um ato que demanda habilidades específicas: quando as defesas de Tebas estavam sendo erguidas, Anfíon, como um Orfeu, usou sua lira para encantar as pedras e colocá-las no lugar. Mas pode implicar, também, especial perigo: na lenda da fundação de Roma, Rômulo matou o seu irmão, Remo, quando este último desmereceu os muros ainda incompletos e saltou por cima deles. A construção dessas muralhas foi uma ocorrência tão significativa que Laomedonte, filho de Ilo, pôde contar com a ajuda de nada menos do que duas divindades, Apolo e Posêidon, para as erguer, mas cometeu o tipo de erro que muitos mitos demonstram ser desastroso: não os compensou como devido, e em resposta a dupla enviou, respectivamente, uma pestilência e um monstro marinho. Seguindo o conselho de um oráculo, Laomedonte ofereceu sua filha, Hesíone, à criatura como forma de acalmá-la, mas Héracles, a caminho de seu Trabalho contra as Amazonas, aceitou resgatá-la desde que recebesse uma recompensa:

as maravilhosas éguas que Tros havia recebido de Zeus como compensação pela perda de Ganimedes (como sempre, o mito grego enfatiza a importância do "equilíbrio correto"). Infelizmente, Laomedonte não aprendera nada desde a última vez que quebrara um acordo, e não cumpriu o acertado. O herói, com razão, saqueou a cidade recém-construída, assassinou seu rei, e deu Hesíone para Télamon, seu companheiro de armas e futuro pai do grande guerreiro Ájax.

A Troia de Príamo

Assumiu o reino Príamo, filho de Laomedonte, em cujo domínio o envolvimento dos deuses no destino de Troia atingiu o clímax dilacerante. Certa feita, Hécuba[112], a rainha de Príamo, sonhou que daria à luz uma labareda de fogo que consumiria a cidade, e estando então grávida, esse presságio aziago fez o casal decidir enviar o recém-nascido para ser abandonado até a morte perto do Monte Ida; mas na mitologia grega (como em muitas outras) há abundantes relatos de crianças expostas que retornam para cumprir seus destinos previs-

---

112. O autor fez questão de registrar a grafia helenizada do nome da personagem, Hecabe [N.T.].

(Acima) Hera, Afrodite e Atena, guiadas por Hermes, chegam ao Monte Ida, onde Páris será o juiz de suas belezas. Entre Hermes e Páris (extrema-esquerda) há uma outra figura feminina, que alguns quiseram identificar como Éris, a deusa da discórdia. Recipiente ático para unguentos, 570-560 a.C.

sua identidade fosse revelada em cima da hora, e ele foi alegremente reintegrado à família.

O Julgamento de Páris

Do ponto de vista simbólico, claro, Páris permanecia aquela mesma e destrutiva labareda, um papel que em breve exerceria ao máximo, mas enquanto ainda pastoreava suas ovelhas no Monte Ida, ele recebeu a visita de Hera, Atena e Afrodite, pedindo que avaliasse suas relativas belezas, pois Éris, a deusa da discórdia, havia jogado uma maçã entre elas com a inscrição "para a mais bela" (cf. p. 96). Na tradição pós-clássica, esse "Julgamento de Páris" tem sido dos mais ricos de todos os temas derivados da mitologia grega. Para os mortais, decidir entre divindades era impossível e, frequentemente, catastrófico, pois todas possuíam suas funções indispensáveis; todavia, pelo menos a decisão do jovem troiano deslocou-se das próprias divas e transformou-se, ao final, numa escolha entre os três subornos que elas o haviam oferecido: poder (Hera), vitória na guerra (Atena) ou a mão de Helena, a mulher mais linda do mundo (Afrodite). A decisão por Helena/Afrodite refletiu a própria personalidade de Páris, que os contadores de mitos frequentemente representaram como vã e superficial, a um só tempo atrativo e suscetível à atração. Mas havia ainda uma outra transgressão implícita a essa escolha: Helena era esposa de outro homem.

tos, e foi exatamente isso que ocorreu com o bebê Páris (também chamado Alexandre, "Protetor dos Homens"): amamentado por uma ursa e criado pelo servo encarregado de matá-lo (mais uma analogia com Rômulo e Remo), ele chegou à idade adulta como um pastor das encostas montanhosas. Um dia, porém, entrou numa competição atlética em Troia e a venceu; como, aparentemente, se tratava de um intruso, um estrangeiro desconhecido, sua vitória acendeu a ira dos competidores derrotados, incluindo outro dos príncipes reais, Dêifobo, que tentou matá-lo, mas a lógica do mito ditou que

Filha de Zeus e Leda, Helena era casada com Menelau, rei de Esparta. Por que ela o abandonou e fugiu com outro homem, e ao fazê-lo expôs-se

(Acima) Helena foi concebida quando sua mãe, Leda, foi seduzida por Zeus na forma de um cisne. Esta escultura incomum (V século a.C.) mostra-a prestes a emergir da casca do ovo rompida.

ao opróbrio absoluto, ou coisa ainda pior, que esperava qualquer mulher grega que cometesse adultério? As leis da vida real permitiam que o marido traído matasse (ou no caso de Lócris[113] cegasse) o homem pego em flagrante delito com sua esposa, que por sua vez seria rejeitada e banida da participação no sacrifício público. As especulações sobre esse fato brotaram em toda mitologia grega, e desde a épica, a lírica e a tragédia até a prosa filosófica emergiram conjecturas sobre a motivação do ato, e explicações antagônicas do porquê de ela ter sido infiel: Teria sucumbido ao irresistível poder da persuasão ou fora raptada à força? Ou ainda, Afrodite a teria compelido? Mais intrigante do que qualquer uma dessas opções é a versão que ignorou completamente sua fuga com Páris: segundo essa narrativa (encontrada, p. ex., na peça *Helena*, de Eurípides) o que teria ido para Troia nada mais seria do que um fantasma, enquanto a verdadeira Helena, casta e fiel, estaria no Egito esperando ser resgatada pelo marido. Como usual na mitologia grega, os pretextos são variáveis, enquanto a estrutura que subjaz os eventos, essa sim, é muito mais estável. No presente caso, o que é constante reside no despertar da guerra retaliativa em razão daquilo que fora percebido como a quebra de uma regra moral: Páris fora um hóspede na casa de Menelau (ainda que ele estivesse ausente) e retribuíra a hospitalidade com a mais abjeta traição.

Já desde antes de seu casamento, a fama da beleza de Helena era tal que os maiores heróis haviam desejado a sua mão, e como precaução contra eventuais arroubos de fúria dos pretendentes rejeitados, o "pai" mortal de Helena, Tíndaro, obrigou a todos a fazer o juramento de ajudar quem quer que fosse o escolhido em caso de ameaça ao enlace. Após a fuga escandalosa da esposa, Menelau voltou-se para seu irmão mais poderoso, Agamenon, rei de Micenas, que reuniu uma força expedicionária cobrando o cumprimento da palavra dada a todos quantos haviam feito a promessa. Embora alguns dos participantes fossem filhos dos Argonautas: Ájax e Teucro descendiam de Télamon; Filoctetes, de Peante; e Aquiles de Peleu, o senso de empreendimento coletivo que uniu a tripulação do Argo jamais foi igualado pelos numerosos e variados contingentes helênicos que seguiram para Troia.

A expedição a Troia

Houve relutância por parte de alguns participantes da expedição: o itacense Odisseu, que alguns diziam não ser filho do Rei Laertes, mas sim do notório trambiqueiro Sísifo, usou de toda sua verve para escapar do chamamento: quando Palamedes, enviado do alto-comando grego, chegou para recrutá-lo, o herói se fez de doido, encangou um boi e um cavalo e foi arar o solo com sal ao invés de sementes, mas o emissário percebeu a farsa e o forçou a revelar sua sanidade quando

colocou a vida de seu filho novinho, Telêmaco, em risco. Odisseu quis evitar engajar-se por saber, via oráculo, que demoraria vinte anos para voltar para casa se fosse para Troia.

Outro vaticínio pôs em risco a participação de Aquiles, o maior de todos os heróis: sua divina mãe, Tétis, sabia que ele estava destinado à morte se fosse a Troia, então ela mandou que viesse disfarçado de mulher até a Ilha de Esquiro; entretanto, Odisseu, que a essa altura já estava integrado à força expedicionária, expôs o ardil ao colocar diante do travestido Aquiles e suas acompanhantes roupas femininas e armas… quando o herói instintivamente focou sua atenção no escudo e na lança, seu disfarce caiu por terra.

Presságios e sacrifícios

Em todos os períodos da antiga história grega, o início de uma campanha militar era marcado pela observância de certas cerimônias religiosas, como o sacrifício; era também um momento no qual diversas formas de interação com o sagrado (presságios, profecias, oráculos) tendiam a ocorrer com mais e mais frequência. Por exemplo, quando a expedição ateniense contra a Sicília estava prestes a zarpar em 415 a.C., diversos eventos incomuns, incluindo a profanação de quase todas as hermas[114] da cidade, pareciam indicar uma atmosfera nefasta para uma empresa que, ao fim e ao cabo, revelou-se de fato desastrosa. A campanha mítica contra Troia teve início com uma série parecida

(Acima) A sedução de Helena por Páris foi presidida por Afrodite e seu filho, Eros. Neste relevo (cópia de um original do IV século a.C.) a deusa coloca o braço à volta de Helena, enquanto o deus alado, com um gesto paralelo de persuasiva intimidade, pousa a mão no ombro de Páris. Sentada logo acima está Peito, a divindade da persuasão, simbolizando o processo que está se desenvolvendo na cena.

(Página oposta, abaixo à esquerda) O "Julgamento de Páris" foi um tema artístico e literário imensamente popular durante a Idade Média. Esta ilustração foi retirada de um manuscrito iluminado do século XV de A Guerra de Troia (Der trojanische Krieg), *poema de Konrad von Würzburg, escrito no século XIII. Páris, ajoelhado, apresenta o Pomo da Discórdia a Afrodite/Vênus, cuja expressão é, para dizer o mínimo, enigmática.*

---

113. Atual Locros, sul da Itália [N.T.].

114. Pilares fálicos com bustos do deus Hermes [N.T].

Os contingentes gregos em Troia

	Região	Líderes	Navios
1	Beócia	Peneleu, Lito, Arcesilau, Protoénor, Clônio	50
2	Orcómeno Mínia, Asplédone	Iálmeno, Ascálafo	30
3	Fócida	Epístrofo, Esquédio	40
4	Lócris	Ájax, filho de Oileu	40
5	Eubeia	Elefénor	40
6	Atenas	Menesteu	50
7	Salamina	Ájax, filho de Télamon	12
8	Argos, Tirinto e cidades adjacentes	Diomedes, Esténelo, Euríalo	80
9	Micenas, Corinto e o litoral norte do Peloponeso	Agamenon	100
10	Lacedemônia (Esparta)	Menelau	60
11	Pilo e o Peloponeso Ocidental	Nestor	90
12	Arcádia	Agapénor	60
13	Élida	Anfímaco, Tálpio, Diores, Políxeno	40
14	Dulíquio	Megete	40
15	Ítaca e ilhas vizinhas	Odisseu	12
16	Etólia	Toante	40
17	Creta	Idomeu, Meríones	80
18	Rodes	Tlepólemo, filho de Héracles	9
19	Sime	Nireu	3
20	Cós e ilhas vizinhas	Ántifo, Fídipo	30
21	Argos Pelasga (nordeste da Grécia)	Aquiles	50
22	Tessália (norte da Eubeia)	Protesilau, depois Podarces	40
23	Feras	Eumelo, filho de Admeto e Alceste	11
24	Tessália (Melibeia etc.)	Filoctetes, depois Medonte	7
25	Tessália (Trica, Ítome etc.)	Macáone e Podalírio, filhos de Asclépio	30
26	Tessália (Ormênia etc.)	Eurípilo	40
27	Tessália (Argissa etc.)	Polípetes, Leonteu	40
28	Noroeste da Grécia	Guneu	22
29	Magnésia	Prótoo	40

de eventos desafortunados, bem como por uma sequência de atrasos e falsas partidas, e a cada estágio dessas complexas e hesitantes preliminares parecia haver agentes divinos em ação, uma indicação da magnitude daquilo que estava em curso e, talvez, da ambiguidade moral da coisa toda.

O exército grego e a armada reuniram-se em Áulis, na costa nordeste da Beócia, defronte à Eubeia. Imediatamente houve uma falsa partida, que os levou não até Troia, mas antes à localidade próxima de Mísia, que eles saquearam erroneamente. Quando voltaram e se reuniram, ocorreu um outro atraso, bem mais sério, pois a frota foi fechada no porto por ventos adversos enviados por Ártemis. Diferentes contadores de mitos alegaram motivações diversas para a fúria divina, mas uma versão comum apontava ressentimento da deusa em relação a Agamenon, que se gabava do talento para caça da própria filha e afirmava superar os dela. Um relato mais instigante encontra-se na peça *Agamenon*, de Ésquilo, na qual a fundamentação da ira é, basicamente, obscura – uma perspectiva de que a tragédia geralmente lança mão para refletir sobre a condição humana.

Para que o impasse fosse desfeito, a única saída foi a imolação de Ifigênia, filha de Agamenon, em honra a Ártemis, uma terrível perversão do ritual diário do sacrifício animal (nunca humano) tão caracteristicamente central à vida social grega. O ato sanguinolento permitiu que a expedição seguisse adiante, mas também inaugurou uma sequência de brutais vinganças homicidas dentro da própria casa de Agamenon – em mais uma comprovação do nexo impecável entre os feitos heroicos e as catástrofes domésticas. O episódio também demonstra a incansável capacidade do "diferente-dentro-do-mesmo" exibida pelos mitos gregos, pois houve uma versão (cf. p. 76) na qual Ártemis interveio no momento exato do sacrifício, e pôs um veado no lugar de Ifigênia, levando a garota até o Mar Negro, onde ela se tornou uma de suas sacerdotisas. A variante mais comum, porém, é mais dura e menos escapista, uma abertura apropriadamente cruel para um conflito que, em breve, verteria muito sangue.

Mesmo após a partida da frota, outras duas "hesitações" ainda ocorreram: primeiro, quando os gregos aportaram em uma ilha do noroeste do Egeu (Tênedos, segundo alguns), Filoctetes foi mordido no pé por uma serpente sagrada – levando em consideração que a lógica do mito fala a respeito das relações entre humanos e divindades, não surpreende que o herói houvesse, supostamente, sido culpado de uma transgressão prévia contra os deuses, embora, como de hábito, os relatos divirjam a respeito de qual ofensa fora comedida. Seja como for, a ferida supurou e apodreceu, e o exército, representado por Odisseu, o abandonou na praia da ilha vizinha de Lemnos com nada além do seu arco com mira infalível para se defender. A segunda hesitação envolveu uma iniciativa diplomática de última hora: o envio de uma embaixada, liderada por Odisseu e Menelau, aos troianos para pedir o retorno de Helena. A proposta foi rejeitada, os gregos desembarcaram e a matança começou.

Reunir em uma narrativa contínua a história dos dez anos de campanha que se seguiram é um exercício impossível. O que se pode fazer, porém, confiando em nossa fonte principal, *A ilíada*, de Homero, bem como nas recontagens de outros gêneros e mídias, especialmente a tragédia e as pinturas nos vasos, é ater-se àqueles eventos que os narradores de mitos consideraram dignos de serem preservados. Essas recontagens montam um drama de paz, mas também de guerra, de fragilidade e de poder, de significância tanto universal quanto local.

A ilíada

Após nove anos de combates, ocorreram muitos exemplos de valor em ambos os lados, mas a questão permanecia longe de uma resolução. No décimo, porém, teve lugar uma série de episódios que demonstraram, graças à monumental narrativa de Homero, quão profundas eram as implicações, para os homens como para os deuses, daquela querela sobre uma esposa infiel.

Agamenon tinha uma concubina, filha de um sacerdote de Apolo; quando o pai dela protestou junto ao deus, ele interveio alvejando os gregos com a peste. O rei de Micenas não teve outra escolha do que não entregar a moça, mas para reparar o dano à sua honra, tomou para si uma cativa que havia sido entregue a Aquiles, um ato que maculava a dignidade do herói e que o fez considerar

A Guerra de Troia

Os artistas não eram obrigados a seguir as versões dos mitos conforme o estabelecido por Homero – ou qualquer outro poeta: em A ilíada, *Agamenon envia seus dois mensageiros para tomar Briseida, a escrava de Aquiles, e trazê-la para si. Nesta imagem, contudo (taça ática, início do V século a.C.), é o próprio rei que segura a moça pelo pulso, seguidos por Taltíbio (um dos mensageiros) e Diomedes.*

Aquiles, à esquerda, está prestes a matar Heitor, que já se encontra caindo. À esquerda e à direita de ambos, embora não visíveis nesta foto, estão Atena, instigando Aquiles, e Apolo, que abandonou o troiano e se afasta. Vaso ático, c. 490 a.C.

No clímax de A ilíada, *Príamo visita Aquiles para resgatar o corpo de seu filho, Heitor. Conforme apresentado por Homero, o relacionamento entre ambos é repleto de angústias, pathos, tensão e ódio latente. Nesta representação tardia (taça de prata, I século d.C., encontrada na tumba de um chefe local em Hoby, Dinamarca), em contraste, os protagonistas aparecem controlados e dignos.*

assassinar Agamenon imediatamente, mas Atena interveio e o deteve. Ele então se retirou para sua tenda, remoendo as mágoas junto ao seu querido companheiro, Pátroclo.

Múltiplas consequências fluíram dessa recusa à luta. Primeiro, o ônus da batalha foi suportado por outros gregos, que sucessivamente testaram sua bravura contra os inimigos: Menelau, Diomedes, Odisseu, Ájax, filho de Télamon, o próprio Agamenon. Segundo: o isolado Aquiles voltou-se para sua mãe, a ninfa marinha Tétis, que de tanto implorar a Zeus conseguiu que ele garantisse a vitória temporária aos troianos, para que os helenos reconhecessem o valor de seu rebento – de fato, poucas coisas são mais tocantes, nesse maravilhoso poema de *pathos* e ódio que as alternâncias carinhosas entre o filho mortal e sua divina mãe.

A terceira consequência da retirada de Aquiles – que ele manteve mesmo diante das pródigas reparações oferecidas por Agamenon – foi a perda de Pátroclo. Ao ver os troianos incendiarem o primeiro dos navios gregos, Aquiles permitiu que o amigo entrasse na batalha e emprestou sua armadura, mas ele não era um herói à sua altura, e caiu pela lança de Heitor, filho de Príamo e baluarte da cidade. Essa morte destruiu as resistências de Aquiles, e ele retornou para a refrega, não mais pela causa dos gregos, mas sim pelo sentimento de vingança, e após matar Heitor arrastou o cadáver com sua carruagem para desfigurá-lo, algo que não ocorreu apenas graças à intervenção divina, que manteve intacto o corpo – também os troianos são queridos pelos deuses.

A brutalidade da guerra dá lugar, então, na narrativa de A ilíada, a duas cenas de cerimônias fúnebres públicas interpoladas por um episódio privado de única e devastadora intensidade. Primeiro vem o ato solene da cremação de Pátroclo, celebrado com uma sequência extensa de competições atléticas, nas quais os melhores dentre os gregos honrosamente disputaram entre si, com um zelo não inferior àquele demonstrado contra os troianos. Em absoluto contraste, o foco cambiou para a privacidade dos aposentos de Aquiles, para onde Príamo, ajudado pelo deus mediador Hermes, vai em segredo para resgatar o corpo de Heitor, um encontro de tensão insuportável, pois numa reunião sem precedentes as regras tiveram de ser improvisadas pelos dois protagonistas. O que permitiu que Aquiles acalmasse sua fúria o suficiente para que o rei retomasse o cadáver do filho foi o sentimento de humanidade compartilhada que une os inimigos em todo e qualquer conflito. E muito particularmente, Príamo recordou ao herói seu próprio pai, Peleu, que está na distante Grécia:

> Grande saudade do pai no Pelida o discurso desperta;
> toma das mãos do monarca, afastando-o de si com brandura.
> Ambos choravam; o velho lembrado de Heitor valoroso,
> num soluçar convulsivo, de Aquiles aos pés enrolado,
> que, ora o pai velho chorava, ora a perda do amigo dileto,
> Pátroclo; o choro dos dois pela tenda bem-feita ressoava[115].

Segue-se, então, a segunda cena de exéquias públicas, os funerais de Heitor em Troia. O clímax dessa cerimônia, a um só tempo ordeira e agonizante, consistiu nas sucessivas lamentações das três mulheres por quem o finado era mais querido: sua esposa, Andrômaca; sua mãe, Hécuba, e Helena, a estrangeira solitária cuja perspectiva única a permite dar testemunho à incomparável generosidade de espírito do falecido, mesmo em relação a alguém como ela, a quem ele tinha toda razão para odiar. E assim terminou o épico, mas não a guerra, e tão logo Heitor foi enterrado, a batalha recomeçou.

O que faz de A ilíada a maior de todas as narrativas mitológicas é sua imperturbável confrontação com a brutalidade sombria da guerra, ao mesmo tempo que consegue manter um senso do respeito e da afeição que os seres humanos podem demonstrar uns aos outros, e do mundo de atividades pacíficas de que a guerra é nada mais do que um fator. A ação se desenrola tanto no plano do divino quanto no do humano, e os deuses também sofrem, ainda que na brevíssima escala de tempo representada pelo poema. Mas são

---

115. HOMERO. *A ilíada*, XXIV: 507-512. Op. cit., p. 540.

os heróis que se destacam mais abruptamente no relevo, e cujos feitos e padecimentos são gravados contra o fundo das inevitáveis limitações da mortalidade.

A queda de Troia

Fontes não épicas nos permitem conhecer a série de episódios entre a morte de Heitor e a captura de Troia, muitos dos quais têm Aquiles como centro, tais como o combate com a guerreira amazona Pentesileia, por quem o herói se apaixonou enquanto ela se esvaía ferida pela sua lança, ou o duelo no qual matou Mêmnon, filho da Aurora e líder dos etíopes. Capítulos como esses compõem o prelúdio para seu final, e fatal, encontro ante os portões de Troia: ainda criança, sua divina mãe Tétis buscou torná-lo invulnerável passando-o pelo fogo, untando-o com ambrosia[116] ou, numa versão que só chegou até nós vinda da Antiguidade Tardia, mergulhando-o no Rio Estige, e somente seu calcanhar, por onde ela o segurava, permaneceu vulnerável, e foi justo para esse ponto que Apolo guiou a flecha mortal de Páris.

A morte de Aquiles precipitou uma outra disputa entre as lideranças gregas, pois um dos motivos centrais da expedição a Troia era, precisamente, a rivalidade interna pela glória, e agora uma nova questão se punha: Qual dos heróis sobreviventes era o mais bravo, logo o mais digno, de herdar as armas do guerreiro falecido? Vários narradores registraram diferentes relatos de como a escolha teria sido feita, incluindo a consulta a prisioneiros troianos para descobrir quem havia sido mais mortífero, ou pelo voto entre os gregos. Mas o resultado é sempre o mesmo, uma disputa entre dois homens, Ájax e Odisseu, vencida por este último, sequência trágica explorada por Sófocles em seu drama *Ájax*: num ataque de raiva contra o que percebeu como um atentado à sua honra, o personagem-título tenta assassinar Agamenon, Menelau e Odisseu, mas a deusa Atena, sempre solícita à causa helênica, turva sua mente para que mate não os homens, mas algumas ovelhas presas no campo. Diante tamanha e irreversível humilhação, o herói não vê outra alternativa além do suicídio, e se joga sobre a espada que Heitor o havia dado, uma troca de presentes entre inimigos que se respeitavam. Não obstante, a última palavra coube a Odisseu, que conseguiu convencer um relutante Agamenon a permitir os funerais ao "traidor" sob o argumento de que "também eu chegarei a essa necessidade", ou seja, todo mortal um dia precisará das mãos de outrem para enterrá-lo.

---

116. A comida mágica dos deuses, cujo nome significa "imortal".

A Guerra de Troia

(Esquerda) Amor e morte na planície troiana: os olhos de Aquiles e Pentesileia se encontram no exato momento em que o herói perfura o pescoço da guerreira amazona. Segundo o mito, foi nesse momento infinitesimal que os dois se apaixonaram. Vaso ático, c. 530 a.C.

(Abaixo à esquerda) Ao colocar um seixo em uma pilha ou outra, os guerreiros gregos indicavam se preferiam Odisseu ou Ájax como herdeiro da armadura de Aquiles. O gesto de Atena indica que Odisseu, na extrema-esquerda, foi o vencedor. Fora desta imagem, Ájax cobre sua cabeça em sinal de vergonha. Taça ática, inícios do V século a.C.

(Abaixo à direita) Quando Ájax falhou em receber a armadura de Aquiles, tentou, sem sucesso, matar os comandantes gregos. Agora, dominado pela vergonha, ele prepara o suicídio, jogando-se por sobre a própria espada, um presente de Heitor. Neste vaso ático (c. 460 a.C.) o herói parece estar amaldiçoando os inimigos, ou implorando aos amigos que cuidem do seu corpo.

A Guerra de Troia

(Página oposta, acima à direita). Laocoonte, sacerdote de Apolo, e seus dois filhos são mortos pelas serpentes do mar. Possivelmente do I século a.C., mas a datação é controversa.

(Abaixo) O trabalho mortal da "tripulação" do cavalo de madeira em progresso ao fundo da imagem. Iluminura de um livro francês do século XV, do Le recoeil des histoires de Troyes, *de Raoul Lefèvre.*

O palco do mito está preparado para o *grand finale*, mas como cairá a cidade? Da mesma forma que profecias e demais interações com o sagrado proliferaram no início da expedição, o mesmo ocorreu em seu clímax. O vidente grego Calcas previu algumas das muitas condições necessárias à captura de Troia, mas também percebeu que sua predição, como a de qualquer mortal, era incompleta, e precisava ser suplementada pelos poderes premonitórios de Heleno, um adivinho troiano. Assim sendo, os invasores sequestraram o místico e o forçaram a dizer tudo o que sabia, emergindo, então, um complexo jogo de pré-requisitos para a queda da cidade, incluindo o que se segue: o filho de Aquiles, Neoptólemo, precisaria ser trazido ao teatro de guerra, assim como o arco de Héracles, agora na posse de Filoctetes, com ou sem a presença ou aquiescência do atual dono[117]; o Paládio,

---

117. Nosso mais completo relato sobre a "persuasão" do pária moribundo está na peça homônima, *Filoctetes*, de Sófocles.

---

a imagem talismânica, teria de ser roubada dos troianos, caso contrário a cidade permaneceria impenetrável. A consecução de todos esses objetivos é conferida, pela maioria dos narradores, a Odisseu, dado que desde a morte de Aquiles a força bruta cederá importância ao misto de malícia e persuasão corporificado pelo ardiloso herói.

O Cavalo de Madeira

O último estratagema utilizado na tomada de Troia foi o Cavalo de Madeira. Que essa passagem tenha se tornado, na tradição pós-clássica, o detalhe melhor conhecido de toda saga se deve não a um autor heleno (em verdade os relatos gregos são notavelmente esparsos), mas sim ao poeta romano Virgílio, que incorporou uma impressionante evocação da queda de Troia em sua Eneida. Há uma certa ironia no fato de os troianos terem sido enganados pelo ardil de uma imensa e oca estátua equina, posto que em *A Ilíada* um dos epítetos frequentemente atribuídos a eles é "domadores de cavalos" – de fato, é essa a última palavra do poema, *hippodamoio*, referindo-se ao falecido Heitor. Seja como for, é através da utilização desse animal fabricado que as defesas da cidade serão rompidas. Seguindo a ideia de Odisseu ou de Atena, um artesão chamado Epeu confeccionou o ardiloso quadrúpede, cujo exterior camuflava as falanges de homens armados escondidos em seu bojo. Deixando a imagem para trás, inclusive com a inscrição "pelo seu retorno ao lar, uma oferenda de gratidão dos gregos a Atena", a armada se fez ao mar – mas somente até Tênedos.

À medida que o desfecho final se aproxima, o mesmo acontece com a intensidade do envolvimento divino. Primeiro Cassandra, filha de Príamo, implora para que o falso presente seja destruído, mas suas palavras, obviamente, não recebem nenhuma credibilidade graças à maldição de Apolo (cf. p. 100). Depois é a vez do sacerdote Laocoonte fazer coro à vidente, mas o mesmo deus envia duas serpentes para devorar os seus filhos (e ao próprio religioso, segundo alguns relatos). Todos concordavam que era um presságio, mas o interpretavam, como usualmente ocorre com presságios, à luz das várias expectativas dos observadores, seja como confirmação da impiedade de Laocoonte ou como antecipação da queda iminente de Troia. Uma última barreira apresentou-se antes do sucesso grego: a sempre suspeita Helena circulou o cavalo imitando as vozes das mulheres dos heróis, e uma vez mais coube a Odisseu passar no teste ao tapar a boca de um soldado que estava prestes a responder ao chamado da "esposa".

Após carregar o cavalo para dentro da cidade, os desajuizados troianos foram dormir, e o que se seguiu estabeleceu as bases para os próximos, e muitos, estágios do desenrolar dessa sequência mitológica: inúmeros troianos foram assassinados, à exceção de alguns poucos como Eneias,

seu nome, "Senhor da Cidade". A filha de Príamo, Polixena, foi sacrificada por ordem do fantasma de Aquiles, que exigiu a imolação como tributo à sua honra. Quanto à Cassandra, ela foi estuprada por Ájax, filho de Oileu, enquanto se agarrava à estátua de Atena em busca de santuário. Não menos sinistro foi o assassinato do seu pai, Príamo, no altar de Zeus e pelas mãos de Neoptólemo, filho de Aquiles. Tamanho desrespeito, inaceitável, perante uma divindade gerará frutos amargos, na forma da intervenção divina que destruirá o retorno dos gregos ao lar.

Os gregos voltam para casa

Embora o tempo tenha conferido à palavra *nostalgia* uma pátina romântica, em suas origens semânticas gregas a combinação possuía um sentido bem mais pungente – "*nostos*" quer dizer "caminho de volta", e "*algos*", dor – e, sem sombra de dúvida, o retorno ao lar foi bastante penoso para boa parte da força expedicionária grega: o navio de Ájax, filho de Oileu, que violentou Cassandra, foi atingido por um raio de Zeus e depois destruído pelo tridente de Posêidon; muitos outros, embora bem menos culpados do que ele, também naufragaram por causa de um luzeiro matreiramente aceso por Náuplio na ponta sul da Ilha de Eubeia para vingar-se da morte de seu filho, Palamedes, que havia desmascarado a farsa de Odisseu para evitar o alistamento, e ao fazê-lo ganhou um desafeto que, daí em diante, engendrou o seu fim.

Mesmo aqueles que não pereceram perderam-se no caminho; alguns jamais retornaram à Grécia, e acabaram fundando novos assentamentos bem distantes de sua terra natal: Diomedes e Filoctetes, por exemplo, teriam se estabelecido no sul da Itália, e foi através de histórias como essas que as póleis coloniais afirmavam possuir conexões com a pátria mãe, pois a genealogia mítica era uma poderosa ferramenta mental para reconhecer, bem

que escapou para tentar a sorte no Lácio (Itália), e Antenor, que havia exercido um papel conciliador no episódio da embaixada de Menelau e Odisseu a Troia, e foi, segundo diversas fontes, o fundador de Cirene, na Líbia, ou de assentamentos nas atuais Veneza e Pádua. À parte tais exceções, só foram deixados vivos as mulheres e crianças troianas: as viúvas foram loteadas para servir de concubinas aos seus captores gregos, um ato que abasteceu de adversidades o futuro (em particular na entrega de Cassandra para Agamenon).

A vitória grega foi igualmente marcada por atos indizíveis de crueldade e impiedade, dirigidos especialmente contra os membros sobreviventes da família real troiana: o filho de Heitor, Astíanax, ainda um menino, encontrou a morte jogado do alto das muralhas, num escárnio insensível com

(Acima) O filho de Aquiles, Neoptólemo, mete sua espada na garganta de Polixena, filha caçula de Príamo, cuja morte havia sido exigida pelo fantasma do herói grego, e em cuja tumba o sangue da donzela é jorrado. Vaso ático, c. 560 a.C.

*(Abaixo) A morte de Príamo (*L'uccisione di Priamo*), c. 1787-1790), um relevo em gesso do escultor neoclássico italiano Antonio Canova.*

como para gerir, diferenças entre populações, incorporando-as em uma linhagem estruturada de identidades relacionadas.

A vida daqueles que, efetivamente, chegaram ao lar tampouco foi tranquila: o navio que transportava Menelau foi destruído por uma tempestade que o impeliu até o Egito, e quando finalmente regressou a Esparta viu-se metido em uma desagradável vida doméstica ao lado de Helena, um destino aprazível se comparado com a volta sensivelmente mais dramática de Agamenon a Micenas (cf. p. 151). Não obstante, o *nostos* mais traumático de todos foi o de Odisseu: sua monumental jornada até Ítaca foi, em certa medida, comparável à viagem do Argo, embora diferente em aspectos cruciais: seu foco não era uma nave, mas sim um indivíduo, e seu propósito final não era algum tesouro dourado longínquo, mas simplesmente estar em casa.

A odisseia

A narrativa do regresso ao lar de Odisseu é conhecida graças, sobretudo, ao segundo poema monumental atribuído a Homero, *A odisseia*. Embora os acadêmicos tenham analisado incontáveis similaridades e diferenças entre as duas epopeias homéricas, o ponto singular que aqui nos diz respeito envolve a temporalidade: em poucas palavras, o relato cronológico de *A ilíada* é bem menos intricado que o de *A odisseia*, que se inicia com o herói já no final de suas aventuras, preso pela feiticeira Calipso em sua ilha. Quando, depois de vários anos, os deuses a convencem a deixá-lo partir, ele perfaz o penúltimo estágio de sua jornada, até a terra dos Feácios; só então, dos cantos IX ao XII (de um total de 24), a narrativa retoma a primeira parte das viagens, começando pelo saque de Troia, e após essa história ser contada (pela boca do próprio Odisseu), seus anfitriões o levam até seu destino. Uma cronologia complexa, que abre possibilidades a uma série elaborada de referências temáticas cruzadas a serem organizadas. A bem da clareza expositiva, nossa reconstrução do *nostos* dessa epopeia seguirá a ordem "real" dos eventos.

Após deixar Troia, Odisseu e seus navios zarparam na direção noroeste, parando inicialmente em Ísmaro, na Trácia, lar dos cícones, onde o comportamento do herói emulou suas ações em Troia: a cidade foi saqueada, muitos dos seus habitantes masculinos, mortos, e suas esposas e bens foram partilhados entre os vencedores. Ao menos Odisseu evitou o grave erro cometido por Agamenon em Troia e poupou Máron, sacerdote de Apolo, o qual, agradecido, o presenteou com um vinho tinto maravilhosamente doce, presente que, em breve, salvaria sua vida. Em retrospecto, porém, essa etapa prenunciou os desastres que serão vivenciados neste *nostos*: os imprudentes companheiros detiveram-se em demasia no afã de tirar o máximo proveito do lugar, e ao fazê-lo deram tempo aos cícones para se reagrupar; ao final, Odisseu e a tripulação conseguem escapar, mas não sem perder grande parte de seus companheiros.

O retorno a Ítaca desde o Mar Egeu exige contornar o sul do Peloponeso e depois rumar para o norte, mas a volta para casa não pode ser assim tão simples: primeiro Zeus enviou uma tempestade; depois, no Cabo Maleia, correntes adversas arrastam o navio para fora do mundo conhecido, e após nove dias (uma "pontuação" recorrente em *A odisseia*, que assinala o tempo entre dois desembarques), eles chegam ao país dos Lotófagos. No percurso das viagens de Odisseu, um dos marcos culturais mais importantes é a alimentação: comer flores de lótus, doces como o mel, ao invés de seguir a dieta "normal" dos gregos "comedores de pão", leva ao esquecimento do *nostos*, e o herói teve de usar a força para arrastar os homens que as haviam provado de volta aos navios e em direção ao futuro.

Polifemo

Mais adiante um adversário mais agressivo o aguardava: Polifemo, gigante de um olho só cuja preferência gastronômica recaía sobre carne humana crua. Ele pertencia à raça dos ciclopes, criaturas solitárias que habitavam cavernas, separados uns dos outros, e exerciam o ofício falsamente pacato do pastoreio. Se a comida é uma das preocupações centrais em *A odisseia*, outra é a hospitalidade, mais especificamente o tratamento conferido aos estrangeiros, suplicantes e mendigos pelas comunidades onde apareciam. Ao invés de oferecer aos recém-chegados comida e abrigo, como seria de se esperar, Polifemo abruptamente os perguntou: "Ó estrangeiros, quem sois?"[118], a que, sabidamente, Odisseu respondeu omitindo seu próprio nome e fingindo que seu navio havia sido destruído, quando, em verdade, ao desembarcar para explorar a ilha, ele deixara muitos dos seus colegas de tripulação na praia. A réplica "alvissareira" do gigante foi agarrar alguns dos homens que acompanhavam o herói, espatifar seus miolos no chão e devorá-los. Em seguida bloqueou a entrada da caverna com um imenso rochedo, impedindo a fuga dos demais.

Odisseu articulou diversas artimanhas para poder escapar: primeiramente, afirmou ao monstro que seu nome era *Outis* ("Ninguém"); depois o embriagou com o vinho doce que recebera de Máron, e organizou seus homens para cegar o único olho do ciclope com uma vara de madeira de oliveira, calcinada e apontada. Quando os outros ciclopes se aproximaram da caverna para perguntar por que gritava tanto de dor, Polifemo responde: "Dolosamente Ninguém (*Outis*) quer matar-me; sem uso de força!"[119] Diante dessa resposta os vizinhos acharam melhor deixá-lo, considerando que sua enfermidade pertence mais à cabeça do que ao corpo. Finalmente, dado que

---

118. HOMERO. *A odisseia*, IX: 252. Op. cit., p. 161.
119. Ibid., p. 165.

a boca da gruta permanecia interditada pelo rochedo, Odisseu e seus colegas enfiaram-se debaixo das ovelhas que o ciclope mantinha lá dentro; ao deixar os animais saírem para pastar, o gigante alisava as costas de cada uma, mas não teve a espertezа de tatear suas barrigas. Antes de zarpar, Odisseu não resistiu e disse seu verdadeiro nome para Polifemo, dando-lhe, assim, a condição de pedir ao seu divino pai, Posêidon, que enviasse ao inimigo toda sorte de apuros como punição pelo resto do seu *nostos*. Mas Odisseu também possuía padrinhos poderosos, e daí em diante sua jornada se equilibrou entre a fúria agressiva do poderoso deus do mar e o auxílio defensivo de Atena, sempre ao lado dele, como ocorrera em Troia.

Éolo

O episódio dos cícones ilustrou o contraste entre a sabedoria de Odisseu e a imprudência dos seus homens, um recurso que voltou a ser utilizado, com efeitos ainda mais destrutivos, na etapa seguinte da saga, a visita à ilha flutuante de Éolo, divindade dos ventos. O lugar era uma espécie de paraíso ordenado, com regras morais bem peculiares: os seis filhos do deus eram casados com suas seis filhas, um equilíbrio doméstico geometricamente perfeito refletido pela meteorologia, pois Éolo possuía o controle sobre todas as correntes aéreas de todas as direções. Após oferecer sua hospitalidade a Odisseu, ele lhe deu um saco contendo todos os ventos, para que organizasse seu retorno ao lar; os homens, contudo, não conseguiram conter a curiosidade, abriram a bolsa e soltaram os ventos, que sopraram os navios de volta ao reino de Éolo, e dessa vez os gregos tiveram uma recepção amarga, pois a divindade compreendeu que os deuses deveriam estar contra Odisseu, e bruscamente o expulsou.

Circe

A inexorável redução dos cabedais de Odisseu continuou no próximo encontro, com os gigantes Lestrigões: todos os navios foram perdidos, à exceção daquele onde estavam o próprio herói e sua tripulação, e nele navegaram para uma ilha, em tudo e por tudo, tão extraordinária quanto a de Éolo. Era o lar da deusa Circe, cujo nome significa "falcão", e embora ela tivesse a forma humana, sua terra é um espaço de metamorfoses: quando alguns dos homens de Odisseu foram investigar os sinais de fumaça que se elevavam do meio da floresta, lá encontraram uma casa escondida, em cujo entorno lobos e leões domesticados passeavam docilmente. Esses animais haviam sido homens, transformados pela magia de Circe, a mesma que tornou em porcos os gregos curiosos, menos um, que escapou para contar a história. Odisseu partiu para salvar o restante, e no caminho encontrou-se com Hermes na forma de um jovem que lhe ofereceu um antídoto para os poderes de Circe, uma planta maravilhosa chamada Molu, de raízes negras com flores brancas como leite. Desde a Antiguidade, inúmeros especialistas tentaram identificar o vegetal, talvez esquecendo que se trata de algo mágico, e logo, tal e qual o néctar e a ambrosia consumidos pelos deuses, não faz parte da experiência quotidiana dos pobres mortais.

Quando Odisseu chegou à casa de Circe, ela o recebeu com uma poção, o tocou com uma vara e o ordenou ir ao chiqueiro e juntar-se aos seus "homens", mas graças à Molu ele manteve a forma humana. A feiticeira, então, o impeliu a fazer amor com ela, e ele acedeu, mas não sem antes (seguindo as instruções de Hermes novamente) obrigá-la a jurar que não pretendia fazer-lhe nenhum mal. Percebendo que encontrara alguém à sua altura,

(Acima à direita) O carneiro favorito de Polifemo fornece o meio para a fuga de Odisseu da caverna do gigante: o astucioso herói escondeu-se sob o animal. Relevo em bronze, c. 550-500 a.C.

(Acima à esquerda) Cegando o ciclope Polifemo: auxiliado por seus homens, Odisseu enfia um mastro comprido no olho do gigante. A taça que segura recorda o detalhe que tornou possível o ataque: ele foi embebedado com o vinho que Odisseu o dera como presente. Vaso de Elêusis, c. 670 a.C.

A Guerra de Troia

A chave para a interpretação desta imagem está em seu canto inferior esquerdo: a cabeça de Tirésias, o adivinho cego, está emergindo do Submundo. Sentado numa pedra, Odisseu havia acabado de invocar o fantasma através do sacrifício de um carneiro. Vaso do sul da Itália, inícios do IV século a.C.

Circe retornou os gregos à forma humana, e a própria ilha atravessou uma espécie de transformação simbólica, tornando-se algo assemelhado ao paraíso, no qual os homens festejaram durante um ano inteiro. Mas o *nostos* não havia sido esquecido, e ao final eles partiram outra vez em direção ao seu destino último – menos perfeito, porém mais real.

Odisseu visita o Submundo

Chega então o desafio supremo, o porto de escala de onde apenas grandes heróis como Teseu e Herácles saíram ilesos: nas fímbrias do mundo, Odisseu e seus homens desembarcaram e foram até um lugar que Circe havia descrito, a fronteira do Submundo. Ao realizar o sacrifício de um animal, o herói invocou as almas dos mortos, atraídas pelo sangue, e entre os primeiros estava Tirésias, o adivinho cego, que revelou experiências que ainda estavam no porvir de Odisseu. Em seguida, numa cena cheia de *pathos*, ele conversou com sua mãe, Anticleia, morta de tristeza lamentando o filho que partira, e que ao encontrá-lo assegurou que sua mulher, Penélope, seu filho Telêmaco, e seu pai, Laertes, continuavam vivos, embora em condição miserável: a esposa chorava copiosamente, enquanto o velho levava uma existência esquálida e deplorável.

Seguiram-se fortes recordações da expedição contra Troia: o fantasma de Agamenon relatou o macabro resultado de seu próprio *nostos* (cf. p. 151s.); também Aquiles se apresentou, e afirmou preferir o trabalho como o mais humilde dos lavradores do mundo dos vivos a ser rei no soturno reino dos mortos. Apenas um elemento não havia mudado, a característica por excelência inabalável dos heróis gregos: a obsessão pela fama. Quando Odisseu lhe falou da reputação do seu filho, Neoptólemo, e do quanto excedia no campo de batalha, Aquiles se afastou orgulhoso. Outrossim, diretamente vinculadas a essa preocupação heroica com a reputação, são as tensões e os ressentimentos que acompanham o fracasso, mágoas subjacentes ao encontro entre Odisseu e a sombra de Ájax, filho de Télamon; mesmo na morte, ele se mantinha apartado, pois ainda queimava em seu peito o ódio pelo insucesso em conquistar as armas de Aquiles. Os cumprimentos e manifestações de remorso proferidos por Odisseu não valeram de nada, e o espectro desapareceu na escuridão sem dizer palavra.

Durante sua breve passagem pelo reino de Hades, Odisseu conseguiu ver muitos outros mortos famosos, mas ao final até ele perdeu sua coragem, debilitada pelo "medo verde" de que Perséfone pudesse soltar um monstro terrível sobre si. Ele voltou para Ilha de Circe, mas dessa vez por apenas um dia. Quem sabe, uma insinuação poética, talvez, se tudo aquilo que presenciou no Submundo não acabou por acentuar sua saudade de Ítaca.

As sereias, Cila e Caríbdis

Confirmando o padrão grego segundo o qual a maioria das figuras emersas de pesadelos são femininas, os adversários que se seguiram à saída da Ilha de Circe foram as sereias e a dupla destruidora, Cila e Caríbdis. As primeiras, descritas por fontes pós-homéricas como mulheres da cintura para cima e pássaros da cintura para baixo, eram tão belas quanto letais, com suas canções atraentes e hipnóticas seduzindo marinheiros insuspeitos a banir todos os pensamentos relativos ao *nostos* e permanecer, letárgicos, em sua companhia até o fim da vida. Seguindo o conselho de Circe, Odisseu entupiu as orelhas de seus camaradas com cera, mas deixou suas próprias desimpedidas, artifício apropriado à sua insaciável curiosidade de testar as experiências até os limites mais extremos. Ele ordenou aos homens que o amarrassem ao mastro, e não dessem ouvidos aos seus apelos para ser libertado a partir do momento em que as sereias começassem a cantar.

Igualmente perigosas, mas sem o charme compensador das sereias, Cila e Caríbdis eram a dupla de guardiãs de um canal acidentado e turbulento,

As sereias, semelhantes a pássaros, não conseguiram encantar os marinheiros de Odisseu e atraí-los à morte, pois apenas o herói (amarrado ao mastro) pôde escutar suas vozes sedutoras. Abaixo da vela do barco, uma delas atirou-se de um rochedo – talvez porque a passagem incólume da embarcação marcasse a derrota do seu poder. Vaso ático, c. 450 a.C.

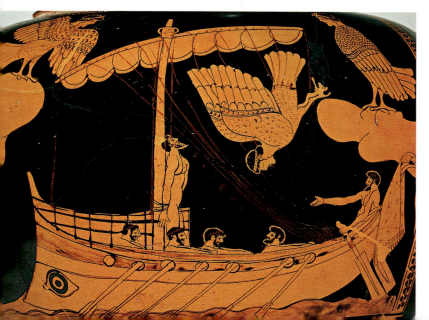

e ofereciam aos navegantes a escolha entre duas mortes terríveis: Cila era uma criatura antropófaga, habitante das cavernas, com doze pés e seis pescoços, cada um deles encimado por uma cabeça horrorosa; de seu covil, a meia subida das escarpas, ela saltava para capturar e devorar suas pobres vítimas. Caríbdis, por sua vez, era um redemoinho cuja sucção e expectoração nenhum navio era capaz de suportar. Uma vez mais foram as advertências de Circe que permitiram vencer o desafio: como ela havia sugerido, Odisseu traçou o curso para evitar Caríbdis, e com habilidade no leme e força nos remos passou por Cila, ainda que a custo das vidas de seis companheiros.

Hélio, Calipso

A narrativa homérica nos adverte consistentemente a respeito das diferenças entre Odisseu e sua tripulação: tratou-se, desde o início, de um *nostos* individual, não coletivo, e o episódio que se segue chancela em definitivo essa individualidade: o navio de Odisseu aportou na Ilha de Trinácia, pertencente ao deus sol, e os homens estavam famintos, mas Circe os advertira que, sob hipótese alguma, deveriam tocar nos bois sagrados de Hélio. Quando a tripulação desobediente matou e cozinhou algumas das reses, a natureza transgressora do seu ato se manifestou de modo hediondo, pois a carne mugiu como se vivos estivessem os animais, e não espanta que, pouco depois da nave se fazer ao mar, Zeus a tenha destruído com um raio. Apenas Odisseu sobreviveu, montado na quilha e no mastro atados juntos, até que, após o costumeiro intervalo de nove dias, ele chegou à praia da Ilha de Calipso.

Se o "falcão" Circe ameaçou Odisseu com a metamorfose, Calipso, a "ocultadora", propôs libertá-lo em definitivo da narrativa de seu regresso, mantendo-o ao seu lado para sempre, e chegando a oferecer-lhe a imortalidade e a eterna juventude[120]; há, contudo, algo que uma deusa é incapaz de engendrar: a sólida realidade de um lar mortal e sua família. Não que desde o início Odisseu tenha rejeitado as delícias sexuais que ela podia oferecer, mas com o tempo suas memórias de Ítaca se intensificaram. Por si só ele era incapaz de fugir, mas, sob pedido de Atena (chegamos, então, ao momento em que a complicada narrativa de *A odisseia* começa), Zeus enviou Hermes para persuadi-la a deixar o herói partir, e ele, engenhoso tanto do ponto de vista intelectual quanto do prático, construiu uma jangada e se foi; seu *nostos*, porém, sofreria um derradeiro atraso: Posêidon, em seu terceiro golpe de desforra, arruinou a embarcação com uma terrível tempestade. Sozinho, meio morto e exausto, Odisseu conseguiu nadar até uma nova praia.

Nausícaa

A Ilha de Esquéria, lar dos feácios representou o maior perigo ao retorno de Odisseu, porque de todos os lugares foi o mais parecido com aquele onde ele poderia se fixar. Nu e coberto pela "salsugem marinha" ele encontrou o primeiro habitante local, que possuía o frescor, a energia e a beleza exuberante da deusa Ártemis em pessoa: Nausícaa, filha de Alcínoo e Arete, rei e rainha dos feácios, que não somente era adorável, mas também cuidadosa para além de sua idade, uma Penélope em versão mais jovem. Em um possível sutil fragmento da psicologia homérica, o herói, já próximo ao final de sua odisseia, retornado ao lar e contando suas memórias à esposa, cita tanto Calipso quanto Circe, mas não diz palavra sobre Nausícaa. Mas além dela, Esquéria tinha muito a oferecer: generosa hospitalidade, uma audiência ávida para ouvi-lo e às suas aventuras, a oportunidade para exibir sua destreza atlética em competições contra a fina flor local. Havia até mesmo um bardo, o cego Demódoco, cujos versos sobre o Cavalo de Troia comprovaram que Odisseu se tornara uma lenda em seu próprio tempo de vida.

E ainda assim, a Feácia não é Ítaca. A ocupação característica de seu povo é a navegação (quase todos os nomes próprios, incluindo Nausícaa, relacionam-se ao mar ou aos navios), uma irrequieta inconstância que não se pode equiparar à terra natal de Odisseu, tanto mais pobre quanto mais estável em sua aspereza. Ao final, os feácios acataram o desejo do hóspede em ir embora e o levaram até sua ilha, algo que lhes fez sentir o peso do último golpe da fúria de Posêidon, que transformou o navio em pedra quando regressava a casa, e ao fazê-lo cambiou, de uma vez por todas, em permanência sua antiga mobilidade.

Cila, mostrada na parte inferior desta moeda (prata, finais do V século a.C., de Ácragas, moderna Agrigento, na Sicília): dos seios para cima ela é uma mulher; mais abaixo, dois cachorros; e de resto uma serpente marinha. Os Estreitos de Messina, entre a Sicília e a ponta da Itália, foram uma das locações tradicionais para Cila e Caríbdis, um rodamoinho monstruoso.

(Abaixo) Um Odisseu disfarçado, manquejando diante de sua esposa, Penélope, antes de ela o reconhecer. Relevo em terracota, Melos, V século a.C.

---

120. Um passo adiante da proposta que Eos fez ao imortal, mas senil, Titonos.

A Guerra de Troia

(Direita) A calma de Odisseu retesando seu arco contrasta com a agitação dos pretendentes de Penélope, em cuja direção as flechas já estão voando. Há um potente simbolismo na presença de um divã de jantar onde um dos pretendentes está reclinado, pois o consumo desmedido de comidas e bebidas na casa de Odisseu foi uma das características mais marcantes de sua moral censurável. Taça ática, c. 440 a.C.

O retorno de Odisseu

A chegada do herói a Ítaca, secreta e anônima, prefigurou sua estratégia geral de recuperação do nome e da família: ele seguiu sorrateiro, contando uma série de falsas histórias sobre sua identidade, e cautelosamente tentando descobrir quem lhe permanecia leal e quem não; no momento propício, veio a revelar quem realmente era a Telêmaco, seu filho, e a Eumeu, o fiel porqueiro, mas de início havia apenas um outro indivíduo a saber da verdade: Atena, sua constante aliada, seja na adulação, no escárnio ou na admoestação. Quanto a Penélope, sua lealdade aparentava solidez pétrea, mas sua posição era, em verdade, bem delicada, sob assédio de pretendentes que agiam na presunção da morte do marido. Como muitos tinham Odisseu por falecido, a conduta deles era legítima, mas a *maneira* com que se portaram provou ser desgraçada, aquartelando-se no palácio sem demonstrar qualquer respeito para com o dono ausente – e mais uma vez o consumo de alimentos representou um marco significativo de diferenciação moral.

Ao apresentar-se como um esmoler, Odisseu conseguiu entrar na casa, e chegou mesmo a conversar um tempo com sua esposa, e embora não lhe revelasse sua verdadeira identidade, assegurou que o marido estava próximo. Embora Penélope afirmasse não crer nessa história, ela tomou uma notável decisão: anunciar uma prova atlética. Aquele que fosse capaz de encordoar o formidável arco de Odisseu e com ele atirar uma flecha através de doze cabeças de machado alinhadas teria sua mão em (re)casamento. A motivação da personagem não ficou clara, e muito embora gerações de acadêmicos tenham se debruçado sobre essa passagem, o

poema teima em não clarear a questão. Seja como for, somente o pedinte desconhecido teve a força e a habilidade para vencer o concurso. E não apenas isso: revelou sua identidade e saciou sua sede de vingança com o sangue dos pretendentes.

Mas nem a desforra do herói nem seus tocantes reencontros com a esposa e o pai encerraram a história. Um dos temas a que a estrutura da mitologia grega recorre com maior periodicidade é a assiduidade quase regulamentar com que, a um ato violento, seguem-se reações violentas. Os pretendentes possuíam pais e irmãos potencialmente dispostos a vindicá-los; logo, estourou uma conflagração entre os aliados de Odisseu e os vingadores dos homens assassinados. Até onde iria essa vendeta? O limite foi estabelecido pelo raio de Zeus, que advertiu para a suspensão das hostilidades, mas a ausência de um encerramento narrativo (como dizem os modernos críticos literários)

O reencontro entre Odisseu e Penélope

A prova final que convenceu Penélope de que o estranho em sua casa era, verdadeiramente, seu marido, teve relação com seu leito nupcial, pois somente Odisseu conhecia seu segredo: ele o havia construído com as próprias mãos em volta do tronco de uma oliveira que crescia no pátio, e quando esse detalhe foi revelado, Penélope finalmente aquiesceu.

A analogia com que a passagem se encerra relembra um momento anterior, no qual Odisseu, então um náufrago coberto de sal e exausto, veio à praia na Ilha dos Feácios, e foi castamente resgatado pela Princesa Nausícaa. Finalmente de volta a Ítaca, ele desfrutou de boas-vindas mais duradouras.

Isso disse ele; abalou-se-lhe o peito, fraquejaram-lhe os joelhos,
reconhecendo o sinal que Odisseu, tão preciso, dissera.
Logo para ele, direita, correu, lacrimosa, e passando-lhe
os braços pelo pescoço, beijou-lhe a cabeça e lhe disse:
"Não te enraiveças comigo, Odisseu, visto seres dos homens
o mais sensato. Infortúnios bastantes os deuses nos deram,
não consentindo que, juntos, viver aqui sempre pudéssemos
e a juventude gozar, até não ser a velhice chegada.
Não fiques, pois, agastado, nem faças nenhuma censura
por não te haver, no primeiro momento, corrido a abraçar-te.
O coração no imo peito se achava em constante receio
de que pudesse alguém vir enganar-me com ditos falazes,
pois muitos homens, realmente, meditam maldosos desígnios.
A própria Helena da Argólida, filha de Zeus poderoso,
jamais ao leito de um homem de fora teria subido
se, porventura, pudesse saber que os aqueus belicosos
para o palácio de novo a trariam, à terra nativa.
Um deus, sem dúvida, a fez praticar tal ação vergonhosa
sem que tivesse, realmente, no espírito a culpa funesta
premeditado, que a origem nos foi de grande infortúnio.
Ora, porém, que mostraste saber o sinal evidente
do nosso leito, que nunca mortal jamais teve ante os olhos,
a não ser nós e uma serva somente, entre todas as fâmulas,
a filha de Áctor, que, ao vir para aqui, por meu pai me foi dada,
e nos guardou sempre as portas do tálamo forte e bem-feito,
o coração convenceste-me, embora receoso estivesse".
Essas palavras do herói despertaram o pranto incontido;
e a soluçar apertava nos braços a esposa querida.
Tal como a vista da terra distante é agradável aos náufragos,
quando, em mar alto, o navio de boa feitura Posido
faz soçobrar, sob o impulso dos ventos e de ondas furiosas;
poucos conseguem chegar até o firme, nadando nas ondas
de cor escura, com os membros cobertos de espessa salsugem,
e ledos pisam a praia, enfim tendo da Morte escapado;
do mesmo modo a Penélope à vista do esposo era cara,
sem que pudesse dos cândidos braços, enfim, desprendê-lo[111].

111. HOMERO. *A odisseia*, XXIII: 205-240. Op. cit., 387-388.

deixou o caminho aberto para especulações sobre o que teria se seguido.

Depois da odisseia

Existe um intrigante grupo de contos que especula a respeito do que teria ocorrido a Odisseu e sua família, contos esses cujo ímpeto original dificilmente poderia ser previsto com base em *A odisseia*. De acordo com uma dessas histórias, o herói e Circe teriam tido um filho, Telégono ("Nascido Longe"), que veio a Ítaca em busca do pai, mas acidentalmente acabou por matá-lo, e num extraordinário, ainda que emocionalmente implausível, enlace de pontas dinásticas soltas, Telégono teria se casado com Penélope, e Telêmaco, com Circe.

Intelectualmente mais desafiadora é a tradição segundo a qual Penélope fora seduzida por algum dos pretendentes, uma versão que espelha a história "alternativa" de Helena, na qual a personagem foi reinventada como esposa fiel que jamais seguiu para Troia. A força dessas distorções impostas ao mito por tradições locais é demonstrada por uma lenda da Arcádia, em que Odisseu descobre o adultério da esposa e a expulsa de casa; ela então acaba por tornar-se amante de Hermes, e com ele, dentre todas as criaturas, teria gerado justamente Pã, o deus caprino.

Quanto à carreira tardia do próprio Odisseu, conhecemos muitas variantes (incluindo aquela na qual ele morre pelas mãos de Telégono). A maior parte dos narradores concorda que o herói, andarilho por natureza, deixou o lar mais uma vez e casou-se novamente no noroeste da Grécia continental, na região da Tesprócia ou da Etólia; *A odisseia*, no entanto, insinua uma outra possibilidade: Tirésias havia predito que Odisseu deveria empreender mais uma longa jornada, dessa vez terra adentro, carregando um remo, até um dado local onde o povo confundisse o objeto com uma peneira – em outras palavras, deveria reverter o seu destino, até então dominado pelo mar; nesse lugar, de tal maneira distante das ondas que as pessoas sequer reconheceriam um remo, aplacar a fúria de Posêidon para, só então, retornar a Ítaca em definitivo. A profecia se encerra anunciando que ele sofreria uma morte gentil vinda do mar, e embora não saibamos os detalhes do seu cumprimento, há um quê de bom gosto a permear-lhe: do momento em que se fingiu de doido semeando o solo com sal, o destino de Odisseu manteve-se inseparável desse elemento, sobre o qual Posêidon reina e governa.

Odisseu não é um herói "típico" – embora tal coisa não exista. Sua marca registrada individual é a inteligência engenhosa, que o leva, do ponto de vista moral, a uma certa ambiguidade, pois sua habilidade para enganar pode ser compreendida tanto positivamente, possibilitando a superação da opressão da força bruta, quanto negativamente, a exaltação da persuasão desonesta sobre a honestidade franca. De fato, durante a democracia ateniense do final do século V a.C., um período no qual certos políticos radical-democratas foram retratados por seus inimigos como "demagogos"[121], Odisseu frequentemente era representado (como na tragédia de Sófocles, *Filoctetes*) sob a luz da desonestidade. Ainda assim, lado a lado à sua caracterização como demagogo, sobreviveu a imagem mais complexa do herói de *A odisseia*: determinado, corajoso, relutante em confiar nos outros, infiel e, no entanto, devotado à sua esposa, insaciável em sua disposição de testar os limites da civilização através da exploração do desconhecido.

---

121. Nesse ponto o autor utiliza um termo circunscrito ao período mencionado, mas que se tornou amplamente utilizado no linguajar político. "Demagogos", literalmente "condutor da massa", eram líderes que ganhavam poder instigando medos e preconceitos do povo. A figura paradigmática dessa definição foi o líder ateniense Cléon, sobre quem Aristóteles escreveu: "parece ter corrompido o povo [...] pela violência; foi o primeiro a gritar quando falava ao povo, usava linguagem abusiva, e discursava na Eclésia com as roupas arrebanhadas para cima [...]" (ARISTÓTELES. *A constituição de Atenas*, XXVIII: 3. São Paulo: Nova Cultural, 2004, p. 278 [N.T.].

A Guerra de Troia

Odisseu trouxe à guerra algo da reflexão e da ponderação típicas de sua divindade protetora, Atena. Nesta babeira de um elmo (c. 400 a.C.) o herói parece estar particularmente preocupado, o que levou alguns a interpretar a imagem como ilustração de um episódio homérico no qual um pensativo Odisseu observa o mar aberto, ansiando por se ver livre do confinamento na Ilha de Calipso.

Normas e ruptura

O presente capítulo se atém a um certo número de linhagens míticas cujos membros, por suas ações e padecimentos, ilustram tanto os vínculos que unem as famílias quanto as tensões que as destroem. Aquilo que sucedeu aos indivíduos nesses grupos é "exemplar", no sentido de mostrar, ainda que exageradamente, os tipos de pressões que podem afetar seres humanos normais em seu dia a dia: por exemplo, casas como a dos Pelópidas ou dos Labdácidas, que albergavam figuras do naipe de Clitemnestra, Orestes, Édipo e Antígona, forneceram paradigmas extremos para crises relacionadas a pais e filhos. Mitos sobre esses mesmos indivíduos – mais alguns outros, como aqueles que envolvem Tereu e Procne, Orfeu e Eurídice, Admeto e Alceste – exploraram uma outra forma de relação familiar central, aquela entre marido e mulher, e dado que no mundo todo, e a despeito das suas inúmeras variações, a família permanece o traço fundamental de organização social, a durabilidade dos mitos gregos é autoexplicável, pois subsequentes gerações foram capazes de reconhecer-se e envolver-se no mundo emocional no qual esses eventos notáveis se desenrolaram.

Contudo, nem toda relação humana, na Antiguidade como hoje, pode ser circunscrita pelo figurino de uniões masculino-femininas voltadas à geração de prole. Casais de mesmo sexo também compõem o espectro do comportamento afetivo humano, foram objeto de sutil e variegada exploração na mitologia grega e, especialmente à luz dos padrões específicos que tais relacionamentos apresentaram na Grécia antiga, desempenharão um papel significativo na história que o capítulo irá contar.

Um drama familiar elevado a um nível extraordinário de brutalidade: a espada de Orestes trespassa o coração de sua mãe, Clitemnestra, enquanto Egisto, seu amante, foge aterrorizado. Painel em relevo de um trípode de bronze de Olímpia, c. 570 a.C.

V Sagas familiares

A Casa dos Pelópidas

Mirtilo, o desleal condutor de Enomau (canto inferior direito) foi subornado para sabotar a carruagem do seu mestre; neste vaso do sul da Itália (c. 350 a.C.) ele é mostrado segurando uma das rodas. Nu e heroico, Pélops (sentado) divisou esse plano para derrotar Enomau numa corrida, ganhando assim o direito à mão de sua filha, Hipodâmia (provavelmente a figura de pé na extrema-esquerda).

Competindo por honra e poder

Diversos temas interligados vão nos ocupar neste capítulo: primeiramente, a *honra*. O desejo de manter e ampliar os brios de alguém se aplicava à esfera doméstica tanto quanto à guerra e à aventura: a vergonha ocasionada pelo orgulho ferido, embora diversa em sua natureza, levou Fedra ao suicídio e Édipo à automutilação (cf. p. 129, 155).

Ligado àquele vem o tema dos *ciúmes sexuais*, que para um homem não difere do sentido da honra amesquinhada; para uma mulher, coincide com um senso de impotência, ocorrente quando o risco de ser trocada por outra, especialmente mais jovem, é percebido. Já tivemos oportunidade de observar os resultados calamitosos precipitados pelos ciúmes de Medeia em relação a Jasão, e de Dejanira a Héracles, e no presente capítulo veremos aqueles que Clitemnestra alimentou contra Agamenon.

Um terceiro tema, associado aos dois que o precederam, é o *poder*. Como veremos, as lutas entre pares de irmãos (Atreu e Tiestes[123], Etéocles e Polinices[124]) decorreram de tal forma que os conduziram para muito além da mera rivalidade fraterna, posto que estava em jogo a soberania sobre um reino.

Outro mote usual nos mitos gregos, recontado mais do que qualquer outro nas tragédias, é o conflito entre as pretensões irrefutáveis, mas incompatíveis, de um indivíduo – as chamadas *pretensões rivais*. Conquanto na vida quotidiana grega tais ambições raramente descambassem em desastre, nos mitos prevaleciam resultantes mais drásticas. Alguns desses dilemas são: (1) a oposição, para uma criança, entre as aspirações irreconciliáveis de seus pais (o caso de Orestes[125]); (2) os conflitos que contrapunham os laços de sangue à fidelidade mais abrangente à pólis (tal é o aspecto do dilema de Antígona[126]); (3) a hesitação, para uma mulher, entre as lealdades devidas ao pai e ao marido/amante (como vivida por Ariadne[127], Medeia[128] e pela esposa de Pélops, Hipodâmia[129]).

Por fim, em meio a toda essa ênfase nos conflitos, não podemos nos esquecer de que os mitos também celebram a força que une as pessoas, sejam amantes/esposos ou parentes. Dado que os contadores adoravam explorar casos extremos, não causará espanto que tais laços sejam testados em condições de extraordinária dificuldade, como a morte de um cônjuge (como nas histórias de Protesilau e Laodâmia[130], Admeto e Alceste[131], Orfeu e Eurídice[132]) ou a pressão imposta às relações entre irmãos por uma situação de extrema violência.

A Casa dos Pelópidas

Tântalo, governante da Lídia, foi um daqueles transgressores punidos exemplarmente no Submundo (cf. p. 89), muito embora, paradoxalmente, seu crime implicasse proximidade com os deuses: agraciado com o direito de cear com os Olímpicos, abusou do privilégio de uma maneira não apenas execrável, mas também imprudente, matando seu próprio filho, Pélops, cozinhando-o e servindo-o como prato principal. Ainda que os deuses não pudessem abolir o fato histórico, ao menos foram capazes, nesse caso particular, de trazer o rapaz de volta à vida, numa forma reconstituída ainda

---

123. P. 150-151.
124. P. 166-167.
125. P. 152-153.
126. P. 168.
127. P. 128.
128. P. 112.
129. P. 149.
130. P. 170.
131. P. 170-171.
132. P. 171-173.

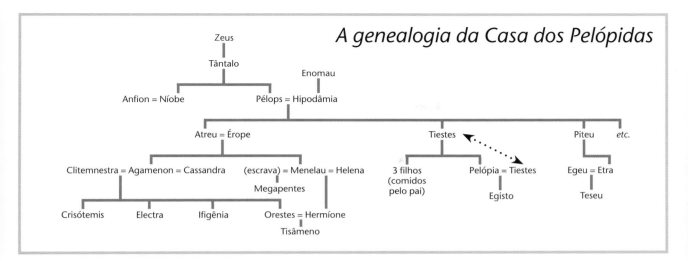

A genealogia da Casa dos Pelópidas

mais bela do que a anterior, embora portando uma prótese feita de marfim no ombro, em substituição ao osso original, inadvertidamente devorado pela enlutada Deméter, cujos pensamentos se concentravam no rapto da filha, Perséfone.

Leitores dos diálogos de Platão têm familiaridade com o padrão cultural dos rapazes gregos mantendo relações homoeróticas temporárias com homens mais velhos. É um tanto enganoso descrever tais casais como "homossexuais", se essa definição se referir a alguém cujo interesse erótico orienta-se para o mesmo sexo durante toda vida. Na sociedade helênica, supunha-se normalmente que o parceiro mais novo, ao atingir uma etapa mais avançada da vida, casasse e se reproduzisse (cf. p. 174), um desenvolvimento em dois estágios que descreve, precisamente, a história de Pélops. Jovem, sua beleza atraiu os olhares de Posêidon (como ocorrera entre Ganimedes e Zeus); adulto, seus pensamentos voltaram-se para o casamento, direção que significou, também, uma mudança geográfica, pois a Lídia, o reino de Tântalo, era considerada, naquela perspectiva mitológica, como uma dentre tantas localidades apenas superficialmente inseridas na zona cultural helênica. Dessa forma, era de se esperar que o rapaz fosse até o coração do sul da Grécia continental em busca de uma noiva.

A mulher que desejava era Hipodâmia, filha de Enomau, rei de Pisa (distrito de Élida, oeste do Peloponeso), cuja relação era a exorbitância do laço naturalmente próximo entre pai e filha, e enquanto uma variante chegou mesmo a retratá-la como incestuosa, outra mais "fraca" narrava que o monarca temia um oráculo que profetizara sua morte nas mãos do genro – de uma forma ou de outra, no intuito de bloquear o inevitável, ele impôs um desafio a cada um dos pretendentes da filha: uma corrida de carruagens, na qual a derrota significava a morte para o aspirante, e a vitória, obviamente, o direito à mão da princesa.

Tal e qual Pélops, o rei era próximo aos deuses, e havia recebido um magnífico conjunto de cavalos de Ares; em face de tal adversário, restou um único recurso ao pretendente: o embuste. Ele subornou o condutor do carro real, Mirtilo, que concordou em avariar os pinos do eixo de rodas da carruagem do seu mestre. Enomau morreu no acidente, mas não sem antes usar seu derradeiro suspiro para maldizer o desonesto serviçal, cujo final tampouco tardou: dando seguimento à carreira de crimes, ele se voltou contra o antigo cúmplice e tentou violentar Hipodâmia; em resposta, Pélops lançou-o ao mar, atraindo para si e seus descendentes uma maldição lançada por Mirtilo na iminência da morte, e que haveria de se realizar na próxima etapa de violência que afligiria essa linhagem desgraçada.

Pélops e Hipodâmia sendo perseguidos por Enomau e Mirtilo, uma cena marcada pelo amor, mas também pela violência iminente: a figura alada de Eros simboliza o afeto do casal, mas a lança que Hipodâmia brande contra o próprio pai expressa sua hostilidade. Vaso do sul da Itália, c. 330 a.C.

O santuário de Pélops em Olímpia. Admirando o pouco que restou do edifício é fácil esquecer-se da importância maiúscula que o culto a esse herói desempenhou na Antiguidade, indicado pela localização do santuário, entre os templos de Zeus e Hera.

Naquele instante, porém, o poder de Pélops era supremo, pois a vitória consolidada na corrida de carruagens era uma imagem duplamente ressonante. Primeiro, era a ampliação dramática da imagética tradicional do casamento grego, na qual o noivo levava (ou arrastava) a noiva numa carroça da casa do pai para sua própria; além disso, firmou o elo entre o vencedor e os Jogos Olímpicos, realizados em território élida. O próprio personagem recebeu um grande santuário em sua honra em Olímpia, e segundo Pausânias, naquela cidade ele "era mais reverenciado pelos élidas do que outros heróis, da mesma forma que Zeus era mais adorado que os outros deuses", e, como coroamento de sua soberania, deu seu nome ao Peloponeso ("a Ilha de Pélops").

Piteu, Atreu e Tiestes

Os três filhos mais famosos do casal Pélops e Hipodâmia foram Piteu, Atreu e Tiestes, e destes apenas o primeiro desfrutou de uma boa sorte à altura do patriarca: seu reinado sobre a cidade de Trezena, a leste do Peloponeso, foi celebrado pela justiça e sabedoria, qualidades que ele pôde transferir, ao menos em parte, para seu neto, Teseu, a quem criou juntamente com sua filha Etra, mãe do herói, até que o rapaz tivesse idade suficiente para ir atrás do pai em Atenas (cf. p. 126). Mas se Piteu conseguiu exibir os aspectos positivos da realeza, seus irmãos, os gêmeos Atreu e Tiestes, personificaram o lado negativo. Sua inimizade amarga expressou-se em maneiras que transtornaram completamente os laços familiares, e plantaram as sementes da violência futura que irrompeu nas duas gerações que se seguiram.

Após a morte de Euristeu, algoz de Héracles, um oráculo profetizou que a autoridade sobre Micenas seria retornada para a Casa dos Pelópidas, mas sobre qual dos dois irmãos recairia? Nessa crise, como na história do *Argo*, o indicador da autoridade talismânica foi a lã de um animal extraordinário: certa feita, Atreu havia jurado sacrificar o melhor cordeiro de seu rebanho em honra a Ártemis, quando por milagre surgiu um carneiro dourado; na intenção de enganar a deusa, ele escondeu a maravilhosa criatura e imolou um exemplar ordinário em seu lugar. Romper o trato com uma divindade é caminho certo para a ruína, e dessa vez não foi diferente: a esposa de Atreu, Érope, estava envolvida em um caso extraconjugal com o próprio cunhado, e revelou-lhe o segredo da lanugem dourada. Ato contínuo, Tiestes roubou-a, e persuadiu o irmão a aceitar que o trono micênico coubesse àquele que possuísse o talismã sagrado, um ardil que possibilitou sua ascensão ao poder.

Mas o equilíbrio de forças entre os gêmeos era, além de permanentemente precário, propenso a cair no desacordo (segundo uma variante da história do carneiro, fora Hermes, pai de Mirtilo, quem havia mandado o maravilhoso animal para semear a cizânia entre os filhos de Pélops). Zeus interveio – como nos tempos de Tântalo, as divindades, para o bem e para o mal, acompanhavam de perto as querelas familiares – e exigiu que Atreu fizesse uma contraproposta a Tiestes, algo que fosse ainda mais miraculoso do que o carneiro dourado. Os termos foram os seguintes: se o Sol temporariamente revertesse seu curso e se pusesse no leste, ele seria o rei – algo que, naturalmente, ocorreu sob a influência do Pai dos Deuses.

Embora as rédeas do poder tivessem retornado às mãos de Atreu, a relação entre Tiestes e Érope mantinha a vantagem doméstica nas mãos deste último. Ao descobrir o *affair*, Atreu executou uma vingança macabra, que evocava o horrendo precedente estabelecido por Tântalo: convidou o irmão para uma refeição que, em tese, celebraria a reconciliação entre ambos, mas serviu-lhe a carne dos filhos picada e cozida – no simbolismo macabro do mito, a proximidade excessiva de Tiestes com a cunhada fora punida pela proximidade excessiva com a prole resultante. A cena assombraria a história subsequente dos Pelópidas como uma mortalha de fumaça nauseabunda, e nas palavras da Profetisa Cassandra, que ainda sentia a presença ativa das crianças assassinadas em *Agamenon*, tragédia de Ésquilo (e primeira peça da trilogia *Oréstia*):

> Ah! Ah! Sim, uma casa que odeia os deuses, testemunha de assassinatos de parentes..., matadouro de homens, chão salpicado de sangue. [...] Vou porque confio nestes testemunhos: estas crianças que estão a matar e que choram; as suas carnes assadas a serem devoradas pelo próprio pai...[133]

Agamenon e Menelau

O argumento central da saga dos Pelópidas cambia, então, da soberania para a vingança: a proximidade transgressora que Tiestes mantivera com algo de que deveria ter guardado distância experimentou uma reviravolta quando ele, aceitando a resposta de um oráculo que havia profetizado de onde surgiria o seu vingador, deitou-se com a própria filha, Pelópia, e juntos geraram Egisto, que no devido tempo assassinou Atreu e restaurou o pai ao trono de Micenas. Tiestes baniu Agamenon e Menelau, seus dois sobrinhos e filhos do rei morto, para evitar que a dupla pusesse em risco sua autoridade.

O final da história de Tiestes é relativamente anticlimático, ainda mais quando comparado aos eventos horríveis que o precederam: foi deposto pelo rei de Esparta, Tíndaro, que havia casado suas duas filhas, Clitemnestra e Helena, com Agamenon e Menelau, respectivamente. Este quarteto tornou-se, então, o herdeiro daquelas motivações notavelmente exibidas pelos gêmeos inimigos, como a tendência à transgressão e à pulsão pela vingança. Além disso, as experiências dessa nova geração, particularmente exploradas pelas tragédias de Ésquilo, Sófocles e Eurípides, ilustraram dois outros temas adicionais: o modo aparentemente inexorável pelo qual o passado molda o futuro, como uma teia de cujos fios ninguém é capaz de escapar, e o peso esmagador da culpa, que ameaça prostrar, e até levar à loucura, o vingador vitorioso.

Os irmãos Agamenon e Menelau não estavam presos a ódio mútuo semelhante àquele que opôs Atreu e Tiestes; antes, foram seus casamentos, não uma rivalidade fratricida, que minaram suas casas reais. Durante a ausência do marido, que lutava em Troia, Clitemnestra fez de Egisto seu amante, uma escolha para a qual diversas versões propuseram explicações diversas, incluindo o ódio provocado pelo sacrifício de sua filha, Ifigênia, ou a tara perversa em ocupar o leito esvaziado. Quando Agamenon retornou trazendo Cassandra como concubina, a situação só piorou, e o resultado foi uma paródia sombria das boas-vindas devidas a um conquistador vitorioso, pois Clitemnestra e/ou Egisto (as fontes atribuem o ato a um deles ou à dupla) assassinaram-no desarmado – na banheira, segundo um relato, enquanto cumpria um ato simbólico de autopurificação dos massacres acumulados em dez anos de guerra.

Derramamento de sangue, algo que a história da linhagem dos Pelópidas reafirma uma e outra vez, exige mais derramamento de sangue. Após o assassinato de Agamenon, seu filho, Orestes, foi levado para longe, distante de Micenas, no intuito de minimizar o risco de que assumisse o papel de vingador; em contraste, sua irmã, Electra, permaneceu em casa, impotente e abrasada pelo rancor. Orestes retornou já adolescente, e os dois irmãos, juntos, levaram a cabo a esperada desforra sanguinolenta contra Egisto, combinada ao inimaginável matricídio de Clitemnestra. A natureza extrema da narrativa mitológica permanece nos impelindo mais e mais adiante, até não termos sequer ideia de onde terminará.

Era de se esperar que as repulsivas Erínias ("Fúrias"), divindades responsáveis pelo castigo aos cri-

A Casa dos Pelópidas

Um dos motivos recorrentes na Trilogia Oresteia, de Ésquilo, é aquele da "rede" de eventos pretéritos de que os personagens não conseguem se libertar. O próprio Agamenon viu-se "enredado" quando Clitemnestra envolveu-o num manto ao sair do banho, e nesta imagem (vaso ático, c. 470 a.C.) o papel ativo no assassinato é desempenhado por Egisto, amante de Clitemnestra, cuja espada já havia golpeado o herói, como revela a ferida em seu corpo. A figura feminina gesticulando à direita pode ser a filha de Agamenon, Electra.

---

133. ÉSQUILO. *Agamenon*, 1.090-1.097. Brasília: UnBrasília, 1997, p. 42 [Trad. de Manuel de Oliveira Pulquério].

A Casa dos Pelópidas

Orestes matando sua mãe. Após feri-la no seio, ele prepara o segundo, e fatal, golpe. Selo de prata, finais do V século a.C.

mes de sangue[134], perseguissem Orestes até as raias da loucura; mas vista por outro ângulo, sua atitude de vingar o pai fora correta – a única que lhe cabia, em verdade – e à medida que vagava pelo mundo, certos detalhes narrativos sublinharam a anomalia e a ambiguidade dessa sua condição: embora argumentasse que, com o passar do tempo e o cumprimento de rituais de purificação, não estivesse mais contaminado por seus crimes, as deusas continuavam a caçá-lo como se a mácula ainda existisse. Atenas o recebeu como hóspede, mas ninguém lhe dirigia palavra, receando o próprio contágio. E quando, como representado na terceira peça da *Oréstia*, a pólis instituiu um tribunal especial para avaliar seu caso extraordinário, o júri de doze homens dividiu-se igualmente sobre se deveria culpá-lo ou absolvê-lo, de modo que o desempate coube à palavra inigualável de Atena[135]: nascida exclusivamente de um pai, ela elevou as obrigações filiais devidas aos pais acima daquelas cabidas às mães, e votou pelo perdão. Tal resultado, porém, era um potencial veículo de atração do ódio das Fúrias sobre os atenienses, mas Atena, conhecida por combinar a tática à força, convenceu as terríveis divindades a aceitar um lugar sagrado dentro da cidade. Ainda que casuístico, o veredito permitiu a todos os protagonistas preservar sua dignidade, e numa cultura baseada na manutenção das aparências, este é um desfecho bem mais relevante que a boa administração da justiça.

Justo ou não, o encerramento do morticínio da Casa dos Pelópidas, de fato, reimpôs a ordem; o mesmo se verifica se seguimos pela variante da história segundo a qual Ifigênia foi substituída por um cervo, ao invés de ser imolada em Áulis: como no episódio recontado por Eurípides em *Ifigênia em Táuris*, ela e o irmão Orestes foram reunidos num país distante, mas acabaram por retornar à Grécia natal. O *nostos* (retorno) fracassado de Agamenon prolongou os horrores de Tântalo, Atreu e Tiestes, enquanto Orestes, pelo contrário, depois de todo

---

134. Cf. p. 86-87.
135. Daí a expressão "voto de Minerva" [N.T].

Atena persuade as Fúrias

Nas *Eumênides*, a terceira peça da trilogia *Oréstia* de Ésquilo, a absolvição de Orestes trazia em si o risco de manchar a honra das acusadoras, as Fúrias. O futuro de Atenas, onde o julgamento teve lugar, caminhava, portanto, sobre o fio de uma espada, pois as deusas pareciam dispostas a soltar sua ira sobre os atenienses e enviar a ruína à pólis. A persuasão de Atenas, contudo, triunfou sobre o ódio e a peçonha, e transformou as Erínias ("Fúrias") nas Eumênides ("Gentis"). No extrato que se segue, elas são referidas no singular porque apenas uma das deusas fala em nome de todas.

Corifeu[136]	Nós, deusas muito antigas, não queremos ter esta sorte e residir aqui como seres impuros e malditos. Não! Todas nós estamos respirando a mais intensa cólera e vingança! Ah, Terra e céu! Ah! Quanto sofrimento invade agora nossos corações! Ouve-nos, Noite! Ouve-nos, nossa mãe! Deuses maliciosos e perversos despojam-nos de nossas honrarias, nunca negadas e hoje suprimidas!
Atena	cansarei de tentar convencer-vos de que vos convém aceitar minhas promessas; não quero que penseis que eu, deusa mais nova e os muitos habitantes de minha cidade, tivemos a intenção de expulsar desta terra deusas antigas em vez de homenageá-las. Se venerais a sagrada Persuasão, que faz minhas palavras parecerem mágicas e cheias de doçura, concordai comigo e sede para todo sempre minhas hóspedes. Mas, se não concordardes, sereis certamente iníquas, deixando cair sobre a cidade ódio, rancor e males contra os habitantes, pois tendes a minha permissão para gozar de todos os direitos de cidadania, glorificadas entre nós eternamente.
Corifeu	Mas, onde moraremos, soberana Atena?
Atena	Num lugar onde não há penas, aceitai-o!
Corifeu	Se o aceitarmos, como nos distinguirão?
Atena	Sem vossa bênção, nenhum lar prosperará.
Corifeu	Teremos com certeza todo esse poder?
Atena	Só terão minha proteção vossos devotos.
Corifeu	E manterás tua palavra para sempre?
Atena	Nada me obriga a prometer o que não quero.
Furies	Abrandas meu rancor e renuncio ao ódio.
Athene	Ficando aqui, conquistareis novos amigos[137].

---

136. O tradutor Mário da Gama Kury optou por conferir as falas das Erínias ao Coro e ao Corifeu (o chefe do coro) da peça, enquanto o autor do original inglês utilizou "Fúrias" [N.T.].

137. ÉSQUILO. Eumênides, 1.155-1.191 [Trad. de Mário da Gama Kury]. In: *Oréstia* (Agamêmnon, Coéforas, Eumênides). Rio de Janeiro: Zahar, 2003, p. 187-188 [Trad. de Mário da Gama Kury].

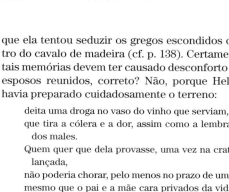

seu sofrimento, conseguiu reconectar-se, por pouco que seja, com a glória pretérita de sua estirpe.

Menelau e Helena

A crônica pós-*nostos* de Menelau é bastante desinteressante quando comparada à de Agamenon, e seus detalhes dependem fundamentalmente das versões contrastantes da história de Helena, se ela, de fato, foi ou não para Troia (cf. p. 132-133). O relato mais intrigante e rico em nuanças é o de *A odisseia*, embora os cônjuges somente estejam presentes no épico porque o filho de Odisseu, Telêmaco, foi até Esparta, no início do poema (Canto IV), investigar o paradeiro do pai. Quando de sua chegada, celebrava-se um duplo casamento, de Hermíone, única filha do casal, com Neoptólemo, herdeiro de Aquiles, e de Megapentes, filho do rei com uma escrava, prometido à filha de um nobre espartano. Essas bodas formavam uma cena dotada de rica adequação simbólica: Menelau e Helena, juntos, geraram uma única descendência, como se o laço afetivo que os unia não fosse capaz de suportar uma prole mais numerosa; e o outro filho portava um nome ("Grandes Ais") que remetia à sorte doméstica do pai[138]. Por fim, não deixa de ser irônico que cerimônias dessa natureza estivessem ocorrendo numa casa tão marcada pelo turbulento passado familiar.

Em que pese tudo isso, na superfície, a paz fora restabelecida na casa de Menelau: a hospitalidade oferecida a Telêmaco foi exemplar, e Helena, a anfitriã perfeita, estava mais próxima da "Ártemis da roca dourada" que, digamos, da sensual Afrodite. Não obstante, se observarmos mais de perto, essa aparente harmonia disfarça um desconforto latente: para que o jovem hóspede se sentisse honrado, o casal real recordou alguns dos feitos de Odisseu na guerra, mas essas lembranças trouxeram à baila a delicada questão do papel desempenhado por Helena em Troia, especialmente no episódio em

---

138. É possível estabelecer a comparação com o nome do desgraçado inimigo de Dioniso, Penteu: "Ais".

que ela tentou seduzir os gregos escondidos dentro do cavalo de madeira (cf. p. 138). Certamente, tais memórias devem ter causado desconforto aos esposos reunidos, correto? Não, porque Helena havia preparado cuidadosamente o terreno:

> deita uma droga no vaso do vinho que serviam,
> que tira a cólera e a dor, assim como a lembrança dos males.
> Quem quer que dela provasse, uma vez na cratera, lançada,
> não poderia chorar, pelo menos no prazo de um dia,
> mesmo que o pai e a mãe cara privados da vida ali visse,
> ainda que em sua presença, com o bronze-cruel lhe matassem
> o filho amado ou o irmão e que a tudo ele próprio assistisse[139].

Essa Esparta retratada em *A odisseia*, percebe-se, é um lugar que, num aspecto significativo, se parece tanto com a Ilha de Circe quanto com a Terra dos Lotófagos. As poções de Helena podem obliterar memórias dolorosas, bloquear temporariamente o elo entre passado, presente e futuro, e ao invés de lidar com a perda, seus hóspedes são, sub-repticiamente, drogados até ignorá-la.

Contrastando com tudo que já havia acontecido, o final da história de Menelau e Helena possui um quê de serenidade: diz-se que ambos foram elevados à imortalidade (ela certamente recebeu a adoração dedicada a uma deusa, especialmente em Esparta e arredores), e numa versão o casal desfrutou da vida após a morte na região conhecida como Eliseu (ou Campos Elíseos, cf. p. 212). Também entre seus descendentes houve um certo grau de entrelaçamento, como se destinados a sarar algo da dor sofrida pelos antigos membros da Casa dos Pelópidas. De acordo com uma variante, Hermíone, após enviuvar de Neoptólemo, teria se casado com Orestes, reunindo assim dois ramos da mesma árvore genealógica.

139. HOMERO. *A odisseia*, IV: 220-226. Op. cit., p. 78.

A Casa dos Pelópidas

(Esquerda) Apolo segura um bacorinho sobre a cabeça de Orestes: o deus está prestes a usar o sangue do animal num ritual de purificação, limpando-o do miasma (poluição) do matricídio. À direita temos Ártemis, sua irmã, e parcialmente visível à esquerda uma das Erínias (Fúrias), que veio a Delfos na perseguição a Orestes. Vaso do sul da Itália, c. 390-380 a.C.

Esta taça beócia (c. 420 a.C.) oferece uma perspectiva satírica de dois encontros que ocorreram durante a captura de Troia. À esquerda, Cassandra, que buscou refúgio de Ájax (filho de Oileu) em um altar. À direita, uma distraída Helena e um profundamente não heroico Menelau reúnem-se após anos de separação.

Tereu, Procne e Filomela

Ascender à imortalidade, como ocorreu a Menelau e Helena, era uma das maneiras possíveis de conceber a continuidade do poder de um herói, ou heroína, após a sua morte; outra envolvia uma transformação de natureza diversa, na qual o indivíduo transfigurado abandonava a forma humana pela de um animal, planta, rocha ou estrela, cujo exemplo paradigmático nos é oferecido pela saga de Tereu, Procne e Filomela, uma história de crueldade, em tudo e por tudo tão perturbadora quanto a de Atreu e Tiestes.

O vilão dessa narrativa é Tereu, rei da Trácia, região que os gregos mais ao sul costumavam caracterizar como selvagem; sua genealogia condizia com essa origem feroz, o deus Ares era seu pai, e a bravura nos combates o levou a se envolver com Pandíon, um dos reis míticos de Atenas. Em retribuição pela assistência militar recebida, o monarca ofereceu-lhe sua filha, Procne, em casamento, e no devido tempo o casal gerou um filho, Ítis. O caráter transgressor de Tereu, contudo, cedo manifestou-se, somando à infidelidade, violência: desejando ardentemente Filomela, irmã de sua esposa, ele a violentou, escondeu-a em local distante e, como se não fosse suficiente, cortou-lhe a língua para silenciá-la de uma vez por todas, ato que a tradição artística e literária pós-clássica revisitou com fascinada repulsa.

Todavia, um dos laços familiares de cuja força os mais diversos mitos gregos dão testemunho é o existente entre irmãs, normalmente superado pela união entre marido e mulher, mas quando o casamento ia mal, o vínculo precedente ressurgia com todo vigor. Embora muda, Filomela encon-

Metamorfoses

Alguns heróis e heroínas foram transformados em animais, plantas ou rochas.

Actéon	Cervo
Adônis	Anêmonas (flores que brotaram do seu sangue)
Aracne	Aranha
Atalanta e Melânio	Leões
Cadmo e Harmonia	Serpentes
Calisto	Ursa
Ceix e Alcíone	Algum tipo de ave aquática, como a andorinha-do-mar ou o martim-pescador[140]
Cicno	Cisne
Dafne	Louro
Filomela	Andorinha
Hécate	Cadela
Irmãs de Meleagro que choraram sua morte	Galinhas d'angola (Meleágridas)
Io	Vaca
Jacinto	Jacintos (flores semelhantes aos lírios que brotaram do seu sangue)
Licáon	Lobo
Miníadas (as filhas de Mínias)	Pássaros noturnos ou morcegos
Narciso	Narciso (flor)
Níobe	Rocha
Piratas que sequestraram Dioniso	Golfinhos
Plêiades (mulheres perseguidas por Órion)	Pombas, depois estrelas
Procne	Rouxinol
Tirésias	Mulher (depois voltou a ser homem)
Tereu	Poupa (ave alaranjada com crista)
Titonos	Cigarra

140. *Halcyon* é o nome grego para pássaros geralmente associados aos martins-pescadores.

(Esquerda) O estupro e mutilação de Filomela por Tereu, marido de sua irmã, Procne – uma das narrativas mais brutais da mitologia grega –, são raramente representadas. Nesta taça ática (c. 490-480 a.C.), as irmãs preparam-se para matar Ítis, filho de Procne e Tereu. Filomela, muda após ter a língua cortada pelo cunhado, expressa-se através de gestos agitados.

trou um jeito de comunicar-se com Procne usando imagens bordadas em uma tapeçaria, onde expôs toda violência que sofrera. Seguiu-se, então, um itinerário avesso da sequência natural "virgindade-casamento-maternidade", no qual o relacionamento fraternal superou os afetos conjugais e maternais: Procne matou o filho, desmembrou-o e serviu-o cozido ao marido.

As ações do casal e o padecimento de Filomela alçaram-nos a uma categoria sobre-humana, "exemplar" por assim dizer – ainda que não, obviamente, *virtuosa*. Seus atos e sofrimentos prolongaram-se eternidade adentro através da metamorfose em pássaros: Tereu foi transformado numa poupa, ave cujo pio, "*pou? pou?*"[141], replicou por todo sempre a busca angustiada pelo paradeiro do filho. Procne tornou-se um rouxinol, pranteando sem descanso a perda de Ítis. Quanto à mutilada Filomela, virou uma andorinha: revoando, migrando, perpetuamente inquieta, e incapaz de gorjear qualquer melodia.

Tereu, Procne e Filomela

(Abaixo) A feroz selvageria do desmembramento de Ítis é poderosamente retratada no quadro O Banquete de Tereu (Das Mahl des Tereus, *c. 1636-1638) do pintor flamengo Peter Paul Rubens: vestidas como foliãs bacantes, Procne e Filomela confrontam Tereu com a evidência do crime que cometeram – a mãe segura a cabeça do menino em suas mãos, enquanto seu marido chuta uma mesinha em pânico, pois a refeição que acabara de comer continha as carnes do próprio filho.*

---

141. "Onde? Onde?" em grego.

Antíope e seus filhos

(Abaixo) A tragédia e as artes visuais da Grécia podem, de quando em vez, ressoar mutuamente. Aqui, o tratamento dado pelo pintor do vaso ao mito de Antíope parece refletir uma peça de Eurípides (que chegou até nós apenas em fragmentos). Os gêmeos Anfion e Zeto estão vingando-se de Lico sob os olhares da mãe (à direita). O contexto dionisíaco do episódio é indicado pela pele de leopardo pendurada na entrada da caverna. Vaso siciliano, inícios do IV século a.C.

O próximo complexo de histórias ilustra algumas das formas características pelas quais as relações numa família mitológica são moldadas pela questão maior da interação humana com as divindades. Em seu centro encontra-se Antíope, uma das inumeráveis mulheres mortais sexualmente perseguidas por Zeus. Sua situação se assemelha, ao menos parcialmente, à de Io (cf. p. 98), pois a descoberta da gravidez levou o pai, Nicteu ("Noite"), rei de Tebas, a expulsá-la; suas andanças, diferentemente do ocorrido com a sacerdotisa de Hera, não a levaram à metamorfose, e sim a um alívio temporário: de seu lar ela fugiu para a cidade de Sícion, onde se casou com o Rei Epopeu. Seu passado tebano, contudo, eventualmente

se fez sentir, pois antes de morrer (pelas próprias mãos, segundo alguns, por causa do comportamento de Antíope), Nicteu deixou ordens detalhadas com o irmão, Lico ("Lobo"), que o sucedeu, para que buscasse a desertora e a punisse devidamente, e assim ele procedeu: após matar o marido da sobrinha, trouxe-a de volta e, junto com sua igualmente vingativa esposa, Dirce, encarcerou-a. Um destino como esse, todavia, não estava à altura de uma mulher digna de Zeus, mãe de filhos seus, os gêmeos Anfion e Zeto, abandonados na floresta por imposição de Lico. Conforme a lógica do mito, os dois foram encontrados, criados por um pastor e, ao atingir a maturidade, cumpriram o papel de vingar os abusos sofridos pela mãe: após libertá-la, mataram o tio e despacharam brutalmente Dirce, amarrando-a a um touro.

Essa saga aparentemente "encerrada" reservava ainda numerosas reviravoltas: Dirce foi contemplada com uma espécie de imortalidade ao dar nome ao riacho tebano onde Anfion e Zeto jogaram seu

experimentou imensa dor. Anfíon casou-se com Níobe, mulher imprudente que se gabou de sua fecundidade comparando-a à de Leto, mãe de Apolo e Ártemis; os gêmeos divinos puniram-na assassinando cada um dos seus muitos filhos, após o que ela imergiu em tamanha imobilidade depressiva que findou por transmutar-se em rocha sólida. O desgosto também levou Zeto a óbito quando sua esposa, Tebas (que deu nome à cidade), inadvertidamente matou o único filho do casal. Como se vê, a morte advinda do luto foi tema recorrente na história dessa família.

Antíope e seus filhos

(Esquerda) Ártemis e Apolo vingam sua mãe, Leto, após ela ter sido insultada pela arrogância de Níobe: algumas flechas já atingiram seus alvos, como testemunham os cadáveres de dois dos filhos. O pintor anônimo deste vaso ático (c. 450 a.C.) foi intitulado o Pintor de Níobe, graças à sua poderosa representação desse exemplo de vingança divina.

(Direita) Esta eloquente estátua de mármore representa uma das filhas moribundas de Níobe, atingida por uma flecha nas costas. Encontrada em Roma, originalmente deve ter feito parte do pedimento de um templo grego, embora não saibamos qual.

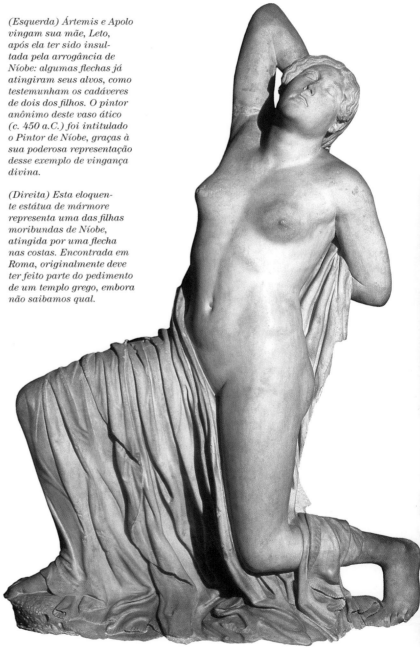

corpo, e seria de se esperar que Antíope alcançasse uma reputação ainda mais gloriosa, proporcional à sua inocência, mas os mitos helênicos raramente lidam com virtudes impecáveis, e no caso dela a mácula ocorrera na circunstância que levou à destruição de sua algoz: quando os gêmeos a ataram ao touro, Dirce estava prestes a fazer o mesmo com a mãe deles, em um ato de devoção menádica a Dioniso. Divindade alguma tolerava interferências em seu culto, e a bondade da pobre vítima não prevaleceu sobre o queixume divino: o deus do vinho perseguiu Antíope e golpeou-a com a loucura (mais uma vez, percebem-se os ecos da história de Io) até que outro mortal, Foco, herói da Fócida, tomou-a por esposa. Eventualmente a morte veio até o casal, e segundo Pausânias, marido e mulher foram enterrados juntos na mesma cova.

Quanto aos irmãos, sua trajetória subsequente não chegou a ser muito mais feliz que a de sua mãe, pois embora tivessem a honra de erigir as muralhas tebanas, cada um, individualmente,

Dânao e sua gente

A cidade de Argos não era dotada de imunidade à disrupção familiar superior a qualquer outra comunidade dentro da geografia mitológica grega, algo transparente ao observarmos os feitos e sofrimentos dos descendentes de Io, a sacerdotisa argiva perseguida por Zeus. O filho que gerou com seu divino amante chamava-se Épafo (cf. p. 99) e nasceu no Egito, país onde a epopeia de sua mãe finalmente chegou a termo, e a linhagem que fundou demonstra como, no universo da narrativa mitológica, a Grécia não se posicionava hermeticamente apartada das populações circunvizinhas, mas antes genealogicamente amalgamada a elas. O casamento de Épafo com Mênfis, uma das filhas de Nilo[142], estabeleceu um vínculo definitivo com o Egito, e entre os seus descendentes estavam Líbia (epônima da região norte-africana) e os gêmeos que ela teve com Posêidon: Agenor, que se tornou governante da Fenícia, e Belo, que permaneceu em sua terra natal.

Coube aos filhos de Belo desviar o cerne da estirpe de volta à sua origem primeira, a Grécia, e foram eles, também, os exemplos acabados do tema da disrupção familiar: chamados Egito e Dânao, como muitas outras duplas de irmãos, eles lutaram pelo poder – no caso, a soberania sobre o País do Nilo. A vulnerabilidade do equilíbrio entre suas respectivas demandas expressou-se através da simetria de suas famílias: o primeiro teve 50 filhos, enquanto o segundo, outras tantas filhas; não obstante, essa proporcionalidade era menos exata do que possa aparentar, pois conforme os padrões helênicos, em qualquer contexto relativo à batalha pela supremacia política, os homens eram superiores às mulheres. Ocorreu, então, que Dânao e suas moças fugiram em direção à cidade natal da linhagem, Argos, e lá ele destronou o governante do momento e tomou-lhe o trono, acontecimento confirmado por um fato agourento: um lobo (significando um "estrangeiro dominador") matou um touro ("o líder da população nativa"). A partir de então, sua dominação afirmou-se de tal maneira incontrastável que seu nome foi aplicado não apenas ao povo da localidade que conquistara, mas aos falantes de grego em geral: na poesia homérica, um dos termos utilizados para designá-los a todos era, precisamente, *dânaos*.

Egito não podia suportar que o poder do seu irmão permanecesse intacto, mesmo que na distante Grécia, então enviou seus filhos à perseguição das cinquenta primas para forçá-las a um casamento coletivo, união para a qual as moças não demonstraram a menor inclinação. Na linguagem extrema, tão apreciada pela mitologia, a resultante foi um espantoso ato de resistência grupal: a mando do pai, as nubentes mataram os respectivos maridos na noite de núpcias, todas menos Hipermnestra, que poupou a vida de seu esposo,

---

142. Nilo, ou Neilos, era um dos *Potamoi*, deuses-rio da mitologia grega, filhos de Tétis e Oceano, irmãos das Oceânides e pais das Náiades [N.T.].

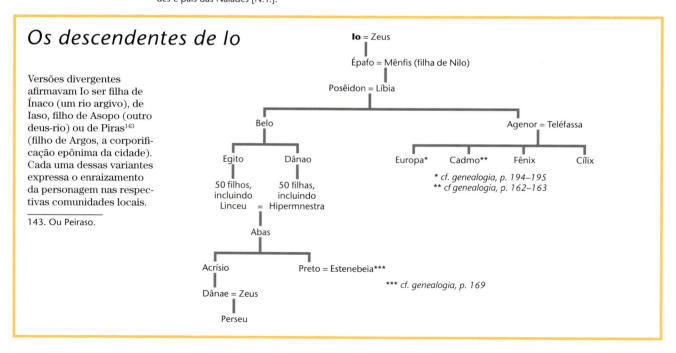

Os descendentes de Io

Versões divergentes afirmavam Io ser filha de Ínaco (um rio argivo), de Iaso, filho de Asopo (outro deus-rio) ou de Piras[143] (filho de Argos, a corporificação epônima da cidade). Cada uma dessas variantes expressa o enraizamento da personagem nas respectivas comunidades locais.

143. Ou Peiraso.

Dânao e sua gente

As danaidas (The Danaïdes, 1904) de John William Waterhouse, cuja infindável punição pelo assassinato dos maridos é verter água num recipiente furado, tentando, em vão, enchê-lo. Em que pese o esforço, elas conseguem exibir uma beleza lânguida nesta pintura.

Linceu, em reconhecimento ao respeito que ele havia lhe demonstrado. Tal decisão nos coloca perante mais um experimento reflexivo: Deveria ela ter obedecido o pai e matado o cônjuge? Esse dilema parece ter sido explorado na terceira peça de uma trilogia de Ésquilo, na qual (em uma reconstituição possível do final fragmentado do texto) a deusa Afrodite teoricamente interveio e sancionou sua conduta, seguindo a lógica de que sem a união sexual entre casais casados não haveria mais linhagens e, portanto, o futuro da humanidade estaria comprometido. Seja como for, Hipermnestra e Linceu representavam o futuro: sua coruscante descendência incluiria tanto Perseu quanto Héracles.

E as restantes Danaidas, o que foi feito delas? Uma, Amimone, foi violentada por Posêidon. Quanto às demais, a aparente justificação para seu ato de assassinato coletivo foi absolutamente obstruída pelo seu destino póstumo: como castigo, elas foram obrigadas a passar a eternidade no Submundo tentando encher de água uma jarra que vazava. Dado que buscar água das fontes, junto a tecer e cozinhar, era um dos deveres mais inconfundíveis da esposa grega, o simbolismo dessa condenação deixou implícito que a suprema negação do papel de esposa – matar o marido – precisava ser reparada por um esforço interminável, tanto quanto estéril, de reabilitação.

Preto, Estenebeia e Belerofonte

A próxima instância de aguda perturbação doméstica envolve diversos temas familiares: rivalidade entre irmãos (gêmeos, nesse caso); a falsa acusação levantada por uma mulher vingativa (reminiscência da história de Fedra e Hipólito); e um jovem herói enviado numa missão potencialmente suicida para matar um monstro. O que torna essa narrativa única é a adição de uma criatura mágica: Pégaso, o cavalo alado.

Hipermnestra e Linceu tiveram netos gêmeos, Acrísio e Preto, e após as inevitáveis disputas (eles supostamente foram os inventores dos escudos) ambos chegaram a um acordo, segundo o qual o primeiro manteria o poder em Argos, e o segundo reinaria na vizinha Tirinto. As desgraças de Acrísio foram delineadas no momento em que sua filha, Dânae, atraiu o olhar ávido de Zeus (cf. p. 99). A família de Preto, por sua vez, também foi vítima de turbulências, especialmente quando suas filhas ofenderam uma divindade (Dioniso ou Hera) e foram punidas com a loucura; pelo menos o que se seguiu foi menos terrível do que o ocorrido com as filhas de Cadmo (cf. p. 61), pois as garotas eventualmente recobraram os juízos (embora não antes que a mais velha encontrasse a morte).

Se os problemas despertados pelas filhas de Preto foram de natureza puramente religiosa, aqueles provocados por sua esposa, Estenebeia, brotaram de uma situação emocional absolutamente humana: o amor não correspondido. O objeto de sua afeição era o jovem herói Belerofonte, o qual, tendo cometido homicídio involuntário em sua comunidade, fora recebido em Tirinto, onde despertou a paixão da rainha. Em um padrão narrativo semelhante àquele da mulher de Potifar, Estenebeia reagiu perfidamente à rejeição dos seus afetos, relatando ao marido que fora ele a seduzi-la, ao que Preto, respondendo à (suposta) traição com outra traição, enviou Belerofonte até à Lícia, para a corte deIóbates, seu sogro, portando uma mensagem selada, na qual exigia a morte do portador. O rei atendeu à demanda com tática semelhante às utilizadas por Pélias contra Jasão e por Euristeu contra Héracles: mandou o indesejado destemido a um desafio aparentemente impossível.

Belerofonte e a Quimera

O adversário de Belerofonte era a Quimera, equiparável a qualquer monstro enfrentado por Jasão ou mesmo Héracles; um híbrido horroroso, usualmente imaginado como a parte anterior de um leão, uma cobra como cauda, e a cabeça de uma cabra cuspindo fogo no meio do corpo, era a cria apropriada de um par de monstros, Tífon e Equidna. O herói, contudo, possuía uma arma secreta, na forma de Pégaso, o cavalo alado, que o permitiu cumprir com sucesso esse e outros trabalhos[144] que

A Quimera, um híbrido monstruoso, foi um motivo popular da arte etrusca, de que é excelente exemplo este bronze de finais do século V a.C. A cabra possui uma ferida na parte superior do pescoço, talvez infligida por Belerofonte.

---
144. Uma das façanhas mais excêntricas do herói deu-se na Planície de Xanto, na Lícia, onde ele derrotou os piratas cários e seu capitão, Quimarro: após se desvencilhar de uma emboscada, seguiu para o palácio, invocando seu pai, Posêidon, que inundou o terreno. Avançando com a inundação atrás de si, Belerofonte assustou os defensores, mas não as mulheres, que foram aos portões e levantaram seus vestidos, oferecendo-se em troca da salvação da fortaleza. O herói, constrangido, retrocedeu [N.T.].

Ióbates demandava – de fato, em reconhecimento ao seu heroísmo, o rei ignorou a exigência feita na mensagem enviada por Preto e ofereceu ao jovem a mão de sua filha em casamento.

Morta Estenebeia (pelas próprias mãos, ao saber do casamento de seu bem-amado, ou assassinada por ele), todos os erros pareciam ter sido corrigidos, mas os mitos gregos raramente são assim, tão objetivos: Pégaso, o cavalo maravilhoso, fora um presente dos deuses, e suas capacidades, muito acima das naturais, induziram Belerofonte a acreditar que também ele poderia, literalmente, alçar-se acima de suas limitações: ele tentou voar até o Olimpo, algo ridicularizado em *A Paz*, uma comédia de Aristófanes, na qual o herói cômico Trigeu empreende feito similar montado em seu valoroso besouro rola-bosta. Inevitável e devastadoramente, a extravagância foi rechaçada por Zeus, e o incauto personagem foi deixado a vagar pela terra como um pária. Na mitologia grega, aquele que atentasse contra os limites entre o humano e o divino jamais escaparia incólume.

> Preto, Estenebeia e Belerofonte

(Esquerda) O Rei Ióbates, da Lícia, lê a carta traiçoeira enviada por Preto, e entregue por Belerofonte. O herói, contudo, sobreviverá ao plano mortífero lançado contra si graças a Pégaso, o cavalo alado. Vaso do sul da Itália, meados do IV século a.C.

(Direita) O poder de voo de Pégaso permitiu que Belerofonte matasse a terrível Quimera: as patas dianteiras do cavalo pisam numa serpente, cuja forma reproduz a cauda do monstro. Relevo de terracota de Melos, c. 470-460 a.C.

161

A Casa dos Labdácidas

Tão somente uma única linhagem podia ombrear-se à dos Pelópidas no que tange ao horror atribuído pelos narradores dos mitos: a Casa Real Tebana. O bisneto de Cadmo, fundador da cidade, chamava-se Laio, e foi com ele que a macabra sequência de transgressões teve início: hóspede de Pélops, ele se apaixonou, e em seguida raptou, pelo belo filho ilegítimo de seu anfitrião, um rapaz de nome Crísipo ("Cavalo de Ouro"), um fato representado pelos gregos como o primeiro exemplo de sequestro pederástico; suas catastróficas consequências mitológicas sugerem que, a despeito da ampla tolerância de que desfrutava a pederastia na cultura grega clássica, a prática poderia, facilmente, incorrer em forte desaprovação social. Tomado pela desonra, Crísipo tirou a própria vida, o que levou seu furioso pai a rogar uma maldição sobre Laio, com implicações que, em termos de terror, em nada ficaram a dever àquela que Mirtilo havia anteriormente lançado sobre a própria Casa dos Pelópidas.

Um dos episódios iniciais da história da Casa dos Labdácidas é o sequestro do jovem Crísipo por Laio. Enquanto os deuses observam do alto, o menino, apavorado, estira os braços em direção ao pai. Vaso do sul da Itália, c. 340-330 a.C.

ESPARTOS (SPARTOI – "HO
CTÔNIO   HIPERENOR   UDEL
(ou Posêidon)

Nicteu   Lico = Dirce

Nicteia   Zeus (1) = Antíope = (2) Epopeu
                              = (3) Foco

Níobe = Anfion   Zeto = Tebas

Nióbidas

Consultando os oráculos

A consulta aos oráculos, elemento central de inúmeros mitos, esteve presente na realidade ativa do quotidiano grego, e a melhor evidência de que dispomos a respeito da natureza das perguntas efetivamente encaminhadas advém do Santuário de Zeus em Dodona (cf. p. 100): as indagações lá descobertas refletem diversos tipos de ansiedades e incertezas, seja da parte dos indivíduos ("Terei eu filhos com a mulher com quem estou casado ago-

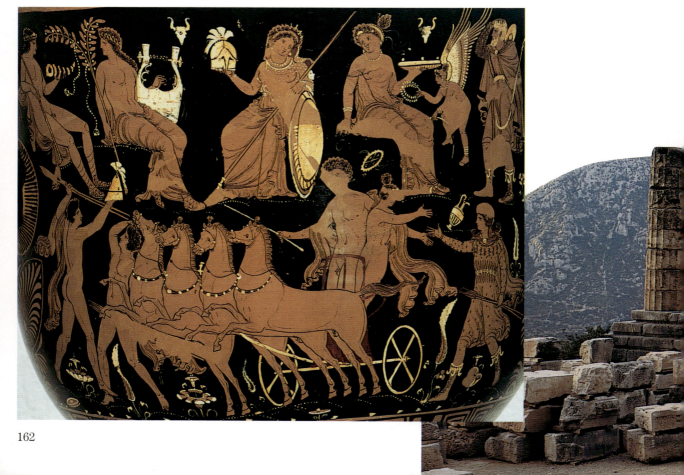

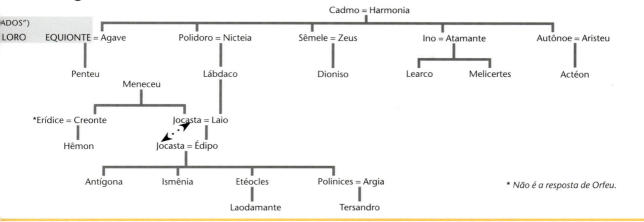

Genealogia da Casa Real de Tebas

* Não é a resposta de Orfeu.

ra?"), seja das comunidades. ("O tempo ruim que nos aflige é proveniente de impureza religiosa?")

De todos os oráculos, o mais proeminente na imaginação grega era o de Delfos, local cujo destaque alcançado na mitologia equiparava-se à importância de que desfrutava na vida real. Nas histórias, exprimia-se em uma voz específica, magnificada e exagerada, que deve ter sido bastante mais contida em relação a assuntos quotidianos. Essa fala era tipificada pela ambiguidade, característica que seguia de mãos dadas com a eventual (e inexorável) resolução de previsões míticas que anunciassem futuros catastróficos.

Édipo

A saga de Laio e seus filhos foi articulada por uma série de oráculos délficos, cujo impacto somado produziu um sentimento opressivo de fragilidade das aspirações humanas perante as forças além de sua mera compreensão. O primeiro desses prognósticos foi dado ao rei e sua espo-

O Templo de Apolo em Delfos, onde os gregos poderiam ter acesso à mente divina através do Oráculo Pítico. Todavia, como bem o demonstra a história de Édipo, as respostas eram sempre passíveis de más interpretações, dada a fragilidade da compreensão humana.

A casa dos Labdácidas

Dois pastores salvaram o recém-nascido Édipo da morte: um tebano, que servia a Laio, e um coríntio, que recebeu o bebê de seu colega e o levou a Pólibo, rei de Corinto e seu mestre. Em outra parte deste vaso (não mostrada na foto), um homem barbado, possivelmente o rei, espera para recebê-lo. Numa ironia poderosa, uma inscrição no vaso nomeia o pastor Euforbo, "bem-nutrido", embora o catastrófico resultado da criação de Édipo sugira que sua nutrição foi qualquer coisa, menos "boa". Vaso ático, c. 450 a.C.

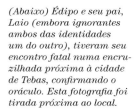

(Abaixo) Édipo e seu pai, Laio (embora ignorantes ambos das identidades um do outro), tiveram seu encontro fatal numa encruzilhada próxima à cidade de Tebas, confirmando o oráculo. Esta fotografia foi tirada próxima ao local.

sa, Jocasta, ao consultarem uma sacerdotisa de Apolo a respeito da infecundidade que os afligia – ansiedade replicada, literalmente, centenas de vezes nas indagações apresentadas ao Oráculo de Dodona. A resposta divina veio ameaçadora: não tenham um filho; se o tiverem, ele matará o pai. A história pretérita de Laio, contudo, não pressagiava boa capacidade no exercício da moderação sexual, e certo dia, após uma bebedeira, ele engravidou a esposa. Mais tarde, lutando para eludir o cumprimento da profecia, o casal prendeu os calcanhares do bebê (Édipo significa "Pés Inchados") e o entregou a um pastor para que fosse exposto no Monte Citéron; o homem, ironicamente, teve misericórdia da criança, salvou-a e entregou-a a um companheiro que cuidava do rebanho real coríntio; dessa forma, a sorte levou o menino a ser criado pelo casal sem filhos Pólibo e Mérope, rei e rainha de Corinto.

Certa feita, já adulto, Édipo foi insultado por alguém que o acusou de não ser filho legítimo de seus pretensos pais, e tomado pela angústia refez os passos de seu genitor biológico e foi se consultar em Delfos, onde obteve uma resposta ainda mais repugnante que a recebida por Laio e Jocasta: não somente ele mataria o pai, mas também se deitaria com a própria mãe. Como, até onde podia saber, a profecia se referia a Pólibo e Mérope, naquele momento ele decidiu jamais retornar a Corinto.

O que se segue é, talvez, a mais bem conhecida história da mitologia grega: na estrada que levava a Delfos, Édipo encontrou um velho e sua comitiva, sem saber que se tratava do seu verdadeiro pai; como o grupo não lhe permitisse a passagem, ele, cheio de indignação, matou a todos. Em seguida, tomou conhecimento de que uma calamidade assolava a cidade de Tebas, e decidiu investigar: era a monstruosa Esfinge, um ente parte mulher, parte leoa alada, que aterrorizava os cidadãos lançando mão de um método que a distinguiu de outros monstros, mais brutais e agressivos, da mitologia, pois desafiava os passantes para um vale-tudo intelectual – resolver um enigma ou ser devorado. "Qual criatura", perguntava, "anda com quatro, duas e três patas?" Mais cerebral de todos os heróis, Édipo respondeu: o homem, que engatinha quando bebê, anda ereto na vida adulta e usa uma bengala na velhice. Ao dar a resposta certa, ele pôs fim ao poder da criatura (que se suicidou)

Édipo descobre a verdade

À medida que a ação de *Oedipus Tyrannos* (*Édipo Rei*), tragédia de Sófocles, se dirige ao seu terrível desfecho, o interrogatório a que Édipo submete o pastor traz luz à identidade do bebê que, certa feita, ele havia salvo da morte no Monte Citéron. Também compõe a cena o outro pastor, o coríntio, para quem ele havia entregue a desgraçada criança. O quebra-cabeças estava prestes a ser montado.

Édipo	De quem o recebeste? Ele era teu ou de outrem?
Pastor	Não era meu; recebi-o das mãos de alguém...
Édipo	Das mãos de gente desta terra? De que casa?
Pastor	Não, pelos deuses, rei! Não me interrogues mais!
Édipo	Serás um homem morto se não responderes!
Pastor	Ele nascera... no palácio do Rei Laio!
Édipo	Simples escravo ou então... filho do próprio rei?
Pastor	Quanta tristeza! É doloroso falar!
Édipo	Mais doloroso de escutar, mas não te negues.
Pastor	Seria filho dele, mas tua mulher que deve estar lá dentro sabe muito bem a origem da criança e pode esclarecer-nos.
Édipo	Foi ela mesma a portadora da criança?
Pastor	Sim, meu senhor; foi Jocasta, com as próprias mãos.
Édipo	Por que teria ela agido desse modo?
Pastor	Mandou-me exterminar a tenra criancinha.
Édipo	Sendo ela própria a mãe? Não te parece incrível?
Pastor	Tinha receio de oráculos funestos.
Édipo	E quais seriam os oráculos? Tu sabes?
Pastor	Diziam que o menino mataria o pai.
Édipo (indicando O mensageiro)	Por que deste o recém-nascido a este ancião?
Pastor	Por piedade, meu senhor; pensei, então, que ele o conduziria a um lugar distante de onde era originário; para nosso mal ele salvou-lhe a vida. Se és quem ele diz, julgo-te o mais infortunado dos mortais.
Édipo (indicando o mensageiro)	Ai de mim! Ai de mim! As dúvidas desfazem-se! Ah! A luz do sol. Queiram os deuses que esta seja a derradeira vez que te contemplo! Hoje tornou-se claro a todos que eu não poderia nascer de quem nasci, nem viver com quem vivo e, mais ainda, assassinei quem não devia!
Coro	Vossa existência, frágeis mortais, é aos meus olhos menos que nada. Felicidade só conheceis imaginada; vossa ilusão logo é seguida pela desdita. Com teu destino por paradigma desventurado, mísero Édipo, julgo impossível que nesta vida qualquer dos homens seja feliz![145]

145. SÓFOCLES. Édipo Rei, 1.361-1.401 [Trad. de Mário da Gama Kury]. In: SÓFOCLES. *A trilogia tebana* [Édipo Rei; Édipo em Colono; Antígona]. Rio de Janeiro: Zahar, 2002, p. 80-83.

e ganhou o direito de casar-se com Jocasta, rainha e viúva recente.

Seguiu-se um casamento prolífico, com Jocasta dando à luz dois filhos, Etéocles e Polinices, e duas filhas, Antígona e Ismênia; mas os tempos de prosperidade de Tebas se esvaíram, e a cidade foi golpeada novamente pela peste, que afetou a fertilidade de pessoas, animais e colheitas. Na lógica do mito grego, tais acontecimentos jamais ocorriam sem uma causa e, como de costume, a consulta ao oráculo era o expediente mais óbvio. A resposta: encontrem o assassino de Laio, pois é ele a raiz de toda mácula. Seguiu-se, então, a mais profunda de todas as histórias de detetives, um enredo situado na tragédia de Sófocles, *Édipo Rei*: como líder da pólis, o herói mostrou-se implacável na revelação da verdade, mas ao descobrir-se parricida e pai de filhos com a própria mãe, foi tomado por tamanho desespero que rasgou os olhos – em verdade, o crime que cometera era de tal forma horrendo que mesmo o suicídio estava fora de questão, pois se o fizesse, desceria ao Submundo e se encontraria, cara a cara, com Laio e Jocasta (destroçada pela vergonha, a rainha acabara de tirar a própria vida).

A casa dos Labdácidas

"As razões divinas são inescrutáveis, e os humanos fazem o que podem para entendê-las e com elas lidar. Porém, mesmo os melhores, como Édipo, são frágeis e falíveis". Seu heroísmo fora demonstrado não em exibições de valentia, como Héracles ou Jasão, mas no decorrer de um instigante percurso na busca da verdade.

Tendo ido de Tebas ao Monte Citéron, de lá até Corinto, de Corinto para Delfos, e de volta à sua cidade natal, Édipo realizou aquela que seria sua derradeira viagem: até Atenas, cidade cujos habitantes amavam contar e ouvir histórias de sua hospitalidade para com os proscritos, e da mesma forma que já haviam dado guarida a Héracles, agora receberiam alguém cuja cegueira era uma recordação perene de suas transgressões. Mas ao menos, em solo ateniense, ele finalmente encontrou a paz: sua misteriosa partida desta vida (registrada em outro drama de Sófocles, *Édipo em Colono*) deixou para os atenienses um legado de poder benemerente, perpetuado em sua tumba.

Etéocles e Polinices

Para seus descendentes, bem como para toda cidade de Tebas, a herança de Édipo foi calamitosa: pouco antes de morrer, ele amaldiçoou seus dois filhos, Etéocles e Polinices, que tentavam tirar proveito do poder que o controle da sepultura do pai poderia trazer, numa animosidade e rivalidade que cedo degeneraram em guerra aberta. Era bem típico da variabilidade narrativa do mito grego que os narradores discordassem a respeito de qual irmão era o mais velho, bem como sobre a maneira como haviam decidido dividir o poder, mas o eixo comum a todas as versões é o fato de Polinices ("Muitas Brigas") ter reunido um exército não tebano para usurpar o poder de Etéocles, cujo nome ("Verdadeira Glória"), visto em retrospecto e à luz dos eventos que se seguiram, não parece convincente.

Polinices buscou apoio na cidade de Argos, cujo governante, Adrasto, ofereceu-lhe não apenas apoio militar, mas também a mão de sua filha. Juntos, lideraram um exército composto por gran-

des campeões, um para cada uma das sete legendárias portas de Tebas.

O início de uma campanha bélica (tanto na vida real quanto na ficção) inevitavelmente exigia a observância de cerimônias religiosas, pensadas para antecipar o futuro e, se possível, influenciá-lo. No caso em tela, Anfiarau, um adivinho argivo, previu sua própria morte e a de todos os campeões, com exceção do rei, mas aceitou tomar parte na empreitada convencido pela sua esposa, Erifile. Irmã de Adrasto, o papel que desempenhou faz eco à falsidade atribuída a personagens femininas do porte de Pandora, Medeia, Clitemnestra e Dejanira: seu apoio foi comprado, via suborno, por Polinices, que lhe ofereceu o colar de Harmonia, um tesouro familiar tebano fabricado por Hefaístos e dado à noiva de Cadmo como presente de casamento. Suscetível a tal sorte de persuasão, acabou por tombar a relutância do marido, e ele, contra seu melhor juízo, juntou-se aos Sete.

A captura de Tebas

A história da captura de Tebas incorpora, ainda que mais modestamente, alguns dos motivos encontrados na saga troiana. Um deles é a *condição necessária*, só que dessa vez tratava-se de uma exigência para a salvação da pólis, e não para sua conquista. Tirésias, grande vidente tebano, revelou: para que a cidade sobrevivesse à provação,

---

Os Sete contra Tebas, e seus oponentes tebanos

Estes nomes são encontrados na peça de Ésquilo, Os sete contra Tebas; na qual cada dupla de campeões luta em cada um dos sete legendários portões tebanos. Em outras versões da história, os nomes dos heróis variam um pouco, e mesmo o número sete não era intocável.

Atacantes	Defensores
Tideu	Melanipo
Capaneu	Polifontes
Eteoclo	Megareu
Ipomedonte	Hipérbio
Partenopeu	Áctor
Anfiarau	Lástenes
Polinices	Etéocles

(Esquerda) O tema do "presente fatal": Polinices suborna Erifile com um colar precioso para induzi-la a persuadir seu marido, Anfiarau, a tomar parte da expedição dos Sete contra Tebas. Vaso ático, meados do V século a.C.

(Abaixo) A morte não significou o fim para Anfiarau: neste relevo em mármore do IV século a.C., encontrado no santuário dedicado ao personagem em Oropo (costa da Ática, na margem oposta à Eubeia), ele é retratado como um "herói curador" cuidando do ombro de Arquino, que dedicou a obra como ação de graças por sua cura. À direita, enquanto dorme, o paciente sonha que uma serpente sagrada está lambendo seu machucado.

Ares precisaria ser pacificado pelo sacrifício de Meneceu, filho de Creonte e sobrinho de Jocasta (o deus da guerra ainda se ressentia da morte de sua serpente sagrada pelas mãos de Cadmo, quando da fundação da cidade). Num ato de altruísmo, o jovem se autoimolou, e abriu o caminho para o rechaço da força invasora.

Virtudes heroicas foram exibidas por ambos os lados, e sendo da natureza dos heróis testar ao máximo os próprios limites, Tideu, um dos Sete, foi possuído por tal selvageria que chegou a devorar os miolos de um dos seus adversários, para horror da deusa Atena, que prontamente retirou o dom da imortalidade que estava prestes a concedê-lo. Apenas um dos campeões logrou alcançar uma forma de glória eterna: o relutante Anfiarau, engolido pela terra junto com sua carruagem, e que após a morte tornou-se um herói da cura, graças à intervenção de Zeus.

Antígona

O que diferenciou o cerco a Tebas do troiano foi o fato daquele ter se tratado, basicamente, de uma guerra civil, cujo clímax ocorreu no duelo, e mútuo assassinato, entre os dois irmãos tebanos, Etéocles e Polinices, que pôs fim ao ódio que alimentara a campanha. Todavia, como o final de *A odisseia* ilustra tão bem, os parentes dos mortos seguem com suas vidas após o luto, e nesse caso os catalisadores para o próximo estágio da ação

(Acima) Tideu foi um tema apreciado pelos artistas etruscos, de que é exemplo esta joia (c. 450-400 a.C.) que mostra, vividamente, a tão característica agressividade descontrolada do herói.

Um baixo-relevo etrusco mostra o combate entre Etéocles e Polinices. II século a.C.

no teatro europeu posterior: nessa recontagem do mito, a heroína é enterrada viva por ordem real, e depois se enforca; seu futuro marido, Hêmon, filho de Creonte, cospe na cara do pai, um gesto de malévola rejeição, e comete suicídio usando um punhal. Aconselhado por Tirésias, o regente chega a revogar seu decreto, mas a decisão veio tarde demais, pois sua esposa, Eurídice, ao passo que a sorte do clã se desfazia, também havia se matado.

Alcméon

Ações, o mito grego repetidamente enfatiza, geram consequências, e as consequências das ações de Creonte estavam destinadas a reverberar longamente. Como ele havia proibido os funerais não apenas de Polinices, mas de todos os argivos caídos em combate, Adrasto, o único sobrevivente, buscou ajuda onde podia, em Atenas, então sob o cetro de Teseu, representado em sua figura usualmente virtuosa de defensor dos oprimidos. A intervenção armada derrotou os tebanos, e os mortos puderam ser devidamente enterrados, mas os descendentes dos heróis falecidos, mais especificamente seus filhos, os chamados Epígonos (*Epigonoi*, "Nascidos Depois") decidiram vingar seus pais, liderados por Alcméon, fruto do turbulento matrimônio entre Anfiarau e Erifile.

foram os dois membros sobreviventes da Casa dos Labdácidas: Antígona, filha de Édipo, e Creonte, irmão de Jocasta e regente de Tebas.

Para Creonte, o bem-estar da pólis (cidade-Estado) precedia qualquer outra coisa, até mesmo as reivindicações do *oikos* (o lar e seu patrimônio) na eventualidade de choque entre essas esferas. Aos seus olhos, portanto, o ataque de Polinices contra sua própria cidade natal representou um ato de definitiva traição, para o qual o castigo apropriado seria a negação dos funerais; Etéocles, inversamente, fora um defensor da comunidade; logo, digno de todas as homenagens póstumas. Esta distinção, no entanto, era inaceitável para a irmã de ambos, Antígona, que, entre as obrigações civis e as familiares, optou pelas segundas e jogou terra em cima do corpo exposto de Polinices, num ato de enterramento simbólico. Esse clássico, e insolúvel, conflito de prioridades foi imortalizado pela tragédia homônima de Sófocles, uma obra que exerceria tremendo impacto

Há exata correspondência entre as entradas de Alcméon e Anfiarau em suas respectivas expedições. Erifile os persuadiu a ambos e, em ambas as vezes, graças a subornos: primeiro por Polinices e seu presente do colar, e depois pelo filho dele, Tersandro, que lhe ofereceu outro funesto tesouro familiar: o vestido de Harmonia. A maior diferença entre as duas campanhas é que os Epígonos tomaram Tebas e arrasaram suas muralhas até o chão; tampouco existiu uma *condição necessária* para governá-la ou preservá-la, embora seja significativo que esta queda tenha coincidido com a morte,

Tara Fitzgerald interpreta o papel-título em uma produção da grande tragédia de Sófocles, Antígona, *no Old Vic Theatre, Londres, em 1999.*

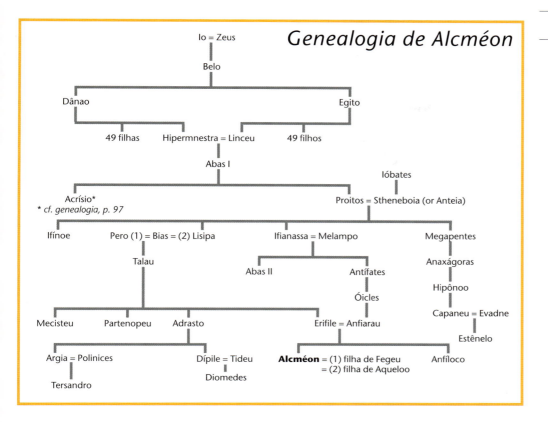

Genealogia de Alcméon

já há muito esperada, de Tirésias, que personificava em si a sorte tebana havia gerações.

Passados os tempos de aventuras heroicas, Alcméon voltou-se para as questões de sua família, uma situação doméstica que espelhava a de Orestes, pois seguindo o estímulo de um oráculo délfico ele puniu com a morte a perfídia de sua mãe. Embora pavoroso, o ato não infringiu a honra dos deuses; logo, diferentemente dos casos de Tântalo ou Actéon, não carregou o imediato castigo contra seu executor. No entanto, e uma vez mais semelhante ao filho de Agamenon, ele atraiu a presença das Erínias, as tão nauseabundas quanto socialmente necessárias vingadoras dos crimes familiares sangrentos; a loucura que elas enviaram a Alcméon o fez errar de um lugar para outro – no mito grego, o deslocamento irrequieto é frequentemente uma metáfora para distúrbios psicológicos, como no caso de Io, a virgem tornada vaca.

A única maneira de ele aliviar sua condição pecaminosa seria encontrar um anfitrião que lhe desse abrigo e realizasse os necessários ritos de purificação. Havia, porém, um complicador em sua situação: o colar e o vestido de Harmonia, que ele havia herdado quando da morte de Erifile. No distrito de Psófide (norte da Arcádia), o rei local, Fegeu, administrou os expurgos e deu-lhe a filha em casamento, que recebeu como dote nada menos do que a herança macabra que o noivo possuía. Ainda assim, a terra voltou a se tornar infértil, deixando claro que a poluição causada pelo matricídio não havia sido completamente removida, e diante disso Alcméon retomou suas andanças.

O herói foi, então, acolhido por um segundo, e mais potente, purificador: o deus-rio Aqueloo, cujo fluxo perpétuo era capaz de lavar mesmo as máculas mais profundas; novamente, Alcméon casou-se com a filha de seu remissor, mas, infelizmente, ela também desejava o colar e o vestido de Harmonia, que permaneceram com a esposa que havia deixado em Psófide. Usando de malícia, ele conseguiu recuperar os objetos, mas os filhos de Fegeu tomaram a ação como uma ofensa à irmã e mataram o ex-cunhado – no II século d.C., quando da visita de Pausânias, os visitantes ainda eram apresentados a um modesto edifício, que diziam ser a tumba do herói.

Mas o ciclo de mortes ainda não havia cumprido seu curso completo: os assassinatos por vingança continuaram, com os filhos da segunda família de Alcméon destruindo a primeira. Havia, contudo, um único lugar capaz de pôr fim aos massacres e prover um novo início aos sobreviventes: Delfos, onde Apolo, senhor da purificação e dos recomeços, possuía sua sede oracular. Os vingadores ofertaram os dois mortíferos tesouros, o colar e o vestido, ao deus, e, ao removerem-nos completamente do convívio humano, enfim neutralizaram seu poder maligno.

Laços sólidos: o amor entre cônjuges

Protesilau, primeiro grego a desembarcar em Troia, foi também o primeiro a morrer, deixando viúva sua jovem noiva. Aqui ele é retratado armado e pronto para a luta, com o navio atrás de si. Moeda da Tessália, inícios do V século a.C.

Um dos agentes mais poderosos da disrupção familiar é, paradoxalmente, a mesma força dos laços afetivos que mantém unidos os membros de uma casa: a devoção de Orestes ao pai o transformou num matricida, e Dejanira somente causou a morte do marido, Héracles, porque desejava reacender a paixão do casal. Mas há também histórias com representações de vínculos agregadores: como já salientamos, os mitos gregos são experimentos mentais que, às vezes, testam valores até a sua "destruição"; dessa forma, não surpreende que ligações como essas sejam usualmente submetidas ao desafio final: a morte.

Contos de casamento e morte: Protesilau e Laodâmia

A um só tempo pungente e trágica, a história desse casal é uma vinheta autocontida que ilustra o poder da paixão conjugal. Protesilau ("O Primeiro do Povo") foi o primeiro dos gregos a pôr os pés no litoral troiano, em franco desafio a um oráculo que profetizava a morte imediata para qualquer guerreiro que ousasse dar esse passo – e de fato, ao fazê-lo foi abatido, de acordo com uma versão, por ninguém menos do que Heitor. O elemento que intensificou o *pathos* da narrativa foi o fato de ele ter deixado em casa sua noiva, Laodâmia, com quem recentemente se casara, e cujo desejo por uma união que jamais viria a ocorrer expressou-se num luto de invulgar profundidade: esculpiu uma imagem do marido e com ela deitou-se para se consolar, um padrão narrativo que converge, em parte, com o de Pigmalião, memoravelmente recontado por Ovídio, sobre o personagem-título que talhou na pedra uma mulher adorável, a qual, milagrosa e definitivamente, ganhou vida.

Hermes, divindade das mediações, trouxe Protesilau de volta do Mundo dos Mortos para um breve interlúdio, mas esse consolo foi insuficientemente curto para Laodâmia, e quando o deus retornou seu marido para o Submundo, ela cometeu suicídio, para que, ao menos na morte, pudessem permanecer unidos.

Admeto e Alceste

Não menos comovente, mas sulcada de amargor e cinismo, vem uma outra história sobre casamento, dessa vez situada na Tessália. Admeto, rei da cidade de Feras, era casado com Alceste, filha de Pélias, governante da vizinha Iolcos. O início de sua carreira havia sido glorioso: participante

O pintor deste vaso do sul da Itália (c. 340 a.C.) conseguiu encapsular a crise na casa de Admeto e Alceste: após aceitar, nobremente, morrer em lugar de seu marido, Alceste despede-se dos filhos, enquanto Admeto põe a mão na cabeça em sinal de luto.

170

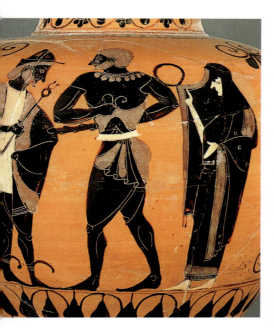

tanto da expedição dos Argonautas quanto da caçada ao Javali Calidônio, testes gêmeos de proeza heroica, sua capacidade de exercer a justiça no trato com as pessoas refletiu-se no fato de que, quando Apolo foi obrigado a cumprir um ano de penitência a serviço de um mortal, foi para Admeto que ele foi enviado para trabalhar como pastor. O deus jamais esqueceu o favor, e em retribuição ao bom tratamento que recebeu, expandiu a fertilidade dos rebanhos do rei, e o ajudou a conquistar a mulher que desejava.

Todavia (e esse é um tema recorrente na mitologia), a boa sorte dos humanos é inerentemente frágil – se assim não fosse, eles seriam deuses. Durante as bodas, Admeto esqueceu de oferecer o devido sacrifício a Ártemis, e precisou da palavra do divino irmão gêmeo da deusa para acalmá-la, pois ela já havia enchido de cobras o cômodo nupcial. Mas a estima de Apolo foi ainda mais longe: ele embebedou as Moiras (Fatalidades) e convenceu-as a prolongar o tempo de vida destinado ao amigo – desde que ele conseguisse encontrar alguém para morrer em seu lugar.

É aqui que a história, notavelmente apresentada na tragédia *Alceste*, de Eurípides, assume um tom mais sombrio: ninguém aceitou abrir mão da própria vida em prol da de Admeto, nem mesmo aqueles mais próximos e queridos, como seus velhos pais, pois quando comparada à alternativa disponível, a vida é doce, e o desejo de agarrar-se a essa doçura é um desincentivo poderoso ao altruísmo. Apenas sua esposa se dispôs a fazer o supremo sacrifício, e a oferta foi aceita; contudo, as várias versões da história parecem discordar sobre se o herói teve ou não a opção de aceitar a dádiva das Moiras, e, portanto, as possibilidades de avaliar sua conduta moral no episódio são amplas e variadas. Seja como for, ele só se deu conta daquilo que perdera quando Alceste não estava mais ao seu lado.

Felizmente, esse é um mito que opera na direção de uma resolução benigna, e o faz através de uma noção que pervade toda sua extensão: a reciprocidade. No curso dos seus Trabalhos, Héracles recebeu a hospitalidade da casa de Admeto, e, como de hábito, tirou proveito o quanto pôde do que lhe era oferecido, em completa ignorância do pesar de seu anfitrião, mas quando descobriu, por acaso, a verdadeira razão da tristeza, ele lutou contra Tânatos ("Morte", uma figura demoníaca e espécie de procurador de Hades) e trouxe Alceste de volta à vida. Nesse experimento mental específico, o laço matrimonial, embora testado, não chegou a ser destruído.

Orfeu e Eurídice

Em termos de influência na tradição cultural subsequente, as histórias dos casais Protesilau/Laodâmia e Admeto/Alceste são em muito superadas pela de Orfeu e Eurídice, especialmente nos campos da música e da ópera. Em marcante

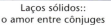

Laços sólidos::
o amor entre cônjuges

(Esquerda) Quando os pintores de vasos não escrevem nomes identificando as figuras, somos frequentemente reduzidos a palpites instruídos, como é o caso desta cena na qual Héracles traz Alceste de volta do Mundo dos Mortos, acompanhado por Hermes (à esquerda) o deus responsável por toda sorte de "transições". Vaso ático, c. 540 a.C.

(Abaixo) Uma das incontáveis ilustrações pós-clássicas da temática de Orfeu e Eurídice, aqui num painel pintado (c. 1489-1490) pelo artista florentino Jacopo del Sellaio. O centauro que puxa os cabelos de Eurídice é, certamente, uma criatura das profundezas do Submundo.

171

Laços sólidos:: o amor entre cônjuges

Entre as figuras de Hermes (esquerda) e Orfeu (direita), Eurídice inicia sua caminhada de volta ao mundo dos vivos. Este relevo de mármore (I século d.C.) é um dentre as várias cópias de um original grego clássico.

contraste com suas origens gregas, das quais (diversamente das evidências romanas mais amplas) possuímos material consideravelmente modesto, seus ecos podem ser encontrados em centenas de recriações artísticas posteriores. Até certo grau, o mito trata do grande amor entre marido e mulher, que a morte dela impede, mas suas ramificações estendem-se para muito além disso, e compreendem tanto os rituais menádicos e "órficos" quanto as oposições entre o que os gregos consideravam selvageria e *mousike* (tanto "música" quanto "cultura") e entre o próprio sexo e o oposto.

Diversas histórias relataram a genealogia de Orfeu: sua mãe seria uma das Musas, enquanto seu pai poderia ser Apolo ou Éagro, rei da Trácia, uma região que, como já mencionamos, os gregos do sul consideravam selvagem e incivilizada, de maneira que essa origem deixa implícita a dupla

(Direita) A morte de Orfeu nas mãos das mênades trácias. A lira, erguida pelo personagem em autodefesa, oferece pouca, ou nenhuma, proteção contra as determinadas mulheres. Vaso ático, c. 470 a.C.

associação entre a doce harmonia e um quê potencialmente selvagem, polos entre os quais oscilou a vida do herói.

Quando a esposa morreu picada por uma cobra, Orfeu resolveu dar um passo de que somente os maiores heróis foram capazes: tentar reverter o inevitável processo da mortalidade trazendo-a de volta para o mundo dos vivos. Sua abordagem foi oposta à utilizada por Héracles, pois ao invés da força bruta, empregou o canto e a música dedilhada na lira, talentos nos quais o herói excedia a todos os demais mortais, e sendo capaz de mover até mesmo as pedras e as árvores[146], dispôs-se a encantar uma audiência ainda mais petrificada, Hades e Perséfone, o casal real do Submundo. Nossas exíguas fontes gregas deixam dúvida a respeito do que ocorreu, mas ao que tudo indica Orfeu foi parcialmente bem-sucedido no esforço persuasivo: Eurídice foi liberta da morte, mas sob uma condição, a de que ele não a olhasse até voltarem à luz. Porém, já o sabemos, tais proibições, na lógica do mito, foram feitas para serem quebradas, e por ser humano, ele virou o rosto, e sua amada desapareceu na escuridão.

Orfeu após Eurídice. A carreira tardia de Orfeu manifesta a selvageria, mas também, eventualmente a doçura, percebida latente em sua genealogia. Após a perda da amada, o imensurável luto

---

146. Outro músico mitológico, Anfion, encantou as pedras para que ocupassem seus lugares durante a construção das muralhas de Tebas. Cf. p. 131.

em que vivia mantinha um novo casamento fora de questão, e ele pôs-se a vagar pelo interior da Trácia chorando sua perda, até que foi desmembrado por um grupo de mênades. Uma das razões mencionadas em nossas fontes para ato tão selvagem repete um tema conhecido – Orfeu teria ofendido o deus Dioniso, e foi, portanto, punido pelas suas adoradoras –, mas uma outra causa alegada sugere o quanto ele havia se distanciado do seu apego prévio ao casamento: as mênades o teriam destruído porque ele passou a rejeitar o amor das mulheres como um todo, em favor do afeto homossexual.

De um jeito ou de outro, a música de Orfeu não podia ser silenciada pela morte: sua cabeça flutuou pelo Rio Hebro até o mar, onde a corrente a levou em direção sul, passando por diversas ilhas, até chegar (ainda cantando, "Eurídice, Eurídice") ao litoral de Lesbos. Uma das muitas funções desse mito foi prover uma explicação etiológica para a exaltada reputação poética da ilha, lar de muitos renomados poetas, do "legendário" (Árion) aos históricos (Safo e Alceu). Mas a voz de Orfeu não permaneceu viva apenas em canções alheias: aparentemente, acreditava-se que sua cabeça havia formado o cerne de um oráculo, que podia ser consultado num santuário em Antissa, e mesmo que tenha sido a dedicação à esposa que o impulsionou a realizar a heroica jornada até o Mundo dos Mortos, sua influência *post-mortem* foi projetada pela conexão com o universo do sagrado, no qual seu talento incomparável permitiu adentrar.

Laços sólidos::
o amor entre cônjuges

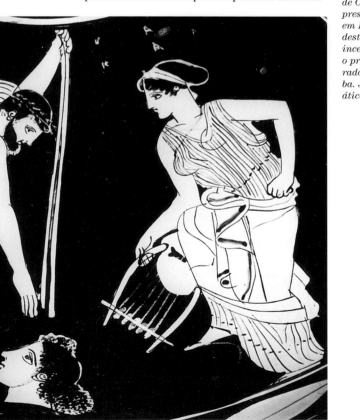

(Esquerda) Uma consulta ao "oráculo" da cabeça de Orfeu, supostamente preservada num santuário em Lesbos. Muito a respeito desta cena permanece incerto, como, por exemplo, o propósito dos objetos segurados pelo homem com barba. Jarra de água (hydria) ática, c. 440-430 a.C.

O homoerotismo

Relacionamentos entre homens na Grécia antiga

Orfeu teria incorrido no ódio das mulheres por rejeitá-las em favor do amor por outros homens. Sendo esse o caso, então a promoção de tendências homossexuais, em detrimento das heterossexuais, seria mais uma causa de disrupção familiar e do consequente enfraquecimento dos laços matrimoniais? A resposta, enfaticamente, é: não. Algumas explicações se fazem necessárias, e precisamos incursionar pelo campo da história social grega.

Como vem sendo crescentemente reconhecido pelos acadêmicos, o antigo mundo grego não conhecia a categoria-distinção moderna homossexualidade/heterossexualidade, terminologia utilizada para determinar "estilos de vida", perfis psicológicos ou comportamentais contrastantes. Antes, a intimidade entre pessoas do mesmo sexo, que com certeza absoluta ocorria na Grécia, era majoritariamente percebida *vis-à-vis* certo número de distintos parâmetros, em particular conforme o exercício da "atividade" ou da "passividade" dos parceiros, sua idade ou *status* social. Como em todos os aspectos da vida na Antiguidade, nas questões da sexualidade a maioria esmagadora das evidências refere-se ao comportamento masculino, sobre o qual estamos melhor informados e somos capazes de identificar um padrão durável e historicamente demarcado, no qual adolescentes eram cortejados por homens mais velhos, aqueles convencionalmente vistos no papel passivo do *amado*, estes exercendo a função ativa, e ávida, do *amante*.

Tais relacionamentos não provocavam, em si, desaprovação social, mas seriam provavelmente estigmatizados caso o comportamento de um, ou de ambos os parceiros ameaçasse aquele "padrão ideal" a que nos referimos – por exemplo, se o adolescente se mostrasse voluntariamente receptivo aos avanços do homem mais velho, ou se a relação se prolongasse até um momento em que o rapaz já tivesse atingido a idade adulta; evitados esses riscos, a honra dos companheiros permaneceria intacta. Um ponto absolutamente crucial: esperava-se de ambos que, eventualmente, estabelecessem uniões com mulheres – noutras palavras, não se percebia incompatibilidade entre, de um lado, o engajamento em relação homoafetiva de um jovem com um adulto e, de outro, o casamento.

A evidência para esse modelo jovem/adulto, passivo/ativo, provém de várias partes do mundo grego; a situação é melhor conhecida na Atenas no Período Clássico, mas também há material valioso oriundo de Creta e do Peloponeso, e um costume cretense, em especial, deu aso a uma explicação intrigante para esse parâmetro de intimidade homoafetiva: os jovens eram "raptados" por homens mais velhos, e com eles passavam dois meses caçando até retornarem ao mundo "civilizado" das cidades. Segundo a teoria, esse comportamento refletiria um ritual primitivo de iniciação, no qual os adultos apresentariam os moços às normas da comunidade. Há problemas com essa interpretação, a começar pelo fato de que na forma mais bem estudada, a ateniense, não ocorria a incorporação mandatória de toda uma faixa etária, mas antes o estabelecimento de vínculos afetivos entre pares individuais. Não obstante, a plausibilidade da "teoria da iniciação" serve como alerta a respeito do fosso que separa as modernas experiências sexuais daquelas próprias da Grécia antiga.

Relações homoafetivas nos mitos

Essas observações a respeito da história social da Grécia devem nos ajudar a ler as evidências da mitologia com maior discernimento. Em especial, agora podemos pensar sobre por que tantos relacionamentos mitológicos homoafetivos envolveram o fosso etário adulto/adolescente. Enquanto hóspede de Pélops, rei de Pisa, Laio, monarca espartano, apaixonou-se pelo filho do seu anfitrião, Crísipo, e o raptou quando o ensinava a conduzir uma carruagem – o escritor Apolodoro chama o garoto de *pais*, algo que pode ser traduzido como adolescente[147]. Houve também o caso de Héracles e sua paixão pelo seu desventurado escudeiro, Hilas, descrito pelo poeta Teócrito como um "delicioso *pais*" cujo cabelo caía em cachos, logo bem mais moço e delicado que o homenzarrão a quem acompanhava. De fato, quando ele se afogou, agarrado por uma ninfa apaixonada para dentro de uma fonte, havia ido buscar água, um símbolo eloquente do seu lugar como parceiro afeminado e passivo daquela relação.

Outro dos jovens bem-amados de Héracles (segundo Plutarco, tantos que seria impossível contar)

---

147. A palavra pederastia vem de *pais*, adolescente, e *erastes*, amante.

O homoerotismo

(Abaixo) O apetite sexual de Héracles pendia tanto para rapazes quanto para mulheres, e um dos seus amantes foi o jovem Iolau, visto aqui ao lado do herói no combate contra o Leão de Nemeia. Vaso ático, c. 520 a.C.

(Acima) A diferença etária entre os parceiros deste casal, um homem feito e um menino, é típica das relações homoafetivas na Grécia antiga. Taça ática, c. 480 a.C.

175

O homoerotismo

O "rapto" de Ganimedes por Zeus. Visto aqui em sua forma menos autoritária, o Pai dos Deuses empunha um cajado, ao invés do típico cetro. O garoto carrega um galo, sem dúvida um presente do amante. Terracota de Olímpia, c. 470 a.C.

chamava-se Iolau, seu protegido tebano, apontado por muitos contadores de mitos como ajudante do herói em seus Trabalhos. Na cidade de Tebas, o relacionamento entre os dois tornou-se objeto de culto, pois no contexto da força militar de elite da pólis, conhecida como o Batalhão Sagrado (formada no século IV a.C. e composta por 150 casais de homens), era sobre a tumba de Iolau que os amantes faziam seus juramentos de lealdade.

Por fim, devemos mencionar Creta, em especial à vista da associação histórica entre a ilha e os ritos envolvendo "raptos" homossexuais. Tanto Minos quanto seu irmão Radamanto, assim diziam os narradores de mitos, teriam sucumbido ao desejo por adolescentes – numa variante pouco conhecida, o rei teria se apaixonado por Teseu, e embora essa história não tenha ganhado repercussão ampla, como o encontro entre ambos teria acontecido numa altura em que o herói ateniense ainda não havia casado, enquanto Minos já possuía um filho crescido, uma vez mais somos recordados da essencial discrepância entre "idades e *status*" sobre a qual eram fundadas as ideias gregas sobre pederastia.

Relacionamentos entre homens e deuses

Quando um dos parceiros de uma relação homossexual é um deus, o aspecto etário da discrepância entre os amantes exige um ligeiro reposicionamento: Qual a idade de uma divindade? Noves fora tal questão, conhecemos muitas instâncias afetivas envolvendo um deus e um mortal nas quais ocorrem as diferenças óbvias de "senioridade", bem como de atividade/passividade. Píndaro compara o rapto de Pélops, fomentado pelo desejo incontrolável de Posêidon, ao sequestro de Ganimedes por Zeus, protótipo para relações entre homens mais velhos e seus jovens bem-amados – mesmo evento a que o poeta Teógnis de Mégara (século VI a.C.) traçou a origem daquilo a que chamou de "prazer da *paidophilia*"[148].

Agora bem, servir vinho não é o mesmo que buscar água (como Hilas fez), ou seja, embora não vincule explicitamente Ganimedes a uma mulher, implica um claro contraste entre o jovem mordomo e os convivas, seus sêniores, a cujo desfrute ele atende. Seu *status* como modelo do moço bem-amado é descrito detalhadamente no décimo-segundo *Idílio* de Teócrito de Siracusa, que evoca um ritual de competição de beijos entre jovens rapazes da cidade de Mégara: o poeta imagina o juiz sortudo invocando Ganimedes para que seu veredito seja justo.

É a Apolo que os contadores de mitos atribuem a maior quantidade de casos homoafetivos, e uma vez mais esses relacionamentos caracterizam-se pela existência de um abismo não apenas no que tange à senioridade, mas também à relação atividade/passividade. O exemplo paradigmático, e mais recontado, é o romance com o belo e jovem Jacinto (cf. p. 101), que terminou quando um disco lançado pelo deus atingiu o amado na cabeça e o matou; esse evento, contudo, não marcou o fim da história: primeiro, a existência do rapaz foi perpetuada

---

148. O autor usa o termo grego mais próximo do texto-fonte, *paidophilia*, porque, a rigor, não há tradução possível nas línguas atuais. A palavra mais próxima, pedofilia, sua derivação direta, refere-se hoje a uma desordem psiquiátrica (segundo a OMS) e/ou a uma perversão (ou parafilia) sexual [N.T.].

quando de seu sangue brotaram flores adoráveis; além disso, sua memória foi preservada num culto, em especial no local exato de seu suposto túmulo, na cidade de Amicleia (próxima a Esparta); por último, houve, inclusive, a sugestão (expressa numa canção ritual) de que o deus trouxera seu amante de volta à vida, algo que alguns acadêmicos modernos interpretam como evidência de uma crença implícita no "renascimento" do rapaz, semelhante a que existia na maioria das cerimônias de iniciação, que envolviam tanto a "morte" de uma existência quanto o "nascimento" de uma outra.

Pares de heróis "iguais"

Relações eróticas homossexuais entre dois iguais em idade ou *status* não figuram com qualquer grau de proeminência em nossas fontes mitológicas. Mas e os laços entre Aquiles e Pátroclo, ou Teseu e Pirítoo? De fato, alguns narradores (mas não o próprio Homero) interpretaram a amizade entre o filho de Tétis e seu companheiro em termos homoeróticos, embora houvesse significativa discordância a respeito de quem era o mais velho – como se, no esforço para fazer o relacionamento corresponder ao padrão comportamental, a existência de uma diferença etária fosse indispensável. No geral, as evidências mitológicas corroboravam aquelas da história social, enfatizando a ubiquidade do modelo adulto/jovem.

Conclusão

Boa parte deste capítulo ocupou-se das transgressões e disrupções, com *pathos* e morte. Os mitos gregos, como vimos, magnificavam, exageravam e agudizavam as paixões e conflitos do quotidiano, tornando-os, de uma só vez, mais visíveis e consequentes. Nem toda (ou muito provavelmente nenhuma) família grega real experimentou os traumas sofridos pelos membros das casas dos Pelópidas ou dos Labdácidas, mas essas histórias eram experimentos mentais, contadas no intuito de conferir sentido ao mundo no qual homens e mulheres de verdade viviam.

O homoerotismo

Mesmo os heróis sentem dor: Pátroclo crispa o rosto de dor enquanto Aquiles cuida de seu braço ferido. O cuidado afetuoso de Aquiles com seu companheiro é claramente perceptível, embora nada nesta imagem possa indicar uma relação entre ambos mais íntima do que a amizade. Taça ática, c. 500 a.C.

A significância do lugar

Este capítulo irá investigar a topografia da mitologia grega, observando os mitos em contraste com a paisagem – tanto natural quanto humanamente construída – nos quais essas narrativas se desenrolaram.

Muito da originalidade dessa mitologia derivou do seu meio ambiente natural – montanhas, cavernas, rios, fontes, mar –, paisagem marcadamente divergente daquelas, por exemplo, de regiões como Egito, Mesopotâmia, norte europeu, Japão, ou as planícies norte-americanas, todas lares de povos contadores de histórias para quem a configuração particular de seu próprio ambiente, como para os gregos antigos, moldou com profundidade os tipos de contos que conceberam.

Também os assentamentos humanos constituem partes distintivas do mundo do mito. Nossos exemplos serão Creta e Troia, cada uma possuidora de suas próprias características especiais, servindo de cenário para as narrativas e atraindo muito interesse em virtude das espetaculares descobertas arqueológicas que levantaram a questão da relação complexa entre o mundo mitológico e o "real".

Por fim, visitaremos um local que nenhum relato do universo da antiga mitologia grega pode ignorar: o Submundo. A partir da perspectiva das ansiedades e esperanças dos narradores de mitos e suas audiências, era uma locação não menos "verdadeira" do que outras mais aptas à visitação, como Atenas, Tebas e Argos.

O Rio Ladon, correndo através da Arcádia, foi descrito por Pausânias como o melhor rio de toda Grécia. Segundo alguns contadores de mitos, ele era o pai de Dafne, a ninfa perseguida por Apolo.

VI Uma paisagem mitológica

Montanhas

O artista e poeta Edward Lear (1812-1888) viajou extensivamente pela Grécia; sua Vista do Monte Parnasso e das planícies da Beócia (View of Mount Parnassus and the Plains of Boeotia, *1862) é uma das mais de duas mil representações que ele criou do mundo helênico que presenciou.*

Espaços da imaginação

A Grécia era, e ainda é, uma terra de rochas nuas e pastos rudes; de riachos desconexos que se tornam torrentes com a chegada das chuvas; de temerárias ravinas e cavernas insondáveis; de charcos e fontes e campos floridos; de um milhar de ilhas aninhadas em um mar traiçoeiro. Sobre esse mundo natural os gregos impuseram suas próprias estruturas: santuários, casas, fazendas, vilas, cidades. A paisagem era uma mistura do natural com o cultural.

Os contadores de mito invocavam essa paisagem como meio de conferir forma e sentido às suas narrativas, as quais não eram meros *reflexos* das percepções do dia a dia, mas antes *adaptavam* essas percepções ao eleger e destacar certos aspectos, de modo que desenvolveram um simbolismo relativamente consistente do espaço sagrado – ou, pelo menos, tanto quanto permitia a inexaurível capacidade dos gregos para a invenção. Nosso objetivo é apresentar alguns elementos característicos desse mundo simbólico.

O que é visto hoje em dia não é, necessariamente, idêntico àquilo que pode ter sido presenciado por um observador antigo. Fatores como alterações nas linhas costeiras e no curso dos rios, e modificações no uso da terra, transformaram grandemente o que está "lá" para ser contemplado – por exemplo, na Antiguidade o cultivo do grão era tanto mais prevalente quanto menos o da oliveira (o inverso do que se vê correntemente).

Além disso, a categoria do "visível" é tanto uma questão de percepção cultural quanto de óptica, e a esse respeito duas grandes mudanças ocorreram desde a Antiguidade: como exemplo, incluiremos representações da paisagem grega que foram produzidas por gerações de visitantes e observadores (em alguns casos precedendo em centenas de anos à invenção da fotografia). A despeito (ou talvez por causa) dessa variabilidade perceptiva, ler os mitos gregos à luz da topografia é um meio indispensável de chegar a um consenso entre seus múltiplos sentidos.

Montanhas

No Canto VI de *A odisseia*, após deixar a terra dos Feácios e abandonar a companhia dos mortais, Atena

[...] retornou para o Olimpo, onde a sede, é sabido, se encontra, a sede
sempre tranquila, dos deuses. Por ventos jamais é abalada,
nem por tormentas de chuva ou por neve; escampado, infinito,
o éter por cima se estende, impregnado de luz irradiante[149].

Embora o Olimpo pudesse ser visto de longe (num dia claro, desde Tessalônica), a morada dos deuses parecia ser, não obstante, impossivelmente remota.

Nenhuma outra montanha rivalizava, em termos de mística, com o Olimpo, mas todas possuíam suas próprias auras sagradas, e em qualquer uma as divindades poderiam estar em atividade. Hermes nasceu no Monte Cilene, filho da ninfa Maia, amada por Zeus, e o próprio Pai dos deuses, ainda bebê, foi protegido da fúria de Cronos na caverna de uma montanha cretense – o Dícti ou o Ida. Dizia-se que as Musas dançavam e cantavam com Apolo no Hélicon ou no Parnassos, e que Ártemis caçava no Taigeto ou no Erimanto. E Pã, frequentemente, encontrava-se nos montes, sempre à caça das Ninfas.

Graças a essa presença divinal, a montanha era um local em que um mortal poderia, sem querer, deparar-se com uma divindade – algo que usualmente lhe custava muito caro: no Mon-

---
149. HOMERO. *A odisseia*, VI: 41-45. Op. cit., p. 114.

181

| Montanhas |

te Citéron, o caçador Actéon cometeu o erro fatal de perturbar Ártemis enquanto se banhava numa fonte, e foi transformado em um cervo e destroçado pelos seus próprios cães de caça. No mesmo local, uma espécie um tanto quanto diferente de esbarrão com o sagrado passou-se com Penteu, quando ele finalmente vislumbrou o poder sem limites de Dioniso: foi desmembrado por sua mãe, junto com outras mênades, um desfecho selvagem que o Mensageiro da peça *As bacantes*, de Eurípides situou em cenário apropriadamente implacável, um desfiladeiro rochoso, cheio de pinheiros e com uma torrente emergindo abaixo. Tirésias teve um final menos brutal, mas não menos agonizante: após flagrar Atena nua numa nascente no Monte Hélicon, a deusa poupou sua vida e sua integridade física, exceto sua visão.

Algumas vezes, as macabras consequências do encontro com o sagrado tardavam a se manifestar. Quando Hera, Atena e Afrodite desceram do Monte Ida, próximo a Troia, e exigiram de Páris que proferisse seu veredito, o resultado a curto prazo foi apenas o suborno na forma deslumbrante de Helena; somente bem depois, quando as cinzas da cidade fumegavam, a verdadeira importância do encontro tornou-se clara. Se Páris não havia es-

colhido ser juiz, tampouco o recém-nascido Édipo optou por ser levado ao Citéron para morrer. Paradoxalmente (explícito na tragédia *Oedipus Tyrannos*, de Sófocles), a montanha foi testemunha do "renascimento" do herói e também selou o seu destino: rejeitado pelos seus verdadeiros genitores, Citéron, sua "mãe adotiva", o protegeu do mais terrível de todos os futuros.

As montanhas do mito grego são, portanto, lugares onde a natureza silvestre tende a manifestar suas qualidades indômitas e perigosas, mas há as exceções, casos nos quais o sagrado surge sob uma luz mais benigna. Um exemplo é fornecido pelos mitos a respeito do Monte Pelion, na Tessália, onde jovens heróis eram educados sob o olhar benevolente de Quíron, o centauro. Aqui, a montanha selvagem simboliza um estado pré-civilizado, transicional, necessário ao correto desenvolvimento de futuros guerreiros como Aquiles e Jasão, dois dos muitos que realizaram seu aprendizado naquelas encostas arborizadas.

Mas a montanha também poderia, ocasionalmente, fornecer o palco solene e imperturbável para a despedida de um herói, algo bem distante das cenas repletas de rancor e vingança associadas às mortes de Actéon e Penteu. Foi o caso do Monte Eta, cenário do ato final do drama terreno de Héracles: naquele pico montanhoso, deitado em sua pira funerária, ele realizou sua transição do mundo dos mortais para sua nova morada, o Olimpo.

(Acima) O Monte Pelion em Magnésia (um distrito da Tessália) é um dos mais belos de toda Grécia: em parte selvagem, em parte gentil e benigno. É a suposta morada do centauro Quíron, que também combinava a selvageria da natureza animal com a gentileza de um sábio professor.

(Esquerda) Para criar seu Hélicon, ou A visita de Minerva às Musas (Helicon, or Minerva's Visit to the Muses), *o pintor flamengo Joos de Momper (1564-1634/1635) inspirou-se numa passagem das* Metamorfoses, *de Ovídio, na qual o poeta descreveu a visita da deusa às Musas. Ela havia acabado de tomar conhecimento de um acontecimento maravilhoso – o surgimento de uma nova nascente, no exato local onde o solo havia sido tocado pelos cascos de Pégaso, o cavalo alado.*

Cavernas

Embora visualmente menos dominantes do que as montanhas, as cavernas foram um elemento igualmente pervasivo da geologia grega, e também representaram significativo papel na antiga religião politeísta. Locais favoritos para o culto às Ninfas, dois dos melhores exemplos dessa prática são as cavernas do Monte Himeto[150], e a Corícia, do Monte Parnasso, em Delfos. Pã, o deus capríneo, era igualmente vinculado a esses ambientes, principalmente após sua devoção ter sido introduzida na Ática por volta do século V a.C. (acreditava-se que a divindade havia ajudado os atenienses na Batalha de Maratona, em 490), e embora muitas de suas grutas fossem localizadas no interior, quando da instituição oficial do culto na pólis os cidadãos escolheram uma caverna na encosta norte da Acrópole, incorporando assim uma pequena porção do selvagem mundo rural ao coração urbano. Essa escolha deixou evidente uma coerência simbólica na concatenação de ideias que congregou uma divindade oriunda da Arcádia, região supostamente primitiva e "pré-civilizada", a um elemento da paisagem que era igualmente percebido como pertencente ao passado. Seguindo um simbolismo análogo, Atenas destinou às "Sagradas" (ou seja, as Fúrias) um local de adoração num setor igualmente "arcaico"

150. Em Vari, subúrbio da atual Atenas.

As ninfas

A ninfa Aretusa (cf. p. 190-191) foi desejada por Alfeu, o deus-rio peloponésio. Quando ela fugiu na direção oeste para escapar do seu assédio, transformou-se numa nascente em Siracusa. Sua efígie enfeitava moedas siracusanas como esta.

As Ninfas formavam uma classe de divindades femininas que compartilhavam diversas características comuns: eram, amiúde, intimamente identificadas com alguma localidade específica, fato exemplificado pelas numerosas moedas nas quais suas efígies personificavam a cidade em questão. Usualmente, possuíam uma forte conexão com a paisagem (montanhas, árvores, nascentes, rios, o mar), explicitada, às vezes, pelos nomes distintivos que lhes eram atribuídos, tais como náiades (de *naís*, nadar, das águas correntes e das fontes), dríades (*drýs*, carvalho, das árvores) ou oréades (*orós*, montanha), embora mais simplesmente fossem chamadas *nymphai*, donde o termo em várias línguas ocidentais. *Nymphe* também significa "garota", "mulher", e especialmente "noiva", um sentido que aponta para a conexão com a sexualidade, e como tem demonstrado os achados arqueológicos, dois grupos realizavam extensivas oferendas a essas divindades, as moças antes do casamento e após o parto. A sexualidade constituía, certamente, parte significativa de sua presença na mitologia, seja como objetos de perseguição erótica (Hermes, Pã, os sátiros etc.), ou como participantes ativas na busca pela conjunção carnal com mortais.

Os narradores de mitos do Período Helenístico parecem ter sido particularmente propensos a contar histórias sobre Ninfas perseguindo mortais, relatos que frequentemente terminavam em *pathos*, de que é exemplo a paixão de uma náiade por Hilas, o jovem escudeiro de Héracles, que tinha ido buscar água:

> ...e tão logo Hilas curvou-se, mergulhou a jarra na fonte e a água gorgolejou alto ao adentrar o bronze soante, a ninfa lançou o braço esquerdo sobre seu pescoço e, com a mão direita em seu calcanhar, o puxou em sua direção, no desejo de beijar seus lábios macios. E ele caiu em meio ao redemoinho.

Outro homem cujo envolvimento erótico levou à desgraça foi Dafne, um pastor siciliano. Sua beleza (dizia-se ser filho de Hermes) despertou a paixão da ninfa Cloé que, num ataque de ciúmes depois de ele haver dormido com outra mulher, o cegou. As tradições referentes ao personagem são complexas, e em uma versão as canções que entoava para se consolar em meio ao rústico isolamento fizeram dele o criador da poesia pastoral.

O tempo de vida das Ninfas é motivo de debates, e o consenso reside em que elas viviam por longo tempo, mas faleciam. O caso das Ninfas das árvores era particularmente interessante, e deu origem à noção de hamadríade, com *hamas* significando "de mesma duração" e *drýs*, árvore, implicando ser coextensivas as existências de umas e de outras. Como se lê no *Hino homérico a Afrodite*:

> Que não sendo mortais, imortais todavia não são:
> Longo tempo elas vivem, e de cousa imortal se alimentam,
> E entre os divos eternos frequentes os coros exercem.
> [...]
> Porém, quando o destino da morte se acerca imutável,
> Essas árvores belas começam na terra a secar,
> Logo a casca em volta perece, e seus ramos lhes tombam,
> E das Ninfas as almas também a luz deixam do sol[151].

Não causa surpresa, portanto, que encurtar a vida de uma ninfa derrubando sua árvore fosse um sacrilégio intolerável: em seu *Hino a Deméter*, o poeta Calímaco narra a história do perverso Erisícton, que um dia levantou o machado contra um choupo pertencente à deusa dos cereais; os gritos de dor da vítima foram respondidos pela divindade, que infligiu ao lenhador fome tamanha, somente saciada quando ele devorou o próprio corpo.

Em *A ilíada*, as equivalentes marinhas das Ninfas das árvores e montanhas eram chamadas de Nereidas, as filhas de Nereu, o deus do mar, dentre as quais contava-se Tétis, mãe de Aquiles. A aparente continuidade entre essas criaturas e o demônio-mulher neraida[152], do moderno folclore grego, levanta o delicado assunto da extensão da "sobrevivência" de crenças religiosas antigas nos tempos modernos, tema que carrega em si o peso de implicações ideológicas, pois enfatizar – ou, por outra, rejeitar – tal continuidade significa pronunciar-se a respeito da "helenicidade" da moderna Grécia em contraposição, por exemplo, ao seu passado otomano. Contudo, no caso em tela é difícil negar *algum* elemento de permanência, dada a proximidade do paralelo Nereidas/neraida, presente já na Antiguidade, quando se falava em casos de "ninfolepsia", ou seja,

151. Hino homérico a Afrodite. In: *Hinos homéricos*. Brasília: UnB, 2003, p. 93 [Intr. e trad. de Jair Gramacho].

152. Plural: neraides.

do espaço cívico, um santuário cavernoso próximo ao Areópago, apropriado à terrível aparência física das deusas e ao seu papel de perseguidoras dos assassinos, manifestando uma lógica notória para sua reclusão.

Por serem cavidades dentro da deusa Gaia, a terra, adentrá-las significava realizar uma aproximação íntima com o sagrado: através de uma delas se chegava ao reino de Hades, e Pausânias, o viajante, registrou que em Tênaro[153] existia um "santuário que parecia uma caverna", marcando o local onde o herói Héracles teria trazido Cérbero desde o Submundo.

A representação das cavernas na narrativa mitológica parte desse princípio e desenvolve alguns desses aspectos do culto: elas são habitações, mas também selvagens – abrigos para

---

153. Cabo Tênaro, ou Cabo Matapão, promontório na ponta sul da Península de Mani, no Peloponeso.

No alto do Monte Parnasso, acima de Delfos, fica a Caverna Corícia, que possui uma câmara central verdadeiramente impressionante, com 50 metros de comprimento, 27 de largura e 12 de altura. Como muitas outras no mundo helênico, era um local consagrado a Pã e às Ninfas. "De todas as cavernas em que pus os olhos", escreveu o antigo viajante Pausânias, "esta pareceu a que mais valia a pena visitar".

do sequestro da consciência de alguns indivíduos pelas Ninfas, reduzindo-os a um estado devocional semelhante ao transe. Restou, inclusive, uma referência escrita, encontrada na caverna de Vari, sobre um desses "ninfolépticos": um homem chamado Arquídamo, de finais do século V a.C.

Do Período Bizantino até o presente momento, a ideia de possessão por demônios femininos persistiu como explicação para casos inexplicáveis de comportamentos bizarros, físicos ou mentais. No contexto da dualidade fundamental Deus/Diabo da crença cristã, as neraides do folclore moderno são consideradas aliadas do maligno, entidades destrutivas e malevolentes que seduzem os incautos adotando as formas atraentes de uma mulher, um tipo de polarização moral alheio à crença grega, que carecia do conceito de demônio: naquela mitologia, as Ninfas podiam, sim, ser perigosas, mas também benfazejas, pois exerciam um papel especial na criação e formação de heróis e até mesmo de deuses, ensinando-os os saberes necessários a uma legítima vida rural. Entre os seus pupilos, estiveram Hermes, Apolo e seu filho Aristeu, o herói-pastor, e entre as habilidades úteis que aprenderam com elas estiveram a adivinhação, a apicultura e a produção de queijo.

quem deles precisa, mas de um universo além dos assentamentos edificados pela mão humana; como as montanhas (onde, em geral, muitas estão situadas), elas são associadas a um tempo excessivamente recuado, e serviram de nascedouro e primeira nutriz para vários deuses. O bebê Zeus foi cuidado em uma caverna, embora haja dúvida sobre qual especificamente, e não surpreende que várias localidades, em Creta e na Arcádia, por exemplo, disputem esse privilégio. O mesmo ocorreu com o recém-nascido Dioniso: num momento tornado célebre pela iconografia, Hermes foi representado entregando a criança ao cuidado das Ninfas, e num notável exemplo de como o mito poderia ser incorporado ao cerimonial político, essa cena foi um dos numerosos episódios

A sobrevivência de qualquer tipo de pintura da Grécia antiga é muito incomum; logo, a descoberta, em 1934, de quatro painéis de madeira pintados foi um evento excepcional. Encontradas numa caverna em Pitsa, perto de Sicião (norte do Peloponeso), as tábuas indicam que a caverna era consagrada às Ninfas. Neste que ilustra a página, um grupo de figuras prepara-se para sacrificar um carneiro. A inscrição recorda os nomes de duas mulheres (supostamente as ofertantes) junto com as palavras "dedicado às Ninfas".

Cavernas

recriados no extravagante e colossal desfile com carros alegóricos de Ptolomeu II Filadelfo[154] em Alexandria, evento preservado pelas palavras de Ateneu de Náucratis:

> Não seria correto omitir o carro com quatro rodas, 10 metros de comprimento, 7 de largura e puxado por 500 homens, sobre o qual estava uma caverna profunda, ricamente assombreada com hera e teixo. Dela, ao longo de todo percurso, voavam pombas, pombos-torcazes e rolinhas, seus pés amarrados com fitas para que os espectadores pudessem facilmente capturá-los. Do alto da caverna borbulhavam duas fontes, uma de leite, outra de vinho, e todas as Ninfas à volta dele (o bebê Dioniso) portavam coroas de ouro, enquanto Hermes segurava um cajado de ouro e usava trajes ricos.

O carro celebrava um dos primeiros episódios da carreira de Dioniso, futuro conquistador "do Oriente". Alexandre o Grande apresentava-se como o deus renovado, e Ptolomeu II, herdeiro de parte do legado do líder macedônico, inseria-se na mesma tradição ao apresentar exuberantemente os eventos acima descritos, incluindo a tenra infância divina na Caverna das Ninfas.

As cavernas em Homero

É possível encontrar já em *A odisseia* uma gama de descrições sobre a aparência de uma caverna: a de Calipso, onde Odisseu foi retido, à primeira vista parecia um paraíso, um arvoredo com pássaros em seus ninhos, flores e quatro fontes borbulhantes simetricamente dispostas. Contudo, a artificialidade formal desse cenário era espelho do relacionamento entre ambos, que havia esfriado. Outro exemplo fornecido pelo épico é a morada do ciclope Polifemo, e uma vez mais as impressões iniciais são ordeiras, idílicas até, com ovelhas e cordeiros caprichosamente divididos em cercados de acordo com a idade, leite e queijo à mancheia. O senhor dessa habitação, contudo, desmente esse quadro ao salpicar o chão com os miolos dos seus hóspedes e devorar suas carnes – evidenciando aqui não a sacralidade das grotas, mas sua selvageria. Somente quando do seu retorno a Ítaca, Odisseu vê-se novamente em um ambiente que não é nem ameaçador nem exóti-

154. Segundo rei (308-246 a.C.) da dinastia grega do Egito, os Ptolomeus (também conhecidos como Lágidas) [N.T.].

co, e o ato que finalmente o convence de que havia retornado ao lar é a visão da Caverna das Ninfas:

> No ponto extremo do porto frondosa oliveira se alteia,
> junto da qual uma gruta se afunda, sombrosa e agradável.
> É dedicada esta às Ninfas por todas chamadas de Náiades.
> Ânforas grandes se veem no interior e crateras, de pedra,
> dentro das quais as abelhas as suas colmeias fabricam,
> bem como teares compridos, de pedra, também, onde as Ninfas
> tecem seus mantos tingidos com púrpura, espanto dos olhos.
> Fonte perene aí borbulha; é provida de duas saídas:
> uma do lado norte, acessível aos homens somente;
> a que se encontra ao sul é dos deuses; nenhum dos humanos
> dela se serve; é caminho somente dos deuses eternos[155].

155. HOMERO. *A odisseia*, XIII: 102-112. Op. cit., p. 226.

(Direita) A assim chamada Caverna das Ninfas, em Ítaca, onde Odisseu teria escondido os presentes dados pelos seus anfitriões feácios. A luz entra na caverna através de uma abertura no teto.

(Abaixo) Cavernas podiam ser interpretadas como locais de selvageria e estranhamento, pois toda sorte de perigos pode nelas espreitar. Nesta taça (ática, c. 500 a.C.), um Héracles de face incomumente lisa puxa um monstro terrível de dentro do seu covil.

Essa passagem teria considerável ressonância na Antiguidade Tardia: Porfírio, filósofo da religião (século III d.C.) a compreendeu em termos neoplatônicos como uma alegoria da passagem das almas entrando e saindo do cosmos, o qual, sendo um lugar igualmente "sombroso" e "agradável", era simbolizado pela Caverna das Ninfas, abordagem essa que ilustra a aparentemente infinita capacidade da mitologia grega de inspirar reinterpretações em seus ouvintes, leitores e espectadores. Quanto à realidade geográfica da gruta em Ítaca, sugeriu-se uma identificação num sítio na Baía de Polis, onde escavações descobriram grande quantidade de trípodes dedicados entre os séculos IX e VIII a.C., bem como oferendas posteriores e, a partir do Período Helenístico, inscrições mencionando Odisseu e as Ninfas – claro está que o lugar ganhara renome já no mundo antigo graças à narrativa homérica.

Filoctetes, Minos

As variadas, mas parcialmente coincidentes, conotações conferidas às cavernas vistas até ago-

ra (selvageria primitiva, via de acesso ao divino, abrigo protetivo) são recorrentes em toda mitologia grega: quando Filoctetes, abandonado por seus pares, os guerreiros gregos a caminho de Troia (cf. p. 135), viveu numa caverna durante seus anos de dolorido isolamento na Ilha de Lemnos, ele se viu reduzido a uma condição não muito diferente da de um animal. Outros cavernícolas eram não apenas incivilizados, mas ferozes: o caso de Tífon, terrível adversário de Zeus, e do Leão de Nemeia, vítima de um dos Trabalhos de Héracles.

A noção da caverna como lugar privilegiado para o acesso ao divino é insinuada na história contada sobre Minos, mítico regente de Creta, que costumava seguir para uma delas para conversar com seu pai, Zeus, em intervalos de nove anos (cf. p. 199).

Selene, Creusa

Quanto à qualidade de abrigo protetivo, ela vem à baila, normalmente, em contextos eróticos, pois o isolamento que ofereciam tornavam-nas idealmente apropriadas para relações secretas. Ao descer do firmamento para fazer amor com o incomparavelmente belo mortal Endímion, Selene, deusa da Lua, dirigiu-se a uma caverna perto de Mileto[156], e quando Apolo amou Creusa, princesa ateniense (um evento de consequências quase trágicas exploradas na peça *Íon*, de Eurípides), também escolheu o mesmo ambiente para ocultar seu feito.

Uma caverna foi o lar de Filoctetes desde que seus companheiros o abandonaram em Lemnos; nesta cena (vaso do sul da Itália, inícios do IV século a.C.), ele está sentado, segurando seu arco mágico com a mão direita, enquanto os preparativos para sua remoção estão em curso. Acima à direita, Odisseu conversa com Lemnos (a personificação da ilha), e à direita estão Atena e Neoptólemo ou Diomedes, ambos envolvidos nos planos de levar o guerreiro até Troia.

---

156. Ásia Menor.

Rios e fontes

(Direita) Esta cabeça de Aqueloo (terracota do sul da Itália, IV século a.C.) exibe uma representação usual das características do deus-rio: chifres de touro e face humana barbada.

Na ressequida Grécia, água fresca era um bem raro. Além de ser uma necessidade autoevidente para a vida diária, também era fundamental ao cumprimento de inúmeras cerimônias religiosas, incluindo abluções, sacrifícios, rituais funerários e matrimoniais; assim, tanto para os santuários quanto para as residências, a proximidade com a água era indispensável. Contudo, nem a geografia nem o clima foram particularmente generosos: existiam alguns rios consideráveis na Tessália, na Macedônia e na Trácia, e o Aqueloo, correndo abundantemente em direção ao sul desde sua fonte, no alto dos Montes Pindo; mas fora disso, especialmente na Ática, no Peloponeso e nas Ilhas Egeias, eles podiam definhar até se tornar míseros filetes de água, ou mesmo desaparecer de todo, durante o verão.

Para os gregos, rios e fontes eram divindades: aqueles, quase sempre imaginados como entes masculinos, fornecedores de energia seminal, e mesmo se suas águas recedessem em algum período do ano, o fluxo, com efeito, retornava. Os poderes criativos e nutrientes das nascentes, por outro lado, eram usualmente compreendidos como femininos, a rigor indistinguíveis das Ninfas, que corporificavam seu atraente frescor.

O maior dos rios gregos era o Aqueloo: um dos 3.000 frutos do casal Tétis e Oceano, foi igualmente prolífico, gerando numerosas Ninfas/fontes, como Castália, em Delfos, e Dirce, em Tebas, além das sereias. Seu vigor sexual era frequentemente representado pela imagem de um homem-touro, muito embora esta fosse apenas uma das muitas formas que ele era capaz de assumir. No célebre, e malsucedido, combate contra Héracles pela mão de Dejanira (cf. p. 122) ele aparecia "ora como a forma manifesta de um touro, ora como veloz serpente enroscada, ora como o torso de um homem e a testa de um boi, enquanto de sua barba desgrenhada corriam veios de águas das nascentes".

A genealogia é uma das maneiras pelas quais mitos conferem sentidos, e repetidas vezes as linhagens transmitiram a importância vital de rios e fontes para o florescimento das cidades. No distrito de Argos, o Rio Ínaco, outro dos filhos de Oceano, foi o genitor do herói da cultura local, Foroneu; sendo, porém, um riacho lânguido, seco a não ser após as chuvas, como poderia ser divino? A resposta residiu apenas e tão somente no poder superior de outra divindade: certa feita, Ínaco havia sido um dos juízes que favoreceram

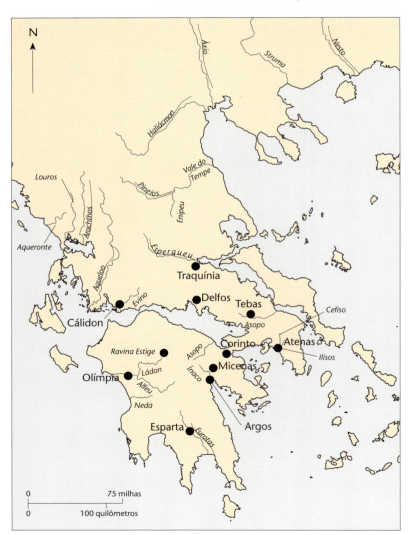

O Rio Peneu, da Tessália, era, de acordo com uma tradição, o pai de Dafne, a relutante amada de Apolo, pois parte do seu leito corre pelo Vale de Tempe, cuja beleza foi frequentemente exaltada por escritores e artistas pós-clássicos.

Hera contra Posêidon na disputa pela posse do território argivo, e quando a decisão veio contra si, o deus dos mares reagiu violentamente contra ele, fazendo sumir suas águas.

Conforme um padrão mítico recorrente, a filha de um rio haveria de unir-se a um deus e geraria um herói, que seria, por sua vez, ancestral de uma das futuras comunidades da Grécia. Um exemplo é Asopo[157], dentre cujas filhas achavam-se as Ninfas Córcira[158] e Salamis (ou Salamina[159]), ambas amantes de Posêidon, e Egina[160], de Zeus. Infelizmente, as vítimas desses relacionamentos eram passíveis de vivenciar não somente delícias, mas também apuros: Io, filha de Ínaco, a donzela transformada em vaca, padeceu grandemente como resultado de seu *affair* com Zeus (cf. p. 98) embora, ao final, tenha retomado sua forma humana e viesse a ter, entre seus descendentes, heróis do quilate de Dânao, Perseu e Héracles.

Dafne

Tal sorte de compensações, contudo, não mitigou os sofrimentos da ninfa Dafne: segundo diversas fontes, ela era filha de Gaia com um deus-rio,

---

157. Muitos rios eram conhecidos por esse nome. P. ex., um na Beócia e outro perto de Sícion, a oeste de Corinto.
158. A moderna ilha grega de Corfu.
159. Ilha grega localizada ao sul do Pireu, o porto ateniense [N.T.].
160. Ilha localizada a 27km a oeste de Atenas, no Golfo Sarônico [N.T.].

As visitas de Sir William Gell à Grécia, em 1804 e 1806, inspiraram-no a publicar vários trabalhos ilustrados sobre o mundo helênico. The Valley of Tempe, *de 1805, é uma de suas aquarelas mais atmosféricas.*

Ladon, árcade, ou o Pineios, tessálio, e tanto um quanto outro significavam uma bela parentalidade, pois Pausânias considerava o primeiro o rio mais lindo da Grécia, enquanto o segundo desliza suavemente entre duas montanhas, Ossa e Olimpo, e através do verdejante e sombreado Vale de Tempe, objeto de incontáveis evocações poéticas e artísticas. Na variante peloponésia da história, Dafne era uma versão mortal de Ártemis, caçando nas matas com suas companheiras, e quando um jovem chamado Leucipo ("Cavalo Branco"), filho de Enomau, rei de Élida, se apaixonou por ela, a única maneira que encontrou para se aproximar foi disfarçando-se de mulher. Por um tempo a artimanha funcionou, mas quando o deus Apolo passou a desejar a ninfa, instilou nela e nas camaradas o desejo de despir o intruso e jogá-lo no Ladon. Exposto o engodo, as donzelas ofendidas apunhalaram-no até a morte.

O imbróglio envolvendo Dafne, Leucipo e o Ladon desfrutou de limitada ressonância na tradução mitológica pós-clássica; em verdade, os eventos que verdadeiramente repercutiram, em vários sentidos, foram aqueles filtrados pela incansavelmente fértil imaginação literária do poeta romano Ovídio: servindo como luva para o tema de sua obra, as metamorfoses, a narrativa colocava Dafne como filha de Pineios, e após rejeitar os avanços de Apolo ela rogou ao pai e foi transformada num loureiro, árvore que, a partir de então, seria consagrada ao deus.

Alfeu

Não menos adequado ao tema de Ovídio, mas transmitido (com muitas variantes) também pelas fontes gregas, vem a história de um outro deus-rio e de uma outra ninfa: Alfeu, principal curso de água do Peloponeso, nasce na Arcádia e corre rumo oeste até o sul do Mar Jônico, e mantida essa

Rios e fontes

(Esquerda) A fuga de Dafne da perseguição amorosa de Apolo através da transformação em loureiro é aqui representada pelo pintor florentino do século XV Antonio del Pollaiuolo. A mudança da forma humana em vegetal dificilmente pode ser descrita como sutil, e ainda assim tudo ocorre num contexto "familiar": a paisagem recorda a do Vale do Arno, perto de Florença, e Apolo está vestido como um jovem nobre renascentista.

direção, quase numa linha reta, o próximo ponto de desembarque será Siracusa, na Sicília, um dado da geografia que é desenvolvido no conto da paixão de Alfeu pela ninfa Aretusa. Ela o rejeitou e fugiu, mas ele a perseguiu através do mar, até que ela se tornou uma nascente que carrega seu nome, brotando na ilhota de Ortígia, justo na cidade siciliana, onde as águas das duas divindades, por fim, se misturaram. Estrabão, geógrafo do I século a.C.-I d.C., ridicularizou a ideia de uma travessia subterrânea do deus-rio – afinal de contas, ponderou, ele não desaparecia terra adentro, e sim lançava suas águas mar afora, à vista de todos. Uma opinião como essa, é preciso evidenciar, não prova que os gregos "não acreditavam em seus mitos"; apenas exemplifica um questionamento possível, legitimamente expressado a respeito da veracidade mitológica. O ceticismo era uma reação tão autêntica quanto a crença pia, nem mais, nem menos.

(Direita) O mármore Apolo e Dafne *(Apollo e Dafne, 1622-1625) de Gian Lorenzo Bernini captura brilhantemente o assombro dos protagonistas. Os narradores de mitos têm, amiúde, usado este conto para ilustrar a oposição entre castidade (a preferência de Dafne) e os prazeres da carne (objetivo de Apolo). Para o observador da obra de Bernini, o maior impacto advém, certamente, da sensualidade das figuras.*

O mar

Aos olhos dos gregos, a qualidade fundamental do mar era sua ambiguidade, ou como colocou o poeta Simônides, "não raro o mar repousa sem qualquer tremor, inofensivo, deleite-mor dos marinheiros durante o verão; mas amiúde ruge, sacudido de lado a outro pelas nuvens tonitruantes"[161], duplicidade essa que pode ser encontrada em várias de nossas fontes.

Do lado negativo, podemos lançar mão das *Leis*, diálogo no qual Platão debate qual legislação deveria ser introduzida numa imaginária colônia em Creta; a certa altura, a discussão se volta para o local onde esta cidade deveria ser edifi-

---

161. O poeta estabelecia comparação com um determinado tipo de mulher.

Posêidon comandava as ondas com seu tridente, mas não era a única divindade associada ao mar. Na costa sul do Chipre, 25km a oeste de Pafos, encontra-se este local adorável onde, acreditava-se, Afrodite nasceu da espuma do mar.

cada: no litoral? Tal escolha, argumenta um dos debatedores, chamado "ateniense", traria terríveis consequências: o mar seria "um vizinho 'salgado e amargo', já que enchendo os mercados da cidade de mercadorias estrangeiras e comércio a varejo, e fazendo germinar nas almas humanas os expedientes da desonestidade e da astúcia"[162].

Por outro lado, o mar também poderia ser representado como fonte da vida, através da pesca e do comércio, e até mesmo como símbolo do próprio *ethos* helênico: quando Xenofonte, um quase contemporâneo de Platão, escreveu seu relato da impressionante "Marcha dos Dez Mil", o momento mais dramático se deu quando os homens da força expedicionária grega, após vagarem pela Ásia Menor, Babilônia e Armênia, viram ao longe as águas do Mar Negro e gritaram a plenos pulmões "*Thalassa! Thalassa!*" (O mar! O mar!), reconhecendo que haviam retornado ao "lar".

Em *A odisseia*, embora Posêidon tenha fustigado seguidas vezes o herói Odisseu com as ferozes tempestades que enviava, era igualmente capaz de cercar-se de criaturas benignas, brincalhonas e complacentes oriundas do fundo do mar. Em *Europa*, poema de Mosco de Siracusa sobre o sequestro da princesa fenícia por Zeus, o deus dos mares celebra as iminentes bodas do irmão em meio a uma tertúlia de seres marinhos alegres e musicais:

> O mar, então, com a marcha se acalmou.
> Em torno, cetáceos saltavam aos pés de Zeus;
> alegre delfim, na vaga, cambalhotava do fundo.
> As Nereidas emergiram do mar. Logo todas
> se alinharam, sentadas nos dorsos dos cetáceos.
> O próprio mugente Treme-terra, pelo mar,
> dirigindo a vaga da senda marinha, seguiu
> o próprio irmão. Em torno, seguiram
> os Tritões, flautistas do mar altissonante,
> ressoando um canto nupcial, com longas
> conchas[163].

Várias divindades menores, incluindo Glauco, Nereu, Proteu e Tritão, compartilhavam atributos proféticos, implicando, talvez, que as profundezas marinhas servissem de paralelo à misteriosa profundidade do porvir. Igualmente poderosos nas águas salgadas (sem, contudo, as *habitarem*) eram os Dióscuros, ou seja, os *Dios Kouroi* ("Meninos de Zeus") Castor e Polideuces[164]. De *pedigree* tipicamente heroico, como convinha aos filhos de Leda, contavam entre seus nobres feitos a caçada ao Javali Calidônio e a expedição do *Argo*.

A derrocada dos Dióscuros, como a de muitos outros heróis, veio através de uma disputa familiar: eles se envolveram numa contenda fatal contra dois primos, Idas e Linceu – conforme uma versão da história, a dupla sequestrou duas moças, filhas de Leucipo, que estavam prometidas aos outros dois rapazes –, mas graças a Zeus seguiram idênticos na morte como haviam sido em vida, passando a habitar, em dias alternados, o Olimpo e o Submundo, uma inusual existência póstuma na qual podiam ser invocados por marinheiros em perigo. Se o apelo fosse ouvido, os gêmeos correriam em socorro montados em seus inconfundíveis garanhões brancos, ou se manifestariam na forma das descargas eletroluminescentes que surgem em volta dos mastros dos navios durante uma tempestade (o Fogo de santelmo).

O mar

162. PLATÃO. *Leis*, IV: 705. Bauru: Edipro, 2010, p. 174 [Trad. de Edson Bini].

163. SIRACUSA, M. Europa, 115-124. In: POSSEBON, F. *O poema Europa de Mosco de Siracusa*, vol. 8, n. 2/2006, p. 121-129. João Pessoa: Graphos.

164. Conhecidos pelos romanos como Castor e Pólux.

Creta

Genealogia de Minos

(Esquerda) Sir Arthur Evans, retratado por Sir William Richmond (1907). O trabalho arqueológico de Evans ainda domina nossa concepção da Creta "minoana", pois foi ele quem trouxe à luz os achados sensacionais de Knossós, revelando uma complexa civilização do II milênio a.C., anterior à Micenas.

Androgeu   Glauco

(Direita). Esta figura de faiança encontrada no Palácio de Knossós, frequentemente chamada de "A Deusa das Serpentes", tornou-se um emblema da civilização "minoana" de Creta.

Desde as escavações de Sir Arthur Evans em Knossós (no começo do século XX), o estudo do papel de Creta na mitologia tem sido dominado pela noção de "reflexos 'da Idade do Bronze'". Afrescos que mostram atletas saltando sobre touros foram interpretados como precursores do mito do Minotauro, e as grandes e intricadas ruínas palacianas, identificadas com o Labirinto, elos implicitamente reforçados pelo termo "civilização minoana" que os arqueólogos, tanto usual quanto arbitrariamente, aplicam ao período. Evidente que narrativas posteriores, que falavam de touros ou labirintos, indubitavelmente preservaram, em algum nível da memória popular, recordações de imagens ou práticas ancestrais, mas essa perspectiva sequer começa a exaurir o significado dessas histórias – da mesma maneira que o

Creta

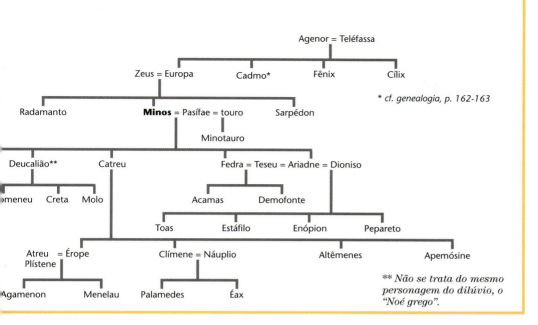

* cf. genealogia, p. 162-163

** Não se trata do mesmo personagem do dilúvio, o "Noé grego".

Europa, a princesa fenícia, senta no lombo de um touro – em verdade, Zeus metamorfoseado. Quando ela chegou a Creta, deu à luz três renomados filhos: Minos, Radamanto e Sarpédon. Terracota, V século a.C.

195

Creta

(Esquerda) Esta imagem de um Minos distinto e imponente aparece numa moeda de Knossós, IV século a.C.

sentido de determinada palavra não é a mesma coisa do que sua etimologia. Há muito mais a ser dito sobre os mitos de Creta do que, apenas, "eles contêm 'sobrevivências' daquilo que já passou".

No conjunto da mitologia grega, Creta se destaca como um lugar incomum e peculiar, e uma boa forma de apreciar tal peculiaridade é atentar para seu soberano legendário: Minos. Já tivemos oportunidade (cf. p. 127s.) de mencionar alguns episódios da carreira desse monarca que se confundiam com a vida do herói ateniense Teseu; agora será útil situar tais ocorrências em seu contexto.

O Rei Minos

Minos era filho de Zeus e Europa, e consentâneo a essa ilustre procedência, a soberania sobre Creta desde sua capital, Knossós, parecia um destino natural; certo dia, porém, essa reivindicação foi contestada, e ele, então, orou a Posêidon para que enviasse uma prova de seu direito ao trono na forma de um touro emerso das águas do mar, que seria sacrificado em retribuição. A parte divina do trato foi cumprida, mas o rei quebrou a dele, mantendo o espetacular animal e sacrificando um outro em seu lugar. A reação não tardou: o deus instilou em Pasífae, a rainha, uma atração sexual antinatural pelo touro, consumada quando a mulher subiu numa vaca artificial pré-fabricada por Dédalo, o gênio tecnológico local. Os dois cruzaram, e o fruto esdrúxulo dessa união foi o Minotauro, um ser carnívoro, com face taurina e corpo humano, que Minos escondeu dos olhos do mundo numa outra criação de Dédalo: o labirinto.

Já vimos a vitória de Teseu sobre o Minotauro, e sua fuga com Ariadne (cf. p. 127s.). De volta à ilha, o rei encarcerou Dédalo e seu filho, Ícaro, que conseguiram escapar (p. 92), após o que, segundo uma tradição, Minos perseguiu o gênio traidor até a Sicília, onde se escondia, e para que se revelasse empregou um ardil digno do próprio inventor. Ele carregava consigo um "labirinto de bolso", uma concha em espiral, e prometeu generosa recompensa para qualquer um que conseguisse passar por ela um fio. Dédalo amarrou a linha a uma formiga e conseguiu completar o desafio, e ao fazê-lo acabou por revelar sua identidade, pois só alguém com sua genialidade seria capaz de tal feito. Minos, contudo, não teve tempo hábil para punir-lhe a deslealdade, pois sofreu uma morte inglória, escaldado em sua banheira – uma versão afirmou que próprio inventor projetara um sistema de encanamentos para atingir esse desfecho.

Paradoxos cretenses

O *paradoxo* é o elemento principal a ser destacado na trajetória de Minos, e como vimos no episódio com Posêidon, uma de suas tendências mais evidentes era o cometimento de transgressões – um adúltero contumaz, dizia-se que chegou a tentou estuprar Britomártis, a versão cretense de Ártemis, e em represália sua esposa Pasífae, filha do deus-sol Hélios, usou seus poderes para afligi-lo com a propensão a ejacular cobras, escorpiões e embuás. Esse perfil levou-o a ser descrito em *A odisseia* como uma "mente destrutiva", mas havia um outro lado: uma fonte (Hesíodo) o considera o "mais régio de todos os monarcas mortais"; outra (*A ilíada*) o "Guardião de Creta"; e dizia-se que a cada nove anos ele mantinha conversas com seu pai, Zeus (cf. p. 199), de modo que desfrutara da melhor educação de todas, ministrada pelo próprio soberano do Olimpo. Com base nesse conselho, Minos granjeou a reputação de ser o mais sábio de todos os legisladores, uma autoridade que não se

Creta

A linda imagem desta taça etrusca (inícios do IV século a.C.) exibe a ternura de uma sisuda Pasífae para com seu incomum rebento. Ela está, claramente, dando tapinhas em suas costas para fazê-lo arrotar.

extinguiu nem mesmo após a morte: Odisseu o viu no Submundo "com cetro de ouro na mão, assentado, e entre os mortos justiça a distribuir"[165]. Alguns críticos, antigos e modernos, tentaram explicar a aura negativa lançada sobre seus feitos à luz das descrições distorcidas elaboradas pelos narradores atenienses, contra cujos ancestrais (tais como Teseu) ele havia lutado. Em verdade, porém, a duplicidade de Minos, como a de Jano, é parte de um contexto mais amplo.

Outrossim, há mais um paradoxo pertinente à Creta minoica: é tanto um lugar de aprisionamento quanto de movimento incessante. O labirinto é um exemplo da primeira característica, assim como a prisão com que Minos ameaçou Pasífae após o ato de bestialidade que havia cometido.

Um terceiro exemplo diz respeito a Glauco, filho do casal real: ainda criança, ele caiu num imenso jarro de armazenagem cheio de mel e se afogou, e como ninguém fosse capaz de descobrir o que havia sido feito do menino, o recurso a saberes além do ordinário se fez necessário. Minos estabeleceu um teste para encontrar o melhor adivinho, e o vencedor se chamava Políido ("Aquele que Sabe Muito"), que efetivamente desvendou o mistério. O rei, contudo, queria o filho vivo, e prendeu o vidente junto com o cadáver na adega até que ele operasse o milagre. Lá dentro, uma cobra se aproximou do corpo e Políido a matou, mas aí um segundo ofídio chegou-se ao primeiro, aplicou-lhe uma erva e restaurou-lhe a vida, um procedimento que o adivinho repetiu com sucesso, ressuscitando o garoto. Condizente com sua natureza controladora, Minos proibiu que Políido deixasse a ilha até que ensinasse ao filho redivivo o segredo da profecia, determinação que ele cumpriu, mas logo em seguida ordenou a Glauco

---

165. HOMERO. *A odisseia*, XI: 569-570. Op. cit., p. 206.

Creta

As duas cobras na base da imagem dessa taça ática (c. 470-460 a.C.), junto com a identificação das duas figuras humanas, Políido e Glauco, confirmam ser esta uma representação dos misteriosos eventos ocorridos na tumba de Glauco. Ao observar como um dos répteis usou uma erva mágica para ressuscitar seu companheiro, Políido reproduziu o procedimento e trouxe o menino de volta à vida.

que cuspisse em sua boca, e ao fazê-lo o menino esqueceu todas as artes proféticas que havia acabado de aprender.

Minos e o mar

Nesses episódios, a soberania de Minos expressou-se através do poder de restringir e aprisionar, mas havia uma face diferente na Creta por ele governada: a náutica, que levou Tucídides a afirmar que, "segundo a tradição, ele foi a primeira pessoa a organizar uma marinha", um ponto que diz respeito não à existência efetiva, ou não, da talassocracia na Idade do Bronze (tópico sobre o qual os arqueólogos discordam sobejamente), mas antes às percepções daquilo que ocorrera no "tempo do mito". Embora seja possível afirmar que a força naval fosse mais uma das facetas do poder controlador real, há um elemento mais amplo em questão: de Homero em diante, os cretenses foram repetidamente apresentados como irrequietos, viajantes, piratas, e sua ilha, um lugar onde velas são içadas e barcos partem para singrar as águas. Nesse sentido, há uma canção da peça de Eurípides, *Hipólito*, na qual o coro, perplexo, tenta explicar a condição de Fedra (louca de paixão pelo enteado) e se pergunta:

...Ou marinheiros lá de Creta
vieram até este porto amigo
trazer notícias entristecedoras,
e dolorosos golpes te agrilhoam
o coração e te prendem ao leito?[166]

Creta era o lar de muitas criaturas inquietas, a começar por Pasífae, esposa de Minos, e suas duas filhas, Ariadne e a própria Fedra.

A Creta mitológica ilustra bem a qualidade bígumea do poder: é um lugar de soberania, proezas técnicas e dominação marítima, mas a soberania pode descambar em tirania (as constantes aventuras sexuais do Minos "negativo" são típicas das liberdades a que os tiranos gregos se permitiam) e no desejo obsessivo pelo controle; as proezas técnicas estavam disponíveis para fugas engenhosas, mas também para o encarceramento e a bestialidade. Por fim, a dominação marítima podia fornecer navios para ajudar os gregos na causa contra Troia (segundo *A ilíada*, a ilha contribuiu com um grande contingente naval), mas também para facilitar a pirataria, prática pela qual os cretenses históricos, de fato, ganharam notoriedade.

Esses são alguns dos paradoxos do poder explorados nos mitos sobre Creta, e até agora trataram-se de "experimentos mentais", mas talvez seja possível irmos um pouco mais além, e sugerir que tais histórias implicam que o esforço pelo poder absoluto precisa terminar em fracasso. Ao fim e ao cabo, Minos não pôde dominar a genialidade de Dédalo ou os dons de Políido; quando tanto Pasífae quanto Ariadne ansiaram por diferentes formas do estranho, ele tampouco foi capaz de contê-las; e em que pese a autoridade que ostentava como filho de Zeus, terminou seus dias cozinhado na banheira.

Creta e os deuses

Outro aspecto do particularismo mitológico de Creta é sua relação com as divindades. O fato de se acreditar que o Senhor do Olimpo havia nascido na ilha não a tornou incomum, pois como observou Pausânias, "mesmo alguém bastante resoluto pensaria ser impossível enumerar todas as pessoas que afirmam que Zeus nasceu e foi criado entre elas". Todavia, ao menos aos olhos dos seus habitantes, ali fora o lugar de origem de *todos* os

166. EURÍPIDES. Hipólito, 154-158. In: EURÍPIDES. *Medeia, Hipólito, As troianas*. Rio de Janeiro: Zahar, 2003, p. 99 [Trad. de Mário da Gama Kury].

A Caverna de Psicro, no Monte Dícti (Creta) era um local de culto já durante a Idade do Bronze: foram encontradas abundantes oferendas votivas, desde o II milênio a.C. até o Período Arcaico. Quer tenha sido, quer não o local de nascimento de Zeus, a tradição certamente atribuiu muitos notáveis acontecimentos a esta caverna; uma delas relatava que fora aqui que o Rei Minos costumava conversar com seu pai, Zeus, discutindo as leis que regiam seu reino.

deuses, ou nas palavras de um escritor, "a maioria dos deuses partiu de Creta para as muitas partes do mundo habitado, concedendo benefícios para todas as raças humanas", uma versão particularmente poderosa daquele tema mitológico, "a civilização começou conosco". Ainda mais inusual é uma outra afirmação, feita na Antiguidade, de que Creta teria sido o local onde Zeus morrera, a que o poeta Calímaco reagiu em seu poema *Hino a Zeus*, dizendo: "cretenses sempre foram mentirosos". Seja como for, esse tema foi retomado por numerosos escritores posteriores, incluindo exultantes polemistas cristãos, que se deliciavam fazendo troça dos pagãos, capazes de contar histórias absurdas sobre divindades moribundas.

Não é fácil decidir o que fazer com essa narrativa. O conceito em si não era, de modo algum, incompatível com o culto a Zeus, dos aspectos mais importantes da religião cretense, e alguns acadêmicos o compreenderam como uma crença de circulação bastante restrita, talvez influenciada pelas ideias de um autor helenístico, Evêmero, que escreveu um poema alegando que Urano, Cronos e Zeus haviam sido reis mortais alçados à divindade por seus povos agradecidos (cf. p. 225). Outra abordagem seria encará-la como mais uma evidência de que Creta pode ser representada como um lugar misterioso e enigmático, no qual os fluxos religiosos enveredaram por direções exóticas.

Troia

Das muitas coisas que podemos aprender ao examinar a singular situação de Troia na mitologia grega, duas se destacam: a maneira como os sentidos dos mitos variaram de acordo com as diferentes perspectivas dos contadores, e a extraordinária dificuldade de toda e qualquer tentativa de desvendar a oposição entre o espaço "real" e o "mítico".

Perspectivas cambiantes sobre a Guerra de Troia

Para os gregos, a Guerra de Troia havia acontecido de verdade, era algo que chamaríamos hoje de "fato histórico". Na inscrição helenística conhecida como o Mármore de Paros, a queda da cidade é precisamente datada no último sétimo dia do mês de targélion, no vigésimo-segundo ano do reino do rei ateniense Menesteu – ou em termos modernos, 5 de junho de 1209 a.C., uma notável e confiante precisão, dado que o texto data de 264/263 a.C., isto é, quase mil anos após o presumido evento. Embora outras fontes antigas ofereçam datas diversas, variando de finais do século XIV a.C. aos últimos anos do século XII a.C., a historicidade do acontecimento é unanimemente reconhecida, mas diante da pluralidade de visões tão própria da cultura helênica, não é de surpreender que essa historicidade fosse considerada de maneiras diversas: Tucídides, por exemplo, aceitava o conflito como um fato real, mas questionava diversos aspectos logísticos do relato de Homero; seis séculos depois, Pausânias, em sua *Descrição da Grécia*, seguiu uma linha de raciocínio similar quando atribuiu a tomada da cidade (cuja veracidade ele também aceitava de todo) a uma máquina de cerco, e não ao cavalo de madeira. As possibilidades dessas racionalizações não minavam em nada o poder imaginativo da história: a luta entre gregos e troianos permanecia o cadinho mitológico definitivo, no qual examinava-se a importância da presença humana no mundo.

Como todo mito grego, essa narrativa era fluida, aberta a "negociações" (modo como os acadêmicos às vezes rotulam o processo) sujeitas aos interesses e atitudes dos contadores de mitos. Em Homero, por exemplo, não existe oposição étnica ou cultural entre os oponentes, pois ambos adoravam os mesmos deuses, e ninguém possuía o monopólio da virtude ou do vício, um precedente de equanimidade entre os inimigos que, em geral, a arte e a literatura do Período Arcaico acompanharam. Foi somente no século V a.C., especialmente em Atenas, no rescaldo da invasão persa à Grécia, que "Troia" passou a ser vista sob luz intensamente negativa, e seus habitantes tornaram-se o arqué-

Esta inscrição helenística, conhecida como Mármore de Paros, fornece um relato cronológico daquilo que se consideravam fatos históricos, e entre as ocorrências citadas, algumas podem ser descritas como "míticas", incluindo a suposta data da captura de Troia. O mármore sobreviveu em dois grandes pedaços: um se encontra no Ashmolean Museum, em Oxford, e o outro no Museu Arqueológico de Paros.

tipo dos "bárbaros": um momento singular ocorre em *Agamenon*, primeira peça da trilogia *Oréstia* de Ésquilo, quando Clitemnestra tenta persuadir o personagem-título, seu marido, recém-chegado da campanha vitoriosa, a caminhar sobre um rico pano tingido de púrpura, realçando sua posição de supremo conquistador. "O que teria feito Príamo?", ela pergunta com malícia; "certamente teria caminhado sobre o tecido", responde Agamenon, confirmando, implicitamente, a percepção do rei troiano como um típico e faustoso déspota.

Após a expulsão dos persas nas décadas de 480-470 a.C., o envolvimento grego com o Império continuou dominando o horizonte político, até ser ofuscado, no final do século, pela mutuamente destrutiva Guerra do Peloponeso, que opôs Atenas a Esparta, e durante todo esse período e mais além, a Guerra de Troia permaneceu um ponto de referência para a ideologia política e as ações militares: quando, no começo do IV século a.C., após a derrota dos atenienses, o rei espartano Agesilau comandou uma força expedicionária grega contra os persas, explicitamente invocou o precedente homérico e ofereceu sacrifício em Áulis, como Agamenon havia feito, legendariamente, antes dele. Semelhante utilização ocorreu em Atenas quando Isócrates, um político do IV século a.C., defendeu um ataque à Pérsia para libertar as póleis ocupadas, tentou alimentar a chama do patriotismo citando o exemplo da captura de Troia.

Mas todos esses usos do passado empalidecem ante a apropriação do mito protagonizada por Alexandre o Grande: situada entre "Ocidente" (de onde vinha o conquistador) e o "Oriente" (que ele desejava subjugar), a cidade de Ílion (teoricamente construída sobre as ruínas da antiga Troia) exerceu um papel fundamental na visão do rei macedônico, que entendia a si mesmo não como Agamenon (como Agesilau antes dele), mas como o novo Aquiles, cujo sangue afirmava correr em suas veias pelo lado de sua mãe, Olímpias. *A priori*, essa ancestralidade deveria tê-lo levado a arrasar a cidade mais uma vez, mas suas pretensões eram mais ambiciosas: como seu projeto mirava a unificação dos dois polos, Leste e Oeste, num único império, sua atitude foi abraçar tanto os troianos quanto seus velhos adversários, e não contente em ser (apenas) Aquiles, Alexandre também apaziguou, cerimonialmente, a memória de Príamo, realizando um sacrifício no mesmo altar onde, se acreditava, o rei havia sido morto por Neoptólemo, filho do herói que o macedônico afirmava ser seu antepassado.

A Troia real e a imaginária

Desde a visita de Alexandre, o fascínio exsudado por Troia jamais foi inteiramente eclipsado, ainda que tenha passado por diversas transformações. Em tempos modernos, o foco dessa fascinação tem sido os supostos vestígios arqueológicos da própria cidade; o conhecimento de sua localização perdeu-se na Idade Média, e em meados do século XVIII o assunto começou a ser tratado

Uma fotografia tirada por Wilhelm Dörpfeld das escavações do bastião nordeste em Hisarlik/Troia. As potentes muralhas deixam pouco espaço para dúvida a respeito da importância política e militar deste assentamento.

Troia

Retrato de Heinrich Schliemann (1877) por Sydney Hodges. Empreendedor e amante apaixonado dos épicos homéricos, ele fez uma contribuição decisiva para nossa compreensão da Era do Bronze Egeia com suas escavações, em especial em Micenas e Troia.

com seriedade, mas somente no século XIX escavações foram levadas a cabo, primeiro graças a Frank Calvert (1828-1908) e depois, e acima de todos, a Heinrich Schliemann (1822-1890).

Troia e os arqueólogos

De origem pobre, Schliemann já conseguira acumular uma impressionante fortuna graças ao seu faro para negócios quando decidiu fazer um grande investimento – de tempo, energia e também de capital – para descobrir o patrimônio arqueológico da Grécia em Micenas, Orcômeno, Tirinto e, principalmente, Troia, um esforço apaixonado que ele apresentou como a realização de um sonho de infância.

A intuição que Schliemann alimentava, de que os restos de Troia seriam encontradas sob a moderna Hisarlik, foi corroborada pelos seus próprios e magníficos achados (em colaboração com o arquiteto Wilhelm Dörpfeld, 1835-1940), das muralhas e portões a joias e ouro. Campanhas arqueológicas subsequentes, lideradas durante os anos de 1930 por Carl Blegen (1887-1971) e desde 1988 por Manfred Korfmann[167], consolidaram e expandiram o quadro, e embora isso não signifique haver unanimidade entre os arqueólogos a respeito das inferências que Korfmann deseja estabelecer a partir de suas descobertas, se ele estiver certo, Hisarlik é o sítio de uma cidade que, em meados do II milênio a.C., era das maiores do Oriente Médio, com uma população oscilando entre 5.000 e 10.000 habitantes em finais do século XIII a.C., um resultado obtido a partir da combinação de evidências arqueológicas com dados de numerosas disciplinas cognatas, notavelmente a Hititologia.

Não menos notável é a evidência mais relevante encontrada desde os tempos de Schliemann: o tratado (c. 1280 a.C.) entre o monarca hitita Muwattalli II e o rei da terra de Wilusa (Ílion?) Alaksandu (parece perverso negar a similaridade existente entre o nome desse rei e o do filho de Príamo, *Aléxandros*[168], mais conhecido como Páris).

Mas o que fazer com tais informações advindas da arqueologia e dos estudos do Oriente Próximo? Que diferença elas podem fazer em nossa leitura dos mitos troianos? Há pouca dúvida que, para a maioria dos visitantes, o contato em primeira mão com o panorama de Hisarlik e adjacências confere proximidade à história: as muralhas maciças, o monte exposto ("ventoso" era um dos epítetos ho-

---

167. O Professor Korfmann faleceu em 2005 [N.T.].
168. Ἀλέξανδρος, Alexandre [N.T.].

As descobertas de Heinrich Schliemann, e do seu colaborador Wilhelm Dörpfeld, levantaram controvérsias quase que imediatamente após serem anunciadas. Por exemplo, o arqueólogo Ernst Bötticher alegou que a dupla havia não apenas havia interpretado mal suas descobertas, mas, de fato, cultivara o engano proposital. Esta fotografia histórica preserva o registro de uma conferência ocorrida e, 1889 em Hisarlik, onde os três atores mais importantes desse drama acadêmico se encontraram: Schliemann está sentado ao centro, Bötticher é o segundo a partir da esquerda, e a figura arrojada de Dörpfeld é a terceira a partir da direita.

A vista aérea de Hisarlik (acima) e as escavações em progresso (à direita). O sítio arqueológico é extenso e complexo, e continua a apresentar desafios para as novas gerações de arqueólogos sob o comando de Manfred Korfmann, da Universidade de Tübingen, Alemanha, até meados da década de 2000.

méricos), a planura do entorno (os troianos eram famosos domadores de cavalos)... dificilmente esses e outros aspectos falharão em evocar um senso de reconhecimento. Mas o que essas correspondências não devem mascarar é o fato de que, em seus contextos narrativos antigos, as lendas sobre Troia eram apresentadas tendo como pano de fundo uma paisagem *simbólica*, que se sobrepõe e transmuta quaisquer realidades históricas ou topográficas, eventualmente existentes ou não.

Troia em *A ilíada*

O ponto inicial para essa Troia da imaginação é *A ilíada*, embora outros textos e imagens ofereçam suas próprias contribuições; no poema, a mais importante divisão espacial é estabelecida entre a cidade troiana, de um lado, e do outro o acampamento grego junto aos navios ancorados, havendo outras subdivisões entre essas áreas polarizadas. Dentro da cidade, dois lugares possuem especial significância: o foco da esfera divina é o Templo de Atena, na acrópole, onde os troianos elevavam suas mais ardentes preces por segurança (que, ao fim e ao cabo, não foram atendidas); quanto aos poderes terrenais, estavam centrados no palácio de Príamo, onde o rei e sua família estendida habitavam:

Logo alcançou o palácio mui belo de Príamo,
todo ladeado de pórticos feitos de pedra lavradas.
Nele cinquenta aposentos se viam, de mármore polido,
todos contíguos, nos quais, numerosos, os filhos de Príamo
de grato sono fruíam ao lado de suas esposas.
Do lado oposto do pátio, de frente para estes, havia doze aposentos, também, para as filhas de mármore polido,
todos contíguos. Os genros de Príamo, ali, ali do repouso
grato fruíam, ao lado de suas esposas legítimas[169].

No acampamento grego, o lugar definitivamente mais importante era a tenda de Aquiles, para onde ele se recolheu em ódio após a desfeita de Agamenon, e Príamo fez sua derradeira viagem, no intuito de resgatar o corpo de Heitor. Igualmente digna de nota era a linha da costa: a marginalização a que se submeteu o herói maior durante boa parte da narrativa foi expressada pelas repetidas vezes em que ele confabulou com sua mãe, a ninfa Tétis, à beira-mar. Posteriormente, a praia será também o local onde o desgraçado Ájax cometerá

---

169. HOMERO. *A ilíada*, VI: 242-250. Op. cit., p. 170.

(Esquerda) No Canto III de A ilíada, Homero descreve a cena na qual Helena e Príamo observam desde as Portas Ceias a reunião das forças gregas. Esta litografia (1907) de Max Slevogt evoca lindamente as atitudes contrastantes dos presentes. À direita temos Príamo, encolhido sob seu manto; na extrema-esquerda, os anciãos de Troia, ocupados com fuxicos; ao centro, Helena, glamorosa e enigmática.

(Direita) A brutalidade impiedosa da guerra condensada numa única imagem: enquanto Astiânax, neto de Príamo, jaz em seu colo, morto a golpes de espada, o monarca, coberto de sangue, aguarda o golpe fatal a ser desferido por Neoptólemo. Jarra de água (hydria) ática, c. 480 a.C.

As Portas Ceias testemunharam, inclusive, a derrocada do maior dos invasores: lá Aquiles foi morto, ferido no calcanhar pela ação conjunta de Páris e Apolo, mas à medida que se aproximava o desfecho final, quando a astúcia do cavalo logrou o que a força das armas não havia conseguido, o foco da batalha se deslocou da planície, dos baluartes e dos portões, para o intramuros. Os gregos apoderaram-se das amuradas, e no derradeiro gesto de poder e desprezo, extinguiram a última e frágil esperança para o futuro da cidade, o jovem príncipe Astiânax, filho de Heitor e Andrômaca, cujo pequeno corpo foi arremessado contra um altar ou atirado para a morte de cima das muralhas.

Troia

suicídio, durante o afastamento autoimposto dos demais guerreiros.

Porque a história de Troia versa sobre conflitos, os pontos de intersecção entre gregos e troianos são essenciais. O palco principal para as lutas foi a planície: poeirenta, respingada de sangue, visível tanto do acampamento quanto das muralhas; nestas, o melhor ponto de visão era do alto da principal entrada da cidade, as Portas Ceias, cenário do notável episódio no começo de A ilíada, quando os anciãos troianos, observando o campo de batalha e discutindo entre si "tal como cigarras", percebem a aproximação de Helena, e enquanto ela e Príamo conversam e observam as forças gregas reunidas, os velhos murmuravam ansiosos:

É compreensível que os Teucros e Aquivos de grevas bem-feitas
por tal mulher suportem tão grandes canseiras!
Tem-se, realmente, a impressão de a uma deusa imortal estar vendo.
Mas, ainda assim, por mais bela que seja, de novo reembarque;
não venha a ser, em futuro, motivo da ruína dos nossos[170].

---

170. Ibid., III:156-160, p. 108.

O Submundo

Em uma vinheta perto do início de *A república*, de Platão (século IV a.C.), um dos participantes do diálogo, um velho chamado Céfalo, descreve sobre o que ele e seus amigos idosos conversam quando se encontram: como de hábito, lembram dos tempos de outrora, mas também se perguntam sobre o que lhes reserva o futuro:

> ...depois que uma pessoa se aproxima daquela fase em que pensa que vai morrer, sobrevém-lhe o temor e a preocupação por questões que antes não lhe vinham à mente. Com efeito, as histórias que se contam relativamente ao Hades, de que se tem de expiar lá as injustiças aqui cometidas, histórias essas de que até então troçava, abalam agora a sua alma, com receio de que sejam verdadeiras[171].

Essas observações fornecem mais um exemplo de como os mitos gregos alteravam-se ao sabor dos contextos, e nesse caso específico, a idade da pessoa é a variável-chave, pois o mesmo indivíduo que, num dado momento da existência, pode ter desprezado as histórias tradicionais, em outro vê-se aterrorizado por elas. Além disso, Céfalo também tem algo a dizer sobre a natureza da vida além-túmulo, pois esse conceito de punição no outro mundo sugere uma associação entre a conduta moral de alguém enquanto vivo e as consequências *post-mortem* que decorrerão dessa conduta, um tema altamente pertinente à *República*, cujo argumento central reside na natureza da justiça. Não obstante, permanecemos com um sentimento de inquietude: como seria, precisamente, a ultravida?

O Submundo de Homero

Logo no princípio da tradição grega de contação de mitos, encontramos uma resposta para essa questão, pois o Canto XI de *A odisseia* narra a viagem do personagem principal até a Terra dos Mortos, e para encontrar tal lugar ele precisou navegar até a beira do mundo, atracou seu navio no litoral do Oceano, que circundava tudo o que existia, e chegou a um lugar escuro, soturno, adensado pelo nevoeiro e sombreado por choupos e salgueiros-chorões, onde dois dos rios que cortavam o Submundo, o Flagetonte ("ardendo em chamas") e o Cócito ("lamentação"), desaguavam num terceiro, o Aqueronte ("gemendo", numa possível tradução). Odisseu sacrificou um carneiro e uma ovelha, enchendo um buraco com o sangue das vítimas, uma ação que atraiu as almas dos defuntos que, ao bebê-lo, recobravam o poder de falar com os vivos, e através dessas conversas, o herói descobriu algo sobre o reino de Hades e sua rainha, Perséfone: a despeito de sua completa imaterialidade, os fantasmas retinham a identidade e o comportamento que exibiam quando vivos. Ainda assim, especialmente para aqueles cuja vida fora gloriosa, o contraste com o que lá experimentavam era por demais dolorido:

---

171. PLATÃO. *A república*, I: 330 d-e. Lisboa: Calouste Gulbenkian, p. 7-8 [Trad. e notas de Maria Helena da Rocha Pereira].

(Esquerda) O baixo Aqueronte, que corre no noroeste da Grécia, é um remanso escondido e sombreado, fluindo pacificamente até o mar. Para os gregos antigos, este era um dos rios do Submundo, ao mesmo tempo um rio real num lugar real e um elemento sombrio da imaginada paisagem da morte.

(Direita) O Cócito, um modesto riacho tributário do Aqueronte, parece desmentir seu nome ("lamentação"); não obstante, para os antigos gregos esta parte do seu mundo possuía associações com a morte. O extremo oeste, onde o sol se punha, era sombrio e úmido.

> Ora não me venhas, solerte Odisseu, consolar-me da morte,
> pois preferiria viver empregado em trabalhos de campo
> sob um senhor sem recursos, ou mesmo de parcos haveres,
> a dominar deste modo nos mortos aqui consumidos[172].

Essas palavras são de Aquiles, forçado pela morte a abandonar a ribalta e habitar para todo sempre nas sombras.

O relato de Odisseu não oferece uma topografia precisa do Submundo, mas sua narrativa efetivamente indica o agrupamento de alguns nobres transgressores, cada um deles submetido a exemplar, e, claro, eterna punição. Tício, que tentou estuprar a deusa Leto, tinha seu fígado espicaçado por dois abutres; Tântalo, a quem os deuses permitiram compartilhar da ambrosia e do néctar, mas que depois veio a traí-los, padecia de apropriado tormento, no qual deliciosas comidas e bebidas permaneciam, tantálicas, fora do alcance dos seus lábios rachados; Sísifo, que tentou ludibriar a Morte em seu ofício, precisava empurrar um imenso rochedo colina acima para logo após vê-lo rolar novamente para baixo. A lógica desses castigos é bastante evidente: não eram crimes meramente humanos, mas aqueles que atentavam contra a honra divina, que infligiam as mais terríveis penalidades aos seus perpetradores.

Num dado momento, o herói menciona ter visto Minos "com cetro de ouro na mão, assentado, e entre os mortos justiça a distribuir"[173]; não fica inteiramente claro se ao antigo rei cretense foi creditado um cargo especial de juiz dos mortos, ou se ele está apenas e tão somente replicando no Submundo um papel que, como soberano, exercia em vida, isto é, de administrar a lei corretamente a todos que o cercavam. Seja como for, o monarca é um dos poucos que parecem reter alguma estima, relativa que fosse, no sombrio reino de Hades retratado em *A odisseia*.

O Submundo de Aristófanes

Para um contraste escancarado com o Submundo de névoas, arrependimento e dor de Homero, voltemo-nos para a sublime farsa de Aristófanes, *As rãs* (405 a.C.). Seguindo seu delicioso e improvável enredo, Dioniso, deus do teatro, desceu até o Hades com o intuito de trazer de volta à vida a geração anterior de grandes poetas trágicos, de cujas palavras sábias Atena, graças à conjuntura da Guerra do Peloponeso[174], encontrava-se terrivelmente necessitada.

No curso da hilariante jornada de Dioniso, aprendemos um pouco da geografia e do *staff* residente dessa versão cômica do Submundo: para cruzar um "imenso lago sem fundo", a nervosa divindade precisou embarcar na canoa de Caronte, o lúgubre e irascível barqueiro dos mortos, e após cortar as águas, em meio a cantos, coaxos e gorgolejos das tais rãs do título, e escapar das garras de uma monstra transmutante, a Êmpusa, o deus trombou com um bando de seus próprios iniciados, mortais cuja iniciação, ainda em vida, nos cultos dos mistérios dionisíacos claramente havia-lhes assegurado passaporte para uma alegre ultravida, numa área florida do Hades.

Depois disso, porém, Dioniso se deparou com um dos mais temidos de todos os habitantes do Hades: Éaco, o porteiro infernal. Embora alguns mitos o representassem como o paradigma da lei e da correção, o personagem que aparece em *As rãs* é um tipo de ogro fugido de uma pantomima, descomedido em seu linguajar e imensamente exagerado em seu sadismo:

> Ah!... Infame, atrevido, ordinário, canalha, mais uma vez canalha, canalhíssimo, perseguiste nosso cão Cérbero, roubaste-o e, degolando-o, com ele fugiste, quando eu era o encarregado da sua guarda. Hoje, porém, caíste em meu poder. Assim o rochedo de coração negro do Estige e o penhasco ensanguentado do Aqueronte embargam teus passos. Os cães que rondam o Cócito e Équidna, de cem cabeças, dilacerar-te-ão as entranhas; a moreia Tartéssia devorará teus pulmões; as Górgonas Titrásias "Que eu irei imediatamente procurar" retalharão seus rins ensanguentados[175].

Em conformidade com o humor escatológico aristofânico, uma tradição que o tempo consagrou, a reação de Dioniso a todo esse estrépito foi excretar uma "libação" involuntária.

Os rios do Submundo

Por mais antitéticas que sejam em suas inflexões, as visões do outro mundo de Aristófanes e

---

172. HOMERO. *A ilíada*, XI: 488-491. Op. cit., p. 203.
173. HOMERO. *A odisseia*, XI: 569-570. Op. cit., p. 206.
174. A segunda parte da peça trata de uma disputa entre Ésquilo e Eurípides pelo trono da tragédia.
175. ARISTÓFANES. As rãs, 465-477. In: EURÍPIDES & ARISTÓFANES. *Um drama satírico...* Op. cit., p. 110, 111.

Uma possível localização real para o Rio Estige era esta remota ravina montanhosa na Arcádia. Quer seja, quer não, o rio era estranho e perigoso, e seu nome em grego significa "ódio".

Homero encapsulam, se reunidas, a maioria das características que outros narradores conferiram à morada dos mortos, duas das quais merecem ser discutidas com mais vagar: os rios que cortam o território e o conceito de regiões distintas para os "abençoados" e para aqueles consignados ao flagelo perpétuo *post-mortem*.

Os dois rios que a tradição pós-clássica associou mais diretamente ao Hades foram o Lete ("es-

O litoral perto do Cabo Tênaro (ou Matapão), o ponto mais ao sul da Península do Peloponeso. Graças à sua localização, no que poderia ser um dos "limites" do mundo grego, este lugar era apropriadamente reconhecido como uma via de acesso ao Submundo.

quecimento") e o Estige ("ódio"), embora entre os próprios gregos, o primeiro raramente fosse citado – quando ocorria, dizia-se das suas águas que, quando bebidas, faziam os mortos esquecerem de sua vida pregressa (eis aqui mais uma instância da variabilidade mitológica helênica, pois em *A odisseia* os finados *mantinham*, dolorosamente, as memórias do mundo dos vivos). O Estige, por seu turno, era amplamente considerado um dos traços centrais da topografia do Submundo, mas o que era? E onde ficava? Em uma de suas especulações a respeito da ultravida, Platão, no diálogo *Fédon*, afirmava que o rio corria em direção a um lago; segundo outros autores, era uma parte do Hades que nascia do degelo das neves das Montanhas Helmos e se lançava, a partir de um precipício, numa queda de 200 metros até as profundezas do norte da Arcádia. Pausânias não tinha dúvidas quanto aos misteriosos poderes de suas águas, portadoras da morte para qualquer ser humano ou animal. E todos concordavam que o Estige era especialmente sagrado, tanto que, quando um dos Olímpicos desejava fazer um juramento, Íris, a mensageira dos deuses, buscava uma jarra cheia de sua água, para que a promessa se tornasse solene através de uma libação.

Outro curso de água firmemente associado ao outro mundo era o Aqueronte, através do qual, escreveu Eurípides, Caronte impulsionou seu barco

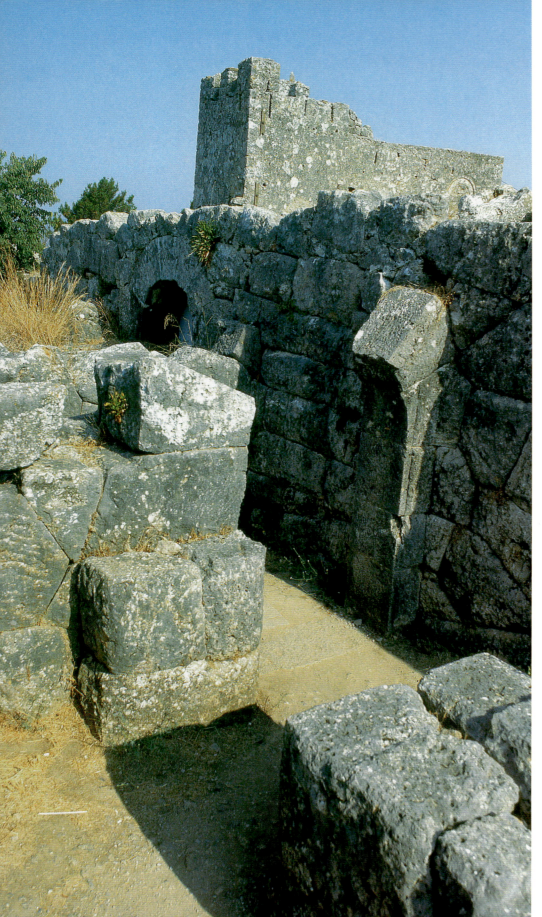

(Esquerda) Em um monte baixo, não distante do Aqueronte, encontra-se o que se acredita ser o sítio do Necromanteion, o Oráculo dos Mortos. Embora esta interpretação não seja unanimemente aceita, o arqueólogo grego que o escavou, Sotirios Dakaris, tem argumentado persuasivamente que os seguintes traços são identificáveis: (a) uma passagem labiríntica, para onde aqueles que desejavam consultar o oráculo eram levados e (2) uma câmara subterrânea na qual imagens poderiam ser baixadas via cabos, criando a impressão de aparições fantasmagóricas numa espécie de "Submundo".

levando a alma de Alceste, depois de ela ter dado a vida pelo marido (cf. p. 170-171). Mas como o Estige, a esse rio mitológico um outro, real, existia em paralelo, nascido nas montanhas da Tesprócia, no Épiro, noroeste da Grécia, e fluindo até o mar pouco depois de se unir ao Cócito. Todavia, como um veio relativamente modesto acabou por desenvolver tal conexão com o reino de Hades? Primeiramente, o oeste (direção do pôr do sol) era frequentemente vinculado, pela imaginação helênica, à escuridão e aos presságios, e na perspectiva de muitos gregos o Aqueronte corria precisamente nesse sentido. Depois, ao final do seu curso, encontrava-se o Necromanteion, um oráculo onde, em tempos históricos, ia-se consultar os mortos. Alguns santuários oraculares, Delfos em especial, situavam-se em locais montanhosos, remotos, as aguras da jornada preliminar contribuindo significativamente para o impacto psicológico da consulta. Não existia nenhuma dessas dificuldades de acesso para atingir o Necromanteion, mas quem sabe se o modo preferido de chegar até lá não fosse uma viagem ao longo do rio sinuoso e assombrado?

Caronte

Antes de deixar o tópico sobre os rios, precisamos retornar àquela figura velha e rabugenta de Caronte: talvez pela razão mencionada por Céfalo em *A república* de Platão (a proximidade da morte concentra a atenção na possível realidade do além-túmulo), os vasos utilizados em cerimônias funerárias fornecem as mais completas evidências das suas representações. Em diversos exemplares de *lekythos* (jarrinhas brancas para óleos usados em oferendas para os defuntos), ele aparece em seu papel característico, recebendo de Hermes, o Guia das Almas, mais um passageiro e preparando-o para levá-lo, a remo, até o Submundo propriamente dito. Nas fontes literárias, em oposição, o personagem raramente possui o destaque que recebeu em *As rãs*, de Aristófanes, mas a natureza mesma do seu serviço, um funcionário subalterno que, por uma modesta soma (normalmente uma moeda, o chamado "óbolo"), carrega todo e qualquer ser humano que já viveu, independentemente de sua grandeza ou pequenez, presta-se à exploração em narrativas cômicas ou irônicas. O melhor exemplo vem do satirista Luciano (II século d.C.), cujos escritos versam sobre as fraquezas de deuses e mortais, e incluem diversos retratos do barqueiro infernal: no *Diálogo dos Mortos*, um Caronte cheio de sarcasmo, e que já vira de tudo, dirige-se a Hermes:

> ...tu bem vês como se comportam, como são gananciosos, competindo uns com os outros pelo poder, pelas honrarias e pelos bens materiais, tudo coisas que terão de abandonar, quando tiverem de vir para cá para o nosso reino, trazendo consigo um único óbolo[176].

Vale a pena notar que em algumas fontes não gregas, e especialmente nas pós-gregas, o campo de atuação de Caronte era bem mais extenso! Para os etruscos, que o conheciam como Charun, ele era um terrível demônio da morte, barbado, com nariz adunco, orelhas animalescas, sinistros dentes retangulares, e empunhava um martelo. Já no moderno folclore grego, o personagem Charos (Charonda ou Haros), embora ainda seja a personificação da morte, foi literalmente situado ao

O Submundo

O corpo de um jovem atleta foi encontrado com a coroa dourada da vitória ainda em volta do crânio. Este achado único (Hagios Nikolaos, Creta) data do I século d.C., e também contínha uma moeda de prata fora da mandíbula do morto, o pagamento para Caronte, o barqueiro que levaria o defunto até o Hades.

(Esquerda) Caronte, o barqueiro barbudo, oferece seus sombrios serviços. Diante dele está uma figura-palito alada conhecida como eidolon, a imagem da alma do falecido. Lekythos ateniense, meados do V século a.C.

---

176. SAMÓSATA, L. Caronte ou os visitantes. In: SAMÓSATA, L. *Luciano* [IV]. Coimbra: Universidade de Coimbra, 2013, p. 136 [Trad., introd. e notas de Custódio Mangueijo].

O Submundo

lado dos anjos, a ponto de ser identificado como uma personificação de São Miguel Arcanjo ou um seu subordinado; mas em que pese toda essa assimilação ao sistema de crenças cristão (que pode ser traçado até o Período Bizantino), o prospecto de encontrá-lo cara a cara permaneceu aterrorizante, pois seu dever fatal de levar as almas dos mortos não se alterou. Ou nas palavras de uma mãe cipriota atual, ao lamentar sua perda:

> Charos cruel! Com toda crueldade levaste minha criança, que era meu orgulho, que era minha vida.

Lugares de recompensa e punição

A antiga religião grega era geralmente mais voltada para este mundo do que para o próximo, uma conclusão que parece emergir da relativa carência de ênfase dos textos sobreviventes na temática da escatologia (literalmente, "o estudo das coisas últimas"), um contraste chocante com o que vemos, por exemplo, entre os egípcios ou cristãos e muçulmanos medievais. Ainda assim, também na Grécia houve certos contextos, tanto na mitologia quanto nas práticas rituais, nos quais devotou-se atenção a diferenciações póstumas entre, de um lado, aqueles considerados especialmente favorecidos, e, do outro, os maus, distinção espelhada na topografia da ultravida.

Conforme uma ideia esporadicamente citada em nossas fontes mitológicas, um lugar especial era reservado após a morte para aqueles cujas vidas tivessem sido, de alguma forma, excepcionais, mas esse espaço não era, usualmente, considerado como uma subdivisão do Hades, mas antes como uma alternativa a ele. Como exemplo, temos a existência que o deus marinho Proteu profetizou para Menelau:

> Quanto a ti, Menelau, adotivo de Zeus, não é da vontade dos deuses
> que morras e encontres teu fim onde pastam os cavalos de Argos,
> mas os imortais hão de enviar-te para os Campos Elíseos, e o limite da terra, onde Radamanto de cabelos claros
> está, e onde a mais fácil das vidas aguarda os mortais, pois não há neve, nem muito inverno, nem jamais chove, mas a corrente do Oceano sempre manda a brisa
> do Vento Oeste soprando ligeira para refrigério dos mortais,
> isto porque Helena é tua; e, portanto, és genro de Zeus.

Menelau não era particularmente virtuoso, apenas impecavelmente bem relacionado, através de seu casamento com Helena – algumas fontes, inclusive, afirmam que ela o acompanhou ao Eliseu[177]. Eventualmente, sabemos de outros heróis destinados a ser arrebatados para um *post-mortem* paradisíaco, categoria na qual se encontram Cadmo, Peleu e Aquiles, que foram enviados para as Ilhas Afortunadas, equivalentes ao Eliseu e supostamente governadas pelo titã Cronos, pai de Zeus que, embora permanecesse alheio aos Olímpicos, já não mais era pintado como o violento adversário do filho, e sim como um benigno, ainda que remoto, governante. Contudo, o que teria levado essa tríade heroica a ser merecedora de uma ultravida feliz, segundo essa variante, recontada por Píndaro em sua *Segunda Pítica*? Como no

---

177. Em latim, Elysium.

Em diversas localidades do mundo grego, encontraram-se finas folhas de ouro com inscrições depositadas em covas; tratavam-se de guias da geografia do Submundo para o morto, e de como se comportar para atingir uma pós-vida abençoada. A folha ilustrada abaixo (IV século a.C.) foi descoberta em Petélia, sul da Itália.

caso de Menelau, a resposta residiu não no mérito ético, mas na proximidade com os deuses: os Olímpicos haviam agraciado as bodas de Cadmo e Peleu com suas presenças, algo tão especial que esse benfazejo destino pós-túmulo pode até ser considerado uma mera extensão do *status* já privilegiado de que desfrutavam em vida.

Seria possível, para homens e mulheres comuns, aspirar a esse traslado ao paraíso? Não havia presunções automáticas, como confirmado pelas ansiedades de Céfalo (cf. p. 206), mas um roteiro poderia oferecer alguma esperança: a iniciação em um culto, como o dionisíaco ou o órfico, ou nos Mistérios de Elêusis, cujas crenças envolviam a promessa de salvação pessoal. A arqueologia trouxe à luz breves textos escritos em folhas de ouro (encontradas, p. ex., no sul da Itália ou na Tessália) que aprofundaram nosso conhecimento sobre as crenças na vida após a morte numa excitante, ainda que enigmática, maneira: inscrições como essa que vemos ao lado serviam de miniguias de viagem para os mortos e passaportes privilegiados para a entrada no Submundo. Um deles, encontrado em Petélia[178], chegou a ser usado, em tempos romanos, como um amuleto dentro de um recipiente de ouro, mas a folha inscrita datava do IV século a.C., e continha instruções passo a passo destinadas ao defunto.

> Você encontrará à esquerda da casa de Hades uma fonte, e junto a ela um cipreste branco.
> Dessa fonte, sequer se aproxime.
> Mas você encontrará uma outra, com água fresca fluindo
> do poço da memória. Em frente há guardas.
> Diga a eles: "Sou um filho da Terra e do Céu estrelado;
> mas venho de um rebanho celeste. Isso bem o sabeis.
> Estou ressequido e morrendo de sede. Dai-me agora água fresca que flui do poço da memória".
> E eles mesmos dar-lhe-ão de beber da fonte sagrada.
> E então você governará entre outros heróis.

A atmosfera evocada por esse texto, e outros similares, tem sido comparada à do antigo *Livro dos Mortos* egípcio, e é, inclusive, possível encontrar analogias bem mais distantes com *A flauta mágica*, de Mozart. Os detalhes daquilo que aguarda os iniciados não são esmiuçados, mas se subentende que se trata de um futuro marcado não pela sede tantálica, e sim pela água refrescante, e não pelo esquecimento, mas antes pela lembrança.

Ao pesquisarmos o conjunto das representações mitológicas gregas sobre o "paraíso", nos deparamos com um retrato inconsistente, composto por retalhos, uma situação que não foi causada pela incapacidade dos poetas e pensadores em produzir uma descrição coerente, e sim porque tal descrição só se fazia necessária se um dado contexto da narração mítica demandasse uma perspectiva da vida após a morte orientada para a recompensa. É exatamente isso que encontramos em alguns dos diálogos de Platão, nos quais a discussão técnica sobre a filosofia moral é circundada por um relato mais especulativo sobre o que os virtuosos e os maus podem esperar após a morte. Temos como exemplo o *Fédon*, uma obra cujo final desolador retrata os últimos momentos de vida do reverenciado professor do filósofo, Sócrates, antes do seu suicídio forçado num cárcere ateniense, o tipo preciso de contexto que favorece o delineamento de um prospecto no qual se promete aos dignos uma recompensa no além. Claro, o cenário esboçado por Sócrates como uma possibilidade ("ou assim ou muito parecido", em suas próprias palavras) oferece esperança verdadeira para os corretos, ainda que não se atenha a minúcias:

> No que toca aos que, ao serem julgados, constatou-se que, durante a existência, se dedicaram a uma profunda vida devota, são libertados dessas regiões no interior da terra como que de prisões; ascendem às suas puras moradas e habitam a superfície da terra. Desses, todos aqueles que se purificaram suficientemente por meio da filosofia passam a viver daí por diante inteiramente sem corpos, e se transferem a moradias ainda mais belas cuja descrição não nos é fácil fazer, nem dispomos agora de tempo para isso[179].

As representações da ultravida que oferecem a esperança de felicidades aos justos, necessariamente geram prospectos ameaçadores para os iníquos, mas, de novo, emergem implicações topográficas pois, de fato, como vimos antes na relação que Odisseu fez de sua visita ao Submundo, eventualmente havia transgressores que eram punidos dentro do próprio Hades, mas outras narrativas mencionam um lugar ainda mais abaixo, remoto e medonho: o Tártaro, assim descrito por Zeus em *A ilíada*:

> esta voragem profunda que embaixo da terra se encontra,
> de érea soleira munida e de portas de ferro, tão longe
> do Hades sombrio quanto há de permeio entre a Terra e o Céu vasto[180].

Neste lugar, também evocado nos escritos escatológicos de Platão, era onde os piores transgressores seriam confinados, e embora tenhamos ilustrado este capítulo com diversas imagens da paisagem grega, não é possível apresentar nenhuma sequer do Tártaro, pois sua natureza só pode ser apreendida por antítese, através da imaginação: o oposto de todas as coisas claras, aeradas e otimistas.

---

178. Atual Strongoli, cerca de 24km em linha reta ao norte da cidade de Crotone, no calcanhar da bota italiana.

179. PLATÃO. Fédon, 114, b-c. In: PLATÃO. *Diálogos* III. São Paulo: Edipro, 2015, p. 269 [Trad. de Edson Bini].

180. HOMERO. *A ilíada*, VII: 14-16. Op. cit., p. 196.

Uma herança constantemente renovada

Nenhum outro aspecto do legado helênico rivaliza com a mitologia no fascínio que tem exercido sobre sucessivas gerações desde a Antiguidade, e na medida em que avançamos no século XXI, ela permanece influente nos mais diversos campos da cultura, seja nas reinterpretações de poetas e artistas visuais, ou nas vigorosas recriações das imagens de deuses e heróis no cinema, televisão e jogos de computador.

Neste capítulo, selecionamos alguns momentos-chave na história da adaptação da mitologia grega a novos contextos culturais. Começando com os romanos, seguiremos a recontagem e reinterpretação das histórias através da Antiguidade Tardia e da Cristandade medieval, e discutiremos algumas das maiores representações artísticas e literárias dos mitos gregos, desde a Renascença até hoje, e como como um importante segmento desse trajeto de "recepção" pelo mundo pós-clássico está relacionado às diversas interpretações propostas por acadêmicos, estas também receberão seu peso devido em nosso texto.

Primeiro seguimos para Roma, cuja civilização é, para nós, incompreensível se não se levar em conta a centralidade imaginativa da Grécia em geral, e de sua mitologia em particular, na maneira como os romanos entenderam a si mesmos e ao mundo.

Artistas imaginaram o Argo e sua tripulação das formas mais diversas, conforme percepções cambiantes de heroísmo e técnicas de construção naval. Esta representação, datada entre 1484 e 1490, foi feita pelo pintor italiano Lorenzo Costa.

VII   Mitos gregos após os gregos

Como Roma reimaginou a Grécia

de que é exemplo o vaso para misturas (c. 650 a.C.) encontrado em Cerveteri, logo ao norte do Rio Tibre. Uma de suas imagens, Odisseu cegando o ciclope, pode sugerir a familiaridade não apenas com a lenda em si, mas também com a versão homérica encontrada em *A odisseia*, e como bônus há o fato de a peça ser assinada: "feito por Aristonotos", redigido em grego da Eubeia[181]. Achados como esse situam-se no princípio de uma rica tradição de narrativa mitológica registrada em objetos descobertos na região; às vezes, o estilo é

---

181. Os eubeus figuraram com destaque na expansão colonial arcaica, embora não possamos dizer se Aristonotos, pessoalmente, veio para a Etrúria ou se o vaso foi importado.

(Acima) A imagem neste vaso é, virtualmente, uma ilustração de um episódio de A odisseia: *Odisseu e seus homens estão enfiando uma estaca no olho de Polifemo. De todas as antigas representações desse fato, esta pode ser considerada a mais interessante: o vaso é etrusco, e possui a mais antiga assinatura artística do mundo grego.*

A presença dos mitos helênicos na Península Itálica recua, pelo menos, ao Período Arcaico da Grécia, quando do estabelecimento de colônias no sul da Itália e da Sicília, iniciado por volta do século VIII a.C., cujos fundadores trouxeram consigo a contação de histórias como parte integrante da cultura. Mais ao norte, na Etrúria, arqueólogos vêm descobrindo evidências que confirmam o conhecimento desses mitos já no século VII a.C.,

(Direita) Este espelho etrusco cinzelado retrata uma cena de lânguido erotismo: a águia arrebatando o jovem e nu Ganimedes ("Catmite" em etrusco) pode ser tanto o símbolo do poder de Zeus quanto a própria divindade metamorfoseada.

(Extrema-direita) A "Cista Ficoroni" (c. 300 a.C.) é um soberbo exemplo da adaptação da mitologia grega a um contexto romano. A guarda de cobre cinzelada, destinada a guardar adornos femininos, foi (conforme nos informa uma inscrição logo acima) feita em Roma, presente de uma mãe para uma filha, e retrata um episódio do mito dos Argonautas.

eminentemente grego, mas com frequência ficam evidentes elementos nativos etruscos, como no caso dos muitos espelhos de bronze, com cenas de beleza e erotismo, que chegaram até nós.

Tudo isso se apequena em comparação com o impacto dos mitos gregos sobre a cidade de Roma, e o espaço geográfico crescentemente ampliado ao qual as conquistas militares os carregaram. Mais uma vez, nossa evidência mais antiga é arqueológica: uma representação em terracota de Atena e Héracles datada do século VI a.C. O quanto de "estranha" e de "romana" (e nesse caso, seria melhor falarmos de "Minerva" e "Hércules") haveria nessa imagem é impossível dizer, um problema interpretativo recorrente na ulterior história do encontro de Roma com as narrativas helênicas. Ao menos, porém, com o tempo as evidências tornam-se mais abundantes, e a gama de contextos nos quais essas narrativas foram implantadas é mais ampla do que aquela encontrada na própria Grécia. Particularmente ricas são as artes das pinturas em paredes, pisos em mosaico e esculturas em relevo nos sarcófagos, meios nos quais a arte romana recriou sua herança grega e levou-a a novas direções.

(Direita) A rica atmosfera dessa pintura de parede mostra episódios do mito de Perseu e Andrômeda. Villa de Boscotrecase, perto de Pompeia.

Neste mosaico do salão central das Termas de Óstia (o porto de Roma), inauguradas em 139 d.C., Netuno em pessoa é mostrado açoitando sua parelha de hipocampos.

217

Este sarcófago romano nos fornece um dos mais intricados e densos agrupamentos de imagens mitológicas que sobreviveram da Antiguidade: Dioniso/Baco está sentado num tigre (centro), flanqueado pelas Estações e por numerosos sátiros e mênades. III século d.C.

Um aspecto desse refazer envolveu as "equivalências" entre divindades locais e as helênicas, efetuadas por romanos desde muito cedo, como forma de estabelecer conexões entre sua própria religião e a estrangeira, geograficamente próxima e culturalmente autoritativa. Não há nada de surpreendente nesse sincretismo, pois os próprios gregos haviam feito o mesmo quando equipararam suas divindades às egípcias: Dioniso a Osíris, Hermes a Tot, e assim por diante. Num santuário dedicado a Vulcano, em Roma (segundo quarto do VI século a.C.), arqueólogos encontraram um vaso ateniense com a imagem de Hefaístos, sugerindo fortemente que a paridade entre ambos já estava sendo realizada por aquela época, e cerca de quatro séculos depois o poeta Quinto Ênio (239-169 a.C.) já falava explicitamente na equivalência entre os 12 Olímpicos e suas contrapartes romanas.

Algumas equivalências, contudo, eram "mais iguais" do que outras: Vesta desfrutava de um perfil bem mais elevado do que sua contraparte grega, Héstia, situação refletida na importância central do culto das Virgens Vestais, situado no fórum. Mercúrio, por seu turno, era associado ao comércio e aos negócios em Roma, marcos confortavelmente compatíveis com os do seu par, Hermes, o deus da conexão entre opostos, mas ainda assim exibia uma ênfase nova, caracteristicamente latina. Por fim, a importância de Marte, pai de Rômulo e Remo, fundadores da cidade, excedeu em muito à do seu equivalente bélico grego, Ares, algo apropriado para uma comunidade cuja aptidão no manuseio da espada foi essencial para manter sua impressionante expansão territorial. Uma outra possibilidade plausível, contudo, foi levantada pelo acadêmico holandês H.S. Versnel, que em alguns aspectos percebia Marte mais vinculado a Apolo do que a Ares: ambos, por exemplo, eram associados à expiação em face de desastres, e lhes era atribuído papel de liderança nas expedições coloniais.

Os poetas estiveram na vanguarda dos experimentos romanos em estabelecer correspondências entre suas próprias tradições mítico-religiosas e as dos gregos, e também na demarcação de

"Equivalências" entre divindades gregas e romanas

Grega	Romana
Afrodite	Vênus
Apolo	Apolo
Ares	Marte
Ártemis	Diana
Atena	Minerva
Cronos	Saturno
Deméter	Ceres
Dioniso	Baco
Eos	Aurora
Eros	Cupido
Hades	Plutão
Hefaístos	Vulcano
Hera	Juno
Hermes	Mercúrio
Héstia	Vesta
Perséfone	Prosérpina
Posêidon	Netuno
Zeus	Júpiter

(Abaixo) Estátua romana de Marte (II-III séculos a.C.). Marte é muito mais do que o "equivalente" latino de Ares grego: aqui ele aparece como um general romano envergando armadura completa.

seu próprio, e distintivamente romano, espaço imaginativo. Veremos, então, quatro desses escritores, dois do Período Republicano e outros dois do início do Império.

Poetas: Plauto

O teatrólogo cômico Plauto[182] foi um magistral exibidor de situações burlescas que retratavam jovens, livres e ambiciosos, e seus escravos, malandros e velhacos, em desventuras regidas pelo

---
182. *Titus Maccius Plautus,* ativo cerca de 200 d.C.

Como Roma reimaginou a Grécia

(Direita) Esta estatueta em bronze do século III d.C. retrata Mercúrio com seus característicos capacete e calçados alados. Ele tem sido descrito como um deus de "circulação" – de bens (como patrono de sapateiros e homens de negócios) e pessoas (mediador entre humanos e deuses, e entre vivos e mortos).

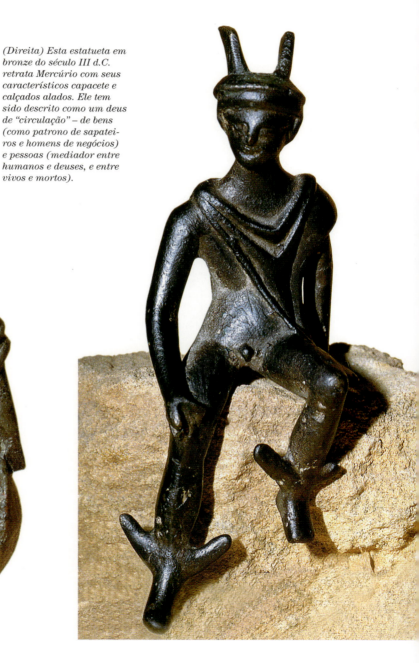

219

Como Roma reimaginou a Grécia

signo da Fortuna[183]. Embora a maioria dos seus textos tenha sido retirada daquilo que pode ser descrito, em geral, como a vida contemporânea, um deles, *Anfitrião*, deriva da mitologia: a peça retrata os rebuscados e hilariantes mal-entendidos que se sucedem quando Júpiter (Zeus) se disfarça como o personagem-título para deitar-se com a esposa deste, Alcmena, e as tretas são redobradas quando o capanga do Pai dos deuses, Mercúrio, se transforma em um sósia do servo de Anfitrião. Ainda que a peça se situe na cidade grega de Tebas, a apropriação do mito realizada por Plauto é absolutamente convincente, de modo que o produto final termina sendo tanto romano quanto grego, familiaridade percebida logo de início quando Mercúrio ganha a atenção da audiência com uma tirada muito mais apropriada à divindade latina do que à helênica:

> Pois, assim como vocês querem que eu aprove tudo isto e me empenhe para que o dinheiro lhes venha sempre às mãos, estejam caladinhos, em troca, durante o espectáculo, e assim serão todos aqui juízes imparciais e honestos[184].

Catulo

Plauto escreveu para o público do teatro. Século e meio mais tarde, outro grande artista deixou uma marca igualmente idiossincrática no legado do mito grego, mas num estilo cujo escopo era íntimo, privado: Catulo[185], um veronês que, como muitos aspirantes a escritores "provincianos", foi atraído para Roma. Poeta cujo tema central versava sobre a paixão erótica, frequentemente lançava mão de mitos para conferir ressonância às suas explorações do sentir, e o *Poema 64* nos permite experimentar o sabor do modo como transmutava a herança grega: elaborada composição com mais de 400 hexâmetros, toma como seu foco ostensivo a narrativa das bodas de Peleu e Tétis, aquele momento ideal quando os Olímpicos deixaram suas moradas para celebrar a união entre um mortal e uma divindade, agraciando a ocasião com suas presenças. No centro do poema, contudo, a descrição do bordado da colcha dos recém-casados evoca um mito particularmente diverso: o abandono de Ariadne por Teseu na Ilha de Naxos.

> e assim, no flutissonante litoral de Dia, olhando à frente,
> vê Theseus indo-se embora com a célere armada,
> Ariadna, carregando no coração furores indomáveis.
> e ainda não crê, ela mesma, ver o que vê,
> já que ela, só agora despertada de um sono falaz,
> infeliz, se veja desertada na solitária areia[186].

Ao justapor esses dois mitos, Catulo foi capaz de explorar a oposição entre fé e incredulidade, e o contraste entre um tempo então heroico, quando os deuses caminhavam sobre a terra, e o aqui e agora sombrio e injusto – que, de resto, também são temas que dominam seus textos mais curtos, ferozmente intensos, nos quais uma de suas preocupações é um desejo não realizado por estabilidade e permanência em seus relacionamentos.

Quando Catulo adaptou mitos eróticos que haviam sido previamente contados pelos gregos, o fez com tal convicção que os tornou seus: ao inflamar uma nova chama e um novo sentido de urgência à poesia de amor de tradição helenística, fez um pronunciamento que, a um só tempo, era tanto sobre estilo de vida e política quanto sobre litera-

---

183. Fortuna, nesse caso, refere-se à personificação da sorte na religião romana (equivalente à deusa grega Tiquê) [N.T.].

Um manuscrito do século XV mostra o início da comédia Anfitrião, *de Plauto. O manuscrito foi comprado em Roma em 1481 por John Shirwood, bispo de Durham. O brasão ao pé da página pode ter pertencido ao bispo italiano que originalmente encomendou o livro.*

---

184. PLAUTO. *Anfitrião*, 13-17. Lisboa: Ed. 70, 1993, p. 25 [Introd., trad. e notas de Carlos Alberto Louro Fonseca].

185. *Gaius Valerius Catullus*, c. 84-c. 54 a.C.

186. LAGE, C.F. & DIAS, M.T. Poema 64 de Catulo [Apres. e trad.: Scripta Classica On-Line]. In: *Literatura, Filosofia e História na Antiguidade*, n. 1, abr./2003: Contestações do mito. Belo Horizonte: Neam/UFMG.

tura, e equivalia à rejeição ao mundo de virtudes públicas político-militares da boa e velha Roma.

Virgílio

Na obra de Virgílio[187], a relação entre a mitologia e o contexto político se torna ainda mais importante, e bem mais complexa, pois ele viveu durante a guerra civil dos estertores da República, e tornou-se aliado íntimo do novo regime de Augusto, cujo governo autocrático tinha o intuito de pôr um fim ao derramamento de sangue. Assim sendo, cada uma das suas três grandes produções literárias precisa ser apreciada à luz dessa época revolucionária.

Sua coleção de *Éclogas*[188] constitui uma decisiva renovação do gênero pastoral, cujo exponente anterior havia sido o grande poeta helenístico Teócrito: a paisagem idílica desses poemas, avivada pelas canções reflexivas dos pastores, precisa ser situada em seu contexto político, pois o estado de espírito prevalente contrasta, acentuadamente, com o tumulto sangrento da Roma de então. Dentre as dez partes que compõem a obra, é de particular interesse mitológico a *Écloga 5*, que inclui um lamento pelo legendário poeta siciliano Dafne (cf. p. 184). Outra característica notável dessas composições, extremamente significativa à luz do desenvolvimento futuro da literatura e da arte bucólicas, é o detalhe, encontrado em alguns dos poemas, da locação imaginada ser a Arcádia, uma inovação resultante do agrupamento de várias convenções: a região era associada a um estilo de vida primitivo e isolado (embora Virgílio tenha atenuado suas arestas); Pã e Hermes, duas divindades cujos vínculos com o pastoreio e a fertilidade calhavam bem com o ambiente, frequentavam-na; e acima de tudo, segundo a lenda, seu povo havia desempenhado um importante papel no passado da própria Roma. Assim sendo, a invenção dessa Arcádia "pastoral" é um exemplo cristalino de criação do mito – na verdade, de sua invenção, pois na tradição europeia subsequente esse retrato idílico da Grécia antiga veio a exercer um profundo impacto imaginativo.

Em sua segunda obra importante, os quatro livros conhecidos como as *Geórgicas*, Virgílio descreve e celebra o labor dos camponeses que cultivam os campos, mais um bastião contra o dilaceramento provocado pela guerra civil. Depois do poema passar da agricultura para o cultivo de árvores, e da pecuária à apicultura, no último livro o autor finalmente relata dois mitos interligados:

187. *Publius Vergilius Maro*, 10-19 a.C.
188. Poemas ambientados no mundo natural [N.T.].

No quadro Sonho da Arcádia (Dream of Arcadia, 1838), *de Thomas Cole, pequeninas figuras humanas, e as construções que edificaram, são amiudados por uma paisagem a um só tempo serena e grandiosa. Nascido na Inglaterra, o artista migrou para os Estados Unidos: sua visão expressa uma harmonia idílica entre a humanidade e o mundo natural.*

Como Roma reimaginou a Grécia

O manuscrito iluminado conhecido como Vergilius Romanus *(finais do V século d.C.) inclui, como ilustração das* Geórgicas *de Virgílio, esta cena de música rústica num cenário repleto de animais e plantas.*

o fazendeiro mítico Aristeu[189] provocara, inadvertidamente, a morte de Eurídice, esposa de Orfeu, e como punição suas abelhas haviam morrido doentes. Para descobrir a causa do infortúnio, ele capturou Proteu, o onisciente deus marinho, e o forçou a relevar as razões do ocorrido, após o que realizou um sacrifício de gado bovino, e das carcaças dos animais emergiram, miraculosamente gerados, novos insetos.

Envolto por esse mito há um outro, referente à perda de Eurídice, ao luto solitário e inconsolável de Orfeu, e à sua eventual, e terrível, morte, despedaçado por mênades. A intricada visão poética de Virgílio colocou um herói (Aristeu) que ouve os deuses e é premiado ao lado de outro (Orfeu) cuja história ilustra as inevitáveis limitações que circunscrevem a felicidade dos mortais, mesmo aqueles mais afortunados. Não se trata, aqui, de um mito "secundário", parasitário, mas sim de uma nova e audaciosa criação.

O apogeu das realizações de Virgílio, e um dos ápices (ao lado das *Metamorfoses*, de Ovídio) da narrativa mitológica romana, é a *Eneida*, épico de doze livros que narra os feitos do herói troiano Eneias[190] desde a fuga da destruição de Troia até o momento em que os refugiados se unem aos povos do Lácio e lançam as bases para a posterior fundação da própria Roma. Como composição poética, dificilmente uma obra poderia ser mais pretensiosa, pois se inspira, reescreve e compete

---

189. Latim: *Aristaeus*.

190. Grego: Αἰνείας, "Aineias".

tanto com *A ilíada* quanto com *A odisseia* – primeiro o herói viveu as desventuras odisseicas, e depois lutou as batalhas iliádicas.

A *Eneida* é, também, um poema profundamente político, pois quando lido contra o pano de fundo do recém-estabelecido regime augustano estabelece, por implicação, uma robusta e positiva afirmação ideológica, ao celebrar, primeiramente, a derrota dos adversários e, em seguida, um novo início, tornado possível pela fusão de diversos grupos étnicos, incluindo os gregos (Eneias encontra, e forma uma aliança, com um grupo de árcades que havia se estabelecido nas terras da futura Roma).

Contudo, além de ser uma celebração da vitória, a *Eneida* é, igualmente, um poema profundamente humano, que recusa o aniquilamento das aspirações dos derrotados pela marcha inexorável da história. O amor de Eneias pela rainha cartaginesa Dido, sentimento a que ele, sob pressão do destino, resolve renunciar, contém um poder imaginativo que, não obstante o conflito histórico entre Roma e Cartago, transcende qualquer polarização simplista entre "bons" e "maus". Tampouco as forças nativas italianas, que se opõem aos invasores troianos, são relegadas à condenação imediata. O ato de fúria impiedosa que leva Eneias a matar Turno, momento no qual o poema se encerra abruptamente, contrasta inquietantemente com a conclusão mais contida de *A ilíada*, quando Aquiles e Príamo reconhecem sua mútua humanidade e a cólera heroica cede, ao menos temporariamente, à clemência.

Ovídio

No que tange às subsequentes recontagens europeias do mito, a obra de Ovídio[191] não é suplantada por nenhuma outra, nem mesmo pela de Virgílio, visto que nela a mitologia foi incorporada em todos os aspectos. A poesia amatória ovidiana, que explora a experiência do amor em todos os ângulos possíveis, lança mão dos recursos da teia mitológica para multiplicar as informações eróticas à disposição. Um dos seus trabalhos mais inovadores, as *Heroides* ("Heroínas"), consiste numa série de cartas em verso supostamente redigidas por figuras femininas lendárias aos seus amantes/maridos (em alguns casos há um par de missivas, uma de cada parceiro), e embora limitadas pelo fato de terem sido concebidas como escritas no desenrolar da narrativa – o que significa que o "resultado final" não pode ser contado, mas apenas ironicamente sugerido – como suas autoras teriam sido mulheres tão diversas quanto Penélope, Dido, Medeia e Fedra[192], essas correspondências imaginárias incorporam uma gama notável de experiências humanas.

Mas mesmo essa abrangência é completamente ofuscada pela obra-prima ovidiana, as *Metamorfoses*. Pareceria improvável que um épico formado por quinze livros pudesse ser criado a partir de um único motivo mitológico – e ainda assim foi esse o desafio a que Ovídio se prestou ao fazer do tema das transformações maravilhosas o eixo de uma exploração sobre a patologia do amor. Os mitos a respeito desse assunto, que em suas recontagens gregas prévias usualmente vinculavam-se

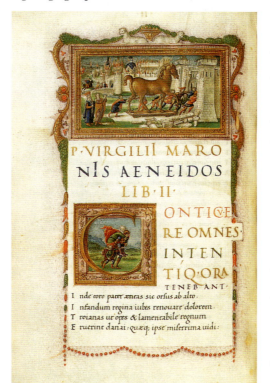

Como Roma reimaginou a Grécia

(Esquerda) Duas cenas emblemáticas da Queda de Troia decoram o Livro II da Eneida *de Virgílio, numa edição manuscrita italiana de finais do século XV. Acima vê-se o Cavalo de Madeira sendo levado para dentro da cidade por incautos troianos. Abaixo, a derradeira fuga de Eneias, carregando seu velho pai, Anquises, no ombro.*

(Abaixo) Erisícton derrubou uma árvore dedicada a Ceres (a equivalente romana de Deméter) e foi punido com uma fome irrefreável e, por fim, fatal. O episódio foi recontado pelo poeta romano Ovídio em suas Metamorfoses, e é aqui ilustrado numa edição parisiense de 1570 do comentário alegórico de Johann Spreng ao poema.

---
191. *Publius Ovidius Naso*, 43 a.C.-17 d.C.
192. Latim: *Phaedra*.

Narciso em Ovídio e depois dele

No terceiro livro de suas *Metamorfoses*, Ovídio conta a história do belo e jovem Narciso[193], que caiu de amores pelo próprio reflexo no lago de uma floresta; Eco, a ninfa por quem o rapaz, obcecado por si mesmo, não demonstrou nenhum interesse, definhou até que dela só restou a voz. O amor fútil de Narciso atingiu o clímax quando suas lágrimas frustradas perturbaram a clareza de sua imagem refletida na água.

Com estas palavras, quase louco, voltou a olhar a mesma imagem.
Com as lágrimas perturbou as águas e a imagem desvaneceu-se
na ondulação do lago. Ao vê-la afastar-se, gritou:
"Para onde vais!? Espera! Não me deixes, cruel,
a mim que tanto te amo! Possa eu ao menos o que tocar
não posso e assim alimente minha triste loucura!"
E, entre lágrimas, rasga sua veste de cima abaixo e fere
O peito desnudado com mãos cor de mármore.
Ferido, o peito adquire um rubor rosado, como acontece às maçãs
que, estando claras de um lado, adquirem, do outro, uma rubra cor;
ou como acontece nos cachos às uvas em maturação,
que apresentam uma cor de púrpura.
Ao ver na água, novamente calma, esta situação,
não resistiu mais, mas, como costumam a dourada cera
derreter em lume brando e o orvalho da manhã
ao calor do Sol, assim se funde ele, gasto pelo amor,
e lentamente é consumido por um fogo oculto.
Já nem existe cor, mistura de branco e rubro, nem ânimo,
nem forças, nem os encantos que admirava há pouco.
Nem se mantém o corpo que Eco amara outrora[194].

Em 1997, o poeta inglês Ted Hughes (1930-1998) publicou uma série de recriações das *Metamorfoses* de Ovídio sob o título *Tales from Ovid*, que rapidamente se tornou um *best-seller*. Eis aqui a sua versão, sutilmente muscular, da mesma passagem ovidiana:

E Narciso chorou no lago
Suas lágrimas destroçaram o relicário inerte
E sua imagem desfez-se
Ele então gritou: "Não me deixes.
Se tocar-te não posso, que possa ver-te ao menos.
Deixa-me suprir minha fome, malfadado amor –
Se mais não for, pelos olhos".
Ele então rasgou sua camisa
E bateu em seu peito com os punhos cerrados.
A pele avermelhou-se com os golpes.
Quando isso então viu Narciso
No reflexo retornado à perfeição
Onde o lago havia serenado –
Foi demais para si.
Como cera junto à chama,
Ou como a geada branca
Por onde o primeiro raio do sol nascente
Arroja-se por através
Ele derreteu, consumiu-se
Pelo seu amor.
A pétala de seu amor, como a de Eco,
Murchou, encolheu, caiu –
Ele desapareceu ante os próprios olhos.
Até que nada restasse do corpo
Que havia levado Eco ao desvario.

---

193. Grego: Νάρκισσος, Nárkissos.

194. OVÍDIO. *Metamorfoses*, III: 474-493. São Paulo: Ed. 34, 2017, p. 195 [Trad. Introd. e notas de Domingos Lucas Dias].

a uma localidade específica, no poema latino passaram por um sutil processo de universalização, expandindo sua relevância e pavimentando o caminho para que as *Metamorfoses* se tornassem o manual de mitologia geral durante a Idade Média. Para todos os efeitos, a partir de então o mito grego tornou-se clássico, pois foi com sua roupagem romana, e a partir de contadores romanos, que o mundo moderno o recebeu.

A capacidade de Roma de se apropriar e retrabalhar a herança helênica não mostrou nenhum sinal de cansaço durante o Império. Os continuadores literários de Virgílio e Ovídio continuaram a explorar as fontes originalmente gregas, mas agora completamente romanizadas. Da mesma forma, na iconografia, os sucessores imperiais de Augusto seguiram seu exemplo e adaptaram o simbolismo do mito às demandas ideológicas do governo autocrático, como quando o brutal Imperador Cômodo apresentou a si mesmo num busto (c. 190 d.C.) como um Hércules contemporâneo, completo, com clava e pele de leão. Contudo, em meio a tais tendências, desenvolveu-se um novo e crescentemente poderoso movimento, o cristianismo, cujos seguidores observaram essas histórias a partir de um inédito, e profundamente crítico, ponto de vista.

Figuras políticas romanas, como as gregas, apreciavam apresentar-se seguindo os passos de personagens do passado mitológico. Lucius Aurelius Commodus *(reinado individual, 180-192 a.C.) tomou Héracles como seu modelo, a tal ponto que chamava a si mesmo "Hercules Romanus", e como seu modelo mítico, era dado à violência extrema.*

O impacto do cristianismo

A estátua de mármore conhecida como o "Moscóforo" (carregador do bezerro, c. 575-550 a.C.) é a genial representação de um jovem carregando um novilho (alto). O mesmo motivo foi perfeitamente incorporado à imagética do sistema cristão numa escultura de Cristo como o Bom Pastor (III-IV séculos a.C.).

Não surpreende que o comportamento dos deuses, mais que o dos heróis, tenha sido o fator que mais tenha atraído o opróbio e o escárnio dos apologetas cristãos. Na obra *Exortação aos pagãos*, que ridiculariza os mitos absurdos e imorais dos politeístas, Clemente de Alexandria[193], um converso, trombeteou: "Quem não ficaria chocado com uma religião que reverenciava uma deusa (Afrodite) nascida de um pênis decepado? Quem não acharia contraditório que Zeus fosse reverenciado como 'Careca' em Argos, mas como um 'Vingador' no Chipre?"

Um século depois, o escritor cristão norte-africano Lactâncio[194] forneceu uma explicação para algumas das crenças pagãs "irracionais", qual seja, que essas supostamente divinas figuras, a respeito de quem acumulavam-se histórias devassas e absurdas, não eram deuses, mas antes meros mortais alçados ao *status* divinal pelos poetas: "[de Zeus] diz-se que arrebatou Catamita (i. é, Ganimedes) numa águia. Isso é elaboração poética. Em verdade, ou ele o levou embora numa legião que usava o pássaro como estandarte, ou num navio no qual ele o teria colocado como divindade tutelar, da mesma forma que havia a efígie de um touro na nave na qual levou Europa mar afora".

Havia, igualmente, estratégias alternativas para explicar o que se entendia serem caprichos da mitologia pagã: uma geração após Lactâncio, Júlio Firmico Materno[195] viu nas divindades dos mitos tradicionais nada além de projeções adulteradas dos fenômenos naturais e das paixões humanas. A adoração ao Sol seria um desvio idólatra da reverência devida ao verdadeiro Criador; na deificação de Zeus, o adúltero, de Apolo, o torturador (de Mársias) e de Ares, o genocida, os politeístas estariam tão somente endeusando seus próprios impulsos ímpios.

Ao utilizar tais argumentos contra aqueles que fustigavam como infiéis, os cristãos estavam vertendo vinho novo em velhos barris. Uma das fontes já prontas para que eles se inspirassem foi o tratado *De Natura Deorum* (Sobre a Natureza dos Deuses) do orador, político e autor Cícero[196]: escrito na forma de um diálogo entre romanos educados de diferentes correntes filosóficas, incorpora muitos dos argumentos contra e a favor desta ou daquela visão dos deuses. Entre as opiniões apresentadas estão: as divindades da mitologia teriam sido, originalmente, seres humanos, divinizados, em retrospecto, pelo povo graças às suas realizações; e simbolizavam poderes cósmicos, ou expressavam ideias morais, através de alegorias.

Tais visões possuíam antecedentes bem anteriores a Cícero – na verdade, podiam ser rastreadas até o cerne da tradição helênica do relato mitológico: a noção de que os deuses eram, originalmente, mortais deificados ficou associada ao nome de Evêmero[197] (cf. p. 199), um escritor helenístico que numa novela utópica (da qual sobreviveram apenas fragmentos), descreveu uma viagem imaginária até uma ilha no Oceano Índico onde, inscritos numa coluna de ouro, estariam dispostos os feitos de Urano, Cronos e Zeus, três monarcas mortais já falecidos adorados pelo seu povo por causa dos seus reinados benevolentes. Não é coincidência que um autor do início desse período aventasse tal possibilidade, dado o clima político então prevalente, no qual vários dos sucessores de Alexandre haviam recebido veneração religiosa de seus súditos em reconhecimento pelos serviços prestados. Quanto à noção de que os deuses da mitologia deveriam ser entendidos em termos alegóricos, ou seja, como personificações de poderes cósmicos ou qualidades morais, também aqui não é difícil encontrar antecedentes gregos, por exemplo, entre os Pré-socráticos e, mais especificamente, os filósofos estoicos. Um relato sucinto dessa abordagem é fornecido pelos escoliastas (antigos comentadores) em uma passagem do Canto XX de *A ilíada*, no qual desenrola-se uma batalha em que os deuses combatem em lados opostos. Essa indecorosa luta divina poderia, segundo os escoliastas, ser interpretada em termos de "alegoria natural e moral": Poseidon, a água, se opõe a Apolo, o calor do Sol; a virginal Atena, corporificação da prudência, confronta o irracional e adúltero Ares. Outras decifrações se sucedem: Ártemis é a Lua, Hera, o Ar, Afrodite, o desejo... esse tipo de abordagem metafórica pode ser tão antigo quanto o século VI a.C.

Se os argumentos antimitologia dos primeiros apologetas possuíam antecedentes mais de milênio anteriores a si, eles também geraram uma prole considerável na Antiguidade Tardia e mais além, mas aqui nos deparamos com um paradoxo: com pouca ou nenhuma mudança, os fundamentos das objeções cristãs às lendas politeístas poderiam ser, e foram, tomados como justificativa para a sobrevivência e transmissão daquelas mesmas histórias, pois se não contivessem material *verdadeiramente* chocante ou absurdo, havia razão para proibi-los? Um exemplo dessa atitude acolhedora é fornecida pelas *Mitologias*, do Bispo Fulgêncio[198]. Muito da biografia desse autor é incerta, mas o que não se coloca em dúvida é a criatividade que utilizou na interpretação alegórica, auxiliada e estimulada por arroubos de rebuscada etimologia, para tornar os mitos pagãos aceitáveis a uma audiência cristã, como se percebe na explicação do sentido do mito sobre a ninfa Aretusa[199], cujo deus-rio Alfeu[200] perseguiu através do mar até Siracusa.

Alfeu em grego é *aletias fos*, ou seja, "a luz da verdade"; enquanto Aretusa é *arete isa*, isto é, "a excelência da equidade", pois o que pode a verdade amar que não a equidade, e a luz, a excelência? E sua pureza mantém-se intacta ao cruzar o mar, porque a verdade cristalina não pode poluir-se por qualquer impureza ou pela circundante salinidade dos caminhos do mal.

Graças à extraordinariamente forte autoridade literária e educacional de que desfrutavam as obras sobre mitologia grega (ou, agora, greco-romana), e a criatividades interpretativas semelhantes à empregada por Fulgêncio, o caminho foi aberto para uma substantiva renovação das histórias pagãs dentro da perspectiva cristã.

---

193. *Titus Flavius Clemens*, c. 150-c. 211.
194. Provável nome completo: *Lucius Caelius Firmianus Lactantius*, c. 240-320.
195. *Julius Firmicus Maternus*, IV século.
196. *Marcus Tullius Cicero*, 106-43 a.C.
197. Ativo c. 300 a.C.

---

198. *Fabius Planciades Fulgentius*, provavelmente do século V d.C.
199. Latim: *Arethusa*.
200. Latim: *Alpheus*.

O Medievo

(Direita) Ao longo de toda Idade Média, Ovídio exerceu enorme influência na percepção dos mitos antigos. Seus poemas intitulados Heroides *consistem de uma série de cartas supostamente redigidas por mulheres lendárias aos seus amantes. Nesta cena (de um manuscrito ilustrado dessa obra), Fedra entrega uma dessas missivas a seu enteado, Hipólito, para convencê-lo a tornar-se seu amante.*

(Página oposta) Tirada de um manuscrito do século XV da História da destruição de Troia (Historia Destructionis Troiae) *de Guido delle Colonne, esta ilustração situa a união entre Páris e Helena num templo de Vênus que possui uma aparência imensamente "eclesiástica".*

(Abaixo) Neste manuscrito alemão do século XIV, o combate entre Heitor e Aquiles torna-se um duelo cavalheiresco entre dois cavaleiros de armadura.

Pelos mil anos que se seguiram, leituras alegóricas tiveram o efeito cumulativo de naturalizar os mitos greco-romanos em um ambiente completamente cristianizado, e graças à agilidade mental dos intérpretes até mesmo Ovídio, autor frequentemente lido nas escolas, pôde ser visto como fonte de verdade e virtude. Nas 70.000 linhas de *L'Ovide moralisé*, um poema anônimo, altamente influente, do começo do século XIV, as *Metamorfoses* foram interpretadas como cristãmente edificantes, de modo que Fáeton passava por Lúcifer, o anjo rebelde; a perseguição de Apolo a Dafne simbolizava a Encarnação, com a ninfa representando a Virgem Maria; e a busca de Ceres/Déméter por Prosérpina/Perséfone tornava-se o esforço da Igreja para trazer as almas das ovelhas desgarradas de volta ao aprisco.

O evemerismo[200] foi outro fator que contribuiu para esse processo de naturalização. Sistemas cronológicos foram projetados para que a visão de mundo cristã (Criação, Queda do Homem, Vida de Cristo, Julgamento Final) fosse entremeada com os feitos de adequadas divindades humanizadas do mito pagão, como Minerva, a mulher que primeiro teria inventado o trabalho com a lã, e Prometeu, o homem que teria ensinado seus companheiros a fazer o fogo. Contudo, não apenas as façanhas divinas foram incorporadas a essa linha do tempo, mas também feitos de heróis e heroínas tornaram-se parte de um passado integrado, em especial aqueles envolvendo a Guerra de Troia, considerada, na Idade Média, um evento pivotal da história humana, não apenas porque fora palco de poderosos feitos de "cavalaria", mas também porque muitas cidades e famílias traçavam suas origens até os troianos, que teriam vagado para longe depois do saque à sua cidade. Francos, normandos, bretões, venezianos, turcos, e muitas famílias principescas, todos afirmavam ser descendentes dos protagonistas daquele embate épico (cf. p. 228).

O simbolismo cósmico era um outro campo no qual as características atribuídas às divindades pagãs e aos heróis e heroínas constituíram não uma

---

200. Teoria hermenêutica segundo a qual os deuses pagãos não eram nada mais do que humanos deificados, conforme Evêmero (p. 225).

Hie in dem Tempel veneris werden paris vnd helena durch das gesich-
te zu haimlichem leiden groslich enzundet   C vii

sitzen vnd kom zu dem gstat Vnd von dauen eines kleine schiffunge
in die Inseln Cithares ist geborn Do si paid von den einwauern
vnd sunden in grosz ere ist entfangen als die fraw der Insel̃
¶ zu letzt si zuvoleuden̄ ire gelube den Tempel ist eingangen da
selbst hat si ire opffer der gotin Veneri in vil vnd kostlichen gaben
gerauchet ¶

Do ein sulchs pa-
ridi kunt getan
wart die konigin
helena des me-
nelay hausfrawe
mit eim grossen gesel-
schaft vnd vmm-
dem gepar zu de
tempel sein gan
gen ¶ Paris
nach dem kostlich-
ten gezwet kom
auch dar ein wā
er het wol gehort
durch die verkū-
duge der sag vor
langst geschehe
die swest Castor9
vnd pollucis ein
vngelaublichen
schon graue Do
er die sach do wart
er von studen der fackel veneris od' vnkeusch in dem tēpel Veneris
enzudet vnd wutet mein anglichlichen begir vnd sein fleissiges ge-
sichte hater in die Helenā gewendet vnd ist ir glider besund' war in sein
licher zir bespieget hubschlich hat beschawet ¶ Es hat bwunder ir
eins seuliche schemiedē glanczes leuchtē zchar welche ein weiss
strich eines suchlichē scheines in mittel der schaitel gleich hat getailt
vnd die guldein vädem hie vnd dort gestreut vnter eine gewissen

O Medievo

Durante a Idade Média, acreditava-se que figuras maiúsculas da antiga mitologia eram os ancestrais de povos contemporâneos. Esta xilogravura de parte da "Crônica Mundial" (alemã, século XV) coloca, ao lado de figuras familiares como Agamenon e Páris, "Turcus" (abaixo à esquerda) e "Franco" (abaixo à direita), pais fundadores dos povos turco e francês, respectivamente.

barreira, e sim o passaporte para sua incorporação à visão de mundo medieval europeia. Já na Antiguidade, corpos celestes como o Sol e a Lua haviam sido considerados divindades (por Platão, p. ex.), enquanto as constelações foram identificadas com indivíduos míticos (Andrômeda, Hidra, Perseu) ou seus atributos (Lyra, i. é, o instrumento musical inventado por Hermes/Mercúrio) que usualmente tinham conseguido a transferência permanente para o céu através de metamorfoses. Um desenvolvimento posterior, do Período Helenístico em diante, foi a ênfase na astrologia, o aspecto do estudo dos céus que postulava a existência de elos complexos entre eventos celestes e terrenos. Em

(Direita) Em um manuscrito do Livro das estrelas fixas *(Kitab suwar al-kawakib) do grande astrônomo árabe Abdel Rahman al-Sufi (século X), a Medusa, recém-decapitada por Perseu, é retratada, de acordo com a crença árabe, como um demônio masculino.*

que pese a periódica oposição da Igreja, tais crenças jamais sumiram de todo, e experimentaram um período de excepcional popularidade entre os séculos XII e XIV, graças aos recém-acessíveis textos astronômicos/astrológicos gregos que haviam sido preservados pelos estudiosos árabes e que retornavam à Europa, traduzidos para o latim, na esteira das Cruzadas e das reconquistas na Península Ibérica e na Sicília. Figuras como Saturno, Júpiter e Mercúrio sobreviveram como demônios planetários, cuja aparência física e trajes forneceram mais uma novidade à enorme adaptabilidade da mitologia clássica.

O Medievo

(Esquerda e abaixo) O manuscrito do século XIV de um tratado astrológico apresenta dois dos planetas. Saturno (esquerda) transformou-se num cavalo a fim de enganar sua esposa, Reia, com a ninfa Filira, gerando o centauro Quíron. Abaixo, Mercúrio em sua mesa.

229

Da Renascença ao século XX

(Acima à direita) O rapto de Ganimedes (The rape of Ganymede, *1635*). *Longe de idealizar Ganimedes, Rembrandt o representa como uma criança de aparência desagradável, que se urina de pavor ao ser arrebatado por uma águia.*

(Abaixo) Em A queda de Faetoné (The Fall of Phaeton, *1606/1608*), *Rubens criou a visão de caos turbulento e cadente. Esse mito é melhor conhecido através do relato de Ovídio nas* Metamorfoses: *Faéton pediu ao pai, o Sol, que o deixasse dirigir sua carruagem, com resultados catastróficos.*

O historiador da arte Jean Seznec caracterizou a Renascença como "a reintegração do assunto antigo à forma antiga: podemos falar de uma Renascença a partir do dia em que Hércules retomou suas espáduas atléticas, sua clava e sua pele de leão". O "renascimento" do interesse europeu pela Grécia antiga criou um contexto no qual essa reunião de forma-e-conteúdo dos mitos clássicos veio desfrutar de uma notável e duradoura dominação cultural. De Spenser e Shakespeare a Milton e Racine, de Botticelli e Ticiano a Rubens e Rembrandt, os maiores artistas entre os séculos XV e XVII expressaram-se através de um engajamento criativo com os mitos clássicos (lado a lado com uma continuada e constante referência à tradição de temas bíblicos).

Desnecessário dizer, este engajamento com a Antiguidade clássica não foi nem simples nem

Alguns marcos na moderna recontagem dos mitos gregos

Data	Autor	Obra
c. 1306-1321	Dante	*A Divina Comédia* (*Divina Commedia*, poema)
Inícios do século XIV	anônimo	*L'Ovide moralisé* (Poema)
c. 1486	Botticelli	*O nascimento de Vênus* (pintura)
1553-1554	Ticiano	*Vênus e Adônis* (pintura)
1546-1554	Cellini	*Perseu segurando a cabeça da Medusa* (*Perseo con la testa di Medusa*, escultura em bronze)
c. 1567	Pieter Brueghel o Velho	*Paisagem com a queda de Ícaro* (pintura)
c. 1570-1576	Ticiano	*O esfolamento de Mársias* (pintura)
1590	Spenser	*A rainha das fadas* (poema)
1592-1593	Shakespeare	*Vênus e Adônis* (poema)
c. 1601-1614?	El Greco	*Laocoonte* (Pintura)
1607	Monteverdi	*L'Orfeo, favola in musica* (Ópera)
1609	Bacon	*A sabedoria dos antigos* (tratado em prosa)
1622-1625	Bernini	*Apolo e Dafne* (escultura em mármore)
1635	Rembrandt	*O rapto de Ganimedes* (pintura)
1636-1638	Rubens	*O banquete de Tereu* (pintura)
1742	Boucher	*Diana saindo do banho* (pintura)
1755	Winckelmann	*Reflexões sobre a imitação das obras gregas na pintura e na escultura* (estudo de crítica da arte)
1762	Gluck	*Orfeu e Eurídice* (ópera)
1788	Schiller	*Os deuses da Grécia* (poema)
1811	Ingres	*Júpiter e Tétis* (*Jupiter et Thétis*, pintura)
1818	Keats	*Endímion* (poema)
1820	Shelley	*Prometeu libertado* (drama em verso)
c. 1821-1822	Goya	*Saturno devorando seu filho* (pintura)
1825	K.O. Müller	*Prolegômenos sobre uma mitologia científica* (estudo científico)
1856	Kingsley	*Os heróis* (recontagem de mitos clássicos para crianças)
1858	Offenbach	*Orfeu no Submundo* (ópera cômica)
1867-1875	F.M. Müller	*Chips from a German Workshop* (Trabalho acadêmico em linguagem, religião e mitologia)
1872	Nietzsche	*O nascimento da tragédia* (tratado no qual os conceitos de "Apolíneo" e "Dionisíaco" foram desenvolvidos.
1890-1915	Frazer	*O ramo de ouro* (monumental estudo comparativo dos mitos e rituais, dentre os quais os antigos)
1896-1897	Waterhouse	*Hilas e as Ninfas* (pintura)
1911	Kaváfis	*Ítaca* (poema)
1912	Harrisson	*Themis, a study of the social origins of Greek religion* (trabalho acadêmico)
1856-1939	Freud	*Estudo psicológico do Complexo de Édipo* etc.
1922	Joyce	*Ulisses* (*Ulysses*, romance)
1927	Stravinsky	*Édipo Rei* (ópera-oratório)
1934	Cocteau	*A máquina infernal* (peça teatral)
1935	Giraudoux	*A Guerra de Troia não acontecerá* (peça teatral)
1937	Dalí	*Metamorfose de Narciso* (*Metamorphosis of Narcissus*, pintura)
1938	Kazantzakis	*A odisseia de Nikos Kazantzakis* (poema)
1943	Sartre	*As moscas* (peça teatral)
1944	Anouilh	*Antígona* (peça teatral)
1963	Dürrenmatt	*Hércules e o Estábulo de Augias* (drama cômico)
1963	Columbia Pictures (prod.)	*Jasão e os Argonautas* (filme)
1967	Pasolini	*Édipo Rei* (filme)
1969	De Chirico	*O remorso de Orestes* (*Il rimorso di Oreste*, pintura)
1977	Cacoyannis	*Ifigênia* (Ιφιγένεια, filme)
1981	Hall (diretor)	Produção da *Orestia* no National Theatre, em Londres
1997	Estúdios Disney (prod.)	*Hércules* (filme)
1997	Hughes	*Tales from Ovid*. Versão das *Metamorfoses* de Ovídio.

homogêneo, tampouco o "renascimento" implicou num completo rompimento com as atitudes anteriores (uma das razões pelas quais nem todos os estudiosos aceitam a utilidade do termo "Renascença"), embora um elemento de continuidade tenha sido a preocupação com a alegoria, ainda que sob novas e diversas formas. A exploração realizada por Edmund Spenser da castidade (Diana) e da sensualidade (Vênus) em *A rainha das fadas*[204] dista um mundo inteiro das leituras dos mitos clássicos de Francis Bacon em *A sabedoria dos antigos*[205], em que as lendas faziam afirmações sobre aquilo que poderíamos chamar de ciência e política: Proteu representava "a primeira matéria"; a história de Actéon, uma demonstração de que aqueles próximos aos príncipes incorrem em grande ódio e perigam ser alvejados com tiros; sendo assim, "vivem suas vidas como cervos, temerosos e cheios de suspeitas".

Uma direção na qual as recontagens visuais e literárias da mitologia convergiram durante o Renascimento foi a exploração da sensualidade das

---

204. *The Faerie Queene*.

205. *The Wisdom of the Ancients*.

O artista florentino Sandro Botticelli pintou O nascimento de Vênus *(La Nascita di Venere, c. 1486) para a vila rural de um membro da Família Medici. A pintura tornou-se um dos trabalhos mais famosos da Renascença. A deusa, graciosa, modesta e delicada, emerge do mar dentro de uma concha, bafejada por deuses-vento em meio a uma cascata de flores.*

histórias; e, por razões óbvias, histórias relativas a Afrodite/Vênus prestaram-se particularmente bem para essa perspectiva. Se fosse necessário escolher uma única pintura para representar a renascença florentina, seria muito provavelmente *O nascimento de Vênus*[206], apenas uma das milhares de imagens produzidas da deusa durante esse período, e de todos os mitos a ela relacionados, aquele que narra sua ligação com o desgraçado Adônis ofereceu o maior espaço para o *pathos*. Ticiano produziu uma tipicamente rica e intensa interpretação do relacionamento entre ambos[207], mas mesmo ela não se compara à luxuriante recontagem *Vênus e Adônis*[208], de William Shakespeare, como quando o poeta evoca a divindade tentando, ardentemente, persuadir o relutante mortal:

"Tolinho", diz, "se preso te conservo
Na esfera da marmórea paliçada,
Hei de ser parque, e tu serás meu cervo;
Em meu monte ou vale, pasta onde te agrade;
Na minha boca; e se for seco o monte
Desce aonde escorre a prazerosa fonte"[209].

A autoridade cultural dominante da mitologia clássica não passou incontestada, e em finais do século XVII, e mais insistentemente no início do XVIII, tornou-se crescentemente controversa. Quando

Joseph Addison, escrevendo no jornal inglês *The Spectator* em 1712, referiu-se ao recurso poético contemporâneo aos "Júpiteres e Junos" como "pura e simples puerilidade, e imperdoável num poeta já passado dos dezesseis anos", expressava um desconforto com o qual muitos concordariam. Na França pré-revolucionária, tal incômodo exibia

---

[206]. *La nascita di Venere.*
[207]. *Vênus e Adônis (Venere e Adone)*, 1553-1554.
[208]. *Venus and Adonis*, 1592-1593.
[209]. SHAKESPEARE. W. *Vênus e Adônis*, 229-234. São Paulo: LeYa, 2013, p. 77 [Trad. de Alípio Correa de Franca Neto].

Da Renascença ao século XX

Em Diana saindo do banho (Diane sortant du bain, *1742) de François Boucher, a deusa é retratada como uma improvável caçadora, mais próxima de Vênus do que de Diana. O calculado erotismo do artista é claramente perceptível.*

uma forte dimensão moral e política, pois a corte real era acostumada a assistir à apresentação de elaboradas recriações musicais de mitos clássicos, cuja formalidade encontrara seu par perfeito na artificialidade das imagens mitológicas pintadas por artistas como François Boucher[210], convenien-

210. Diana saindo do banho (Diane sortant du bain), 1742.

(Esquerda) Comparada com a Vênus de Botticelli (acima), a pintada por Ticiano oferece um espetáculo completamente mais maduro e opulento. Em Vênus e Adônis (Venere e Adone, *1553-1554), a deusa tenta impedir seu amante mortal de sair para a caça.*

temente compatíveis com o objetivo de oferecer ao espectador lascívia sexual explícita sob a capa ilustre da mitologia. Visões pretensiosas e afetadas desse gênero atraíram críticas nefastas, por exemplo, do filósofo e homem de letras iluminista Denis Diderot, para quem seu afastamento das situações quotidianas era a antítese daquilo que artistas e escritores deveriam, aos seus olhos, buscar. Não era, porém, a utilização *per se* da imagética clássica que era contestada, e sim a maneira licenciosa como era retratada, apelando ao gosto daquilo que considerava ser um público decadente, aristocrático e realista.

Na França, a desilusão com a "mitologia como ornamento" era uma parte ínfima de um desencanto bastante mais amplo como o sistema político existente, algo que no devido tempo levou à Revolução de 1789. Alhures, contudo, as atitudes em relação à mitologia clássica desenvolveram-se em ritmo e tom diversos: na Alemanha, um momento decisivo foi a publicação, em 1755, de um apaixonado estudo de J.J. Winckelmann[211] sobre a pintura e a escultura gregas, no curso do qual ele observou que a única estratégia para se atingir a grandeza, ou mesmo a inimitabilidade, era imitar os gregos. Inspirados por entusiasmo filelênico semelhante, os grandes românticos alemães de finais do século XVIII e começo do XIX – Goethe, Schiller[212], Hölderlin, bem como o compositor

211. Reflexões sobre a imitação das obras gregas na pintura e na escultura (Gedanken über die Nachahmung der griechischen Werke in der Malerei und Bildhauerkunst).

212. Os deuses da Grécia (The Gods of Greece).

Da Renascença ao século XX

O bilhete de entrada para uma apresentação do "drama musical" de Handel, Hércules, em 1752, sete anos após a performance original. O trabalho é baseado em As traquínias, *uma peça sofocleana.*

Andrômaca capturada (Captive Andromache, c. 1888), de Frederic Leighton, pode parecer, para alguns, como a aplicação do rigor mortis ao tema retratado, mas o artista foi amplamente admirado na Inglaterra Vitoriana, e sua elevação à nobreza foi um sinal público dessa posição.

austríaco Franz Schubert em muitas de suas *Lieder* – encontraram nos mitos clássicos (ou gregos, mais especificamente) não algo seco, pernóstico, mas antes matéria vibrante com vida em sua intensidade máxima, livre do presente ignóbil. Importante afirmar que essa atitude não foi compartilhada pelos artistas visuais alemães, para quem "classicismo" significava "seguir modelos franceses", algo inviável na atmosfera gerada pela hostilidade franco-prussiana. Os mitos permaneceram socialmente poderosos.

Na Inglaterra a situação era igualmente diversa: o século XVIII havia testemunhado significante difusão dos mitos clássicos, e um importante meio fora a ópera/oratório. Muito da obra de George Frideric Handel lidava com temas mitológicos, incluindo *Admeto*, *Hercules* e *Semele*. Outra via ampla de divulgação foi a tradução, notavelmente as poderosas versões de Alexander Pope para Homero, ainda que seu estilo elevado e patrício tivesse lá seus detratores. No começo do século XIX, os românticos ingleses distanciaram-se daquilo que William Wordsworth chamou de "utilização banal e apática para a qual a mitologia tendeu em finais do século XVII e que continua a pender ao longo do XVIII". Sua estratégia foi, ao invés de ignorar a mitologia, insuflar-lhe novo fôlego, de que foram exemplos o poema *Endímion*[213], de Keats, e o drama em verso *Prometeu libertado*[214], de Shelley. Como seus colegas alemães, eles não retornaram ao mito clássico, mas sim ao *grego*, e nas palavras de Shelley "somos todos gregos" – ou seja, *não romanos*.

Alguns dos ingleses vitorianos herdaram o desejo romântico pela Grécia antiga, mas conferiram-lhe seu próprio, e característico, viés ético: os mitos helênicos (sobretudo aqueles presentes na poesia homérica) seriam uma mina de ouro para o aperfeiçoamento da moralidade, atitude que subjaz a afirmação de Charles Kingsley no prefácio de suas imensamente populares recontagens dos mitos gregos, *Os heróis*[215]: (os gregos) eram nada mais, nada menos, do que crianças crescidas, ainda que certamente nobres também; e entre eles, como hoje em dia nas escolas, o mais forte e o mais sabido, ainda que pobre, lidera o restante". Um moralismo similar (embora sem a referência ao sistema de ensino público britânico) pode ser encontrado em dois famosos recriadores norte-americanos, Thomas

Um membro da Igreja da Inglaterra que se tornou Regius Professor *de História Moderna em Cambridge, Charles Kingsley é hoje mais conhecido como autor de* Os heróis (The Heroes, 1856), *ou "Contos de fadas gregos para meus filhos". Esta ilustração*, Perseu resgatando Andrômeda, *é de uma edição de 1902.*

---

213. Endymion.
214. Prometheus Unbound.
215. The Heroes, 1856.

Da Renascença ao século XX

Bullfinch e Nathaniel Hawthorne, cujos *best-sellers* afirmavam que a mitologia promovia a conduta virtuosa – desde que certas histórias moralmente dúbias fossem excluídas.

Seria, porém, enganoso resumir todas as percepções vitorianas da mitologia clássica sob a rubrica da "relevância moralmente edificante"; o retrato, como de hábito, era mais complexo. Acadêmicos também têm salientado a misógina fascinação vitoriana por figuras transgressoras como Clitemnestra e Medusa, a górgona, e ainda assim, em mais uma perspectiva divergente, no Período Vitoriano Tardio encontramos o mundo da antiga mitologia frequentemente apresentado como um lugar de perfeição estética: refinado, inatingível e até sensual (embora, talvez, em última análise, frígido).

Na Alemanha, as paixões românticas influenciaram um multifacetado nexo de excitantes atividades intelectuais devotadas ao estudo da mitologia em geral, e da clássica em particular. Um dos ápices desses trabalhos foram os *Prolegômenos sobre uma mitologia científica*[216], de Karl Otfried Müller. Embora possa parecer desconfortavelmente próximo à "chave para todas as mitologias", cuja investigação foi a meta de vida de Mr. Casaubon, personagem emocionalmente deficiente do romance *Middlemarch: um estudo da vida provinciana*[217], de George Eliot, o texto de Müller é, em verdade, vivo e de mente aberta, não dogmático em sua interpretação dos mitos gregos à luz de seus contextos históricos e religiosos.

216. *Prolegomena zu einer wissenschaftlichen Mythologie*, 1825.
217. *Middlemarch* – A Study of Provincial Life, 1871-1872.

Menos original, mas bem mais influente em seu próprio tempo, o trabalho de Friedrich Max Müller[218] (cf. p. 17) levou-o a interpretar, através do estudo da linguística comparativa, os mitos como incompreensões de histórias primitivas (inteligíveis em seu estágio inicial) contadas aos gregos pelos seus ancestrais indo-europeus, histórias essas cujo

218. *Chips from a German Workshop.*

Os conceitos "dionisíaco" e "apolíneo", de Friedrich Nietzsche, provaram ser ferramentas poderosas, ainda que controversas, para a compreensão da arte e da cultura.

235

Da Renascença ao século XX

William Blake, o visionário poeta e artista, pintou esta aquarela de Cérbero *(Kerberos, 1824-1827) como ilustração para o grande poema de Dante,* O inferno. *A selvageria da imagem contrasta duramente com algumas representações mais comedidas da Antiguidade, que se tornaram comuns na Inglaterra do século XIX.*

cerne residia em fenômenos cósmicos elementares relacionados ao dia, à noite e aos principais corpos celestes (daí o rótulo "Mitologia solar").

A selvageria dos mitos gregos

É difícil imaginar contraste maior do que aquele entre F.M. Müller, cujo funeral atraiu os grandes e famosos do mundo inteiro, e outro acadêmico/escritor alemão falecido no mesmo ano (1900), o filósofo Friedrich Nietzsche. Controverso, a rigor louco, e relativamente desimportante em seu tempo de vida, ele produziu uma contribuição fundamental para o estudo da mitologia grega[219]: os conceitos de dionisíaco e apolíneo. Para Nietzsche, Dioniso e Apolo não eram apenas deuses, mas princípios estéticos vivos: o primeiro ligado ao excesso, à dissolução de barreiras; o segundo, ao limite, à ordem, às fronteiras definidas. A reunião de ambos, afirmou, fora a gênese da tragédia grega, uma forma de arte cuja antítese era a noção de racionalismo normalmente associada à figura de Sócrates. O que quer que se faça com essa "explicação da tragédia" (ou do que quer que seja), ela aponta para uma verdade crucial a respeito dos gregos: eles não podem ser compreendidos apenas como corporificações da regra e da perfeição, e fazê-lo é ignorar os desconfortáveis, destrutivos, terríveis e selvagens aspectos de sua cultura que são repetidamente salientados pela mitologia.

Nietzsche não foi o primeiro a perceber a selvageria da mitologia helênica. A reação de escandalizar-se com as histórias (que derivava, obviamente, do reconhecimento indireto daquele estado indômito) teve em Platão um de seus primeiros representantes, e alimentou diversas interpretações alegóricas, incluindo a de F.M. Müller. O raro, con-

219. *O nascimento da tragédia (Die Geburt der Tragödie aus dem Geiste der Musik)*, 1872.

A narrativa hesiódica de Cronos devorando os filhos atingiu sua definitiva, e horrenda, tradução artística em Saturno devorando seu filho *(Saturno devorando a un hijo, c. 1821-1822), de Goya. Na Antiguidade, a figura de Cronos/Saturno corporificava uma ambiguidade fundamental: ele era capaz de extrema violência, mas também reinou sobre período ideal do passado. A imagem criada por Goya não deixa espaço para tais tergiversações: este deus é um terrível ogro, fugido de um pesadelo.*

O trabalho de Jane Harrison com a religião grega estabeleceu importantes conexões entre a evidência da Antiguidade Clássica e as descobertas de estudiosos contemporâneos das chamadas "sociedades primitivas". Este seu retrato foi pintado por Augustus John.

Da Renascença ao século XX

tudo, era a disposição de encará-la de peito aberto, e dois artistas do século XIX tiveram tal coragem: William Blake e Francisco Goya. Cada um sentiu, como Nietzsche, a violência inerente e o assombro encontráveis no coração mesmo de inúmeros mitos gregos, e tal como ele, não foram representativos, permaneceram *outsiders* até certo ponto (ainda que Goya ocupasse, de fato, uma posição na corte espanhola, sua surdez contribuiu enormemente para o sentimento de exclusão), e suas visões do mito antigo, frescas e radicais, permaneceram fora do discurso cultural convencional.

Seja como for, a imagem da Grécia como um lugar de graciosa perfeição em breve seria atacada por um outro flanco, pois em finais do século XIX e inícios do XX as atitudes a respeito da mitologia helênica foram abaladas em suas fundações pelo desenvolvimento de duas disciplinas, a Antropologia e a Psicologia. Nas visões de Jane Ellen Harrisson (1850-1928) em Cambridge, e de J.G. Frazer (1854-1941), autor do estudo monumental *O ramo de ouro*[220], os mitos gregos precisavam ser interpretados à luz dos rituais que os subjaziam, os quais, afirmavam, eram exemplos de padrões encontrados em "povos primitivos" no mundo inteiro, e a vários destes o conceito nietzscheano de "Dionisíaco" podia muito bem ser aplicado. Em uma seleção razoavelmente aleatória dos cabeçalhos do livro de Harrisson[221] leem-se coisas como "iniciações selvagens", "O trovão e o touro bramindo", "Tatuagens totemistas", "os Sátiros como *daimones*[222] da fertilidade".

Frazer, por seu turno, concentrou sua atenção naquilo que considerava um complexo mítico-ritual universal a respeito de um rei que morre e renasce, significando, portanto, a morte e o renascimento anuais da vegetação, e entre aqueles que reconheceram uma dívida profunda para com essas ideias esteve o poeta T.S. Eliot. Os trabalhos de Harrisson e, particularmente, de Frazer receberam enérgico, e amiúde justificável, criticismo por parte de acadêmicos contemporâneos e, especialmente, posteriores; não obstante, ao resgatarem os mitos da "morte-pelo-decoro", eles atentaram para algo que, *grosso modo*, quando não em todas as suas particularidades, era um aspecto tão crucial quando negligenciado do legado grego.

Psicologia e política

Ainda que a influência dos classicistas britânicos tenha sido considerável, reduz-se a nada quando

As investigações de Sigmund Freud sobre a psique humana permanecem controversas, gerações após a sua morte, mas suas ideias têm exercido uma grande influência em artistas e acadêmicos que tentam lidar com a mitologia grega.

---

220. *The Golden Bough.*
221. *Themis, a study of the social origins of Greek religion,* 1912.
222. *Daimones* (sing. *Daimon*) eram divindades menores, espíritos-guia, da antiga religião grega e de sua mitologia [N.T.].

Filmado em locações no Marrocos, a versão fílmica de Pasolini para a história de Édipo criou uma sequência brilhante de imagens, e reinterpretou o mito à luz das teorias freudianas sobre a personalidade humana.

comparada ao impacto de Sigmund Freud (1856-1939), para quem os mitos eram significativos por oferecerem, como os sonhos, acesso à instância inconsciente da psique (um termo grego para "alma"). E não apenas isso: alguns mitos, afirmava, personificavam padrões de importância universal para o desenvolvimento psicológico humano, dentre os quais contavam-se os de Narciso e Electra, mas aquele a que Freud conferiu maior importância deu nome à verdadeira senha que distinguia os seguidores da psicanálise dos seus adversários: o Complexo de Édipo, que para o cientista encapsulava o desenvolvimento do ressentimento dos meninos em relação aos pais e do apego às mães. A noção desse complexo foi desenvolvida ao longo do tempo, e a crença em sua universalidade não tem sido compartilhada por todos os freudianos – e, menos ainda, pelos seus críticos. Até mesmo a leitura que Freud realizou daquele que considerava o texto edipiano fundamental (*Oedipus Tyrannos*, de Sófocles) tem sido questionada por vários acadêmicos clássicos, pois se havia uma coisa de que o personagem sofocleano não sofria quando matou o pai, Laio, era ressentimento em relação à *vítima*, pela simples razão de que, naquele momento, ele acreditava ser filho de Pólibo, rei de Corinto. A despeito dessa e de outras objeções similares, não há dúvidas sobre o efeito estimulante e libertador que a teoria freudiana tem exercido sobre artistas criativos em diversos campos, e ao longo do século XX a atenção dispensada a esse mito foi mais aguda do que em qualquer outro período desde a Antiguidade, resultando em trabalhos como *Édipo Rei*[223], o oratório de Igor Stravinsky, e a peça teatral *A máquina infernal*[224], de Jean Cocteau, enquanto o filme *Édipo Rei*[225], de Pier Paolo Pasolini, abordou a história a partir de uma perspectiva explicitamente freudiana.

Para além do mito de Édipo, outros tantos foram renovadamente revistos a partir de lentes freudianas: a impressionante imagética de Salvador Dalí (1904-1989), artista surrealista espanhol, era confessadamente influenciada pela teoria psicanalítica.

A Psicologia foi uma área na qual os mitos gregos foram influentemente utilizados ao longo do século XX, especialmente aqueles que levantavam questões psicológicas, como os que envolviam Édipo e os membros da Casa dos Pelópidas, em especial a moral agonizante e os dilemas familiares enfrentados por Electra e Orestes. Como exemplo, temos a peça teatral *As moscas*[226], de Jean-Paul Sartre, na qual os onipresentes insetos epônimos são equivalentes às Fúrias antigas, que perseguiram os filhos de Agamenon.

Também a política adotou uma voz mitológica, revertendo a ênfase para a Guerra de Troia e a expedição dos Sete contra Tebas, quando Antígona enterrou seu irmão traidor, desafiando o edito de Creonte. O drama decisivo de 1935, *A Guerra de Troia não acontecerá*[227], de Jean Giraudoux, é apenas um dos muitos trabalhos do século XX que lançaram mão do embate entre gregos e troianos como veículo da expressão para pensamentos e sentimentos sobre a natureza da guerra. Em retrospecto, é difícil não reconhecer na peça um tom profético, dramatizando eventos imediatamente anteriores à conflagração antiga enquanto um con-

Peter Brook (em primeiro plano) ensaiando La machine infernale, *em 1945. A recontagem de Jean Cocteau do mito de Édipo marcou a estreia de Brook como diretor. Embora a peça trouxesse os personagens senecanos para um ambiente mais contemporâneo, o original teor de desolação foi mantido.*

---

223. *Oedipus Rex*, 1927.
224. *La machine infernale*, 1934.
225. *Edipo Re*, 1967.
226. *Les mouches*, 1943.
227. *La Guerre de Troie n'aura pas lieu*. Usualmente apresentada em inglês sob o título *Tiger at the gates*.

Da Renascença ao século XX

Cena de uma montagem parisiense de 1947 da peça Antígona, *de Jean Anouilh. A confrontação política e moral entre a personagem-título e Creonte permanece extremamente relevante no mundo contemporâneo, o que demonstra a notável durabilidade da obra-prima de Sófocles, subjacente à criação de Anouilh.*

fronto de proporções mundiais se avizinhava. A sofisticada ironia do autor foi incapaz de mascarar a desolação subjacente à trama: a guerra não fazia sentido, e ainda assim, e em que pese todos os esforços de Heitor, um visionário que chega a propor a devolução de Helena a Menelau, ela *iria* acontecer. Ao fim e ao cabo, o idealismo é impotente diante do destino já traçado, ou contra motivações humanas enlouquecidas, como as de Démokos, inveterado poeta bélico troiano que exige um objeto à altura do seu talento. Personagem criado pelo próprio Giraudoux (embora com referência ao bardo Demódoco, descrito por Homero em *A odisseia*), em seu derradeiro suspiro, ferido de morte por Heitor, acusa falsamente o grego Ájax de seu assassinato, precipitando a guerra.

A irreverência de Antígona também provou ser um veio farto para dramaturgos modernos, e uma de suas versões mais enigmáticas é a de Jean Anouilh[228], representada em Paris durante a ocupação alemã: o texto poderia ter sido um mero relato sobre a resistência, com a orgulhosa personagem-título resistindo ao decreto tirânico e morrendo por isso. Contudo, o retrato das duas figuras principais, Antígona e Creonte, não permite leituras tão simplistas: quando perguntada pelo rei de por que

228. *Antigone*, 1944.

Cena de uma apresentação de As troianas, *de Suzuki Tadashi.*

239

Os amores de Páris e Helena (*Les Amours de Pâris et d'Hélène, 1788*), *de Jacques-Louis David, pintura que apresenta o casal de amantes num clima doce e despreocupado, uma harmonia ecoada pela lira que o rapaz segura.*

havia enterrado o irmão, ela simplesmente responde: por ninguém. Por mim mesma. O monarca, por sua vez, suporta o peso da coroa contra a própria vontade, e mesmo admitindo o absurdo dos seus atos, vê-se encurralado pelos eventos, e quando seus argumentos para dissuadir a intransigência da sobrinha acabam, é obrigado a cumprir o papel que a levará (e a Hêmon, seu filho, e a Eurídice, sua esposa) à morte e à ruína da família.

Essas peças de Giraudoux e Anouilh são apenas duas das muitas recontagens politizadas dos mitos elaboradas no século XX, campo no qual a França se destacou, embora a própria Grécia, a Alemanha, a Grã-Bretanha, os Estados Unidos e o Japão tenham realizado contribuições importantes. As abordagens adotadas têm sido notavelmente diversas: enquanto o diretor japonês Suzuki Tadashi situou sua recriação de *As troianas* (1974), de Eurípides, no contexto daquilo que considerava o comportamento impiedoso dos americanos em relação aos seus compatriotas após a II Guerra Mundial, a *Antígona* do polonês Andrzej Wajda, representada em Cracóvia em 1983, concebeu o desafio à autoridade da heroína à luz da resposta do sindicato Solidariedade à repressão estatal. Bem de acordo com a crueldade de muito da história pós-1914, o gênero da antiga narrativa mitológica que mais influenciou a percepção moderna foi a tragédia.

A tragédia é uma maneira de observar as coisas, mas não a única. Na Antiguidade, como vimos ao longo deste livro, os mitos foram recontados numa maravilhosa gama de tons, incluindo a comédia, mas recriações atuais, cômicas e bem-sucedidas da mitologia grega são lamentavelmente mais raras do que deveriam, o que torna as exceções ainda mais preciosas. Em meados do século XIX, o brilhante caricaturista Honoré Daumier produziu uma série de endiabradas e divertidas deflações da majestade serena do Classicismo, e em que pese a lânguida serenidade com que Giacomo Franceschini e Jacques-Louis David representaram Helena e Tétis, é o par de ferroadas de Daumier que permanece na lembrança.

Outro que se aventurou na seara da abordagem irreverente da Antiguidade foi o compositor Jacques (nascido Jacob) Offenbach, cuja opereta *Orfeu no Submundo*[229] estreou em 1858. A história de Orfeu e Eurídice já havia recebido uma série de tratamentos operáticos profundamente comoventes, de autores como Monteverdi[230] e Christoph

---

229. *Orphée aux enfers.*
230. *L'Orfeo, favola in musica,* 1607.

(Esquerda) A caricatura de Menelau e Helena reunidos no campo de batalha de Troia (1841), de Daumier. O herói ventripotente desmente seu senso de autoimportância, e o gesto feito pela gorducha Helena dá uma pista do que o futuro guarda para o casamento de ambos.

Em Tétis mergulha o bebê Aquiles no Estige *(Teti immerge Achille bambino nello Stige, 1719-1720), Giacomo Franceschini retrata uma cena rósea de amor maternal: o rio há de garantir a invulnerabilidade de Aquiles – exceto pelo calcanhar, onde sua mãe o segura.*

(Abaixo) A versão de Daumier da imersão de Aquiles no Estige (1842). Há pouca indicação da masculinidade que, um dia, ele irá corporificar.

Gluck[231], mas Offenbach optou por reinterpretar a luta entre a música e a morte como uma comédia burlesca sobre intrigas maritais: Orfeu, um professor de Música, vivia um casamento infeliz com Eurídice, e estava apaixonado por outra; a esposa, por sua vez, também havia caído de amores por outro alguém, um certo "Aristaios", ninguém menos do que Hades/Plutão disfarçado; quando de sua descida ao Submundo, ela despertou a paixão de Júpiter (disfarçado em mosca) que, eventualmente, a transformou numa alegre bacante. A opereta fez um tremendo sucesso em Paris graças a uma nota destruidora do mais influente crítico de teatro de então, que a descreveu como profanação da Antiguidade, levando o público parisiense a lotar o teatro e tirar suas próprias conclusões.

No século XX, como no anterior, o mito grego foi tratado como repositório de profundas verdades, e não de humor, mas, de novo, houve exceções, uma das quais *Hércules e o Estábulo de Augias*[232], do dramaturgo suíço Friedrich Dürrenmatt, na qual o personagem-título não é herói coisa nenhuma, e realiza seus trabalhos para satisfazer seus credores, como o banqueiro Euristeu, o prestamista Epanimondas, o arquiteto Ájax e Leônidas, o alfaiate. A função de Hércules em Élida (uma região cujo clima e geografia se assemelham notavelmente aos da Suíça) é livrar o local do estrume, e ao ser entendida, com justiça, como uma sátira ao apego suíço à limpeza, a peça provocou forte oposição dos compatriotas do autor. Em certo sentido, não deixa de ser um texto "aristofânico", dado que a onipresença da bosta é uma de suas características centrais, mas apesar de ser engraçada,

---

231. *Orfeu e Eurídice (Orfeo ed Euridice)*, 1762.
232. *Herkules und der Stall des Augias*, 1963.

Da Renascença ao século XX

falta-lhe a habilidade de Aristófanes em combinar o vulgar com o sublime.

A Grécia desde a Renascença

Nosso panorama da moderna narração de mitos abordou diversos países, mas não, até agora, um que, por óbvio, possui uma forte pretensão à nossa atenção: Como o legado da mitologia foi "recebido" na própria Grécia? Lá, o meio mais poderoso para transmissão e reanimação dessa herança tem sido a poesia.

No contexto do prolongado, e frequentemente tormentoso, desenvolvimento do moderno Estado-nação da Grécia, a mitologia clássica ocupou uma variedade de posições na vida cultural e política, da invisibilidade à centralidade. Absolutamente marginalizados sob a monarquia cristã bizantina, os mitos pagãos reemergiram como pontos significativos de referência cultural durante a "Renascença cretense" de finais do século XVI e século XVII, período no qual a ilha permaneceu sob controle veneziano, até finalmente ser conquistada pelos turcos em 1699. Nesse ínterim, poetas sofisticados como Vitsentzos Kornaros, autor do esplêndido romance em verso *Erotókritos*, inspiraram-se nas antigas histórias, possivelmente através das recontagens ovidianas. Mas foi só durante o movimento pela independência dos anos de 1820 que o crescente senso de identidade nacional foi acompanhado por uma estratégia literária de alusões mitológicas, concertada entre poetas cuja própria contribuição à causa seria celebrar a luta pela libertação. Nesses tempos de heroísmo sangrento, *A ilíada* tornou-se um ponto fundamental de referência, como se vê nessas patrióticas linhas da ode "À *Glória*", de Andreas Kalvos (1792-1869):

> Com sua medida imortal
> o divo Homero alegrou
> as viúvas aqueias,
> reacendeu-se seu espírito
> pela mesma melodia.

O alexandrino Konstantinos P. Kaváfis (1863-1933) também visitou, de quando em vez, *A ilíada*, como em seu poema "O funeral de Sarpédon", mas sua jornada mais famosa foi o retorno a *A odisseia* em "Ítaca"[234], uma meditação sobre a busca interminável da humanidade por novas experiências. Da geração seguinte, o poeta Angelos Sikelianos (1884-1951), da ilha jônica de Lêucade[235], reutilizou os mitos de uma maneira intensamente lírica e direta – por exemplo, foi assim que ele evocou a transformação de um bode no deus Pã:

> E então, sobre as pedras da costa e a quentura do fato
> o silêncio mais profundo
> e entre seus chifres, como de um trípode, o presto calor do sol
> resplandeceu acima.
>
> Ele viu, então, o mestre e senhor do fato, o bode, erguer-se solitário
> e caminhar, seu passo lento e pesado
> em direção à rocha
>
> clivada no mar na forma perfeita do ponto de fuga
> ali ele parou
> ali mesmo, bem na beira, onde o borrifo se dissolve,
> e pendendo inerte
>
> o lábio superior puxado, dentes à vista
> imenso, ereto, farejando o mar alvo acristado
> até o arrebol.

Outro escritor atraído para a herança clássica foi Nikos Kazantzakis (1883-1957), cuja visão pluriangular e a paixão pela viagem rivalizavam com a do próprio Odisseu; de fato, seu mais impressionante trabalho chamou-se *A odisseia de Nikos Kazantzakis*[236], uma vasta (33.333 linhas) exploração poética das imaginadas perambulações do herói após seu retorno a Ítaca. A ambição do

---

Ítaca[233]

Se partirdes um dia rumo a Ítaca,
faz votos que o caminho seja longo,
repleto de aventuras, repleto de saber.
Nem lestrigões nem os ciclopes
nem o colérico Posídon te intimidem;
eles no teu caminho jamais encontrarás
se altivo for teu pensamento, se sutil
emoção teu corpo e teu espírito tocar.
Nem lestrigões nem os ciclopes
nem o bravio Posídon hás de ver,
se tu mesmo não os levares dentro da alma,
se tua alma não os puser diante de ti.

Faz votos que o caminho seja longo.
Numerosas serão as manhãs de verão
nas quais, com que prazer, com que alegria,
tu hás de entrar pela primeira vez um porto
para correr as lojas dos fenícios
e belas mercadorias adquirir:
madrepérolas, corais, âmbares, ébanos,
e perfumes sensuais de toda espécie,
quanto houver de aromas deleitosos.
A muitas cidades do Egito peregrina
para aprender, para aprender dos doutos.

Tem todo tempo Ítaca na mente.
Estás predestinado a ali chegar.
Mas não apresses a viagem nunca.
Melhor muitos anos levares de jornada
e fundeares na ilha velho enfim,
rico de quanto ganhaste no caminho,
sem esperar riquezas que Ítaca te desse.
Uma bela viagem deu-te Ítaca.
Sem ela não te ponhas a caminho.
Mais do que isso não lhe cumpre dar-te.

Ítaca não te iludiu, se a achas pobre.
Tu te tornaste sábio, um homem de experiência,
e agora sabes o que significam Ítacas.

K.P. Kaváfis

233. KAVÁFIS, K. *Poemas*. Rio de Janeiro: Nova Fronteira, p. 118 [Trad. de José Paulo Paes].

---

234. Ιθάκη, 1911.

235. Também conhecida como *Levkás, Lefkada, Lefkados,* ou *Leucas*, do grego Λευκάς [N.T.].

236. Οδύσεια, 1938.

poema é tão ampla quanto a do seu protagonista, que encontrou, ao longo do caminho, personagens representando o Buda, Dom Quixote e Cristo. No conjunto, porém, a obra teve menor impacto do que outros escritos do autor, notavelmente o romance *Zorba o Grego*[237]; a autoafirmação de vida do personagem epônimo tornou-se, é possível dizer, um mito moderno, percebido por muitos fora da Grécia como a personificação daquilo que consideram a quintessência do ser grego.

Em paralelo ao recorrente desejo moderno grego de reivindicar e renovar o legado da antiga mitologia, há o sentimento, fortemente sentido por alguns, de que esse mesmo legado é inadequado – ou até que deva ser frontalmente rejeitado. Muito da obra do poeta Yannis Ritsos (1909-1990), ergue-se sobre o diálogo com as lendas antigas, em especial aquelas da Casa dos Pelópidas e da Guerra de Troia; às vezes, contudo, a realidade suplanta a capacidade de um paradigma antigo em interpretá-la, mesmo aqueles poderosos como os oriundos da mitologia clássica. Foi esse o caso da reação do poeta ao tirânico Regime dos Coronéis quando, em 1968, ele escreveu um poema chamado "Nem mesmo a mitologia", a partir do soturno ponto de vista de Leros, a ilha tornada campo de prisioneiros políticos:

> Nós lá entramos e novamente retornamos à mitologia, buscando
> por alguma correlação mais profunda, alguma distante, geral alegoria
> para atenuar a exiguidade do vácuo pessoal. Não achamos nada.
> As sementes da romãzeira e Perséfone nos pareceram vulgares
> à vista da noite que se aproximava, gorda, e da ausência mais absoluta.

---

237. Título em português mais comum, derivado da adaptação cinematográfica do romance. Originalmente, *Vida e proezas de Aléxis Zorbás* (Βίος και Πολιτεία του Αλέξη Ζορμπά) [N.T.].

Da Renascença ao século XX

Ítaca, o tão ansiado destino do retorno ao lar de Odisseu.

Presente e futuro

> Vem, musa, migra da Grécia e da Jônia,
> É favor descartar aqueles excessivamente superva-
>   lorizados relatos,
> Aqueles temas de Troia e da cólera de Aquiles, e dos
>   rodeios de Eneias
> E Odisseu
>
> Letreiros "mudou-se" e "aluga-se" nas rochas do teu
>   nivoso
> Parnaso
> Pois eis que uma melhor, mais fresca e ocupada es-
>   fera, amplo, inédito domínio aguarda,
> Exige-te.

Essas linhas, escritas em 1876 pelo poeta norte-americano Walt Whitman, dão expressão mordaz ao sentimento de que "Os clássicos" em geral, e a mitologia em particular, corporificam uma instância cultural reacionária e ultrapassada; urge, ao contrário, escancarar as janelas e começar do zero. Houve incontáveis ataques, tais como esse ao valor desses estudos anteriores a esse poema, e outros tantos desde então. De fato, nas palavras de Meyer Reinhold, historiador do papel dos Estudos Clássicos nos Estados Unidos, "a história intelectual da Europa e [dos Estados Unidos] é pontuada de assaltos aos Clássicos, e cada século e país teve de armar defesas contra tais oponentes, que têm sido infatigáveis em armar fileiras de argumentos e ataques à primazia dos Clássicos".

E ainda assim, lá se vai o início do século XXI, e a morte dos Clássicos não apenas não ocorreu como exibe sinais de ter sido postergada indefinidamente. Sem dúvida, os usos a que a mitologia clássica tem sido levada expandiram-se dramaticamente, e na própria universidade de Whitman,

Uma moderna Eurídice

Em 1984, a escritora e poeta canadense Margaret Atwood lançou um olhar certeiro à história de Orfeu e Eurídice. No trecho aqui reproduzido, nas implicações do texto para as relações entre os sexos há espaço para o amor, mas não para idealismos românticos.

> Ei-lo aqui, desceu à tua busca
> É a canção que chama tua volta,
> uma canção de alegria e sofrimento
> igualmente: uma promessa
> de que as coisas serão diferentes lá em cima
> do que foram da última vez.
>
> Melhor seria teres continuado sentindo nada
> vazio e silêncio, a paz estagnante
> do mais fundo do mar, mais descomplicado
> que o barulho e a matéria da superfície.
>
> Estás acostumada a esses corredores, caiados,
>   opacos
> acostumada ao rei
> que passa por ti sem dirigir palavra.
>
> O outro é diferente
> E quase lembras-te dele.
> Ele diz "estou a cantar para ti"
> porque ele te ama,
>
> não como estás agora,
> serena, miúda: move-se e para
> igual, como uma cortina branca soprada
> pela corrente de ar de uma janela entreaberta
> junto a uma cadeira, assento para ninguém.
> Ele quer que sejas o que ele chama real.
>
> Ele quer que bloqueies a luz.
> Ele quer sentir-se espesso
> como um tronco ou uma anca
> e ver sangue nas pálpebras
> ao fechá-las, quando o sol bater.
>
> Este amor dele, não é coisa
> que possa fazer sem sua presença
> mas o que num repente soubeste, enquanto deixavas
>   teu corpo
> arrefecendo e clareando no gramado
>
> é que o amas em qualquer lugar
> mesmo nessa terra da não memória
> mesmo nesse domínio da fome:
> Seguras amor em tua mão, semente vermelha
> que esqueceras estar segurando.
>
> Ei-lo aqui, quase longe demais.
> Incapaz de crer sem antes, ver,
> e é sombrio, aqui.
> *Volta*, sussurras,
>
> mas ele quer novamente ser alimentado
> por ti. Ah, punhado de gaze, pequena
> bandagem, mancheia de ar
> fresco, não é através dele
> que conseguirás tua liberdade.

Presente e futuro

Embora carecendo de qualquer pedigree clássico, a heroína da série televisiva cult Xena, a princesa guerreira (Xena: Warrior Princess) habita um universo no qual os personagens (como Hércules) e as locações frequentemente repercutem mitos antigos.

a New World, cursos sobre o assunto são imensamente populares, e artistas e escritores criativos no mundo inteiro continuam a sorver refrigério daquelas velhas nascentes. Um exemplo, dentre uma centena possível, é a *oeuvre* da autora canadense Margaret Atwood, que explorou o "outro lado" da mitologia (aspectos ainda não explorados dessas histórias) para trazer à baila perspectivas femininas de contos até agora definidos por narradores masculinos – apenas um exemplo do "inédito domínio" que aguarda pela descoberta, dentro dos limites da própria mitologia.

Tampouco a duradoura atração dos mitos antigos restringe-se àquilo outrora descrito como "alta" cultura. Se filmes, televisão e jogos de computador são indicadores sólidos de gosto popular, então, e para restringir-nos somente às produções de língua inglesa, a popularidade de filmes como *Jasão e os Argonautas*[238], *Fúria de Titãs*[239] e *Hércules*[240]; e de séries para tevê como *Hércules*[241] e *Xena: A princesa guerreira*[242] sugerem que o declínio da centralidade cultural da Antiguidade Clássica, na maioria dos países ocidentais, está longe de extinguir o apetite por aquelas antigas histórias. Essas recontagens não devem ser tomadas como sinal de que o "verdadeiro sentido" do mito foi esquecido ou falseado; muito pelo contrário, são um indício de vigor, e deveriam ser recepcionados como tal. A tradição da mitologia grega só sobreviverá se não parar de adaptar-se a novas necessidades e, adaptando-se, continuar a estimular, perturbar e inspirar.

238. *Jason and the Argonauts*, 1963.
239. *Clash of the Titans*. O autor se refere ao original de 1981, não à refilmagem de 2010.
240. *Hercules*, 1997.
241. *Hercules*: the Legendary Journeys, 1995-1999.
242. *Xena*: Warrior Princess, 1995-2001.

Famoso, acima de tudo, pelos efeitos especiais de Ray Harryhausen, o filme Fúria de Titãs *(Clash of the Titans, 1981) oferece uma perspectiva de finais do século XX do encontro entre Perseu e a górgona.*

Leituras adicionais

Abreviaturas
BREMMER, J.N. *Interpretations*. In: BREMMER, J.N. (ed.). *Interpretations of Greek Mithology*. 2. ed. Londres/Nova York, 1988.

ClAnt	Classical Antiquity
CLS	Comparative Literary Studies
CPh	Classical Philology
CQ	Classical Quarterly
EL	Études de Lettres – Revue de la Faculté des Lettres de l'Université de Lausanne
HSCP	Harvard Studies in Classical Philology
JHS	Journal of Helenic Studies
MH	Museum Helveticum
OCD	HORNBLOWER, S. & SPAWFORTH, A. (eds.). *Oxford Classical Dictionary*. 3. ed. Oxford, 1996
SMSR	Studi e Materiali di Storia delle Religioni
SSR	Studi Storico-Religiosi
WüJbb	Würzburger Jahrbücher für die Altertumswissenschaft
ZPE	Zeitschrift für Papyrologie und Epigraphik

Traduções
A maior parte dos textos originais relacionados à mitologia grega pode ser encontrada em traduções modernas para o inglês. Dentre as muitas versões disponíveis de Homero, as melhores, ao meu ver, ainda são aquelas de Richmond Lattimore: a *Illiad* (publicada pela University of Chicago Press. 1. ed., 1951), e a *Odyssey* (da HarperCollins. 1. ed. 1965). Outras traduções confiáveis são aquelas da *Theogony* e dos *Works and Days*, de Hesíodo, elaboradas por Martin West (World's Classics. Oxford, 1988), da *Argonautica* de Apolônio, por Richard Hunter (World's Classics. Oxford, 1993, sob o título *Jason and the Golden Fleece*). Para os *Homeric Hymns* é possível consultar a tradução de Michael Crudden (World's Classics. Oxford, 2001). Para Pausânias, a tradução mais conveniente foi feita por Peter Levi (*Guide to Greece*. 2 vols. Ed. rev. Londres: Penguin, 1979). Todas as tragédias gregas sobreviventes estão disponíveis em conjuntos de traduções publicadas pela Penguin e pela University of Chicago Press. Finalmente, é mister mencionar a *Loeb Classical Library* (Harvard University Press), um conjunto abrangente de traduções bilíngues de todos os mais importantes textos restantes da antiguidade Greco-romana. As traduções oscilam em qualidade, mas o conjunto é um auxílio indispensável para o estudo em qualquer nível.

Alguns trabalhos gerais e/ou especialmente acessíveis em inglês
BUXTON, R. *Imaginary Greece*: The contexts of Mithology. Cambridge, 1994.

DOWDEN, K. *The Uses of Greek Mithology*. Londres/Nova York, 1992.

GRAF, F. *Greek Mithology*: An Introduction. Baltimore/Londres, 1993 [Trad. de *Griechische Mythologie*: Eine Einführung. Munique/Zurique, 1985].

KIRK, G.S. *The Nature of Greek Myths*. Harmondsworth, 1974.

A seguir, organizados por capítulos, elenco mais alguns trabalhos especializados (embora muitos deles também tenham muito a oferecer ao "leitor comum"). Dado o caráter internacional da pesquisa sobre mitologia grega, seria errôneo restringir esta bibliografia aos títulos em língua inglesa, de modo que diversos textos em outros idiomas também foram citados.

I – Contextos, fontes, significados
O que é um mito?
DOTY, W.G. *Mytography*: The Study of Myths e Rituals (Tuscaloosa, Al./Londres, 1986.

DUNDES, A. (ed.). *Sacred Narrative*: Readings in the Theory of Myth. Berkeley, 1984.

KIRK, G.S. *Myth*: Its Meaning e Functions in Ancient e Other Cultures. Cambridge/Berkeley/Los Angeles, 1970.

PUHVEL, J. *Comparative Mythology*. Baltimore, 1987.

RUTHVEN, K.K. *Myth*. Londres, 1976.

SEGAL, R.A. *Theorizing about Myth*. Amherst, Mass, 1999.

Obras de referência em mitologia grega
GANTZ, T. *Early Greek Myth:* A Guide to Literary e Artistic Sources. Baltimore/Londres, 1993.

KAKRIDIS, I.T. (ed.). *Elliniki Muthologia*. 5 vols. Atenas, 1986-1987.

MARCH, J. *Dictionary of Classical Mythology*. Londres, 1998.

OLLALA, P. *Mutologikos Atlas tis Elladas*. Atenas, 2001.

PRICE, S. & KEARNS, E. (eds.). *The Oxford Dictionary of Classical Myth and Religion*. Oxford [no prelo].

Características gerais dos mitos gregos
ANDERSON, G. *Fairytale in the Ancient World*. Londres/Nova York, 2000.

BRELICH, A. In: XELLA, P. (ed.). *Mitologia, politeismo, magia e altri studi di storia dele religioni (1956-1977)*. Nápoles, 2002.

BREMMER, J.N. "What's a Greek Myth?" In: BREMMER, J.N. *Interpretations*, p. 1-9.

_____. *Greek Religion*. Oxford, 1999 [Greece and Rome New Surveys in the Classics, n. 24, com adendos].

BUXTON, R. "Religion and Myth". In: CARTLEDGE, P. (ed.). *Cambridge Illustrated History of Ancient Greece*. Cambridge, 1998, p. 320-344.

CALAME, C. "Illusions de la Mythologie". In: CALAME. *Mythe et histoire dans l'Antiquité grecque*: la création symbolique d'une colonie. Lausanne, 1996, p. 9-55.

DETIENNE, M. *L'Invention de la mythologie*. Paris, 1981.

GOULD, J. "On Making Sense of Greek Religion". In: EASTERLING, P.E. & MUIR, J.V. (eds.). *Greek Religion and Society*. Cambridge, 1985), p. 1-33 [Repr. in: GOULD, J. *Myth, Ritual, Memory e Exchange* – Essays in Greek Literature e Culture. Oxford, 2001, p. 203-234.

NILSSON, M.P. Cults, *Myths, Oracles and Politics in Ancient Greece*. Lund, 1951.

PEMBROKE, S.G. "Myth". In: FINLEY, M.I. (ed.) *The Legacy of Greece*: A New Appraisal. Oxford, 1981, p. 301-324.

SAÏD, S. *Approches de la mythologie grecque*. Paris, 1993.

VERNANT, J.P. "Greek Religion". In: ELIADE, M. (ed.). *The Encyclopedia of Religion*. Vol. 6. Nova York/Londres, 1987, p. 118 [Trad. franc., com introdução: *Mythe et religion em Grèce ancienne*. Paris, 1990].

_____. *Myth and Thought among the Greeks*. Londres, 1983 [Trad. de *Mythe et pensée chez les Grecs*, Paris, 1962 [2. ed., Paris, 1985].

VEYNE, P. *Did the Greeks Believe in their Myths?* Chicago/Londres, 1988 [Trad. de *Les Grecs ont-ils cru à leurs mythes?* Parus, 1983].

Sobre as conexões com o Egito e/ou o Oriente Próximo
BERNAAL, M. *Black Athena*: The Afroasiatic Roots of Classical Civilization. 2 vols. Londres, 1987/1991.

BURKERT, W. "Oriental and Greek Mythology: The Meeting of Parallels". In: BREMMER. *Interpretations*, p. 10-40 [Repr. in: BURKERT. *Kleine Schriften II*. Göttingen, 2003, p. 48-72].

_____. *The Orientalizing Revolution*: Near Eastern Influence on Greek Culture in the Early Archaic Age. Cambridge, Mass./Londres, 1992 [Trad. de *Die orientalisierende Epoch in der griechischen Religion und Literatur*. Heidelberg, 1984].

LEFKOWITZ, M.R. & ROGERS, G.M. (eds.). *Black Athena Revisited*. Chapel Hill, N.C./Londres, 1996.

WEST, M.L. *The East Face of Helicon*: West Asiatic Elements in Greek Poetry and Myth. Oxford, 1997.

Sobre as representações visuais
CARPENTER, T.H. *Art and Myth in Ancient Greece*: A Handbook. Londres, 1991.

HAMPE, R. & SIMON, E. *Griechische Sagen in der frühen etruskischen Kunst*. Mainz, 1964.

Lexicon Iconographicum Mythogiae Classicae (*Limc*). Zurique/Munique, 1981-1999 [Esta enciclopédia em 18 volumes é um ponto de partida indispensável para todo trabalho nesse campo].

SCHEFOLD, K. *Gods and Heroes in Late Archaic Greek Art*. Cambridge, 1992 [Trad. de *Götter- und Heldensagen der Griechen in der spärtarchaischen Kunst*. Munique, 1978].

_____. *Die Göttersage in der klassischen und hellenistischen Kunst*. Munique, 1981.

_____. *Myth and Legend in Early Greek Art*. Londres, 1966 [Trad. de *Frühgriechische Sagenbilder*. Munique, 1964] [Ed. rev.: *Götter- und Heldensagen der Griechen in der früh- und hocharchaischen Kunst*. Munique, 1993].

SCHEFOLD, K. & JUNG, F. *Die Sagen von den Argonauten, von Theben und Troia in der klassischen und hellenistischen Kunst*. Munique, 1988.

_____. *Die Urkönige, Perseus, Bellerophon, Herakles und Theseus in der klassischen und hellenistischen Kunst*. Munique, 1988.

SHAPIRO, H.A. *Myth into Art*: Poet e Painter in Classical Greece. Londres, 1994.

WOODFORD, S. *Images of Myth in Classical Antiquity*. Cambridge, 2003.

Sobre mito e ritual

BREMMER, J.N. "Greek Maenadism Reconsidered". In: *ZPE*, 55, 1984, p. 267-286.

_____. "Scapegoat Rituals in Ancient Greece". In: *HSCP*, 87, 1983, p. 299-320 [Reimpr. com adendos in: BUXTON, R. (ed.). *Oxford Readings in Greek Religion*. Oxford, 2000, p. 271-293].

BURKERT, W. *Homo Necans*: The Anthropology of Ancient Greek Sacrificial Ritual and Myth. Berkeley/Los Angeles/Londres, 1983 [Trad. de *Homo Necans*: Interpretationen altgriechischer Opferriten und Mythen. Berlim, 1972 [cf. ed. de 1997].

_____. *Structure e History in Greek Mythology and Ritual*. Berkeley/Los Angeles/Londres, 1979.

_____. "Jason, Hypsipyle, and New Fire at Lemnos: A Study in Myth and Ritual". In: *CQ*, NS 20, 1970, p. 1-16 [Repr. com adendos in: BUXTON, R. (ed.). *Oxford Readings in Greek Religion*. Oxford, 2000, p. 227-249].

BUXTON, R. "Wolves and Werewolves in Greek Thought". In: BREMMER. *Interpretations*, p. 60-79.

GRAF, F. "The Locrian Maidens". In: BUXTON, R. (ed.). *Oxford Readings in Greek Religion*. Oxford, 2000, p. 250-257 [Trad. e rev. do original alemão, publ. in: *SSR*, 2.1, 1978, p. 61-79].

JAMESON, M. "Perseus, the Hero of Mykenai". In: HÄGG, R. & NORDQUIST, G.C. (eds.). *Celebrations of Death and Divinity in the Bronze Age Argolid*. Estocolmo, 1990, p. 213-223

OSBORNE, R. "Women and Sacrifice in Classical Greece". In: *CQ*, NS 43, 1993, p. 392-405 [Reimpr. in: BUXTON, R. (ed.). *Oxford Readings in Greek Religion*. Oxford, 2000, p. 294-313].

SEGAL, R. (ed.). *The Myth and Ritual Theory*: An Anthology. Malden, Mass./Oxford, 1998.

VERSNEL, H.S. "Greek Myth and Ritual: The Case of Kronos". In: BREMMER. *Interpretations*, p. 121-52 [Vesão revista in: VERSNEL, H.S. *Inconsistencies in Greek and Roman Religion II*: Transition and Reversal in Myth and Ritual. Leiden, 1993, p. 89-135.

Sobre fontes literárias

BOUVIER, D. & CALAME, C. (eds.). "Philosophes et historiens anciens face aux mythes". In: *EL*, 2, 1998.

BOWIE, A.M. *Aristophanes*: Myth, Ritual and Comedy. Cambridge, 1993.

BRISSON, L. *Plato, the Myth Maker*. Chicago/Londres, 1998 [Trad. de *Platon, les mots et les mythes*, Paris, 1982].

BUFFIÈRE, F. *Les mythes d'Homère et la pensée grecque*. Paris, 1956.

BUXTON, R. "Blindness e Limits: Sophokles and the logic of Myth". In: *JHS*, 100, 1980, p. 22-37.

CALAME, C. *Poétique des mythes dans la Grèce antique*. Paris, 2000.

DAVIES, M. *The Epic Cycle*. Bristol, 1989.

FEENEY, D.C. *The Gods in Epic*: Poets e Critics of the Classical Tradition. Oxford, 1991.

KÖHNKEN, A. *Die Funktion des Mythos bei Pindar*: Interpretazionen zu sechs Pindargedichten. Berlim, 1971.

MORGAN, K.A. *Myth and Philosophy from Presocratics to Plato*. Cambridge, 2000.

MUSTI, D. et al. "Italian commentary on Pausania's". 10 vols. In: *Description of Greece*. Milão, 1982 [Publ. it.: *Guida della Grecia*].

RICHARDSON, N.J. "Commentary". In: *The Homeric Hymn to Demeter*. Oxford, 1974.

SCARPI, P. "Commentary on Apolodoro's". In: *Library of Mithology*. Milão, 1996 [Publ. it: *I miti greci*].

VERNAN, J.P. & VIDAL-NAQUET, P. *Myth and Tragedy in Ancient Greece*. Nova York, 1988 [Trad. de *Mythe et tragédie en Grèce ancienne*. 2 vols. Paris, 1972/1986].

WEST, M.L. *The Hesiodic Catalogue of Women*: Its Nature, Structure and Origins. Oxford, 1985.

_____. "Commentaries on Hesiod's". In: *Theogony*. Oxford, 1966. • *Works and Days*. Oxford, 1978.

WINNINGTON-INGRAM, R.P. *Euripides and Dyonisus*: An Interpretation of the Bacchae. Cambridge, 1948 [2. ed., com introd. de P.E. Easterling. Bristol, 1997].

II – Mitos das origens

BICKERMAN, E.J. "Origines gentium". *CPh*, 47, 1952, p. 65-81 [Reprod. in: BICKERMAN, E.J. *Religions and Politics in the Hellenistic and Roman Periods*. Como, 1985, p. 399-417].

BURKERT, W. "The Logico of Cosmogony". In: BUXTON, R. (ed.). *From Myth to Reason?* – Studies in the Development of Greek Thought. Oxford, 1999, p. 87-106 [Reimpr. in: *Burkert Kleine Schriften II*. Göttingen, 2003, p. 230-247].

CALAME, C. "La fondation narrative de Cyrène". In: CALAME. *Mythe et histoire dans l'Antiquité grecque*: la création symbolique d'une colonie. Lausanne, 1996, p. 57-162.

CALDWELL, R. *The Origin of the Gods*: A Psychoanalytic Study of Greece Theogonic Myth. Nova York/Oxford, 1989.

DOUGHERTY, C. *The poetics of Colonization*: From City to Text in Archaic Greece. Nova York/Oxford, 1993.

EDWARDS, R.B., *Kadmos the Phoenician*: A Study in Greek Legends and the Mycenean Age. Amsterdã, 1979.

FONTENROSE, J. *Python*: A Study of Delphic Myths and its Origins. Berkeley/Los Angeles/Londres, 1959.

HALL, J.M. *Ethnic Identity in Greek Antiquity*. Cambridge, 1997.

_____. *Hellenicity*: Between Ethnicity and Culture. Chicago/Londres, 1959.

NILSSON, M.P. *The Mycenean Origin of Greek Mythology*. Berkeley/Los Angeles/Londres, 1932.

PARKER, R. "Early Orphism". In: POWELL, A. (ed.). *The Greek World*. Londres/Nova York, 1995, p. 483-510.

_____. "Myths of Early Atenas". In: BREMMER. *Interpretations*, p. 187-214.

PRINZ, F. *Gründungsmythen und Sagenchronologie*. Munique, 1979.

RENFREW, A.C. *Archaeology and Language*: The Puzzle of Indo-European Origins. Londres, 1987.

RUDHARDT, J. "Pandora: Hésiode et les femmes". MH, 43, 1986, p. 231-246.

SÉCHAN, L. *Le Mythe de Prométhée*. Paris, 1951.

SOURVINOU-INWOOD, C. "The Hesiodic Myth of the Five Races and the Tolerance of Plurality in Greek Mythology". In: PALAGIA, O. (ed.). *Greek Offerings Essays on Greek Art in Honour of John Boardman*. Oxford, 1997, p. 129-157.

TRUMPF, J. "Stadtgründung und Drachenkampf". *Hermes*, 86, 1958, p. 129-157.

VIAN, F. *Les origines de Thèbes*: Cadmos et les Spartes. Paris, 1963.

_____. *La guerre des géants*: le mythe avant l'époque hellénistique. Paris, 1952.

WEISS, P. "Lebendiger Mythos – Gründerheroen und stästische Gründungstraditionen in griechisch-römischen Osten". *WüJbb*, NF 10, 1984, p. 179-208.

WEST, M.L. *The Orphic Poems*. Oxford, 1983.

Comparações

BREMMER, J.N. "Near Eastern and Native Traditions in Apollodoro's Account of the Flood". In: MARTINEZ, F.G. & LUTTIKHUIZEN, G.P. (eds.). *Interpretations of the Flood*. Leiden, 1998, p. 39-55.

CADUFF, G.A. *Antike Sintflutsagen*. Göttingen, 1986.

COHN, N. *Noah's Flood*: The Western Story in Western Thought. New Haven/Londres, 1996.

LEVY, J.E. *In the Beginning*: The Navajo Genesis. Berkeley/Los Angeles/Londres, 1996.

LUGINBÜHL, M. *Menschenshöpfungsmythen* – Ein Vergleich zwischen Griechenland und dem Alten Orient. Berna, 1992.

III – Os Olímpicos: poder, honra, sexualidade

ARAFAT, K.W. *Classical Zeus*: A Study in Art e Literature. Oxford, 1990.

ATALLAH, W. *Adonis dans la littérature et l'art grecs*. Paris, 1966.

BORGEAUD, P. *The Cult of Pan in Ancient Greece*. Chicago/Londres, 1988 [Trad. de *Recherches sur le dieu Pan*. Genebra, 1979].

BRELICH, A. *I Greci e gli dei*. Nápoles, 1985.

BRISSON, L. *Le Mythe de Tirésias*: essay d'analyse structural. Leiden, 1976.

BURKERT, W. *Greek Religion*: Archaic and Classic. Oxford, 1985 [Trad. de *Griechische Religion der archaischen und klassischen Epoche*. Sttutgart, 1977].

CARPENTER, T.H. & FARAONE, C.A. (eds.). *Masks of Dionysus*. Ithaca/Londres, 1993.

CLAY, J.S. *The Politics of Olympus*: Form and Meaning in the Major Homeric Hymns. Princeton, 1989

DELCOURT, M. *Héphaistos, ou la legende du magicien*. Paris, 1982.

DETIENNE, M. *Dionysos Slain*. Baltimore/Londres, 1979 [Trad. de *Dyonisos mis à mort*. Paris, 1977].

_____. *The Gardens of Adonis*: Spices in Greek Mythology. Hassocks, 1977 [Trad. De *Les Jardins d'Adonis*: la mythologie des aromates em Grèce, Paris, 1972].

DETIENNE, M. & SISSA, G. *The Daily Life of the Greek Gods*. Stanford, Calif., 2000 [Trad. de *La vie quotidienne des dieux grecs*. Paris, 1989].

KAHN, L. *Hermès passe, ou les ambigüités de la communication*. Paris, 1978.

LLOYD, A.B. (ed.). *What is a God? – Studies in the Nature of Greek Divinity*. Londres, 1997.

NEILS, J. (ed.). *Worshipping Athena*: Panathenaia e Parthenon. Madison, 1996.

PICCALUNGA, G. *Lykaon, un tema mítico*. Roma, 1968.

VERBRUGGEN, H. *Le Zeus crétois*. Paris, 1981.

VERNANT, J.P. "Hestia-Hermes: The Religious Expression of Space and Movement in Ancient Greece". In: VERNANT. *Myth and Thought among the Gods*. Londres, 1983 [Trad. de *Mythe et pensée chez les grecs*. Paris, 1965 [2. ed., Paris, 1985].

VERSNEL, H.S. "Apollo and Mars One Hundred Years after Roscher". In: VERSNEL, H.S. *Inconsistencies in Greek and Roman Religion II*: Transition and Reversal in Myth and Ritual. Leiden, 1993, p. 289-334.

IV – Façanhas heroicas

BRELICH, A. *Gli eroi greci*: un problema storico-religioso. Roma, 1958.

_____. "Theseus e i suoi avversari". In: *SMSR*, 27, 1956, p. 136-141.

BREMMER, J.N. "La plasticité du mythe: Meléagre dans la poésie homérique". In: CALAME, C. (ed.). *Métamorphoses du mythe em Grèce antique*. Genebra, 1988, p. 37-56.

_____. "Heroes, Rituals and the Trojan War". In: *SSR*, 2, 1978, p. 5-38.

BUXTON, R. "The Myth of Talos". In: ATHERTON, C. (ed.). *Monsters and Monstrosity in Greek and Roman Culture*. Bari, 2002, p. 83-112.

CALAME, C. *Thésée et l'imaginaire athénien*: legende el culte em Grèce antique. Lausanne, 1990.

DuBOIS, P. *Centaurs and Amazons*: Women and the Pre-History of the Great Chain of Being. Ann Arbor, 1982.

GHALI-KAHIL, L.B. *Les enlèvements et le retour d'Hélene dans le texts et les documents figures*. 2 vols. Paris, 1955.

LARSON, J. *Greek Heroine Cults*. Madison, 1995.

LEFKOWITZ, M.R. *Heroines and Hysterics*. Londres, 1981.

LYONS, D. *Gender and Immortality*: Heroines in Ancient Greek Myth and Cult. Princeton, NJ, 1997.

MALKIN, I. *The Returns of Odysseus*: Colonization and Ethnicity. Berkeley/Londres, 1998.

MILLS, S. *Theseus, Tragedy and the Athenian Empire*. Oxford, 1997.

REINHARDT, K. "Das Parisurteil". In: REINHARDT, K. *Tradition und Geist – Gesammelte Essays zur Dichtung*. Göttingen, 1960, p. 16-36.

TYRRELL, W.B. *Amazons*: A Study in Athenian Mythmaking. Baltimore/Londres, 1984.

WARD, A.G. et al., *The Quest for Theseus*. Londres, 1970.

Metamorfoses

CONDOS, T. *Star Myths of the Greeks and Romans: a Sourcebook*. Grand Rapids, 1997.

FORBES IRVING, P.M.C. *Metamorphosis in Greek Myth*. Oxford, 1990.

PAPATHOMOPOULOS, M. "Commentary on Antoninus Liberalis". In: *Les Métamorphoses*. Paris, 1968.

V – Sagas familiares

BREMMER, J.N. "Oedipus and the Greek Oedipus Complex". In: Bremmer. *Interpretations*, p. 41-59.

CLAUSS, J.J. & JOHNSTON, S.I. (eds.). *Medea*: Essays on Medea in Myth, Literature, Philosophy and Art. Princeton, 1997.

GOULD, J. "Law, Custom and Myth: Aspects of the Social Position of Women in Classical Atenas". In: *JHS*, 100, 1980, p. 38-59 [Reimpr. in: GOULD. *Myth, Ritual, Memory and Exchange*: Essays in Greek Literature and Culture. Oxford, 2001, p. 112-157].

GRAF, F. "Orpheus: A Poet among Men". In: BREMMER. *Interpretations*, p. 80-106.

HALPERIN, D.M. "Homosexuality". In: *OCD*, p. 720-723.

LEFKOWITZ, M.R. *Women in Greek Myth*. Londres, 1986.

MOREAU, A. *Le mythe de Jason et Medée*. Paris, 1994.

MORET, J.-M., *Oedipe, la Sphinx et les Thébains* – Essai de mythologie iconographique. 2 vols. Roma, 1984.

SERGENT, B., *Homosexuality in Greek Myth*. Londres, 1987 [Trad. de *L'Homosexualité dans la mythologie grecque*. Paris, 1984].

WATSON, P.A. *Ancient Stepmothers*: Myth, Misogyny and Reality. Leiden, 1995.

VI – Uma paisagem mitológica

ANDERSON, M.J. *The Fall of Troy in Early Greek Poetry and Art*. Oxford, 1997.

ANGELI BERNAARDINI, P. (ed.). *Presenza e funzione della cittá di Tebe nella cultura greca*. Pisa, 2000.

BARRINGER, J.M. *Divine Escorts*: Nereids in Archaic and Classical Greek Art. Ann Arbor, 1995.

BREWSTER, H. *The River Gods of Greece*: Myths and Mountain Waters in the Hellenic World. Londres/Nova York, 1997.

CONNOR, W.R. "Seized by the Nymphs: Nympholepsy and Symbolic Expression in Classical Greece". In: *ClAnt*, 7, 1988, p. 155-189.

DAVIES, J.K. & FOXHALL, L. (eds.). *The Trojan War*: its Historicity and Context. Bristol, 1984.

ERSKINE, A. *Troy between Greece and Rome*: Local Tradition and Imperial Power. Oxford, 2001.

FAURE, P. *Fonctions des cavernes crétoises*. Paris, 1964.

HURST, A. & SCHACHTER, A. (eds.). *La Montagne des Muses*. Genebra, 1996.

LARSON, J. *Greek Nymphs*: Myth, Cult, Lore. Oxford, 2001.

MALKIN, I. *Myth and Territory in the Spartan Mediterrenean*. Cambridge, 1994.

MOTTE, A. *Prairie et Jardins de la Grèce antique*: de la religion à la philosophie. Bruxelas, 1973.

MURR, J. *Die Pflanzenwelt in der griechischen Mythologie*. Innsbruck, 1890.

MUTHMANN, F. *Mutter und Quelle*: Studien zur Quellenverehrung im Altertum und im Mitterlalter. Basileia, 1975.

POLLARD, J. *Birds in Greek Life and Myth*. Londres, 1977.

PSILAKIS, N. *Kritiki Muthologia*. Heráklion, 1996.

SAÏD, S. "Tragic Argos". In: SOMMERSTEIN, A.H.; HALLIWELL, S.; HENDERSON, J. & ZIMMERMANN, B. (eds.). *Tragedy, Comedy and the Polis*. Bari, 1993, p. 167-189.

THEUNE-GROSSKOPF, B. et al. (eds). *Troia*: Traum und Wirklichkeit. Sttutgart, 2001.

VOELKE, P. "Ambivalence, méditation, intégration: à propos de l'espace dans le drame satyrique". In: *EL*, 2, 1992, p. 33-58.

ZEITLIN, F.I. "Thebes, Theatre of Self and Society in Athenian Drama". In: WINKLER, J.J. & ZEITLIN, F.I. (eds.). *Nothing to do with Dionysos?* – Athenian Drama in its Social Context. Princeton, NJ, 1990, p. 130-167.

Comparações
BERNBAUM, E. *Sacred Mountains of the World*. Berkeley/Los Angeles, 1997.

SCHAMA, S. *Landscape and Memory*. Londres, 1995.

O Submundo
BALLABRIGA, A. *Le Soleil et le Tartare*: l'image mythique du monde em Grèce archaïque. Paris, 1986.

BREMMER, J.N. *The Rise and Fall of the Afterlife*. Londres/Nova York, 2002.

BURKERT, W. "Elysion". In: *Glotta*, 39, 1960-1961, p. 208-213.

JOHNSTON, S.I. *Restless Dead*: Encounters between the Living and the Dead in Ancient Greece. Berkeley/Los Angeles/Londres, 1999.

OGDEN, D. *Greek and Roman Necromancy*. Princeton/Oxford, 2001.

RIEDWEG, C. "Initiation – Tod – Unterwelt – Beobachtungen zur Kommunikationssituation und narrativen Technik der orphisch-bakchischen Goldblättchen". In: GRAF, D. (ed.). *Aussichten griechischer Rituale*. Stuttgart/Leipzig, 1998, p. 359-398.

SOURVINOU-INWOOD, C. *"Reading" Greek Death*: to the End of the Classical Period. Oxford, 1995.

VERMEULE, E.T. *Aspects of Death in Early Greek Art and Poetry*. Berkeley/Londres, 1979.

Sobre Caronte, cf. os registros "Charon I/Charu(n)". In: *Limc*, vol. III.

VII – Mitos gregos após os gregos
ALLEN, D.C. *Mysteriously Meant*: The Rediscovery of Pagan Symbolism and Allegorical Interpretation in the Renaissance. Baltimore/Londres, 1970.

BARKAN, L. *The Gods Made Flesh*: Metamorphosis and the Pursuit of Paganism. New Haven/Londres, 1986.

BRUMBLE, H.D. *Classical Myths and Legends in the Middle Ages and Renaissance*: A Dictionary of Allegorical Meanings. Londres/Chicago, 1998.

BRUNEL, P. *Le mythe de la métamorphose*. Paris, 1974.

BRUNNER, H. (ed.). *Die Deutsche Trojaliteratur des Mittelalters und der frühen Neuzeit*. Wiesbaden, 1990.

BURIAN, P. "Tragedy Adapted for Stages and Screens: The Renaissance to the Present". In: EASTERLING, O.E. (ed.). *The Cambridge Companion to Greek Tragedy*. Cambridge, 1997, p. 228-283.

CHANCE, J. *Medieval Mitography*: from Roman North Africa to the School of Chartres, AD 433-1177. Gainsville, 1994.

EDMUNDS, L. *Oedipus*: The Ancient Legend and its Later Analogues. Baltimore, 1985.

ERZGRÄBER, W. (ed.). *Kontinuität und Transformation der Antike in Mittelalter*. Sigmaringen, 1989.

FEENEY, D.C. *Literature and Religion at Rome*: Cultures, Contexts and Beliefs. Cambridge, 1998.

FELDMAN, B. & RICHARDSON, R.D. *The Rise of Modern Mythology 1680-1860*. Bloomington, 1972.

FLASHAR, H. *Inszenierung der Antike*: Das griechische Drama auf der Bühne der Neuzeit 1585-1990. Munique, 1991.

GALINSKY, G.K. *The Herakles Theme*: The Adaptations of the Hero in Literature from Homer to the Twentieth Century. Oxford, 1972.

GENTILI, B. & PRETAGOSTINI, R. (eds.). *Edipo*: il teatro greco e la cultura europea. Roma, 1986.

GRAF, F. (ed.). *Mythos in mythenloser Gesellschaft*: Das Paradigma Roms. Stuttgart/Leipzig, 1993.

IMPELLUSO, L. *Eroi e dei dell'antichitá*. Milão, 2002.

JENKYNS, R. *The Victorians and the Ancient Greece*. Oxford, 1980.

LAMBERTON, R. *Homer the Theologian*: Neoplatonist Allegorical Reading and the Growth of Epic Tradition. Berkeley/Los Angeles/Londres, 1986.

MACINTOSH, F. "Tragedy in Performance: Nineteenth- and Twentieth Productions". In: EASTERLING, P.E. (ed.). *The Cambridge Companion to Greek Tragedy*. Cambridge, 1997, p. 284-323.

McDONALD, M. *Sing Sorrow: Classic, History and Heroines in Opera*. Westport, Conn., 2001.

MACKRIDGE, P. *Ancient Greek Myth in Modern Greek Poetry*. Londres/Portland, 1996.

MANUEL, F.E. *The Eighteenth Century Confronts the Gods*. Cambridge, Mass., 1959.

MAYERSON, P. *Classical Mythology in English Literature*: A Critical Anthology. Londres/Nova York, 1999.

MORFORD, M.P.O. & LENARDON, R.J. "Mythology Music". In: MORFORD, M.P.O. & LENARDON, R.J. *Classical Mythology*. 6. ed. Nova York, 1999, p. 577-588.

MUNDY, J. "Shades of Darkness: Mithology and Surrealism". In: ADES, D. & BRADLEY, F. (eds.). *Salvador Dalí*: A Mythology. Londres, 1998, p. 118-142.

REID, J.D. *The Oxford Guide to Classical Mythology in the Arts, 1300-1990's*. 2 vols. Nova York/Oxford, 1993.

REINHOLD, M. *Classica Americana*: The Greek and Roman Heritage in the United States. Detroit, 1984.

SEGAL, C. *Orpheus*: The Myth of the Poet. Baltimore/Londres, 1989.

SEZNEC, J. *The Survival of the Pagan Gods*. Princeton, NJ, 1953 [Trad. de *La suivivance des dieux antiques*. Londres, 1940.

STANFORD, W.B. *The Ulysses Theme*: A Study in the Adaptability of a Traditional Hero. 2. ed. Oxford, 1963.

STEINER, G. *Antigones*. Oxford, 1984.

TAPLIN, O. *Greek Fire*. Londres, 1989.

TERPENING, R.H. *Charon and the Crossing*: Ancient, Medieval and Renaissance Transformations of a Myth. Lewisburg/Londres, 1985.

TSIGAKOU, F.M., *The Rediscovery of Greece*: Travellers and Painters of the Romantic Era. New Rochelle, NY, 1981.

VINGE, L. *The Narcissus Theme in Western European Literature up to the Early 19th Century*. Lund, 1967.

WARNER, M. *Fantastic Metamorphoses, Other Worlds*. Oxford, 2002.

_____. *No Go the Bogeyman*. Londres, 1998.

WINKLER, M.M. (ed.). *Classical Myth and Culture in the Cinema*. Oxford, 2001.

Abordagens acadêmicas modernas
BREMMER, J.N. (ed.). *Interpretations of Greek Mythology*. 2. ed. Londres/Nova York, 1988.

EDMUNDS, L. (ed.). *Approaches to Greek Myth*. Baltimore, 1990.

GORDON, R.L. (ed.). *Myth, Religion and Society*: Structuralist Essays by M. Detienne, L. Gernet, J.-P. Vernant and P. Vidal-Naquet. Cambridge, 1981.

Sobre a história dos estudos acadêmicos a respeito da mitologia grega
BURKERT, W. "Griechische Mythologie und die Geistesgeschichte der Moderne". In: *Les études classiques aux XIXe et XXe siècles*: leur place dans l'histoire des idées. Genebra, 1980, p. 159-207.

SCHLESIER, R. *Kulte, Mythen und Gelehrte*: Anthropologie der Antike seit 1800. Frankfurt a. Main, 1994.

VRIES, J. *Forschungsgeschichte der Mythologie*. Friburgo/Munique, 1961.

A bibliografia desta tradução brasileira
As citações de textos poéticos ou filosóficos, em grego ou outros idiomas, foram, sempre que possível, recolhidas de traduções em português feitas diretamente da língua original.

APOLÔNIO DE RODES. *A argonáutica*. Lisboa: Europa-América, 1989 [Trad. de Fernanda Pinto Rodrigues].

ARISTÓTELES. *A constituição de Atenas*. São Paulo: Nova Cultural, 2004.

BOCAGE. *Obras poéticas de Bocage – Vol. IV*: Elogios dramáticos, dramas alegóricos, fragmentos. Lisboa: Imprensa Portugueza, 1875.

CABRAL, L.A.M. *A biblioteca do Pseudo Apolodoro e o estatuto da mitografia*. Campinas: Unicamp, 2013 [Tese de doutorado].

_____. *O Hino homérico a Apolo*. Cotia: Ateliê, 2004.

ÉSQUILO. *Os sete contra Tebas*. Porto Alegre: L&PM, 2007 [Trad. de Donaldo Schüler].

_____. *Oréstia (Agamêmnon, Coéforas, Eumênides)*. Rio de Janeiro: Zahar, 2003 [Trad. de Mário da Gama Kury].

_____. *Agamenon*. Brasília: UnB, 1997 [Trad. de Manuel de Oliveira Pulquério].

EURÍPIDES. *As suplicantes*. Porto Alegre: Movimento, 2012 [Trad. de José Ribeiro Ferreira].

_____. *Medeia, Hipólito, As troianas*. Rio de Janeiro: Zahar, 2003 [Trad. de Mário da Gama Kury].

EURÍPIDES & ARISTÓFANES. *Um drama satírico: O Ciclope e duas comédias: As rãs e As vespas*. Rio de Janeiro: Espaço e Tempo [Pref. e trad. de Junito Brandão].

HERÓDOTO. *História*: o relato clássico da guerra entre gregos e persas. São Paulo: Ediouro, 2001 [Trad. de J. Brito Broca].

HESÍODO. *Os trabalhos e os dias*. São Paulo: Iluminuras, 2006 [Trad. de Jaa Torrano].

_____. *Teogonia*. São Paulo: Iluminuras, 2006 [Trad. de Jaa Torrano].

Hinos Homéricos. Brasília: UnB, 2003 [Intr. e trad. de Jair Gramacho].

HOMERO. *A ilíada*. São Paulo: Ediouro, 2009 [Trad. de Carlos Alberto Nunes].

_____. *A odisseia*. São Paulo: Ediouro, 2009 [Trad. de Carlos Alberto Nunes].

KAVÁFIS, K. *Poemas*. Rio de Janeiro: Nova Fronteira [Trad. de José Paulo Paes].

LAGE, C.F. & DIAS, M.T. "Poema 64 de Catulo – Apresentação e Tradução". In: *Literatura, Filosofia e História na Antiguidade*, n. 1, abr./2003 [Contestações do mito]. Belo Horizonte: Neam/UFMG, abr./2003.

LONGUS. *Dafne e Cloé*. São Paulo: Princípio, 1996 [Trad. de Duda Machado].

LUCIANO DE SAMÓSATA. *Luciano [IV]*. Coimbra: Universidade de Coimbra, 2013 [Trad., intr.. e notas de Custódio Mangueijo].

OVÍDIO. *Metamorfoses*. São Paulo: Ed. 34, 2017 [Trad., intr.. e notas de Domingos Lucas Dias].

PÍNDARO. *Odes píticas para os vencedores*. Lisboa: Prime Books, 2006 [Trad. de António de Castro Caeiro].

PLATÃO. *Diálogos III (Fedro, Eutífron, Apologia de Sócrates. Críton, Fédon)*. São Paulo: Edipro, 2015 [Trad. de Edson Bini].

_____. *A república*. Lisboa: Fundação Calouste Gulbenkian, 2001 [Trad. e notas de Maria Helena da Rocha Pereira].

_____. *A república*. São Paulo: Edipro, 2012 [Trad. de Edson Bini].

_____. *Leis*. Bauru: Edipro, 2010 [Trad. de Edson Bini].

PLAUTO. *Anfitrião*, introdução. Lisboa: Ed. 70, 1993 [Intr., trad. e notas de Carlos Alberto Louro Fonseca].

POSSEBON, F. "O poema Europa de Mosco de Siracusa". In: *Graphos*, vol. 8, n. 2/2006, p. 121-129. João Pessoa [Disponível em http://www.periodicos.ufpb.br/ojs/index.php/graphos/article/view/9515/5168 – Acesso em 26/09/2018].

RAGUSA, G. *Lira grega: antologia de poesia arcaica grega* – Nove poetas e suas canções. São Paulo: Hedra, 2014.

SHAKESPEARE, W. *Vênus e Adônis*. São Paulo: LeYa, 2013 [Trad. de Alípio Correa de Franca Neto].

SÓFOCLES. *A trilogia tebana (Édipo Rei; Édipo em Colono; Antígona)*. Rio de Janeiro: Zahar, 2002 [Trad. de Mário da Gama Kury].

Créditos das ilustrações

Abreviaturas: l = esquerda, r = direita, a = acima, b = embaixo, c = centro.
Medidas são exibidas em centímetros, altura antes da largura e antes da profundidade (polegadas entre parênteses).

Ace stock 51 a, 62-63, 183, 189, 210.

Acropolis Museum, Atenas: 225a.

Photo akg-images. Londres: Pergamon Museum, Berlim 4-5, 21, 92a, (Villa Albani, Roma), 102-103 (Mykonos Museum, Grécia), 138 (Bibliotèque Nationale, Paris), 171b (Museum of Western and Eastern Art, Kiev.

Photo akg-images. Londres: Andrea Baguzzi, 132 br (Museo Archeologico Potenza, Itália).

Photo akg-images. Londres: Cameraphoto 132br (138x264; 54 3/8x103 7/8).

Photo akg-images. Londres: Erich Lessing: 1 (meio título; glíptico grego, Dioniso e Psiquê, Helenístico IV século a.C./I século d.C.; Museum of Archaeology, Nápoles); 3 (título da página); 14-15 (skyphos ático de figuras vermelhas, atribuído ao pintor de Brygos, 25 (9 7/8), Kunsthistorisches Museum, Viena); 30b (Archaeological Museum, Elêusis); 42-43, 46 (Museo Nazionale Romano dele Terme, Roma); 48 (Musei Capitolini, Roma); 55b Kunsthistorisches Museum, Viena);61 (Musée du Louvre, Paris). 85 Kunsthistorisches Museum, Viena); 87a (relevo de um sarcófago construído na fachada leste da Villa Borghese. Musée du Louvre, Paris); 115b (National Museum of Archaelogy, Nápoles); 117b Kunsthistorisches Museum, Viena); 123 Kunsthistorisches Museum, Viena); 142ª (Bibliotèque Nationale, Paris), 143b (Musée du Louvre, Paris); 146-147 (Olympia Museum, Grécia); 186-187 (tigela ática de figuras vermelhas atribuída ao Pintor Elpinikos. Staatliche Antikensammlungen und Glyptothek, Munique); 192 (Staatliche Antikensammlungen und Glyptothek, Munique), 192-193, 199, 242-243.

Photo akg-images, Londres: Pirozzi: 157 (Museo Nazionale Romano dele Terme, Roma).

Antikenmuseum Basel and Sammlung Ludwig, Basileia: 122, 137 br, 170b, 173 (foto: Claire Nigglì) Antikensammlungen Staatliche Museen, Kassel: 153b (foto: Gabriele Böbert).

Archaeological Museum, Agrigento, Itália 143a.

Archaeological Museum of Avios Nikolaos, Creta: 211r.

Archaeological Museum, Ferrara, Itália: 101a (detalhe de tigela de figuras vermelhas atribuída ao Pintor Marlay); 73 (pintor de Peleu, vaso pintado em fundo preto de Spina, Valle Trebba, tumba 617).

Archaeological Museum, Florença: 25a (cratera com volutas de figuras negras atribuído ao ceramista Ergótimo e ao pintor Clítias), 83b, 106-107, 128 (pintor da Dokimasia), 160, 168a (Foto: Scala).

Archaeological Museum, Janina, Grécia: 100r.

Archaeological Museum, Salônica: 83a.

Palácio Arquiepiscopal, Kroměříž, Tchéquia: 90 (óleo sobre tela, 212x207; 83 1/2x81 1/2).

The Art Archive/ Dagli Orti: 66-67 (Archaeological Museum, Salônica); 104r (Archaeological Museum, Delfos), 109a (Museu di Villa Giulia, Roma), 111 (Archaeological Museum, Florença), 214, 215 (Museo Civico, Pádua).

Ashmolean Museum, Oxford 84, 194 l (óleo sobre tela, 124x90; 48 7/8x35 3/8, 200, 211 l (pintor de Timbo, c. 475-450 a.C. The Bridgeman Art Library, Londres).

Benaki Museum, Atenas: 190 (aquarela, 18,5x 26,5; 7 1/4x10 3/8).

Bern Historisches Museum (Berna): 76.

Biblioteca Nazionale di San Marco, Veneza: 27b.

Bibliotèque Nationale, Paris: 197, 223b, 226 a, 228-229 (MS Arab. 5036, fol. 68r).

Bibliotèque Nationale, Paris, Cabinet des Médailles: 38 a (Pintor Brigos), 115 a (Pintor Stieglitz), 121 a (pintor das Inscrições), 164 a (pintor de Aquiles).

Bodleian Library, Oxford: 27 a.

The Bridgeman Art Library, Londres: 235.

British Library, Londres: 235.

British Library, Londres: King's MS24, 244 fols, f. 73b, 233 a.

British Museum, Londres: 31 a, 32 b (Arquelau de Priene), 331, 36b, 45 a, 47 a, 49r (didracma de Épiro, foto de Peter Clayton, 56 a, 56-57 a, 70 a, 80r, 81, 82 a, 87 b, 88, 951, 95 r (relevo de Camiros), 104-105, 113 a, 114, 119 136 a (pintor de Berlim, Care), 137 a, 139 ar, 142 b (pintor da Sereia), 148, 161, 170 a, 188 r, 198, 212, 229 a (MS Add. 23770. Fol. 29 v), 229 b (MS Add. 23770. Fol. 36 r), 234 a.

Richard Buxton, 22-23, 23, 39 a, 80 l, 152 (Archaeological Museum, Janina, Grécia), 206.

Canellopoulos Museum, Atenas: 195.

Musei Capitolini, Roma: 224.

Peter Clayton 25 br, 58, 71 a, 79 a, 79 b, 93, 141 r (Delphi Museum), 196, 217 b, 219 l, 219 r.

Cleveland Museum of Art, Cleveland, Ohio: 99 (óleo sobre tela 163,5x228,5, 64 3/8x90).

Conservatori, Roma: 216 a.

Corpus Christi College, Oxford: 220 (Titus Maccius Plautus, Comoediae. ed. Georgius Merula, Veneza).

Marion Cox: 118 b.

Foto DAI, Atenas: 201, 202 b.

Denver Art Museum: 221 (óleo sobre tela, 99,7x160,2; 39 1/4x63 1/16, Presente da senhora Katharine H. Gentry).

© Disney Enterprises, Inc: 6 b.

Foto Michael Duigan: 75, 172.

Eleusis Museum, Ática, Grécia: 141 l.

© Agence Bernand: 239 a (Elisabeth Hardy, Paul Mathos, Marcel Peres abd Lucien Barjon. Thêatre de l'Atelier, Paris, 10 de outubro de 1947).

Foto © Fáilte Ireland: 18 l (Oliver Sheppard, Death of Cuchulain, 1911-1912. Escultura de bronze no General Post Office, Dublin).

Faringdon Collection Trust, Buscot Park, Oxfordshire/ The Bridgeman Art Library, Londres: 57 b (estudo em giz).

Foto Alison Frantz: 37 a.

Gelleria Borghese, Roma: 191 r (242.9; 95 5/9; foto: Scala).

Gemäldegalerie Alte Meister, Kunstsammlungen Dresden: 230 a (óleo sobre tela, 177x129; 69 5/8x 50 3/4).

J. Paul Gett Museum, Los Angeles: 38 b (detalhe de vaso mostrando *As aves*, de Aristófanes. C. 415-400 a.C.), 117 a.

Foto Heidi Grassley, © Thames & Hudson Ltd, Londres: 9, 10-11, 17, 35, 39 b, 70 b, 162-163.

Foto Sonia Halliday; 2 (título página oposta), 34-35, 74-75.

Robert Harding Picture Library: 7 (Tony Gervis), 50-51 (Adina Tovy), 130 (Robert Frerck/ Odyssey/Chicago).

Heraklion Museum, Creta, Grécia: 194 r.

Hermitage Museum, São Petersburgo, Rússia: 120 a (taça ática em figuras negras por Psiax).

Foto Hirmer: 16 (círculo funerário A interno à cidadela em Micenas, 30-31, 36 a, 72, 119 a (Paestum Museum, Itália), 184.

Holkham Hall, Norfolk, Reino Unido: 40 bc (cópia antiga de um original de Silânion, c. 370 a.C.)

Indiana University Art Museum, Bloomington: 26 a.

© Robbie Jack/Corbis 168 b

Kimbell Art Museum, Fort Worth, Texas: 113 b

Koninlijk Museum voor Schone Kusten, Antuérpia: 182-183.

Kunsthistorisches Museum, Viena: 40 b, 137 b l (taça ática de giruas vermelhas assinada por Duris, 490 a.C.).

Le Charivari, Paris, 1841-1842: 241 b.

Lonely Planet Images: 47 b (Jon Davidson), 65 (Bethune Carmichael).

Museum Schloss Fasanerie, Eichenzell, Alemanha: 60 r.

Museo Nazionale, Ferrara, Itália: 29.

Musée Baron Gérard: 110 (óleo sobre tela).

Museo Provinciale, Lecce, Itália: 166-167.

National Archaelogical Museum, Atenas: 26 b, 50, 72-73, 98, 167 b, 185 b.

Manchester City Art Galleries: 234-235 (óleo sobre tela, 197x406; 77 1/2x 160).

The Metropolitan Museum of Art, Nova York: 218-219 (Rogers Fund, 1920, 20.192.16), 217 a (adquirido por Joseph Pulitzer Bequest, 1955, 55.11.5).

MGM/The Kobal Collection: 245.

Foto © University of Mississippi: 24.

Mapas por ML Design, © Thames & Hudson Ltd, Londres: 12-13, 109 b, 116, 126, 134, 181, 188 l.

© MO/Corbis Kipa: 244-245.

Museo Archaeologico, Palermo, Itália: 71 b (foto Scala).

Museum of Fine Arts, Boston: 34 a, 101 b (taça ática de figuras vermelhas, atribuída ao pintor de Duris, 490-485 a.C.), 120 b, 151.

Musée du Louvre, Paris: 6 a (hídria de figuras negras de Care, atribuída ao pintor da Hidra Caretana), 22, 31 b e 491 (fotos © RMN – Hervé Lewandowski), 51 b, 55 a (foto © RMN – Gérard Blot), 68 (foto André Held), 94 (foto Peter Clayton); 96 (cratera de figuras vermelhas atribuída ao pintor de Peleu. Foto © RMN – Hervé Lewandowski); 121 b (atribuído ao Pintor Andokides. Foto: Hirmer); 132 a (*skyphos* de figuras vermelhas atribuído a Makron. Foto © RMN – Hervé Lewandowski); 153 a atribuído ao pintor Eumênides 7 154-155 (fotos © RMN – Hervé Lewandowski), 156-157, 171 a (pintor do Balanço. Foto © RMN – Hervé Lewandowski); 172 (foto Michael Duigan, 172-173 (Hermonas. Foto © RMN – Hervé Lewandowski), 174-175 (Pintor Briseida. Foto © RMN – Hervé Lewandowski), 175 (Pintor Amásis. Foto © RMN – Ch. Larrieu), 233 (foto © RMN – R. G. Ojeda).

Musée du Luxemburg: 240 (óleo sobre tela, 146x181; 57 1/2x71 ¼).

Musei Capitolini, Roma: 32 a.

Museo del Prado, Madri: 155 b (óleo sobre painel, 195x267; 76 3/4x105 1/8. The Bridgeman Art Library, Londres), 232-233 (óleo sobre tela, 136x220; 53 1/2x32 5/8). Foto Scala.

Museo Jatta, Ruvo, Itália: 112-113 (pintor de Talos).

Museo Nazionale, Roma: 112.

Museo Nazionale, Taranto, Itália: 53 a.

Museo Nazionale di Villa Giulia, Roma: 216-217, 216 b (foto DAI, Atenas).

Museo Nazionale Archeologico, Siracusa, Sicília: 187.

National Archaeological Museum, Nápoles: 40 a, 40 ac (foto Scala), 52, 60 l, 105, 133, 149, 205 (pintor de Cleofrades).

National Gallery, Londres: 191 l (óleo sobre madeira, 29, 5x20; 11 5/8 x 7 7/8, Wynn Ellis Bequest, 1876).

National Gallery, Washington, Patron's Permanent Fund, 1990.1.1/The Bridgeman Art Library, Londres 230 b (óleo sobre tela, 98, 4x131, 2x36 3/4x51 5/8).

The National Museum of Denmark, Copenhague: 136 b (foto Kit Weiss), 186 (Dept. of Cçassical and Near Eastern Antiquities, inv. N. 834, foto John Lee).

National Museum, Palermo: 771.

Nationalmuseum, Estocolmo: 125 r (pintor de Sabouroff, da Sicília).

Nemrud Dag, Turquia (relevo em pedra da tumba monumental).

The Principal and Fellows of Newham College, Cambridge. Foto James Austina: 237 a.

Norbert Schimmel Collection, Nova York: 77r.

Foto © Hakan Oge: 203 a.

Oberösterreichisches Landesbibliothek Linz, Áustria: 226 b (Cod. 472, fol. 237v.).

Foto Pedro Olalla, Mythological Atlas of Greece, Road Editions, Atenas 2001: 58-59, 106-107 b, 118-119, 150, 164 b, 178-179, 185 a, 207, 208-209.

Olympia Museum, Grécia: 176.

Österreichisches Nationalbibliothek, Viena: 227 (Cod. 2773, 63 r).

Foto © Fatih Ozenbas: 203 b.

Palazzo Durazzo Pallavicini, Bolonha: 241 ar.

Foto Andreas Pohlmann: 239 b (Tada Keiko como troiana e Kimura Yasushi como guerreiro).

Coleções particulares: 159 (óleo sobre tela, 154, 3x38, 5; 9 5/8x15 1/8).

Foto RMN – Hervé Lewandowski: 31 b (lekythos de fundo branco), 154-155.

Foto Scala: 28.

Soprintendenza per I Beni Culturali e Ambientali Gabinetto di Numismatica, Siracusa, Sicília: 64 l, 64 r (Tetradracma de Camarina).

Staatliche Antikensammlungen und Glyptothek, Munique: 81 r (Makron), 82-83, 107.

Staatliche Museum, Berlim: 33 r (pintor de Duris), 89, 100 l, 144, 145 a, 145 b, 177.

Staatliche Museen zu Berlin – Preußischer Kulturbesitz, Antikensammlung. Foto © bpk, Berlin/Ingrid Geske-Heiden: 56-57 b.

Staatliche Museen zu Berlin Preussischer Kulturbesitz, Antikensammlung. Foto © bpk, Berlin/Johannes Laurentius: 63, 156, 162, 167 a.

Tate Gallery, Londres: 236 a (lápis, caneta e aquarela, 372x528; 146 1/2x 207 5/8.

Toledo Museum of Art: 104 l (lekythos ático de figuras vermelhas do pintor de Providence), 19 (hídria em terracota).

Uffizi Gallery, Florença: 232 (têmpera sobre tela, 172, 5x278, 5; 67 7/8 x 35 3/8.

Van Buuren Collection, Bruxelas: 92 b (óleo sobre papel, 63x90; 24 3/4x35 3/8.

Biblioteca Vaticana: 222 (cod. Lat. 3867, Fol. 44v.)

Musei Vaticani: 53 b, 139 al (o Grupo de Laocoonte. Cópia romana, talvez a partir de Agesandro, Atenodoro e Polidoro de Rodes. Estado atual, antigas restaurações removidas. Museo Pio Clementino), 225 b.

Foto John Vickers: 37 b (*Oedipus Rex* dirigido por Michel St Denis no New Theatre, Old Vic Company, Londres), 238 b (Peter Brooke ensaiando *La machine infernale*, 1945).

Virginia Museum, Richmond, Virgínia: 125 l (pintor de Nikias).

Jean Vinchon, Paris: 25 bl.

Foto Giulio Veggi/Archivo White Star: 90-91.

Winterthur Museum, 364, 160-161 (pintor de Manchester, c. 330 a.C.).

De Mary Wollstonecraft Shelley, *Frankenstein or The Modern Prometheus*, 1934 edition, 18 r.

De Konrad von Wüzburg, *Trojanerkrieg*, século XV: 132 bl.

Agradecimentos

Pelos conselhos e assistência em vários pontos específicos, eu gostaria de expressar meus calorosos agradecimentos a seis amigos e colegas: Mercedes Aguirre, Sir John Boardman, Ed Lilley, Pantelis Michelakis, Eleni Papazoglu e Paul Taylor. Estou em dívida ainda maior com Jan Bremmer e Pat Easterling, que dispenderam tempo dos seus próprios trabalhos para ler inteiramente e comentar todo o esboço datilografado [sic]. Na Thames & Hudson, Colin Ridler tem sido um mentor exemplar, sabendo exatamente quando encorajar e quando persuadir; também recebi assistência específica de muitos outros na Thames & Hudson, em especial Phillip Watson, Geoff Penna e Jenny Drane. Por fim, e mais importante, agradeço ao meu filho George – em particular por sua ajuda com os mapas – e à minha esposa Tiziana, sem o seu apoio constante a redação deste livro teria sido impossível.

Índice dos mapas

Mapa geral do mundo grego, 12s.
A viagem do *Argo*, 109
Os trabalhos de Héracles, 116
Os feitos de Teseu no caminho para Atenas, 126
Contingentes gregos em Troia, 134
Montanhas, 180
Rios, 188

Índice remissivo

Numerações de páginas em *itálico* referem-se a ilustrações. Numerações de páginas em **negrito** referem-se a discussões mais extensas no texto.

Abdel Rahman al-Sufi *228*
Absirto 112
Ácio 19
Ácragas (moderna Agrigento) 143
Acrísio 98, 104, *104*, 105, 160
Actéon 61, 76s., 77, 93, 96, 154, 169, 182s., 231
Áctor 166
Addison, Joseph 232
Adimanto 41
Admeta 47
Admeto 86, 91, 111, 146, 148, *170*, **170s.**
Adônis 94s., *95*, 154, 232, *233*
Adrasto 166, 168
Afeganistão 20
África 19, 158
Afrodite *1*, *26*, 46, 49, 61, **78**, 84, 88, 93-95, *95*, 96, 112, 132, *132*, 133, *133*, 159, 183, *192*, 218, 225, 232
 atributos de 69
 nascimento de *42s.*, *44*, 46, *46*
Agamenon *9*, *16*, 32
Agapenor 134
Agave 61, 81s., 96
Agenor 61, 158
Agesilau 201
Aglaia 49
A ilíada; cf. Homero
Ájax
 filho de Oileu 80, *80*, 100, 134, 139
 filho de Télamon 131, 133s., 136s., *137*, 142
Alaksandu 202
Alceste 146, 148, *170*, **170s.**, *171*, 211
Alceu 173
Alcínoo 112, 143
Alcíone 154
Alcioneu 53
Alcmena 71s., 98, 114s., 220
Alcméon **168s.**
 genealogia de 169
Alecto 86
Alexandre; cf. Páris
Alexandre o Grande 19s., 38, 186, 201
Alexandria 38s., 186, 225, 242
Alfeu, rio 118, *184*, **190s.**, 225
Algos (Dores) 46
Alteia
 mãe de Meleagro
 personagem presente ao Julgamento de Páris *26*
Amatunte 78
Amazonas, as 120, *120*, 129,1 31
Amicleia 177
Amimone 159
Anceu
 da Arcádia 111
 de Samos 111
Androctasias (Chacinas) 38
Andrógeu 127
Andrômaca
 Amazona *121*
 esposa de Heitor 136, 205, 234
Andrômeda 105, *105*, *217*, 228, *234*
Anfiarau 166s., *167*, 168
Anfictíon 124
Anfidamas 111
Anfímaco 134
Anfion 98, 111, 131, 156, *156*, 157, 172
Anfítrion 98, 115, 122, *220*
Anouilh, Jean 231, *239*
Anquises 79, 94, *223*
Antenor 139
Anteu 121
Anticleia 142
Ántifo 134
Antígona 146, 148, 165, **167**, 238, *239*
Antíoco I *20*
Antíope 98, *156*, **156s.**
Antissa 173
Antonino Liberal 8, 39, 49
Antropogonia (origens da humanidade) 52, **54-59**
A odisseia; cf. Homero
Apáte (Engodo) 44
Apolíneo (conceito nietzscheano) *235*, 236s.
Apolo *32*, *34*, 36, 45, 48-51, *50s.*, 71, *73*, 75, **73-75**, 76-79, 86, 90, *90*, 91, 94, 98s., 101, *122*, 122, 123, 131, 135, *136*, 137s., 140, *153*, *156*, 157, 164, 169, 171s., 176-178, 181, 185, 187, 190, *191*, 205, 218, 225s., 236
 amores de **100-101**
 atributos de 69
 derrota a serpente Píton 61
Apolodoro 8, 39, 49-51, 54, 59s., 86, 115s., 124, 175
Apolônio de Rodes 8, 39, 78, 84, 109, 111s.
Apoteose de Homero 32
Apúlia (moderna Puglia) 19
Aqueloo, rio/deus-rio 59, 122, 169, 188, *188*
Aquerente, Rio 95, 206, *206*, 209-211
Aquiles *14s.*, *18*, 32, 60, 79, 96, 110, 117, 133-136, *136*, 137, *137*, 138s., 142, 153, 177, *177*, 183, 201, 204s., *208*, 212, 223, *226*, *241*
 morte de 137
Arábia 53
Aracne 80, 154
Arcádia 51, *51*, *62*, 63, 72, 88, 93, 99, 118, 134, 169, 178, *178s.*, 184s., 209, *209*, 221, *221*, 223
Arcas 63, 100
Areópago (morro) 185
Ares 49, 54, *57*, 61, 64, 78, **83s.**, *83*, 88, 96, 149, 154, 167, 218, *219*, 225
 atributos de 69
Aretusa *184*, 191, 225
Argo (embarcação) **109-113**
 cf. tb. Jasão, busca pelo Velocino de Ouro; Argonautas
Argólida 16, 60, 104, 115, 124
Argonautas 10, *110*, 110s., *111*, 112s., *113*, 130
 filhos dos 133
 lista dos 111
 cf. tb. Jasão, busca pelo Velocino de Ouro
Argos
 argonauta 111
 cidade 62, 71, 80, 98s., 123, 134, 158, 160, 166, 178, 188, 212, 225
 filho de Frixo 84
Argos Panoptes 78, 99
Ário 111
Árion 173
Aristeu 185, 222
Aristófanes 8, 36, 38
 A paz 161
 As aves 38
 As rãs 38, 60, 208, 211
 As tesmoforiantes 38
 o Submundo de **208**
Aristóteles *40*, 41, 59
Armênia 193
Arquídamo 185
Arquino 167
Ártemis 48-40, 71, **76s.**, *75-77*, 88, 93s., 99, 101, 106, 117, 120, 135, 143, 150, 153, *153*, *157*, 157, 171, 181s., 190, 196, 218, 225
 atributos de 69
Ascálafo 202
Asclépio 74, 91s., 101, 117, 122
Ascra 34
Ásia Menor 19s., *39*, 49, 120, 193
Asopo 98, 189
Asplédone 134
Assíria 17, 94
Astério 111
Astérios 111
Astiânax 19s., 205, *205*
Atalanta 104, 106s., *107*, 154
Atena 9, *10*, *28*, 48s., *49s.*, 53, 55, 61, *61*, 63, 64, 66, 78, 79, *79*, **79-81**, 80, 93s., 96, 105, *105*, 112, 118, 121, 124, *125*, 132, *132*, 136s., *137*, 138, 141, 143, 152, 167, 180, 182s., *187*, 217s., 225
 atributos de 69
 corujas de 24, *25*
Atenas 9, 24, 30, 36, 59s., *61*, 72s., 77, 80s., 87, 92, 100, 113, 122-129, 134, 150, 152, 154, 166, 168, 174, 178, 184, 200s.
 Acrópole 6, *10s.*, 36, 80, 128s.
 Cavalo de Madeira; cf. Cavalo de Troia, o
 genealogia dos reis míticos de 124s.
 Pártenon *10s.*, *31*, 31, 80
 Teatro de Dioniso 36
Ateneu de Náucratis 186
Ática 60, 76, 128, *167*, 184, 188
Atlas 49, 121
Atreu 148, **150s.**, 152, 154
Átropos 49, 86

Atwood, Margaret 244s.
Áugias 111, 118, 241
Augusto 99, 221, 224
Áulis 135, 152, 201
Aurora 218, *218*
Autônoe 61, 81, 96

Babilônia 17, 193
Bábrio 58
Baco 218
Bacon, Francis 231
Bálcãs 18
Baquílides 99
Batalhão Sagrado, o 176
Belerofonte *6*, *24*, **160s.**, *161*
Belo 158
Beócia 16, 34, 36, 61, 71, 114, 134, *180*, 189
Bernal, Martin 19
Bernini, Gian Lorenzo *191*, 231
Bia (Força) 56
Bíblia 54, 59
Bíon de Esmirna 95
Bizâncio 27, 64, 185
Bizas 64
Blake, William *236*, 237
Blegen, Carl 202
Boscotrecase (*villa romana*) *217*
Botticelli, Sandro 230s., *232s.*
Böttiger, Ernst *202*
Boucher, François 231, 233, *233*
Brauro 76, *98*
Briseida 32, *135*
Britomártis 196
Brômio 52
Bronze, Raça de; cf. Cinco Raças, as
Bronzes de Riace 22
Brook, Peter *238*
Brueghel o Velho, Pieter *92*, 231
Bullfinch, Thomas 235
Burkert, Walter 17
Busíris 121
Butes 111

Cabo Maleia 140
Cabo Tênaro (ou Matapão) 121, 185, *209*
Caçada ao Javali Calidônio *25*, 106, *106s.*, 171, 193
Cacoyannis, Michael 231
Cadmo 7, 61, *61*, 64, 96, 112, 130, 154, 160, 162, 166s., 212
Calábria 22
Cálais 111
Calcas 138
Calcídica 24, 53
Cálcis 35
Calímaco 8, 50, 90, 93, 184, 199
Calíope 85s.
Calipso 78, 140, *143*, *145*, 186
Calírroe (Belaflui) 47
Calisto 76, 99s., 154
Calvert, Frank 130, 202
Camarina (Kamarina, Sicília) *64*
Campânia 19
Campos Elíseos (Eliseu) 61, 96, 153, 212
Canova, Antonio *139*
Canto 111
 em coral **35s.**
Caos 44s.
Capaneu 166
Caríbdis; cf. Cila e Caríbdis
Caricló 93
Caronte *31*, 31, 38, 121, 208, *211*, **211s.**
Cartago 223
Cassandra 100, *101*, 138, 151, *153*
 estupro por Ájax 80, *80*, 139
Cástor e Pólux; cf. Dióscuros, os
Catálogo das Estrelas 228
Catamita 225
Catulo **220**
Cáucaso 56, 84
Cavalo de Madeira; cf. Cavalo de Troia, o
Cavalo de Troia, o 80, *102s.*, **138s.**, *138*, 153, 200, 205, *223*
Cavernas 184-187
 Corícia 184, *185*
 das Ninfas 184s., *185s.*
 em Homero **186s.**
 em Vari 185
 Psicro *199*
Cécrope 60, *61*, 62, 96, 124

Céfalo (personagem de *A república*, de Platão) 206, 211, 213
Cefeu
 argonauta 111
 pai de Andrômeda 105
Ceix 154
Celeu 73
Cellini, Benvenuto 231
Centauros 31, *31*, 89, 117, *117*, 118, 122, 129
Céos 48
Cérbero *6*, 121, *121*, 185, 208, *236*
Cércion 126
Ceres 218, *223*, 226
Cerveteri 216
Ceto 47
Chipre 46, 78, 94, *192*, 225
Chirico, Giorgio de 231
Chiusi 25
Cícero 73
Cíclades *50*, 73
Ciclopes, os 46, 91, 140
 cf. tb. Polifemo
Cicno 154
Cíconos, os 140
Cila e Caríbdis 112, **142**, *143*
Cilícia 49
Címon 129
Cinco Raças, as 35, **54**, 59, 113
Cípria; cf. Afrodite
Circe 78, 112, **141**, 142-145, 153
Cirene 19s., 36, 139
Círon 126s.
Cista Ficoroni 108, 216
Citera 46
Cítia 53
Cleantes de Assos 70
Clemente de Alexandria 225
Cleópatra 111
Clímene 47, 54
Clio 85s.
Clístenes 128
Clitemnestra 75, 87, 98, 100, *101*, 146, *146*, 148, 151, 166, 201, 235
Clítia 47
Clítio 111
Clônio 134
Cloto 49, 86
Cnídios 23
Cócito, rio 206, *206*, 208, 211
Cocteau, Jean 231, 238
Cole, Thomas *221*
Colonne, Guido delle *226*
Cólquida 108s., 111, 127
Comagene *20*
Cômodo 224, *224*
Corça Cerineia 117
Córcira (moderna Corfu) 189
Corícia, caverna 184, *185*
Corinto 30, 36, 54s., *64*, 71, 89, *106*, 113, 122, *127*, 164, 166, 189, 238
Corônis 100
Corono 111
Cós 134
Cosmogonia **44-53**
Costa, Lorenzo *214s.*
Cracóvia 240
Crânao 124
Cratera Derveni *66s.*, *83*
Cratos (Poder) 56
Creonte
 governante de Corinto 113
 governante de Tebas 9, 115, 121, 167s., 238
Creta 16, *47*, 48, *58*, 83, 92, 98, 113, 116, 120, 127, 129, 134, 174, 178, 181, 185, 187, 192, **194-199**, *199*, *211*
 e os deuses **198s.**
 cf. tb. Minoana, civilização
Creteu 108
Creusa 100, 123, **187**
Crises 75
Crísipo 162, *162*, 170
Cristianismo 27, 185, 212, 224, **225**
Cromíon 126
Crônia (festival) 31
Cronos 31, 41, 46, 48, *48*, 54, 72, 181, 199, 212, 218, 225, *236*
Crotone (antiga Króton) 71, 213
Cruzadas, as 229

253

Cuchulaínn *18*, 18
Cucolândia-nas-Nuvens 38
Cupido 218

Dafne 154, 178, **189s.**, *191*, 226
    pastor siciliano 184, 221
Dakaris, Sotirios *210*
Dânae *98*, 98s., *104*, 104s.
Danaides, as 159, *159*
Dânao 99, **158**, 189
Dante Alighieri 231, *236*
Danúbio, rio; cf. Istros
Dardânia 130
Dárdanos 130
Dares Frígio 8
Daumier, Honoré 240, *241*
David, Jacques-Louis 240, *240*
Dédalo 7, 16, 63, **91s.**, *92*, 127, 196, 198
Dêifobo 132
Deimos 84
Dejanira 122, 129, 148, 166, 170, 188
Delfos 6, 20, 23, 36, 48, 59, 166, 188
    Corícia (caverna) 184
    oráculo *7*, 61, 73, 75, *75*, *122*, 153, 163,
        163, 164, 169, 211
    stadium 34s.
    Templo de Apolo *74s.*
    Tholos 4
Delos 50, *50*, 71, 73
Deméter 30, *30*, 48, 63, *73*, **73**, 78, 89s.,
    149, 184, 218, *223*, 226
    atributos de *69*
Demódoco 239
Demofonte 73
Deucalião 59, *59*, 123s.
Deusa das serpentes, minoana *194*
Deuses
    egípcios 40, 49, 218
    equivalências entre deuses gregos e
        romanos 218
    etruscos 26, *26*
    genealogia dos gregos 44s.
    sucessão dos 46
    trácios 41
Diana 218, 231, *233*
Dice 48, 70
Díctis cretense 8
Diderot, Denis 233
Dido 223
Diespiter/Júpiter 68
Dilúvio, o **58s.**, 130
Diodoro da Sicília 8
Diomedes
    guerreiro grego em Troia 49, 80, 134s.,
        135, 139, *187*
    rei da Trácia 120, *120*
Dione 47, *49*, 49, 78
Dionisíaco (conceito nietzscheano) 235,
    236s.
Dioniso *1*, *19*, 20, 23, *23*, 24, **25**, 36-38,
    38, 49, 51, **51**, 52s., *53*, *66s.*, 71, 74,
    81s., *82s.*, 84, 128, 153, 157, 160, 173,
    182, 185s., 208, 213, 218, *218*, 236
    atributos de *69*
Dioniso de Halicarnasso 99
Diores 134
Dióscuros, os (Castor e Polideuces) 98,
    110, *112*, 129, 193
Dirce 156, 188
Dodona 59
    oráculo 49, 100, *100*, 110, 124, 162, 164
Dórios, os 123
Dóris 46s.
Doro 123
Dörpfeld, Wilhelm *201*, 202, *202*
Drama **36-38**, 66
Dublin *18*
Dulíquio 134
Dürrenmatt, Friedrich 231, 241
Dyaus Pita 68

Éaco 60, 62, 208
Éagro 172
Ecália 122
Édipo 9, 14, 37, *37*, 61, 75, 93, 129, 146,
    148, **163-166**, *164*, 168, 183, 238, *238*
    Complexo de 238
Eetes 109, 111s., 127
Éfeso 89
Efialtes 77
Egeu 124s., 127s.
Egina
    ilha 60
    ninfa 60, 189
Egisto *146*, 151, *151*
Egito 158
    país 19s., 26s., 49, 82, 99, 133, 140, 158,
        178

Éguas antropófagas *120*
Eidia (Sábia) 47
El Greco (Doménikos Theotokópoulos)
    231
Elcsntre *26*
Electra
    esposa de Taumante 47
    filha de Agamenon *151*, 238
Eléctrion 115
Elefénor 134
Elêusis 30, *30*, 73, 126
Eliot, George 235
Eliot, T.S. 237
Élpis 58
Empédocles 41
Êmpusa 208
Encélado 53
Endímion 187
Eneias 79, 138, 222s., *223*
Eneida; cf. Virgílio
Eneu 106
Ênio, Quinto 218
Ennosigaios; cf. Posêidon
Enomau *70*, 149, 190
Éolo 141
Eos (Aurora) 48, 77, 96, *96*, 137, 143, 218
Épafo 99, 158
Epaminondas 241
Epeu 138
Epidauro *36*, *91*, 91, 126
Epígonos, os (*Epigonoi*) 168
Epimeteu 58s.
Épiro 19, 49, 211
Epístrofo 134
Epopeia de Gilgamesh 59
Epopeu 156
Equidna 47, 126, 160, 208
Equina (Hippo) 47
Equionte 111
Er, mito platônico de 41
Era do Bronze 17, 194, 198, 199, 202
Erasmo (de Roterdã) 58
Erato 85s.
Érebos 45
Erectéu 81, 123s.
Ergino 111
Eribotes 111
Ericepeu 52
Erictônio 124, *125*
Erifile 166, *167*, 168s.
Erínias; cf. Fúrias
Éris (Discórdia) 46, 96, 132, *132*
Erisícton 90, 125, 184, *223*
Érope 150s.
Eros *1*, 44, 46, 52, 78, 84, *133*, *149*, 218
    atributos de *69*
Esão 84, 108, 113
Esfinge 47, 164
Esparta (Lacedemônia) 20, 72, 76, 80, 123,
    127, 132, 134, 140, 153, 177, 201
Espartos (*Spartoi*, "Homens Semeados"),
    os 41
Esperança; cf. Élpis
Esquédio 134
Esquéria 143
Ésquilo 8, 36, 151, 208
    Agamenon 135, 151, 201
    Eumênides 152
    Os Sete Contra Tebas 166
    Prometeu Acorrentado 37, 54s., 78
    Trilogia Orestéia 37, 75, 87, 151s.
Esquiro 129, 133
Estações, as *218*
Estenebeia **160s.**
Estênelo 134
Estige, rio 47, 96, 137, 208s., *209*, 241
Estínfalo, lago 118, *119*
Estoicos; cf. Filósofos
Estrabão 191
Etalides 111
Etéocles 148, 165, **166**, 166-168, *168*
Eteoclo 166
Éter 45
Etiópia 53, 105, 137
Etna 64
    cf. tb. Monte Etna
Etólia 134, 145
Etra 124, 126, 150
Etrúria (atual Toscana) 19, *51*, 216
Etruscos, os 211
Eubeia (atual Evia) 35, 122, 135, 139, *167*
Eufemo 111
Eufrates, rio 20
Eufrosine 49
Eumelo 134
Eumeu 144
Euríalo 134
Euridamante 111

Eurídice
    esposa de Creonte 168
    esposa de Orfeu 146, 148, **171-173**, *171s.*,
        222, 240, 244
Eurínome 49
Eurípides 8, 36-38, 151, 208
    Alceste 86, *171*, 211
    Antíope 156
    As bacantes 38, 81, 182
    As suplicantes 129
    As troianas 37, 240
    Helena 133
    Hércules furioso 37, 115, 121
    Hipólito 72, 88, 129, 198
    Ifigênia em Áulis 37
    Ifigênia em Tauris 152
    Íon 100, 123
    Medéia 39, 113
    O Ciclope 37
Eurípilo 134
Euristeu *6*, 72, 115, 117s., 120s., 150, 160,
    241
Eurito 111, 123
Europa 40, 61, 97s., 127, 193, *195*, 196, 225
Euterpe 85s.
Evans, Sir Arthur *194*, 194
Evêmero/Evemerismo 8, 199, 225s.
Eveno, rio 122

Fáeton *93*, 226, *230*
Falero 111
Fánes 52
Fea 126
Feácios, os 112, 140, 143s., 180, *186*
Febe 48
Fedra 72, 88, 127, 129, 148, 198, 223, *226*
Fegeu 169
Fenícia 40, 61, 158, 160
Fenrir 49
Feras 134, 170
Ferro, Raça de; cf. Cinco Raças, as
Fídias 23, *70*
Fídipo 134
Filira *229*
Filoctetes 133-135, 138s., **187**, *187*
Filomela **154s.**, *155*
Filósofos **40s.**
    estoicos 225
    pré-socráticos 40s.
Filotes (afeto, amizade e sexo) 44
Fineu 111
Firmico Materno, Júlio 225
Fitzgerald, Tara *168*
Flagetonte, rio 206
Flegra/Pallini 53
Flias 111
Fobos 84
Fócida 54, 134, 157
Foco 157
Folo 117
Fórcis 47
Foroneu **62**, 188
Fortuna 220
Foce del Sele 71
Franceschini, Giacomo 240, *241*
Franco 228
Francos, os 226
Frankenstein *18*
Frazer, J.G. 231, 237
Freud, Sigmund 231, *237*, 238
Frixo 84, 108s.
Ftia 60
Fulgêncio, bispo 225
Fúrias, as (Erínias) 46, 75, **86s.**, *87-89*,
    152, *153*, 169, 184

Gaia 44-48, 53, *125*, 185
Galaxaura 47
Ganimedes 37s., 94, 100, *100*, 130s., 149,
    176, *176*, *216*, 225, *230*
Gell, Sir William *190*
Gentileschi, Orazio *99*
Gérard, François *110*
Gerião 117
Gibraltar, Estreito de 120
Gigantes, os *20*, *23*, 48, **53**
Gigantomaquia (Batalha entre Deuses e
    Gigantes) 41, 53
Giraudoux, Jean 231, 238-240
Glauce 113, 122
Glauco
    deus marinho 193
    filho de Minos 197, *198*
Gluck, Christoph 231, 240s.
Goethe, Johann Wolfgang von 233
Górgonas 29, 47, 69, 79, *104s.*, 105, 208
    cf. tb. Medusa
Goya, Francisco 231, *236*, 237

Graças, as 37s., 49
Graikoi, os 19
Grande Dionisíaca (festival) 36
Greias, as 47, 105
Guerra de Troia 14, 32, 37, 40, 60, 78, 96,
    100, 110, **130-145**, 226, 238, 243
    contingentes gregos na guerra de 134
    mudanças nas perspectivas sobre **200s.**
    cf. tb. Cavalo de Troia, o; Troia
Guerras Médicas 40, 98, 201
Guneu 134

Hades 30, 48, 72s., 89, 104, 129, 142, 171s.,
    218, 241
    atributos de *69*
    rapta Perséfone *22s.*, 23, 30, 73
    cf. tb. Submundo
Hagios Nikolaos *211*
Hall, Peter 231
Handel, George Frideric 234, *234*
Harmonia 61, 84, 96, 154, 166, 168s.
Harpias, as 47, 111
Harrison, Jane Ellen 231, *237*
Harryhausen, Ray *245*
Hawthorne, Nathaniel 235
Hebe 122
Hebro, rio 173
Hécate **84s.**, 112
Hecatônquiros, os (Centímanos) 46, 48
Hécuba (Hekavi) 131, 136
Hefaístos 48s., 56s., 78, 81, **83s.**, *84*, 85,
    88, 94, 124, 126, 166, 218
    atributos de *69*
Heitor *14s.*, 32, 78, 136, *136*, 137s., 170,
    204s., *210*
    na peça de Giraudoux 239
Hele 108s.
Helena 40, 98, 104, 129, 132, *132s.*, 135s.,
    138, 140, 144, 151, **153**, *153*, 154, 183,
    205, 212, *226*, 240, *240*
Heleno 138
Helesponto 19, 109s., *114*
Hélio 48, 93, *113*, **143**, 196
Heméra (Dia) 45
Hêmon 168
Hera *26*, *28*, 48-50, 52s., 61, **70-72**, *71*, 74,
    77s., 82, 84, 88s., *89*, 93s., 96, 98s., 112,
    114s., 122, 129, *132*, 160, 183, 189,
    218, 225
    atributos de *69*
Héracles (Hércules) *6*, 6, *16*, 17, *20*, 37,
    53, 56s., *56*, 64, 71s., 105, 110s., **114-123**,
    114s., *121-123*, 124, 127-129, 131, 138,
    142, 148, 150, 159s., 166, 170, *171*, *172*,
    175, 183-185, *186*, 188s., 217, 224, 230
    amores de **121s.**
    morte de 121
    genealogia de 114
    trabalhos de *70*, **115-121**, *115*, *117-121*,
        127, 129, 171, *175*, 176, 187
Heráclidas **123**, 124
Hércules; cf. Héracles
Hermafrodito 94, *94*
Hermes 31, 49, 51, *51*, 53, *53*, 57, 58, 63, **77s.**,
    85, 94, 96, 99s., 105, 108, *125*, *132*, 136,
    141, 143, 150, 170, *171s.*, 181, 184s.,
    211, 218, 221, 228
    atributos de *69*
Hermione
    filha de Menelau e Helena 153
    na Argólida 125
Hermon (mencionado no tablete de
    Dodona) *100*
Heródoto 40, *40*
Heróis, Raça de; cf. Cinco Raças, as
Hesíodo 8, 16, 34s., 41, **44-48**, 49s., 52-55,
    58, 66, 78, 84-86, 196
Hesíone 131
Hespérides, as maçãs das 121
Héstia 48, **84s.**, 94, 218
    atributos de *69*
Hidra de Lerna 117, *117*, 122, 228
Híeron 64
Hilas 130, *110*, 175s., 184
Hilo 122
Hipérbio 166
Hipérion 48
Hipermnestra 158-160
Hipnos (Sono) 46
Hipodâmia 129, 148, *148*, 149, *149*, 150
Hipocampo 47, *217*
Hipólita 120
Hipólito 72, 76, **88**, *88*, 129, 160, *226*
Hipômene; cf. Melânio
Hipsípila 84, 110
Hisarlik 130, 201, 202, *202s.*
Hisminai (batalhas) 46
História *32*

Historiadores **40**
Hititas, os 17, 202
Hodges, Sydney *202*
Hölderlin, Friedrich 233
Homero 8, 16, *26*, 30s., *32*, 33s., 41, 49, 68, 79, 177, 198, 200, 234
  A ilíada 31-33, 39, 49, 68, 70s., 75, 77s., 83, 86, 96, 130, **135**, 138, 140, 184, 196, 198, **204s.**, 213, 223, 225, 242
  A odisseia 33, 39, 72, 76, 78, 112, 122, 130, **140-145**, 153, 167, 180s., 186, 193, 196, 209, 216, 223, 239, 242
  Apoteose de *32*
  as cavernas em **186s.**
  o Submundo em **206-208**
Horas, as 48
Hughes, Ted 224, 231

Iálmeno 134
Ianta (Violeta) 47
Iápetos 48s., 54
Icário 82
Ícaro 16, **91**, *92*, 196
Idas 111, 193
Idmon 111
Idomeu 134
Íficles 98, 117
Íficlo
  da Etólia 111
  da Tessália 111
Ifigênia 37, 76, 135, 151s.
Ífito
  da Eubeia 111
  da Fócida 111
Ilhas Afortunadas 54
Ílion; cf. Troia
Ilítia 50, *50*, 72, 76
Ilos 130
Ínaco, rio 62, 98, 188s.
Índia, Dioniso na *82*
Ingres, Jean-Auguste Dominique 231
Ino 40, 71, 78, 154, 156-158, 189
  descendentes de 158
Ióbates 161, *161*
Iolau 117, *117*, *175*
Iolcos 108, 113, 170
Iole 122
Ipomedonte 166
Irene 48
Íris 47, *57*, 209
Irlanda, mitos na moderna 18, *18*
Ísmaro 140
Ismênia 165
Isócrates 201
Ísquis 101
Israel antigo 17
Ístmicos, Jogos 36
Istros, rio (Danúbio) 112
Ítaca 6, 33, 72, 80, 134, 140, 143-145, 186, 242, *243*
  Caverna das Ninfas 186s., 187
Itália 19, 52, 139, 213, 216
Ítis 154, *155*
Íxion 89, **89-91**, 129

Jacinto 94, 101, *101*, 154, 176
Jasão 14, 39, 84, 117, 148, 160, 166, 183
  busca pelo Velocino de Ouro 10, 104, **108-113**, *112*
  genealogia de 108
  invocação de Hécate 84
  cf. tb. Argo, Argonautas
Javali Calidônio, o 117s., 118
Jocasta 164s., 167
John, Augustus *237*
Joyce, James 231
Juno *26*, 218
Júpiter 218, 220, 229, 241

Kalvos, Andreas 242
Kastor; cf. Dióscuros, os
Kaváfis, K.P. 231, 242
Kazantzakis, Nikos 231, 242
Keats, John 231, 234
Kingsley, Charles 231, 234, *234*
Knossós *93*, 194, 196
Korfmann, Manfred 202
Kossovo, Batalha de 18

Labirinto, o 92, *93*, 127, 194, 196s.
  cf. tb. Minotauro, Teseu
Lacedemônios, os; cf. Esparta
Lácio 139, 222
Lactâncio, Lucio Célio Firmiano 225
Ladon, rio *178s.*, 190
Laertes 133, 142
Laio *162*, 163-165, 175, 237
  casa de 146, **162-169**, 177

Lâmia 28
Laocoonte
  argonauta 111
  sacerdote em Troia 138, *139*
Laodâmia 148, **170**, 171
Laodiceia 64
Laomedonte 96, 131
Lápidas 31, *31*
Láquesis 49, 86
Lástenes 166
Lear, Edward *180*
Leda 98, *98*, 132, 193
Lefévre, Raoul *138*
Lemnos 84, 110, 135, 187, *187*
Leodoco 111
Leonteu 134
Lestrigões, os 141, 242
Lete, rio 209
  cadeira do 129
Leto 48-50, *50*, 71, 73, 157
Lêucade 242
Leucipo 190, 193
Líbia 20, 139, 158
Licáon 63, **88s.**, 99, 154
Lícia 160, *161*
Lico
  governante tebano hostil a Antíope 156, *156*
  governante tebano morto por Héracles 121
Licofronte de Cálcis 8
Licosura 63
Licto 48
Licurgo 82
Limos (Fome) 46
Linceu 111, 158-160, 193
Lindos 80
  Templo de Atena *79*
Lino 114, *115*, 127
Lissa 122
Lito 134
Livro dos Mortos egípcio 213
Lócris
  Grécia 133
  Itália 134
Lotófagos, os 140, 153
Lóxias; cf. Apolo
Lua, como divindade 225, 228
  cf. tb. Selene
Luciano de Samósata 8, 20, 211
Lúcifer 226
Lyra 228

Macáone 134
Macedônia 19s., 86, 188
Magna Grécia 19
Magnésia 134, *183*
Maia 49, 51, *51*, 77, 181
Mália *58*
Malinowski, Bronislaw 108
Mar **192s.**
  Adriático 112
  da Jônia 190
  Egeu 72
  Mediterrâneo 72
  Minos e **198**
  Negro 108, 110-112, 193
Maratona
  batalha de 184
  touro de 127
Mármore de Paros 200, *200*
Mármores do Pártenon (também chamados "de Elgin") 23
Máron 140
Marpsas *107*
Mársias 90, *90*, 225
Marte 84, 218, 219
Mecone 55
Medeia 39, 84s., 112, *112*, 113, *113*, 115, 122, 127, 148, 166
Medonte 134
Medos 127
Medusa *28*, **105**, 105, 235, 245
Megapentes 153
Mégara
  cidade 73, 176
  filha de Creonte 115, 121
Megareu 166
Megera 86
Megete 134
Melânio (Hipomene) 107, 154
Melanipo 166
Meleágridas 154
Meleagro 86, *87*, 106, *106s.*, 111, 154
Meliai; cf. Ninfas
Melibeia 154
Melobosis (Pecuária) 47
Melpômene 85s.

Mêmnon 137
Mênades 81, *81*, 172s., *172*, *218*
Menandro 38
Mende 24, *25*
Meneceu 167
Menelau 132-135, 137-139, **151-153**, *153*, 154, 212s., 241
Menesteu 134, 200
Menécio 111
Menrva *26*
Mercúrio 218, *219*, 220, 228s., *229*
Meríones 134
Mérope 164
Mesopotâmia 178
Messênia 123
Messina, estreitos de *143*
Metamorfoses 61, 101, 154s.
Metanira 125
Methepon *107*
Métis 48, 52, 79
Micenas 6, 9, *9*, 16, *16*, *26*, 70s., 100, 115, 120s., 133s., 140, 150s., *194*, 202
Mildenhall, tesouro de *45*
Mileto 187
Milton, John 230
Minerva 183, 217s., 226
Miníadas 82, 154
Minoana, civilização 16, 26, 127, 194
Minos 16, 60, 92, 98, 127-129, 176, **187**, 195, *196*, **196-198**, *199*, 208
  genealogia de 194s.
Minotauro 16, 92, **127s.**, *127*, 129, 194, 196, *197*
  cf. tb. Labirinto; Teseu
Mirmidões 60
Mirtilo 148, 149, *149*, 150, 162
Mistérios de Elêusis 30, *30*, 69, 213
Mito *32*
Mitos 231
  cronologia da narrativa mitológica grega 8
  definição de 18
  marcos na moderna recontagem de 231
Mnemósine 49, 85
Moiras, as (Fatalidades) 46, 49, **86s.**, 171
Moisés 104
Momo (Culpa) 46
Momper, Joos de *183*
Montanhas **180-183**
  Helmos 209
Monte
  Cilene 51, *51*, 78, 93, 181
  Citéron 81, 164-166, 181-183
  Díctí 181, *199*
  Erimanto 117, 181
  Eta 122, 183
  Etna 48, 50, 64, 64s.; cf. tb. Etna
  Hélicon *86*, 181s., *183*
  Himeto 184
  Ida (em Creta) *47*, 48, 181
  Ida (perto de Troia) 78, 130-132, *132*, 183
  Liceo 62, 88
  Olimpo 66, 68, 71s., 75, 78, 84, 86, 96, *100*, 114, 122s., 130, 161, 181, 183, 190, 193, 196
  Ossa 190
  Parnasso 59, *59*, 74, *180*, 181, 184, *185*
  Pelion 36, 96, 110, 183, *183*
  Taigeto 181
Montes
  Latmos 181
  Pindo 188
Monteverdi, Claudio 231, 240
Mopso 111
Moros (Destino) 46
Moscóforo, o *225*
Moscos 8, 98, 193
Müller, Friedrich Max 17, 231, 235
Müller, Karl Otfried 231, 235
Musas, as 32, 44, 49, **85s.**, *86*, 172, 181, *183*
Muwattalli II 202

Náiades 184, 186
Narciso 154, 224, 238
Náuplio 111, 139
Nausícaa 76, **143**, 144
Naxos 83, 128, 220
Necromanteion *210*, 211
Neikea (Desavenças) 46
Nemeia 36, 115
  leão de *115*, *175*, 187
Neoptólemo 138, 139, *139*, 142, 153, *187*, 201, *205*
Neraides 184
Nereidas 45, 184
Nereu 46, *47*, 184, 193
Nesso (centauro) 122, 129
Nestor 134

Netuno *217*, 218
Nícias 105
Nicteu 156
Nietzsche, Friedrich 74, 231, *235*, 236s.
Niké (Vitória) *8*, *22*, *64*, *123*
Nilo (ou Neilos) 178
Ninfas, as *1*, 46s., 53, 84, **184s.**, 186
  caverna das *186s.*, 187
  ninfolepsia 184s.
Níobe 154, 157
  filhos de (Nióbidas) *157*
Nireu 134
Nisa 53
Nix (Noite) 45s., 52
  progênie da 46
Noé 59
Nonoso 8, 20
Normandos, os 226
Nornas 86

Oceano 45, *45*, 46s., 54, 105, 120, 188
  Índico 225
Odin 49
Odisseu 23, 33, 37, 72, 78, 80, 112, 133-135, 137-139, **140-145**, *141-145*, 153, 186s., *187*, 193, 197, 213, 216, *216*, 242
  reunião com Penélope 144
Offenbach, Jacques 231, 240s.
Oikoumene 32
Oileu 80, 100, 111
Oizus (Miséria) 46
Olímpia 23, 36, 71
  santuário de Pélops 150, *150*
  templo de Hera *35*, *71*
  templo de Zeus 70s., 118, *118*
Olímpias 201
Olímpicos, jogos 36, *70*, *118*, 150
Olinto 24
Olivier, Laurence *37*
Oneiros (sonhos) 46
Oráculos; cf. Delfos; Dodona; Necromanteion
Orcômeno 16, 82, 134, 202
Óreas (montanhas) 45
Orestes 75, 87, 146, *146*, 148, 151s., *152s.*, 169s., 238
Orfeu 52, 110s., 114, *173*, 174
  depois de Eurídice 172s.
  e Eurídice 146, 148, *171*, **171-173**, *172*, 222, 240, 244
  morte de 172s.
Órfico, culto 213
  rituais 172
  teogonia 52
Órion 76s., 96, 154
Ormênia 134
Oropo *167*
Ortígia 191
Ortros *121*
Osíris 218
Óstia *217*
Oto 77
Ouro, raça de; cf. Cinco Raças, as
Ovídio 39, 90, 93, 170, *223*, 224, 226
  Heroides ("Heroínas") *226*
  Metamorfoses *183*, 222, 224, 226, 231

Pã **84s.**, *85*, 94, 145, 181, 184, *185*, 221, 242
  atributos de 69
Pádua 139
Pafos 78s., *192*
Págassai 110
Paládio, o 80, 138
Palamedes 133, 139
Palas (gigante) 53; cf. tb. Atena
Paléfato 8
Palemon 111
Palestina 95
Pandíon (nome de vários reis atenienses) 124, 154
Pandora 35, **56-58**, *57s.*, 59, 166
Panopeo 54
Panópolis 20
Papiro Derveni 52, *52*
Paposileno 53
Páris (também conhecido como Alexandre) 40, 132, *133*, 137, 202, 205, *226*, *240*
  Julgamento de *26*, 78, 93, 96, *132*, **132s.**
Partenopeu 166
Pasífae 127, 129, 196s., *197*, 198
Pasíthoe (Persuasora) 47
Pasolini, Pier Paolo 231, 238
Pássaros do Lago Estínfalo 118, *119*
Patrai (moderna Patras) 76
Pátroclo 14, 32, 70, 136, 177, *177*
  jogos funerais de *26*

Pausânias 8, 20, 23, 54, 59, 62s., 71, 150, 157, 169, 178, 185, 190, 198, 200, 209
Pégaso *6*, *24*, *28*, 160s., *161*, *183*
Peito (Persuasiva) 47, *133*
Pela *23*, 24
Pelasgos 63
Peleu *25*, 60, 94, *95*, 96, *107*, 110s., 133, 136, 212, 220
Pélias 108, 111, 113, *113*, 170
Pelópia 151
Peloponeso *16*, 36, 55, 72, 76, 90, 116-118, *119*, 121, 123, 129, 134, 140, 149s., 174, 185, 188
  guerra do 20, 40, 201, 208
Pélops *70*, 89, 148-150, *148s.*, 151, 153, 162, 175s.
  Casa de (Pelópidas) 146, *148s.*, 162, 177, 238, 243
  genealogia de 149
Peneleu 134
Penélope 33, 142s., *143*, 144s.
Peneu, rio 118, *189*
Pentesileia 137, *137*
Penteu 38, 61, 81, 96, 153, 182s.
Peracora 71
Pérgamon 39
  Grande Altar de Zeus em *21*
  teatro *39*
Periclímeno 111
Período
  Arcaico 19, 26, 33, 38, 64, 73, 84, 102, 127, *199*, 200, 216
  Clássico 19, 174
  Helenístico 23, 27, 52, 187, 228
  Orientalizante 17
Peripetes 124
Perséfone *22s.*, 23, 30, *30*, 52, 73, 78, 89, 95, 129, 142, 149, 172, 206, 218, 226
Perseu 72, 98s., **104s.**, *104s.*, 106, 109, 159, 189, *217*, 228, *234*, 245
Pérsia 201; cf. tb. Guerras Médicas
Pesto 71
Petélia *212*, 213
Piería 51
Pieros 86
Pigmalião 170
Pilo 134
Píndaro 8, 20, 36, 39, 60, 64, 99, 114, 212
Pirítoo 129, *177*
Pirra 59
Pisa (distrito de Élida) 149
Pitágoras 41
Piteu 124, **150**
Pítia, a (ou pitonisa) *74*
Píticos, Jogos 20, 34, 64, 74
Píton (serpente pítia) 61, 74
Pitsa *185*
Platão 8, 28, *40*, 41, 149, 213, 228
  A república 41, 206, 211
  Fédon 209, 213
  Leis 192s.
Plateias 71
Plauto **219s.**
  Anfitrião 220, *220*
Plêiades, as 154
Plexaura 47
Plutão 218, 241
Podalírio 134
Podarces 134
Poesia épica **31-35**
  cf. tb. Homero, *A ilíada*, *A odisseia*
Pólibo 164, 238
Polidecto 104
Polideuces; cf. Dióscuros, os
Polidora 47
Polidoro 61
Polifemo
  argonauta 111
  ciclope 37s., 72, **140**, *141*, 186, 216, *216*, 242
Polifontes 166
Polignoto 23
Políido 197s., *198*
Polímnia 85s.
Polinices 148, 165s., **166s.**, 168, *168*
Polipémon/Procusto 126s.
Polípetes 134
Polixena 139, *139*
Políxeno 134
Pollaiuolo, Antonio del *191*
Pompeia *105*, *217*
Póntos 45s., *47*

Pope, Alexander 234
Porfírio
  filósofo 187
  gigante 53
Portas Ceias; cf. Troia
Posêidon 36, 48, *57*, 66, **72**, *72*, 80, 124, 129, 131, 139, 141, 143, 145, 149, 158s., 176, 189, *192*, 193, 196, 218, 225, 242
  atributos de 69
Potifar 160
Prata, Raça de; cf. Cinco Raças, as
Pré-socráticos; cf. Filósofos
Pretendentes (de Penélope), os 144, *144*
Preto 82, **160s.**
Príamo *14s.*, 32, 77s., 100, **131s.**, 136, *136*, 138s., 201s., 204, *205*, 223
Príapo 94
  atributos de 69
Primno (Popa) 47
Procne 146, **154s.**, *155*
Prócris 96
Prometeu 48, **54-57**, *55s.*, 58s., 62s., 78, 93, 111, 118, 121, 226
Propôntida, a 110, *114*
Prosérpina 218, 226
Protesilau 170, *170*
Proteu 193, 212, 231
Protoénor 134
Protógenos (Fánes) 52
Prótoo 134
Psicro, caverna de *199*
Psófide (distrito) 169
Ptolomeu II Filadelfo 186
Pyrgos Dirou, cavernas em 121

Quimarro 160
Quimera, a *24*, 47, **160**, *160s.*
Quinto de Esmirna 8
Quíron (centauro) 110, 117s., *183*

Racine, Jean 88, 230
Radamanto 60, *60*, 98, 176, 195
Ragnarok 49
Reia 48, *48*, *229*
Reinhold, Meyer 244
Rembrandt von Rijn 230s., *230*
Remo; cf. Rômulo e
Richmond, Sir William *194*
Rios e fontes **188-191**
  do Submundo 200, *206s.*, **208-211**
Ritsos, Yannis 243
Ródea (Rósea) 47
Rodes *79*, 134
Roma 20, 27, 85, 131, 214, **216-224**
Rômulo e Remo 104, 131, 218
Rossetti, Dante Gabriel *57*
Rubens, Peter Paul *155*, 230s., *230*

Sacrifício *34*, 54s., 61, 66, 76, 102, 106, 109, 132, 142, *142*, 222
  e presságios na Guerra de Troia **133-135**
  humano 63, 76, 135, 151, 167
Safo 173
Salamis (Salamina) 134, 189
Salmoneu 90, 92
Samos 70
Samósata *71*
Santorini; cf. Tera
Sarpédon 70, 86, 98, 195
Sartre, Jean-Paul 231, 238
Sátiros 37, 53, *53*, *81*, 82, *82*, 90, *90*, 184, *218*
Saturno 218, 229, *229*, *236*
Schiller, J.C.F. von 231, 233
Schliemann, Heinrich *130*, 202, *202*
Schubert, Franz 234
Segesta, teatro de *39*
Seleuco Nicátor 64
Selene 48, **187**
Sellaio, Jacopo del *171*
Selino *71*, *77*
Sêmele 49, 53, 61, 68, 71, 96, 99
Sereias, as 112, **142**, *142*, 188
Sérifos 104s.
Sete Contra Tebas, os 166s., 238
Sexo/sexualidade 72, 172
  Afrodite, deusa do 78
  amor entre cônjuges **170-173**
  divina **94-101**
  divindades masculinas e seus amores **97-101**
  honra e ciúme 148
  relacionamentos homoafetivos 94, 148s., 173, **174-177**
  virgindade 77, 81, 85, 94, 100, 106
Seznec, Jean 230
Shakespeare, William 230-232
Shelley, Mary *18*

Shelley, Percy Bysshe 231, 234
Sheppard, Oliver *18*
Shirwood, John 220
Sicília 19, *39*, 53, *71*, 77, 77, 92, 133, *143*, 191, 196, 216, 219
Sícion 55, 156, 189
Sikelianos, Angelos 242
Sileno 37, 53, 82
Sime 134
Simônides 8, 98s., 192
Simplégades (rochedos movediços) 111
Sínis, o "Verga-Pinheiro" 126, *127*
Sípilo 89
Siracusa *28*, 64, *184*, 191, 225
Síria 64, 95
Sísifo **89s.**, 133, 208
Slevogt, Max *205*
Sócrates 41, 213, 236
Sófocles 8, *36s.*, *36*, 151, *239*
  Ájax 37, 137
  Antígona 36s., 168, *168*
  Édipo em Colono 37, 80, 129, 166
  Electra 37
  Filoctetes 37, 139, 145
  Oedipus Tyrannos (Édipo Rei) 37, 165, 183, 238
  Perseguindo Sátiros (ou *Ichneutae*) 37
  As traquínias 37, 122, *234*
Sol, como divindade 225, 228
  cf. tb. Hélio
Spenser, Edmund 230s.
Spreng, Johann *223*
Stravinsky, Igor 231, 238
Submundo (Hades) *6*, *22*, 23, 38, 60, *60*, 72s., 78, 84, 89, 114, 118, 121s., 129, 148, 152s, 165, 170-173, 178, 185, 193, 197, **206-213**, 241
  em Aristófanes 208
  em Homero **141s.**, **206-209**
  rios do **208-211**

Taça
  de Exéquias *83*
  de prata de Hoby *136*
Tadashi, Suzuki *239*, 240
Talau 111
Tália
  uma das graças 49
  uma das Musas 85s.
Talos 112s., *112*
Tálpio 134
Taltíbio *135*
Tâmiris 86
Tânatos (Morte) 89, 171
Tântalo **89**, *93*, 148-152, 169, 208
Tártaro 44s., 48, 213
Taumante 47
Tebas
  cidade 36, 54, 93, 96, 115, 121, 127, 131, 156s., 162, 164s., 168, 172, 176, 178, 188, 220, 238
  captura de **166s.**
  genealogia da casa real de 163
  origens de 60s., 64, 112, 130
  esposa de Zeto 157
Télamon 110s., 131, 133
Telégono 145
Teléfo 38
Telêmaco 133, 142, 144, 153
Telesícrates 36
Têmis 48, 69
Tempe, vale de *189*, 190
Tênedos 135, 138
Teócrito 8, 175s., 221
Teógnis de Mégara 176
Tera (atual Santorini) 36
Tereu 38, 146, **154s.**, *155*
Terpsícore 85s.
Teseu 72s., 83, 88, 92, 122, **124-129**, *125-127*, 128, 142, 150, 168, 176s., 196s., 220
  amadurecimento de **126s.**
  chegada em Atenas 127
  e Fedra 129
  e o Minotauro **127s.**
  nascimento de **124s.**
  rei **128**
Téspias 114
Téspio 114
Téspis 36
Tesprócia 145, 211
Tessalônica 181
Tétis *25*, 47, 94, *95*, 96, 133, 136s., 188, 220, 240, *241*
Teucro 133
Ticiano (Tiziano Vecellio) *90*, 230-232, *233*
Tício 208
Tideu 80, 166s., *167*
Tiestes 148, **150s.**, 152, 154
Tífis 111
Tífon 48s., 61, 64, 126, 160, 187
Tíndaro 40, 98, 133, 151

Tirésias 80, **93**, 142, *142*, 145, 154, 166, 168s., 182
Tirinto 6, *16*, *16*, *33*, 82, 115, 118, 122, 134, 160, 202
Titãs, os 45-48, 52s., 59
Titonos 96, *96*, 97, 100, 143, 154
Titrásias 208
Tlepólemo 134
Toa (Veloz) 47
Toante 134
Tot 218
Trácia 19, 84, 110, 120, 140, 154, 172, 188
Traquínias 122
  cf. tb. Sófocles, *As traquínias*
Trezena 124s., 150
Trica 134
Trigeu 161
Triptólemo *60*, 63, *63*
Tritão 193
Troia 10, 33, 54, 70, 75-77, 79s., 100, 130, *130*, 140, 145, 151, 153, 167, 170, 178, 183, 187, **200-205**, *241*
  a queda de 23, **137s.**, 200, *223*
  contingentes gregos na guerra de 134
  em *A ilíada* **204s.**
  e os arqueólogos **202-204**
  família real troiana, genealogia da 131
  fundação de **131s.**
  Portas Ceias 205
  Príamo **131s.**
  real e imaginária **201s.**
  cf. tb. Cavalo de Troia, o; Guerra de Troia, a
Trono Ludovisi *42s.*, 46
Tsífone 86s.
Tucídides 40, *40*, 41, 72, 198, 200
Turan *26*
Turcos (*turcus*) 228
Turno 223
Turquia/turcos 18s., 27, *130*, 226

Uni *26*
Urânia
  filha de Oceano 47
  musa 85s.
Urano 41, 45-49, 52s., 78, 87, 199, 225
Utnapishtim 59

Vanth *87*
Vari, caverna de 184s.
Vaso François *25*, *83*, *107*
Velho do Mar, o; cf. Nereu
Velocino de Ouro; cf. Jasão
Veneza 139, 226
Vênus 139, 218, *226*, 231, *232s.*
Vergilius Romanus 222
Vergina *22*, 22
Vernant, Jean-Pierre 85
Versnel, H.S. 31, 218
Vesta 85, 218
Virgens Vestais, culto das 218
Virgílio **221-223**, 224
  Éclogas 221
  Eneida 138, 222s., *223*
  Geórgicas 221, *222*
Vitória (alada) de Samotrácia *22*, 23
Vulcano 218

Wajda, Andrzej 240
Ward, Lynd *18*
Waterhouse, John William *159*, 231
West, Martin 17
Whitman, Walt 244
Wilusa 202
Winckelmann, J.J. 231, 233
Wordsworth, William 234
Würzburg, Konrad of *133*

Xenófanes de Cólofon 41
Xenofonte 193
Xuto 123

Zéfiro 101, *101*
Zeto 98, 111, 156s., *156*
Zeus 7, 16, 23, *28*, 31, *32*, 32-37, 40, 44, 47s., *48*, 49-57, *57*, 58-61, 63s., 66, 68, *68*, 69, *70*, 71, *71*, 72s., 75-79, 81-86, 88-91, 93s., 96, 98, *98*, 99, *100*, 101, 104, 114s., 118, 121s., *127*, 130, 132, 136, 139s., 143s., 150, 156, 158, 160s., 167, 181, 185, 187, 189, 193, 196, 212s., 218, 220, 225
  amores de **97-100**
  atributos de **68-70**
  desafio de Salmoneu 90s.
  morte de 198s.
  poder de **48**
  prole com amantes mortais 97
  rapto de Europa 40, 61, 98, 193, *195*, 225
  rapto de Ganimedes 100, *100*, 130, 149, *176*, *216*, *225*, *230*
Zeuxo (Núpcia) 47
Zoroastrismo 54